本书出版受到东南大学人权研究院出版资助，特此鸣谢。

本书系国家社会科学基金重大项目
“新时代中国改革创新试验的法治问题研究”
（项目批准号：18ZDA134）的中间成果。

杨登峰 著

行政法基本原则及其适用研究

The Basic Principles of Administrative Law and Its Application

北京大学出版社
PEKING UNIVERSITY PRESS

图书在版编目(CIP)数据

行政法基本原则及其适用研究/杨登峰著.—北京:北京大学出版社,2022.1
ISBN 978-7-301-32769-2

Ⅰ. ①行… Ⅱ. ①杨… Ⅲ. ①行政法—研究—中国 Ⅳ. ①D922.104

中国版本图书馆 CIP 数据核字(2021)第 258280 号

书　　名	行政法基本原则及其适用研究 XINGZHENGFA JIBEN YUANZE JI QI SHIYONG YANJIU
著作责任者	杨登峰　著
责任编辑	徐　音　李小舟
标准书号	ISBN 978-7-301-32769-2
出版发行	北京大学出版社
地　　址	北京市海淀区成府路 205 号　100871
网　　址	http://www.pup.cn　　新浪微博:@北京大学出版社
电子信箱	sdyy_2005@126.com
电　　话	邮购部 010-62752015　发行部 010-62750672　编辑部 021-62071998
印 刷 者	天津中印联印务有限公司
经 销 者	新华书店
	730 毫米×1020 毫米　16 开本　26.5 印张　460 千字
	2022 年 1 月第 1 版　2022 年 1 月第 1 次印刷
定　　价	98.00 元

序　　言

一、行政法基本原则是行政法的方法论

任何学科都有它的元问题以及解决元问题的基本方法，是学科的元问题及其基本方法型构了这个学科的思维方法，进而型构了这个学科的基本特征和内容。法学的元问题应该是行为的合法性，即追问一个行为是否合法。法学方法论乃至法哲学总体上是围绕这一问题展开和建立的。我们始终致力于为行为的合法性建构评价标准，并用这个标准评价行为的合法性。不过，即便在法学学科内部，不同部门法的元问题及其基本方法也具有一定的差异性。这种差别可透过行政法与民法两个部门法加以说明。二者分别代表公法和私法。

行政法的元问题应该是行政行为的合法性，相应地，民法的元问题应该是民事行为的合法性。相较于民法，行政行为合法性的评价具有以下特点：

第一，行政行为合法性的判断要追问行政行为有无法律依据。不论是行政机关作出行政行为，还是司法机关审查行政行为的合法性，都要追问这一问题。行政机关对老百姓的闯红灯行为进行处罚，或者对老百姓征收税费，首先要看有没有法律上的规定。司法机关审查这些行政行为是否合法时，也要先看它有没有法律依据。民事行为合法性的判断则大多没有这一考虑。老百姓不论是到市场买一斤白菜，还是与自己心仪的伴侣缔结婚约，都不会去问有没有法律规定。他们心里都明白，只要法律没有禁止就可以办，办了不会出问题。正因为如此，行政法有“法无规定即禁止”或“法无规定不可为”的法谚，民法则有“法不禁止即自由”或“法不禁止即可为”的说法。

第二，行政行为合法性的判断要追问行政行为是否合理或适当。行政机关在作出行政行为时往往要行使裁量权。只要在裁量权范围内作出的行政行为都是合法的，但未必都是合理、适当的，明显不当的或者明显不合理

的行政行为也是违法的。因此，行政裁量合理性或适当性判断也是行政行为合法性判断的内在要求和有机组成部分。民事行为的合法性判断则基本上不包括合理与否的问题。这不是说老百姓办事没有“裁量权”，不存在合理性问题。实际上，老百姓做事时享有的裁量权远大于行政机关。但老百姓的裁量权是完全自由的和没有限制的，不受法律约束。即便不合理，法律通常也不会过问。一斤白菜的市场价是 1 元，有人愿意掏 5 元买，民事法律不会说它明显不合理因而违法，也不会横加干预。反过来，再贵重的物品也是可以白送（赠送）的，有道是，“我的事情我做主”。

第三，行政行为合法性的判断不仅要追问实体是否合法、合理，还要追问行政程序是否合法、合理。行政机关作出行政行为的手段、方法、时间、顺序不是由行政机关任意自由决定的，而是由法律规定的，行政机关作出行政行为的程序必须符合法定程序。因此，行政行为的合法性判断，不仅要考虑行政行为是否符合实体法的要求，还要考虑是否符合程序法的要求。此外，程序法也往往具有裁量性。而有裁量，就有合理与否的问题。程序合理与否也是行政行为合法性判断不可省却的一个内容，相反，民事行为合法性的判断则无程序合法、合理的问题。老百姓做事，采用什么样的手段、方法，在什么时间或什么地点去做，时间长短、空间大小，完全是自由的，可简可繁，完全听任于他们的兴趣、习惯。我们听说过“行政程序法”，却没听说过“民事程序法”，其原因就在这里。

上面这些特点意味着，行政行为合法性的判断须经历如下步骤，追问如下问题：

第一，作出该行政行为有没有法律依据？

若无，则不可作，作了即违法；

若有，则须问：

第二，作出该行政行为是否符合法律依据？

若不符合，则不可作，作了即违法；

若符合，则须问：

第三，是否为裁量行政行为，裁量是否合理？

若明显不合理，则不可作，作了即违法；

若合理，则须问：

第四，行政程序是否合法、合理？

如不合法、明显不合理，则不可作，作了即违法；
反之，则可作，作了即合法。

一个行政行为只有能够依次经受上述四个方面的拷问，顺利过关，方称得上合法。如若在任何一个阶段出了问题，都会半路折戟，被判定为违法。而民事行为的合法性显然没有这么复杂。民事行为合法性的判断主要看其是否违反了法律的强制性规定，如果没有，即为合法。这一判断过程仅相当于上述行政行为合法性判断的第二个环节。行政行为的合法性评价之所以不同于民事行为的合法性评价，之所以包含如此丰富的内容、经历如此复杂的步骤，并非行政法学的异想天开或任性而为，而是源于行政法所遵循的基本原则。

行政法自产生以来，学界提出过不少原则，但行政法定原则、行政合法原则、行政合理原则、正当程序原则等应该是最基本的。行政法定原则有丰富的内涵，但首要的是行政行为法定。它指行政机关作出行政行为必须有法上的依据，没有法上的依据，作出该行政行为即为违法。行政合法原则是指在有法律、法规、规章规定的前提下，行政机关作出的行政行为必须符合法律、法规和规章的规定，不得与法律、法规和规章的规定相抵触，否则为违法。行政合理原则是指裁量性行政行为不仅要合法而且要合理，严重不合理的行政行为将被视为违法的行政行为加以处理。正当程序原则是指行政行为的程序必须合法，具有正当性。

可以看出，上述四个原则分别是从不同的角度对行政行为提出的要求。行政法定原则着眼于行政权对于立法权的依赖性，行政合法原则着眼于行政行为对于法的服从性。这两个原则结合在一起，共同给行政机关划出行政权行使的界限。行政合理原则则着眼于行政裁量权，是对行政机关在行政权限范围内行使权力提出的进一步要求。如果说这三个原则都是着眼于行政行为的实体方面的话①，正当程序原则则着眼于行政程序，是对行政程序提出的要求。四个原则结合在一起，形成了对行政活动“从外到里”、从实体到程序的全面覆盖，也构成了法律对行政行为的事前、事中的双重制约，为司法审查的事后制约提供了依据。

---

① 其实，对于行政程序而言，也要遵循行政法定原则、行政合法原则和行政合理原则。正当程序原则的功能在于给行政程序的提出以一般的正当性判断基准。

将这四个原则与前文所述行政法的思维方法加以比对，可以看出，行政法对行政行为合法性的思考方法或者判断思路之所以不同于民法对民事行为合法性的判断，原因在于行政法遵循行政法定原则、行政合法原则、行政合理原则、正当程序原则，行政机关作出行政行为时应逐一思考的问题或思维的步骤也不过是对这四个原则所提要求的回应。从这个意义上说，行政法的基本原则就是行政法的基本方法论，或者说是行政法的法哲学。

二、行政法基本原则的研究仍任重道远

由于行政法基本原则对于行政法所具有的重要性，长期以来，它们一直是行政法学研究的热土，学界对它们的研究可谓孜孜不倦。行政法基本原则的研究从宏观到微观大致可分为三个层次：第一个层次是关于行政法基本原则的综合研究，主要讨论确立行政法基本原则的必要性、性质、功能[①]、确立标准以及构成等问题。第二个层次是关于行政法基本原则的个体研究，即分别研究行政法的法律保留原则、法律优位（优先）原则、比例原则、正当程序原则、诚信原则等，不再关注行政法基本原则的总体构成和体系。第三个层次是对某个基本原则的特定要素或者子原则的研究，如对比例原则之适当性原则的研究等。这三个层次也体现了对行政法基本原则研究由表及里、由浅入深不断深化的三个阶段。

第一个层次研究始于20世纪80年代，一直持续到21世纪初，约20年时间。[②] 这一类研究可以说是行政法基本原则研究的初创阶段，学者试图努力构建行政法应当坚持的基本原则及其框架和体系，意见纷呈且略显杂乱。如胡建淼和肖凤城教授提出了“行政法制原则”“行政适当原则”“行政统一原则”“行政公开原则”“行政时效原则”；[③]朱维究教授提出“行政合法性原则”和“行政合理性原则”；姜明安教授提出了“法治原则”“制约原则”“公正

---

① 如薛刚凌：《行政法基本原则研究》，载《行政法学研究》1999年第1期；

② 早期文献如胡建淼和肖凤城教授所著《略论我国行政法的基本原则》（《法学评论》1987年第6期）、朱维究教授所著《简论行政法的基本原则》（《法学研究》1989年第1期）、姜明安教授所著《行政法的基本原则》（《中外法学》1989年第1期）。晚期文献如周佑勇教授所著《行政法基本原则的反思与重构》（《中国法学》2003年第4期）、《论德国行政法的基本原则》（《行政法学研究》2004年第2期）、《论法国行政法的基本原则》（《法国研究》2004年第1期，与尚海龙合著），以及陈莹所著《行政法基本原则的丰富与发展》（《政治与法律》2004年第4期）、姜明安教授所著《行政法基本原则新探》（《湖南社会科学》2005年第2期）等。

③ 参见胡建淼、肖凤城：《略论我国行政法的基本原则》，载《法学评论》1987年第6期。

原则”“效率原则”；[①]杨海坤教授提出了“行政法的社会政治基本原则”和“行政法的专门基本原则”，前者包括“社会主义原则、党的领导原则、民主集中制原则、保障人民权利原则、社会主义法治原则、民族平等原则”，后者包括“行政法治原则、监督行政原则、行政公正原则、行政公开原则、行政科学原则、行政效能原则”。[②] 马怀德教授认为，行政法基本原则包括依法行政原则、合理行政原则、监督行政原则；[③]周佑勇教授则认为，行政法基本原则包括行政法定原则、行政均衡原则和行政正当原则。[④] 如此等等，不一而足。[⑤] 上述各种提法，内容多有穿插交叠，有些名称不同但内容相同，有些名称相同但内容不同。

第二个层次的研究萌芽于20世纪90年代末，兴起于21世纪初，持续至今，蔚为大观。较早的文献如孟大川所著《试论行政合法与行政合理原则的关系》（《理论与改革》1997年第4期）、潘佳铭所著《美国宪法“正当程序原则”及其人权纪录》（《西南师范大学学报（哲学社会科学版）》1997年第6期）。这一层次的研究不再纠结于行政法应具备哪些基本原则，而是专注于分别讨论法律保留（或行政法定）原则、法律优位（或称法律优先）原则、比例原则、合理原则、正当程序原则、信赖利益保护和合法期待原则（或称合理期待、正当期待、合法预期）、诚实信用原则等。此类研究又大致可分几个方面：第一，考察各个基本原则的国外法渊源，探究我国行政法借鉴或引入相

① 参见姜明安：《行政法的基本原则》，载《中外法学》1989年第1期。后来，姜明安教授在《行政法基本原则新探》（《湖南社会科学》2005年第2期）一文中对其观点作了补充和完善，认为行政法基本原则可分为实体性基本原则和程序性基本原则两个方面。他说：“在新世纪，我国行政法的实体性基本原则主要包括依法行政原则、尊重和保障人权原则、越权无效原则、信赖保护原则和比例原则；行政法的程序性基本原则主要包括正当法律程序原则、行政公开原则、行政公正原则、行政公平原则。”

② 参见杨海坤：《论我国行政法的基本原则》，载《上海社会科学院学术季刊》1990年第3期。

③ 参见马怀德：《论行政法的基本原则》，载《黑龙江省政法管理干部学院学报》1999年第1期。

④ 参见周佑勇：《行政法基本原则的反思与重构》，载《中国法学》2003年第4期。

⑤ 此外，张征提出“坚持四项基本原则、行政机关统一行使行政权原则、坚持合法性原则、坚持民主化原则、坚持合理性原则”（张征：《试论我国社会主义行政法的基本原则》，载《法律科学（西北政法大学学报）》1990年第5期）；章剑生教授提出“以有效率的行政权为基点，确立行政行为效力推定原则、行政自由裁量原则和司法审查有限原则；以有限制的行政权为基点，确立行政职权法定原则、行政程序正当原则和多元控权必要原则”（章剑生：《现代行政法基本原则之重构》，载《中国法学》2003年第3期）；薛刚凌教授提出“自由、权利保障原则，依法行政原则，行政效益原则”（薛刚凌：《行政法基本原则研究》，载《行政法学研究》1999年第1期）。

关基本原则的必要性与重要意义;[①]第二,讨论各个原则的基本内涵、基本要求、内部构成、适用条件以及适用范围;[②]第三,研究特定基本原则在特定行政领域的引入与适用;[③]第四,考察特定基本原则在行政实践以及行政审判实践中的适用现状、存在问题与解决之策等;[④]第五,分析特定的基本原则相互之间的关系。[⑤] 这些成果对于行政法各个基本原则的研究可谓条分缕析、深入机理。

第三个层次的研究开始于21世纪之初,继第二个层次研究之后,断断续续,成果相对较少,有待深入。总体来看,这一层次的研究已不再满足于对单个基本原则进行整体性研究,而是进一步深化到特定基本原则内部的子原则或者内部的构成要素进行研究,如关于比例原则的适当性原则、必要性

---

① 如吴万得所著《论德国法律保留原则的要义》(《政法论坛》2000年第4期)、邓毅所著《德国法律保留原则论析》(《行政法学研究》2006年第1期)、杨炳超所著《论美国宪法的正当程序原则——兼论我国对该原则的借鉴》(《法学论坛》2004年第6期)、范剑虹所著《欧盟与德国的比例原则——内涵、渊源、适用与在中国的借鉴》(《浙江大学学报(人文社会科学版)》2000年第5期)等。

② 如余凌云所著《行政法上合法预期之保护》(《中国社会科学》2003年第3期)、周佑勇所著《行政法的正当程序原则》(《中国社会科学》2004年第4期)、黄学贤所著《行政法中的法律保留原则研究》(《中国法学》2004年第5期)和《行政法中的比例原则研究》(《法律科学(西北政法大学学报)》2001年第1期)、刘丹所著《论行政法上的诚实信用原则》(《中国法学》2004年第1期)、杨登峰所著《行政法定原则及其法定范围》(《中国法学》2014年第3期)与《行政法诚信原则的基本要求与适用》(《江海学刊》2017年第1期)以及《法无规定时正当程序原则之适用》(《法律科学(西北政法大学学报)》2018年第1期)、蒋红珍所著《正当程序原则司法适用的正当性:回归规范立场》(《中国法学》2019年第3期)、梅扬所著《比例原则的适用范围与限度》(《法学研究》2020年第2期)、郑雅方所著《论我国行政法上的成本效益分析原则:理论证成与适用展开》(《中国法学》2020年第2期)等。

③ 如高秦伟所著《论社会保障行政中的正当程序》(《比较法研究》2005年第4期)和《美国行政法中正当程序的"民营化"及其启示》(《法商研究》2009年第1期)、叶必丰所著《行政和解和调解:基于公众参与和诚实信用》(《政治与法律》2008年第5期)、赵宏所著《试论行政合同中的诚实信用原则》(《行政法学研究》2005年第2期)等。除此之外,郑晓剑所著《比例原则在民法上的适用及展开》(《中国法学》2016年第2期)、纪海龙所著《比例原则在私法中的普适性及其例证》(《政法论坛》2016年第3期)等也属于这一类研究,不过已经跨出了行政法的范畴。

④ 如周佑勇所著《司法审查中的滥用职权标准——以最高人民法院公报案例为观察对象》(《法学研究》2020年第1期)和《司法判决对正当程序原则的发展》(《中国法学》2019年第3期)、刘权所著《行政判决中比例原则的适用》(《中国法学》2019年第3期)、王静所著《比例原则在中国行政判决中的适用》(《交大法学》2017年第4期)、何海波所著《司法判决中的正当程序原则》(《法学研究》2009年第1期)、湛中乐所著《行政法上的比例原则及其司法运用——汇丰实业发展有限公司诉哈尔滨市规划局案的法律分析》(《行政法学研究》2003年第1期)、刘国乾所著《土地征收审批的正当程序改革》(《法学研究》2012年第4期)等。

⑤ 如张淑芳所著《行政优先权与法律优先之鉴别》(《政治与法律》2004年第1期)、孙展望所著《法律保留与立法保留关系辨析——兼论立法法第8条可纳入法律保留范畴》(《政法论坛》2011年第2期)、曾祥华所著《法律优先与法律保留》(《政治与法律》2005年第4期)、杨登峰所著《从合理原则走向统一的比例原则》(《中国法学》2016年第3期)、杨登峰与李晴所著《行政处罚中比例原则与过罚相当原则的关系之辨》(《交大法学》2017年第4期)等。

原则或者均衡性原则的研究[①]以及关于正当程序原则之听证制度、回避制度、说明理由制度的研究等[②]。这一研究将行政法基本原则研究推向一个新高度、一个深层次。

经由上述三个层次、三个阶段的研究，法律界对行政法基本原则的认识已经今非昔比。不仅对行政法应当遵循的基本原则有了越来越多的共识，而且对每一个基本原则的理解也越来越深入。但这并不等于说行政法基本原则的研究已经万事大吉、无事可做了。事实上，行政法基本原则仍有大量问题悬而未决，存在较大的进一步讨论和研究的空间。

就行政法定原则而言，2014 年十八届四中全会通过的《中共中央关于全面推进依法治国若干重大问题的决定》提出要“推进机构、职能、权限、程序、责任法定化”，但如何理解和推行这五种类型的法定化，还缺乏必要讨论。该决定还提出“没有法律法规依据不得作出减损公民、法人和其他组织合法权益或者增加其义务的决定”。这是否意味着行政法定仅限于“侵害行政”，给付行政、中性行政等其他行政都排除在行政法定原则的适用范围之外，其中的“权利”与“义务”的范围如何理解，是否包括程序性等其他权利与义务，也不得而知。此外，即便特定行政行为明确需于法有据，相应的“法”指的是哪个位阶的（如是法律、行政法规、地方性法规或者规章），也需要进一步研究和界定。

就法律优先原则而言，法律优先中的“法律”如何界定；在实质法治与形式法治的不同理念下，行政行为的合法性判断存在何种差异；比之于具体行政行为，行政立法行为、行政规范性文件的合法性判断有何特殊性，各自的判断标准与方法如何确立；在已经确立改革试验授权制度的前提下，先行先试的合法性判断又有何特殊性。这些问题均有待研究。

就比例原则而言，首要的问题是，它的基本要求或构成要素有哪些？除

---

① 如蒋红珍所著《论必要性原则适用的困境及其出路》（《现代法学》2006 年第 6 期）、《论适当性原则——引入立法事实的类型化审查强度理论》（《中国法学》2010 年第 3 期）、《目的正当性审查在比例原则中的定位》（《浙江工商大学学报》2019 年第 2 期），以及刘权所著《目的正当性与比例原则的重构》（《中国法学》2014 年第 4 期）、《均衡性原则的具体化》（《法学家》2017 年第 2 期）等。

② 如王克稳所著《略论行政听证》（《中国法学》1996 年第 5 期）、宋炉安与张越所著《试论行政处罚的听证程序》（《中国法学》1996 年第 5 期）、姜明安所著《公众参与行政法治》（《中国法学》2004 年第 2 期）、章剑生所著《论行政行为说明理由》（《法学研究》1998 年第 3 期）和《论行政回避制度》（《浙江大学学报（人文社会科学版）》2002 年第 6 期）、胡峻所著《论行政立法回避制度——兼与杨建顺教授商榷》（《现代法学》2008 年第 5 期）、章志远所著《行政立法相对回避模式之建构》（《浙江社会科学》2018 年第 3 期）等。

了包含“适当性原则”“必要性原则”和“均衡性原则”的三阶理论之外，目前还有在三阶理论基础上排除“适当性原则”的两阶理论和增加“目的正当性原则”的四阶理论，如何在三种意见中作出选择，是正确适用比例原则时首先要解决的。此外，在行政法中，规范行政裁量权的法律原则，除了比例原则，还有(英国的)合理原则、平等原则、正当程序原则；特别是，针对一些行政行为，行政法还特别规定了具体原则，如过罚相当原则，这种情形下，如何处理比例原则与这些原则之间的关系，也是适用比例原则时必须面对的问题。当然，除了这些较为宏观的问题之外，比例原则之每个子原则的适用也不无讨论的余地。

除了上述原则，其他原则如正当程序、诚实信用等原则的适用也不无疑问。如果这些问题解决不了，或者解决不好，则前述行政法基本原则作为行政法基本方法论的功能就不能很好地发挥。例如，如果行政法定原则不是全部法定而是部分法定，法定依据不是单一的，行政法的思维方法就要作相应调整，进一步具体化。第一个思考的问题就不再是“作出某行政行为有没有法律依据”，而是“作出某行政行为需不需有法律依据”以及“该行政行为须有哪个位阶的法律依据”，然后才可以追问“作出的该行政行为有没有相应的法律依据?”如此一来，前文所述行政法律思维的基本方法与步骤可调整并重新表述如下：

第一，作出某行政行为需不需有法律依据?

若不须有，则可作，作了即合法；

若须有，则须问：

第二，作出该行政行为需要哪个位阶的法律依据?

第三，作出该行政行为有没有该位阶的法律依据?

若无，则不可作，作了即违法；

若有，则须问：

第四，作出该行政行为是否符合相应的法律规定?

……

由上可以看出，第一题关于行政法基本思维方法的描述只是一个大轮廓，要使行政法的思维方法更加具体，能够真正解决现实问题，还需要进一步深化、细化，而这又依赖于对行政法基本原则更为具体深入的研究。否则，行政法基本原则依然是个“花架子”。

三、本书的基本结构与内容

2004年国务院制定的《全面推进依法行政实施纲要》对依法行政的基本原则作了基本阐述，并提出“合法行政”“合理行政”“程序正当”“高效便民”“诚实守信”“权责统一”六项基本要求，而这六项要求在行政法学教科书以及相关论著中常常被视为行政法的六项原则，至少其中的“合法行政”（包括行政法定和法律优先两个方面）“合理行政”“程序正当”“诚实守信”作为行政法的基本原则是为大家所公认的。基于此，笔者主要围绕行政法定原则、法律优先原则、比例原则、正当程序原则和诚实信用原则展开研究，重点解决这些基本原则在行政执法和行政司法实践中的适用问题。

本书共有五章，各章关注问题和主要内容如下。

第一章“行政法定原则及其适用”主要讨论四个问题：第一，在我国提出行政法定原则的必要性，并阐明行政法定原则与议会保留、法律保留、行政职权法定等原则之间的关系；第二，行政法定原则的法定范围，回答行政主体做哪些事情需要以法律规定为前提，哪些事项不需要以法律规定为前提，也就是划定需要于法有据的行政事项范围；第三，行政程序法定的必要性以及法定范围，提出了“行政程序以义务性程序为法定范围”的命题；第四，行政机构也就是行政组织的法定化及其法定范围。

第二章“法律优先原则及其适用”在介绍法律优先原则概念的基础上主要讨论三个问题：第一，在实质法治时期，法律优先原则的基本内涵和基本要求。从五个方面探讨了在实质法治理念下，行政行为合法性判断可能存在的特殊性，从而揭示了实质法治时期法律优先原则应当具有的新内涵。第二，法规、规章合法性的判断，包括下位法（法规和规章）与上位法相抵触的主要形态、“规定性”下位法与上位法抵触的认定、“设定性”下位法与上位法相抵触的认定。第三，先行先试（改革创新试验行为）的合法性判断，即在已经建立的先行先试授权制度的前提下，先行先试（改革创新试验行为）合法性判断的特殊性。

第三章“比例原则及其适用”在追溯比例原则历史渊源与基本要求的前提下，进一步讨论了三个问题：第一，比例原则的内部构成，即针对“四阶理论”讨论将“目的正当性”要求纳入比例原则的正当性；第二，英国合理原则与德国比例原则在我国的选择与应用，即回答我国行政法应当选择英国的合理原则还是德国的比例原则作为制约和规范行政裁量权的基本原则;第三,比例原则与过罚相当原则的选择与适用,探讨在行政处罚法领域,如何妥善处理比例原则与过罚相当原则之间的关系。

第四章“正当程序原则及其适用”在追溯正当程序原则历史渊源以及在我国的引入过程的基础上,进一步讨论了三个问题:第一,正当程序原则的基本内涵,尤其是其中的“禁止偏私”和“公平听证”两个子原则的内涵;第二,正当程序原则的适用范围,主要追溯了正当程序原则的适用范围在英美国家的扩展过程,以加强我们对这一问题的历史认识;第三,正当程序原则与成文法规定的程序之间的关系,主要探讨在成文法对行政程序没有规定或者规定有所不足时,应用正当程序原则补充成文法规定的行政程序的范围、条件和形式。

第五章“诚实信用原则及其适用”旨在探讨三个方面的问题:第一,行政法诚实信用原则的基本内涵和基本要求,特别是“善意”与“信任”两个含义;第二,诚实信用原则与信赖利益保护、行政目的正当性以及利益平衡等原则之间的关系;第三,诚实信用原则的适用范围、与其他法律原则在适用次序上的关系以及适用的例外情形。不过,笔者写作时采用的方法是叙事式的,追溯了诚信原则的罗马法渊源与文化基础、诚信原则在近现代西方国家的应用与发展、诚信原则在我国的应用与发展等,试图通过这样一个叙事,对诚信原则引入行政法的背景有一个更为全面和深入的了解。

本书仍是行政法基本原则研究的初步展开,没有解决行政法基本原则及其适用所面临的所有问题,甚至对一些基本而重要的问题也没有进行研究和讨论。例如,关于行政法定原则,没有触及行政法定原则之法的位阶,回答如果某行政行为的作出须以法律规定为前提的话,需要以哪个位阶的法律规定为前提,是法律、法规还是规章,即探讨行政行为应当依据的法律规范的位阶。再如,关于比例原则与其他原则之间的关系,仅讨论了与合理原则、过罚相当原则之间的关系,没有讨论与新近讨论的成本效益分析原则之间的关系。如此等等。因此,本书的研究内容是开放的和点状的,而非封闭的、网状的,不求系统性和完整性,但求深入性和适用性,仍是行政法基本原则研究的起点,不是终点,最多只是中点。

在体例上,为了便于阅读,各章前设置了“内容提要”,对各章的主要问题、主要内容、主要观点等作了一个概括性交代;在每章末尾,均列举了五个典型案例供大家参阅，这些案例或者是指导案例，或者是公报案例，或者是典型案例，都具有一定的代表性。在内容安排上，没有追求体系的完整性，只是对理论和实践中遇到的实际问题进行了个别性的重点研究；相关的但未予研究的问题，则是笔者进一步努力精进的方向。在风格上，因各章所面对的问题不同，所采用的研究方法、写作风格和体例安排均不尽相同。

还要说明的是，全书写作立基于笔者之前撰写发表的如下论文：

1.《合理、诚信抑或比例原则：目的正当性归属之辨》，载《中外法学》2021 年第 4 期。

2.《行政程序法定原则的厘定与适用》，载《现代法学》2021 年第 1 期。

3.《行政机构设置法定的范围》，载《江苏行政学院学报》2020 年第 4 期。（与王晓强合著）

4.《法无规定时正当程序原则之适用》，载《法律科学（西北政法大学学报）》2018 年第 1 期。

5.《政府诚信评估：政府守信践诺的机制保障》，载《宁夏师范学院学报》2018 年第 8 期。

6.《行政法诚信原则的基本要求与适用》，载《江海学刊》2017 年第 1 期。

7.《指导案例 6 号的未竟之业》，载《法治现代化研究》2017 年第 3 期。

8.《行政处罚中比例原则与过罚相当原则的关系之辨》，载《交大法学》2017 年第 4 期。（与李晴合著）

9.《从合理原则走向统一的比例原则》，载《中国法学》2016 年第 3 期。

10.《行政法定原则及其法定范围》，载《中国法学》2014 年第 3 期。

部分章节的部分内容是在对上述论文的相关内容进行修改、调整和补充的基础上完成的。对此，后续不在各章作具体说明。此外，第五章“诚实信用原则及其适用”原本是为胡建淼教授主编的《法律原则》（本书付梓时尚未出版）第 32 章而撰写的，现在纳入了这部著作。

本书的出版得到周佑勇教授、刘艳红教授和东南大学法学院各位同仁的大力支持；北京大学出版社徐音女士积极帮助联系出版事宜，对书稿进行了非常认真的审阅和校对，付出了辛苦劳动，提出了许多非常宝贵的意见；李冕、车骋、梁捷莺、司雯等同学在本书写作过程中也提出了诸多修改意见，特别是对文字进行了认真校对，在此一并深表感谢。此外，长期坐冷板凳的工作带给家庭不少沉寂，使生活少了许多乐趣，但我的父母、爱人和女儿始终予以包容和支持，在此也对他们表达深切的谢意和歉意。由于本人水平有限，研究不够深入透彻，肯定还存在很多问题，恳请大家批评指正。

简目 Contents

详目

Contents

第一章

行政法定原则及其适用*

【内容提要】

行政法定原则与法律保留原则相关但不相同，前者是对后者的扩展。法律保留原则主要考虑代议机关与行政机关之间的关系；行政法定原则则全面考虑“法与行政”之间的关系，是在“法律保留”的基础上进而提出包括“法规、规章保留”在内的“法的保留”。实践中，行政法定原则被表述为“法无规定不可为”“法无规定即禁止”，或者被表述为行政要于法有据。这与民法上“法不禁止即自由”形成鲜明对比。可以说，行政法定原则是行政法与民法的分水岭，是决定行政法律思维的最根本原则。

行政法定原则的适用至少须解决两个方面的问题：一是法定原则的法定范围。它解决的问题是：行政主体做哪些事情需要以法律规定为前提。二是法定原则的法定位阶。它解决的问题是：如果某行政行为的作出须以法律规定为前提的话，需要以哪个位阶的法律规定为前提，是法律、法规还是规章。

行政法定是个大概念，按照中央文件的规定，行政法定包括机构法定、职能法定、权限法定、程序法定和责任法定五个方面。本章首先将行政行为分为行政管理行为和行政组织行为两个方面，再将行政管理行为分为行政行为的实体内容和程序要素两个方面，从而主要讨论行

---

* 本章主要内容发表于《行政法定原则及其法定范围》(《中国法学》2014 年第 3 期)、《行政程序法定原则的厘定与适用》(《现代法学》2021 年第 1 期)和《行政机构设置法定的范围》(《江苏行政学院学报》2020 年第 4 期，与王晓强合著)，编入本书时作了修改和调整。

政行为法定（实体内容法定）、行政程序法定和行政机构法定三个子原则及其适用范围，其他方面则留待以后研究。

行政行为法定指行政行为实体内容法定。对于行政行为法定范围的划分，我们认为，自由权的消极性与社会权的积极性可成为界定行政法定范围的宪法依据。概而言之，干涉自由权之外部侵害行为与干预性给付行为、内部侵害行为与特殊给付行为以及给相对人增加义务的程序、组织行为应纳入法定范围，其他行政行为应排除在外。

我国行政法律界虽已提出并应用行政程序法定原则，但对这一原则的含义、基本要求、适用范围和解释功能等缺乏正确认识，从而与正当程序原则、合理原则（比例原则）、法的安定性原则相混同。行政程序法定不仅指行政程序应由法律法规规定，更指行政机关不得在成文法规定的程序之外自行增加行政程序。站在行政相对人的立场上，行政程序可划分为权利性程序和义务性程序两类。只有义务性程序和权利性程序的限制与排除须遵循法定原则，权利性程序则遵循正当程序原则。“违反法定程序”应从两个方面来界定，对权利性程序而言，系指违反正当程序原则；对义务性程序而言，系指违反程序法定原则。对义务性程序条款、权利性程序的限制与排除条款的解释，应遵循有利解释规则。对于改革实践中先行取消或简化义务性程序的行为，应依据程序权利保障原则加以判断，只要改革试验没有减损人民的程序性权利或者增加人民的程序性义务，就可以评价为合法。

行政机构设置法定是法治政府建设应坚守的一项基本原则。如何划分法定范围也是适用这一原则的核心问题。以人权保障为基础的重要性理论应当成为划定法定范围的正向标准，而功能结构主义构成反向标准；前者是主要标准，而后者是辅助标准。基于此，应将执法性行政机构的设立、撤销、合并与所有行政机构设置的报批程序划入法定范围，将服务性行政机构的设置与所有行政机构的规格升降、名称变更以及部分临时性、试验性机构的设置排除在法定范围之外。

本章最后选择了五个案例供大家参考。

【关键词】

行政法定；法律保留；行政行为法定；行政程序法定；行政机构法定。

一、行政法定原则及其基本问题

(一) 何以为行政法定，而非仅法律保留

提出和讨论行政法定原则，必先说明它与法律保留原则的关系，只有这样才能明确本章讨论的话题。在我国，法律保留原则应当分立法法原则和行政法原则两个层面来理解。

作为立法法原则，法律保留原则旨在划定代议机关与其他立法主体之间的立法权限。它着眼于不同立法主体之间的立法权限划分，旨在明确哪些事项（或哪些法律规范的制定）属于全国人大及其常委会的立法权限，哪些事项（或哪些法律规范的制定）属于其他立法主体（如国务院、省级人大和设区的市的人大及其常委会、国务院部委和省级人民政府等）的立法权限。《中华人民共和国立法法》（以下简称《立法法》）第 8 条关于法律保留事项的规定本质上是这个意义上的。[①] 立法法上的法律保留原则一般仅划定全国人大及其常委会的立法权限，这可以从我国法律实践得到印证。例如，《立法法》第 8 条规定，诉讼和仲裁制度只能制定法律，属于法律保留范围。行政案件判决制度属于行政诉讼法的重要内容，但人民法院通过司法解释发展行政案件判决制度的实践得到承认：1989 年《中华人民共和国行政诉讼法》（以下简称《行政诉讼法》）仅规定了维持、撤销、履行和变更四种判决形式[②]，由于不能满足行政审判实践需要，2000 年《最高人民法院关于执行〈中华人民共和国行政诉讼法〉若干问题的解释》在四种判决的基础上增加了驳回、确认违法和无效、赔偿等判决形式，并长期得到应用。[③] 再如，按照《立法法》第 8 条的规定，民事基本制度只能制定法律，属于法律保留范围。但众所周知，民法允许司法机关在个案中发展法律，补充法律漏洞。因此，《中华人民

---

① 相关研究参见刘连泰：《评我国〈立法法〉第八条、第九条关于"法律保留"制度》，载《河南省政法管理干部学院学报》2003 年第 3 期；孙展望：《法律保留与立法保留关系辨析——兼论立法法第 8 条可纳入法律保留范畴》，载《政法论坛》2011 年第 2 期。

② 参见 1989 年《行政诉讼法》第 54 条。

③ 参见《最高人民法院关于执行〈中华人民共和国行政诉讼法〉若干问题的解释》（法释〔2000〕8 号）第 56—58 条。

共和国民法典》(以下简称《民法典》)第10条规定:“处理民事纠纷,应当依照法律;法律没有规定的,可以适用习惯,但是不得违背公序良俗。”这与行政法上法律保留原则大相径庭。

行政法上的法律保留原则主要揭示立法机关与行政机关之间的关系,或者说主要揭示立法权与行政权之间的关系。它指明,哪些事项须先由立法机关通过立法加以规定,而后由行政机关依据法律规定来处理;哪些事项可由行政机关自行来处理,而无须以法律规定为前提。前者为法律保留的事项,后者则为法律保留之外的事项。这种权限划分的结果,在行政法上就意味着,但凡属于法律保留的事项,行政机关必须以法律规定为前提;未经法律规定的,不得为之。因此,行政法有了“法无规定即禁止”或“法无规定不可为”以及“法无授权即禁止”或“法无授权不可为”的法谚。但必须要明确的是,这里的“法”仅指国家代议机关(在我国即全国人大及其常委会)制定的法律或经其授权制定的行政法规。

目前,法律保留原则在许多国家和地区,如德国、日本、我国台湾地区,都得到承认和应用。① 英美国家虽未使用法律保留这一概念,但其法治概念或分权原则中包含了这一思想。如威廉·韦德讲,英国法治的基本含义是:“任何事件都必须依法而行。将此原则适用于政府时,它要求每个政府当局必须能够证实自己所做的事是有法律授权的,几乎在一切场合这都意味着议会立法的授权。否则,它们的行为就是侵权行为或侵犯了他人的自由。政府行使权力的所有行为,即所有影响他人法律权利、义务和自由的行为都必须说明它的严格的法律依据。”②我国行政法学者近年也广泛介绍了法律保留原则。③ 我国要建立社会主义民主法治国家,在行政法实践活动中坚持法律保留原则无疑非常必要,且极为重要。迄今,法律保留原则已不再只是

---

① 参见〔日〕盐野宏:《行政法》,杨建顺译,法律出版社1999年版,第51—56页;翁岳生编:《行政法》(上册),中国法制出版社2002年版,第178页以下。

② H. W. R. Wade, C. F. Forsyth, *Administrative Law*, 10th edition, Oxford University Press, 2009, p. 17。在美国,法律保留是分权原则的基本要素,“必须在获得负政治责任的官员制定的一般规则授权的情况下,政府才可以干预个人的自由;而且,规则的制定者不得是规则的执行者”。See Stephen G. Breyer, Richard B. Stewart, Cass R. Sunstein, Matthew L. Spitzer, *Administrative Law and Regulatory Policy: Problems, Text, and Cases*, Citic Pulishing House, 2003, p. 37.

③ 相关文献如黄学贤:《行政法中的法律保留原则研究》,载《中国法学》2004年第5期;吴万得:《论德国法律保留原则的要义》,载《政法论坛》2000年第4期;肖北庚:《法律保留实质是权利保留》,载《现代法学》2008年第2期;叶海波、秦前红:《法律保留功能的时代变革——兼论中国法律保留制度的功能》,载《法律评论》2008年第4期。

理论上的倡议，而是我国现行法律特别是立法法等相关立法的规定。[①] 但是，要揭示我国行政与法的关系，基于我国宪法制度、立法制度和法律实践的需要，停留在法律保留这一层面或者简单地套用法律保留这一概念还远远不够。

首先，在我国，如同行政权不单纯由行政机关行使一样，立法权并非仅由全国人大及其常委会行使。除了全国人大及其常委会，国务院、国务院所属部委、省级人大和设区的市的人大及其常委会、省级人民政府和设区的市的人民政府也在行使部分立法权。如此一来，行政机关不仅可以依据法律从事行政活动，还可以依据行政法规、地方性法规、自治条例、单行条例、部门规章和地方政府规章从事行政活动。《中华人民共和国行政处罚法》（以下简称《行政处罚法》）、《中华人民共和国行政许可法》（以下简称《行政许可法》）和《中华人民共和国行政强制法》（以下简称《行政强制法》）规定，法规和规章均可设定行政处罚、行政许可或行政强制。2004 年国务院制定的《全面推进依法行政实施纲要》（以下简称《纲要》）明确指出："没有法律、法规、规章的规定，行政机关不得作出影响公民、法人和其他组织合法权益或者增加公民、法人和其他组织义务的决定。"2014 年《中共中央关于全面推进依法治国若干重大问题的决定》（以下简称《决定》）也规定："行政机关不得法外设定权力，没有法律法规依据不得作出减损公民、法人和其他组织合法权益或者增加其义务的决定。"比之于《纲要》的规定，《决定》不再将规章作为"减损人民权益或增加其义务"的依据，但依然包括法律、法规两个比较广泛的部分。这些充分说明，我国行政的依据不限于法律。拘泥于法律保留原则，只能反映和处理我国法律与行政之间的关系，却不能反映和处理其他法规范与行政之间的关系。

其次，基于法治原则，在法律保留范围之外，仍需在一定范围由行政法规、地方性法规和行政规章先行作出一般性规定，而后由行政机关依行政法

---

① 《立法法》第 8—9 条虽然是关于立法法法律保留原则的规定，但在行政法领域体现了法律保留原则，如第 8 条规定"下列事项只能制定法律：……（五）对公民政治权利的剥夺、限制人身自由的强制措施和处罚；（六）税种的设立、税率的确定和税收征收管理等税收基本制度；（七）对非国有财产的征收、征用……"第 9 条规定："本法第八条规定的事项尚未制定法律的，全国人民代表大会及其常务委员会有权作出决定，授权国务院可以根据实际需要，对其中的部分事项先制定行政法规，但是有关犯罪和刑罚、对公民政治权利的剥夺和限制人身自由的强制措施和处罚、司法制度等事项除外。"除此之外，《行政处罚法》《行政许可法》《行政强制法》等法律关于法律专属事项的规定也是法律保留原则的体现。

规、地方性法规和行政规章对特定行政事务予以处理,不能任由行政机关自由为之。这是因为,与法律一样,行政法规、地方性法规、行政规章是一般性的行为规范,制定者无须也不大可能考虑特定人的利益,从而有助于他们站在更为公正和理性的立场上进行分析和判断,防止偏袒和恣意的发生;此外,"从较为技术面的观点看,法律是以公开方式作成的一般性、预先性的规范,可使国家行为对人民而言更具有可量度性、可预见性与可信赖性"①。因此,不需要法律保留不等于不需要法规或规章的"保留"。但是,行政任务复杂而多变,要求所有的行政事务都先由法律、法规或规章事先作一般性规定也不现实。过分束缚行政机关的手脚,人民的利益会反受其害。这就需要为其划出一个适当的范围。

正是基于上述考虑,笔者使用行政法定这一概念,在法律保留的基础上进一步讨论"法的保留",试图对我国"法与行政"的关系作出更加全面的说明。如果要下个定义的话,则可将行政法定原则表述为:行政机关作成行政决定必须有法上的依据;无法上的依据,行政决定即为违法。显然,行政法定不是对法律保留原则的颠覆或抛弃,而是在保留或继承该思想的基础上,将问题作进一步延伸。这可由法律保留与行政法定之间的层次关系来说明。

法律保留原则往往分为议会(或国会)法律保留、可授权的法律保留两个层次。"国会保留要求立法者就特定事务无论如何必须'亲自'以法律决定,不得委由他人代劳。""国会保留属于法律保留中禁止授权的部分,可说是法律保留的'核心'部分。"②所谓可授权的法律保留,是指相关事项虽属议会立法的职责范围,但议会可通过法律授权行政机关以法规命令加以规定,行政机关因此也可依据此种授权性行政法规作出行政决定。③ 行政法定原则是在议会保留和可授权的法律保留的基础上,将问题推进一步,即进一步探讨哪些行政活动即便无须以法律或授权性行政法规为依据,但仍须以职权性行政法规、地方性法规或行政规章为依据。据此,在行政法定概念下,至少可以分出"人大保留""可授权的法律保留""行政法规保留""地方性法

① Staupe, Parlamentsvorbehalt und Delegtionsbefugnis, Berlin 1986, S. 42 ff., 158. Rengeling, Vorbehalt und Bestimmtheit des Atomgesetzes, NJW 1978, S. 2218。转引自许宗力:《论法律保留原则》,载许宗力:《法与国家权力》(一),元照出版公司 2006 年版,第 121—122 页。

② 翁岳生编:《行政法》(上册),中国法制出版社 2002 年版,第 183 页。

③ 同上书,第 183—185 页。

规保留”“规章保留”等多个层次。其中，“人大保留”是核心，“可授权的法律保留”是内壳，“行政法规保留”“地方性法规保留”“规章保留”等是外沿。因此，行政法定原则是基于我国立法权多元多层级这一立法体制之现实，把行政与法的关系的思考范围进一步扩展到法律保留范围之外。

行政法定与法律保留之间的上述关联性也反映出三点差异性：

首先，行政法定之“法”与法律保留之“法律”的渊源不同。法律保留原则要求行政行为必须以法律或者授权性行政法规为前提。因此，法律保留之法律主要指议会制定的法律文件，最多包括授权性行政法规。行政法定原则则不然。属于法律保留范围的行政行为须以法律为根据，法律保留之外但属于行政法定范围的须以法规或规章为依据。因此，除法律、授权性行政法规外，职权性行政法规（即国务院依据宪法或组织法赋予的职权制定的行政法规）、地方性法规（包括自治条例和单行条例）、部门规章、地方政府规章均可成为行政的依据。行政法定原则之“法”的渊源包括但不限于法律保留原则之“法律”渊源。

其次，法律保留原则反映的是代议机关与行政机关之间的分权关系，主要解决哪些事务须保留给代议机关来处理，哪些事务须保留给行政机关自行来处理；而行政法定原则反映的是行政法规范与行政行为之间的依存关系，主要解决哪些事务只能在有权机关制定法律规范的前提下才能作出行政行为，哪些事务可在没有法律规范的前提下直接以行政决定的方式来处理，或者依据其他规范性文件来处理。虽然都涉及立法权和行政权的划分，但法律保留原则所指的立法权是代议机关享有的狭义立法权，而行政法定原则所指的立法权是包括行政机关的立法权在内的广义立法权。因此，行政法定所揭示的是“法与行政”的关系，而非代议机关与行政机关之间的公权关系。

最后，法律保留原则以议会民主、法治国家和人权保障原则为根据[①]，行政法定原则则主要以法治和人权保障原则为依据，兼顾民主原则。行政法定原则的法概念中包括大量行政法规和规章。虽然我国行政法规和规章的

---

① 参见〔德〕哈特穆特·毛雷尔：《行政法学总论》，高家伟译，法律出版社2000年版，第104页；许宗力：《论法律保留原则》，载许宗力：《法与国家权力》（一），元照出版公司2006年版，第15—25页。

制定程序均引入了听证，须广泛听取社会各界与民众意见[①]，且中央政府和地方政府主要成员由中央和地方人大选举产生并向其负责，行政法规、规章也不得与法律相抵触，从而间接受到民主原则的制约，故不能说行政法规和规章的制定毫无民主性，但与民主原则的要求尚有一定距离。所以，行政法定原则的主要理论依据应是法治原则和人权保障原则。它依靠法的一般性，确保行政行为的确定性，从而使公民可以预见和测度行政活动，最终达到维护自身合法权益的目的。

行政法定与法律保留原则的上述异同表明，讨论行政法定原则的相关问题不能脱离但也不能局限于法律保留原则。

（二）行政法定原则的五个层次及其基本问题

2014 年十八届四中全会通过的《决定》规定："完善行政组织和行政程序法律制度，推进机构、职能、权限、程序、责任法定化。行政机关要坚持法定职责必须为、法无授权不可为，勇于负责、敢于担当，坚决纠正不作为、乱作为，坚决克服懒政、怠政，坚决惩处失职、渎职。行政机关不得法外设定权力，没有法律法规依据不得作出减损公民、法人和其他组织合法权益或者增加其义务的决定。推行政府权力清单制度，坚决消除权力设租寻租空间。"十九届三中全会通过的《中共中央关于深化党和国家机构改革的决定》再次提出："要依法管理各类组织机构，加快推进机构、职能、权限、程序、责任法定化。"按照这些规定，行政法定原则是一个大概念，具体可分为机构法定、职能法定、权限法定、程序法定和责任法定五个方面。不过，由于在行政和法律实践中对于职能和权限并没有形成一致的界定，这五个方面中的职能法定与权限法定究竟所指为何，究竟如何区别，并不清晰。[②] 笔者以为，可以参考《决定》的规定，将行政法定原则分为行政机构法定、行政职权法定、行政行为法定和行政责任法定四个方面。由于行政行为包括实体要素和程序要素，可将行政行为法定再分为行政行为实体内容法定与行政行为程

① 参见《行政法规制定程序条例》(2002 年)第 19 条第 2 款、第 20 条、第 21 条、第 22 条以及《规章制定程序条例》(2002 年)第 15 条。

② 在现代汉语中，职能、职权和权限之间的界限不是很好把握。"职能：人、事物、机构应有的作用、功能。""职权：职务范围以内的权力。""职责：职务和责任。""权力：职责范围内的支配力量。""权限：职权范围。"参见中国社会科学院语言研究所词典编辑室编：《现代汉语词典》(2005 年增补本)，商务印书馆 2005 年版，第 1130、1750 页。

序法定两个方面。[①] 两个层面综合起来，也就将行政法定原则分为行政机构、行政职权、行政行为实体内容、行政行为程序和行政责任法定五个层面。

所谓行政机构法定，是指行政主体及其内部机构的设立要以法律、法规和规章的规定为前提，没有法律、法规或者规章依据不得随意设定行政主体及其行政机构。所谓行政职权法定，是指行政机关管辖权的法定化，即行政机关的事项管辖权以及与此紧密相关的地域管辖权、层级管辖权，均先由法律、法规或者规章来规定，而后由行政机关在法定的管辖权限内依法作出行政行为。所谓行政行为内容法定，即行政行为的实体内容法定，是指行政主体作出的行政行为的实体要素的法定，即行政机关在什么条件下可以作出什么样的行政行为，要以法律、法规或者规章的规定为前提，没有法律、法规或者规章的规定，行政机关不得擅自作出相关实体性行政行为。所谓行政程序法定，是指作出实体行政行为的程序要以法律、法规或者规章的规定为前提，没有法律、法规或者规章的规定，不得实施相关的行政程序。所谓行政责任法定，则是指行政主体及其工作人员所承担的法律责任应以法律法规的规定为前提。

不论是行政机构法定、行政职权法定、行政行为实体内容法定、行政行为程序法定，还是行政责任法定，在适用层面都涉及法定范围、法定位阶、法定程度三个方面的问题。法定范围问题意味着，是所有的事项均须以法的规定为前提还是其中一部分？将这一问题分别落实到机构法定、职权法定、实体内容法定、程序法定、责任法定五个方面的话，就转化为五个方面的具体问题。例如，如果行政机构要法定化的话，是所有的行政机构都要法定化，还是其中的一部分；如果是其中一部分的话，是哪一部分。再如，如果行政程序法定化的话，是所有行政程序法定化，还是其中一部分；如果是一部分的话，是哪一部分。行政法定位阶问题意味着，如果相关事项属于法定范围，则应当由哪个位阶的法律渊源来规定，是法律、行政法规、地方性法规还是规章。由于法律分为基本法律和普通法律，行政法规分为授权性行政法规和职权性行政法规，地方性法规分为省级地方性法规和设区的市的地方

① 每一个行政行为（或者行政决定）都包括实体要素和程序要素两个方面。之所以将实体要素法定称为内容法定而非实体法定，是因为“实体”的内涵要大于“内容”。一个行政行为的实体要素包括行政职权和行政实体内容两个方面。

性法规,规章分为部门规章和地方政府规章,这个问题还可以据此进一步细化。行政法定程度与法律保留密度概念相近,它意味着,如果相关事项属于法定范围,法定位阶也确定了,相关立法对其规定应达到怎样的具体程度,是大致规定一下就可以了,还是要规定得非常具体明确。

上述三个方面的问题虽然相互关联,但最核心的是法定范围。考虑到自己的研究能力和研究条件,本章主要讨论法定范围问题,如果以后对法定位阶和法定程度问题有所研究,可以再作补充。即便是法定范围,也不能全面讨论。笔者以为,行政职权和行政责任应该全面法定化,不存在范围界定问题,故主要讨论行政行为内容法定、行政行为程序法定和行政机构法定的范围问题。

二、行政行为法定原则及其法定范围

行政行为是行政主体的意思表达。行政行为法定意味着,行政主体在什么情形下可以作出什么决定或者行为,要以法律规定为前提,要于法有据。因此,行政行为法定实际上是对行政行为的实体内容法定的简要表达,从而与行政程序法定即行政行为的程序要素法定相对应。下面先对我国行政行为法定原则的实施情况做一个考察,而后在探讨行政行为法定原则之法定范围的理论依据基础上,对行政权限法定原则的法定范围做一个划分。

(一)对行政行为法定原则之法定范围的实证考查

在我国,就行政行为实体内容法定的范围,至少有"部分法定"和"全面法定"两种意见。"部分法定"是《纲要》和《决定》所体现的思想。2004 年制定的《纲要》规定:"没有法律、法规、规章的规定,行政机关不得作出影响公民、法人和其他组织合法权益或者增加公民、法人和其他组织义务的决定。"2014 年制定的《决定》规定:"行政机关不得法外设定权力,没有法律法规依据不得作出减损公民、法人和其他组织合法权益或者增加其义务的决定。"按此,仅减损人民合法权益或增加人民义务的行政决定须有法的依据。"全面法定"则不然,它要求所有的行政都须有法上的规定。这一思想反映在一些国家领导人的讲话和学者的论述中。2010 年 8 月 27 日，国务院前总理温家宝在全国依法行政工作电视电话会议上讲："政府能做什么，不能做什么，要由法律来确定。政府只能行使法律赋予的权力，所有行政行为都要于法有据。"徐显明教授在 2012 年撰文指出："一切政府的权力都要来源于法律，没有法律授权的公共权力不得行使，这是法治政府的底线；所有政府公共权力的设立要有法律依据，没有法律依据的权力设立都是非法的。"[①]可见，坚持"部分法定"还是"全面法定"，在认识上存在分歧。不过，上述分歧仅是政策或理念上的。行政行为实体内容法定原则，在一定程度上或范围内，已是我国行政法律实践的现实，而不只是一种设想。因此，要想了解社会各界对行政行为实体内容法定原则之法定范围的理解和把握状况，还需对我国现行法律规定以及行政司法实践的现状作更深入具体的考察，以使我们对问题的把握更具有现实性和针对性。

我国行政法学通常按不同标准将行政行为分为侵害行为与给付行为、外部行为与内部行为等。如此一来，即便是坚持"部分法定"的思想，仍需追问：行政法定是仅指侵害行为还是包括给付行为，是仅指外部行为还是包括内部行为？下面的考查和分析便按照这一划分思路来进行。

1. *侵害行为并未全面践行法定原则*

行政法学所讲的"侵害行为"，并非民法学意义上的"侵害"，不以"不法侵害"为特征，但凡限制或剥夺了人民的某种权利，或者给人民增加义务的行政行为皆属之，如行政处罚、行政征收、行政强制等，又称不利行政、干预行政、干涉行政或秩序行政。本质上，侵害行为是对人民自由权的限制或剥夺。不过，与自由权之侵害无关的行政现象，如撤销行政许可、行政奖励、行政救助的决定，也会给相对人既得权利造成损害，应视为侵害行为。

我国不少法律文件规定了特定侵害行为法定原则。例如，《行政处罚法》第 4 条规定："公民、法人或者其他组织违反行政管理秩序的行为，应当给予行政处罚的，依照本法由法律、法规、规章规定，并由行政机关依照本法规定的程序实施。"《中华人民共和国税收征收管理法》（以下简称《税收征收管理法》）第 3 条第 1 款规定："税收的开征、停征以及减税、免税、退税、补税，依照法律的规定执行；法律授权国务院规定的，依照国务院制定的行政法规的

---

① 徐显明：《中国法治发展的十个趋势判断》，载《法制日报》2012 年 8 月 29 日第 9 版。

规定执行。"《行政强制法》第 4 条规定："行政强制的设定和实施，应当依照法定的权限、范围、条件和程序。"《行政处罚法》和《行政强制法》还特别强调，"其他规范性文件"不得设定行政处罚、行政强制。[①]

通过这些立法，行政处罚、行政征收、行政强制等典型的侵害行为的法定化，可谓铁板钉钉，无可争议。不过，有些侵害行为则无类似规定，于法无据者不乏其例。2008 年山西省政府为减少矿难、建立大型煤矿，要求所有年产量 300 万吨、单井产量 90 万吨以下的煤矿在两年内关闭并以省政府制定的价格并入或转让给指定的省属大中型煤矿或符合条件的其他煤矿，其结果是 1000 多座拥有合法采矿权的煤矿被强行兼并或重组，而兼并重组的依据仅为《山西省人民政府关于加快推进煤矿企业兼并重组的实施意见》(晋政发〔2008〕23 号)、《山西省人民政府关于进一步加快推进煤矿企业兼并重组整合有关问题的通知》(晋政发〔2009〕10 号)等文件。[②] 而这些文件连政府规章都够不上。[③] 再如，2011 年为抑制房价而发布的《国务院办公厅关于进一步做好房地产市场调控工作有关问题的通知》规定："在一定时期内……原则上对已拥有 1 套住房的当地户籍居民家庭、能够提供当地一定年限纳税证明或社会保险缴纳证明的非当地户籍居民家庭，限购 1 套住房(含新建商品住房和二手住房)；对已拥有 2 套及以上住房的当地户籍居民家庭、拥有 1 套及以上住房的非当地户籍居民家庭、无法提供一定年限当地纳税证明或社会保险缴纳证明的非当地户籍居民家庭，要暂停在本行政区域向其售

---

① 参见《行政处罚法》第 16 条、《行政强制法》第 10 条。

② 此外还有《山西省煤炭产业调整和振兴规划》(晋政发〔2009〕18 号)、《山西省人民政府办公厅转发省国土资源厅关于煤矿企业兼并重组所涉及资源采矿权价款处置办法的通知》(晋政办发〔2008〕83 号)。

③ 这些文件自称是根据《国务院关于促进煤炭工业健康发展的若干意见》(国发〔2005〕18 号)和《国务院关于同意山西省开展煤炭工业可持续发展政策措施试点意见的批复》(国函〔2006〕52 号)制定的。国务院的文件确实主张"培育大型煤炭企业和企业集团，促进中小型煤矿重组联合改造"，但是强调"坚持国家引导、扶持和企业自主发展相结合的原则，既要帮助企业解决历史遗留问题，为企业发展创造公平竞争的市场环境，又要尊重企业的自主发展权"；"引导和鼓励煤矿企业以'资源资产化管理、企业股份制改造、区域集团化重组'的方式，组建区域性、综合性煤炭企业集团"。而"山西煤改"事件中，政府却运用行政手段强制企业之间兼并重组，这显然与国务院强调的"引导与鼓励"原则不一致。此外，国务院的这两部文件都不属于行政法规，只能算是规范性文件。相关讨论参见罗秀兰：《公权力、私权利与法律保留——从"山西煤改"事件切入》，载《政法学刊》2010 年第 3 期；孙展望：《法律保留原则"着陆"的制度瓶颈——以"山西煤矿整合"事件为例》，载《河北法学》2011 年第 4 期。

房。”[1]国务院办公厅的“限购令”不是行政法规也不是部门规章，但“限购令”的执行限制了市场主体的经济自由。“限购令”依然是目前规制房产价格的“名不见法传”的行政手段。此外还有2012年交通部提出的“免费令”，即国庆、中秋、春节等节假期间，行驶在收费公路上的七座以下客车免收通行费。免收决定虽对小型客车车主有利，但对收费公路的投资者来说则不利，而他们才是免收决定的真正的行政相对人。这一决定是根据《国务院关于批转交通运输部等部门重大节假日免收小型客车通行费实施方案的通知》作出的，既非行政法规也非部门规章。

上述情形提出的问题是：除行政处罚、征收、强制等侵害行为之外，其他侵害性行为是否也应纳入行政法定范围，从而使侵害行为法定成为一项普适性原则？

2. 给付行为大多没有遵循法定原则

给付行为是与侵害行为相对的行政行为。作为一种行为类型，古已有之；但作为行政法学概念，由德国学者福斯多夫（Ernst Forsthoff，1902—1974）在1938年发表的《作为给付主体的行政》一文中首先提出。[2] 福斯多夫提出的给付行为，建立在“生存照顾”概念之上，即国家为完成其生存照顾责任而实施的行政行为，主要指国家为人民提供其生存所依赖的公共服务或设施，如供水、供电、交通、医疗等。[3] 目前，德国学界所讲的给付行为内涵已有所扩展，一方面指为个人提供特定目的的支持（如社会救助、助学金），另一方面指建设公共设施（如交通企业、养老院、幼儿园、学校、医院），以保

① 这一“限购令”提出之后，北京等城市相继发布文件，实施限购政策。如2011年2月16日发布的《北京市人民政府办公厅关于贯彻落实国务院办公厅文件精神进一步加强本市房地产市场调控工作的通知》（京政办发〔2011〕8号）规定：“继续巩固限购政策成果。自本通知发布次日起，对已拥有1套住房的本市户籍居民家庭（含驻京部队现役军人和现役武警家庭、持有有效《北京市工作居住证》的家庭，下同）、持有本市有效暂住证在本市没拥有住房且连续5年（含）以上在本市缴纳社会保险或个人所得税的非本市户籍居民家庭，限购1套住房（含新建商品住房和二手住房）；对已拥有2套及以上住房的本市户籍居民家庭、拥有1套及以上住房的非本市户籍居民家庭、无法提供本市有效暂住证和连续5年（含）以上在本市缴纳社会保险或个人所得税缴纳证明的非本市户籍居民家庭，暂停在本市向其售房。”

② 参见陈新民：《公法学札记》，中国政法大学出版社1999年版，第46页以下。

③ 19世纪自由主义的发展反而成为人类自由的威胁，人民单靠自己的努力已不能保障个人的生存。而“人民总是先求能够生存，以后才会要求享有自由、秩序与福祉。国家因此而负有广泛的照料人民生存照顾的义务，并受这种义务之拘束”。参见陈新民：《公法学札记》，中国政法大学出版社1999年版，第53页。

障和改善公民的生活条件。[①]

不过，我国现代行政法学中的给付行为并不限于生存保障。[②] 除此类给付外，还包括为管理经济文化、调整经济结构、鼓励科学技术发展等其他目的而采取的给付措施，如各种行政许可（矿产资源开发许可、污染物排放许可）、商品出口补贴和退税、农业补贴和免税、文化产业发展基金、产品质量奖励、科学技术奖励等。这些行政给付都与生存保障无关，旨在通过国家干预，达到促进特定事业快速发展的目的。可见，在我国，给付行为可依行为目的分为保障性给付行为与干预性给付行为两大类。[③]

我国现行法明确规定给付行为法定的虽然很少，但也不是没有。例如，《行政许可法》第 4 条规定："设定和实施行政许可，应当依照法定的权限、范围、条件和程序。"该法第 14 条、第 15 条和第 17 条将行政许可的设定权限制在法律、法规范围内，省级政府规章仅可设定为期一年的临时行政许可，明确规定部门规章、较大市人民政府规章和其他规范性文件不得设定，从而将行政许可法定原则之"法"保持在较高位阶上。《税收征收管理法》第 3 条规定："税收的开征、停征以及减税、免税、退税、补税，依照法律的规定执行；法律授权国务院规定的，依照国务院制定的行政法规的规定执行。任何机关、单位和个人不得违反法律、行政法规的规定，擅自作出税收开征、停征以及减税、免税、退税、补税和其他同税收法律、行政法规相抵触的决定。"

行政许可和税收减免属于干预性给付行为，国家通过行政许可和税收减免对经济、文化秩序加以干预调整。不过，并非所有干预性给付行为都得到类似规定。例如，关于行政奖励和行政补贴，我国有《行政处罚法》，但无《行政奖励法》；有《税收征收管理法》，但无《行政补贴法》。因此，行政奖励、行政补贴法定的规定便无从谈起。如果进一步考察保障性给付行为，关于保障性给付行为法定原则的规定更是难得一见。在这一领域，虽已制定不少行政法规和地方性法规，但最基本的《社会保障法》尚未制定，《社会保险

---

① 参见〔德〕哈特穆特·毛雷尔：《行政法学总论》，高家伟译，法律出版社 2000 年版，第 8 页。

② 相关讨论参见李国兴：《超越"生存照顾"的给付行政——论给付行政的发展及对传统行政法理论的挑战》，载《中外法学》2009 年第 6 期；胡敏洁：《给付行政范畴的中国生成》，载《中国法学》2013 年第 2 期。

③ 李国兴博士在其论文中将给付行政分为"生存照顾"的给付和"发展照顾"（或"享受照顾""侵略照顾"）的给付两类。参见李国兴：《超越"生存照顾"的给付行政——论给付行政的发展及对传统行政法理论的挑战》，载《中外法学》2009 年第 6 期。

法》等已制定的法律文件中也鲜见有保障性给付行为法定原则的规定。①

与此相适应，于法无据的给付行为，不论是生存保障性的还是发展干预性的，均已习以为常。例如，2011 年 10 月 26 日，国务院决定启动农村义务教育学生营养改善计划，每年拨款 160 多亿元，给 680 个县市在校学生按每人每天 3 元的标准提供营养膳食补助。国务院的决定并不是通过行政法规作出的。再如，近年诸多城市对文化产业发展专项资金的发放。除个别城市制定了地方政府规章从而依据地方政府规章发放大量专项资金外，大多省市依据的只是党政部门制定的规范性文件，如杭州市政府依据的是中共杭州市委宣传部和杭州市财政局联合制定的《杭州市文化产业发展专项资金管理办法》(市宣通〔2007〕30 号，杭财教〔2007〕442 号)，兰州市政府依据的是市委宣传部和市财政局联合制定的《兰州市文化产业发展专项资金管理暂行办法》(兰财教〔2008〕102 号)。

可见，除了行政许可、税收减免这样一些个案，于法无据的给付行为是我国行政的常态。这种情形提出的问题是：给付行为是否应全部排除在法定范围之外？如果不是，应将哪些纳入法定范围之内？

3. 内部行为法定限于部分侵害行为

内部行为按主体差异性可分一般内部行为与特别内部行为两类。一般内部行为系指行政机关对其行政公务人员作出的影响其权利义务的决定，公益事业单位如学校等对其教务人员作出的影响其权利义务的决定也属之。特别内部行为介于一般内部行为与外部行政之间，系指特定行政主体(如监狱、劳教所、学校)对其管理或服务对象(如罪犯、劳教人员、学生)作出的决定。特别内部行为关系主体之间没有一般内部行为关系主体之间所具有的人事隶属关系，但又不具备外部行政关系主体的开放性、不确定性。比照外部行为，内部行为也可分为侵害性内部行为与给付性内部行为。

2018 年最新修订的《中华人民共和国公务员法》(以下简称《公务员法》)是规范一般内部行为的基本法律文件，明确贯彻了内部侵害行为法定原则。该法第 15 条规定，公务员"非因法定事由、非经法定程序，不被免职、降职、辞

---

① 在"国家法律法规数据库"(https://flk.npc.gov.cn/)检索，关于救助的法律文件主要如《社会救助暂行办法》《自然灾害救助条例》《城市生活无着的流浪乞讨人员救助管理办法》《大连市农村困难居民医疗救助办法》《江苏省水上搜寻救助条例》《广东省社会救助条例》《浙江省社会救助条例》等。关于补贴，除了《中华人民共和国反补贴条例》之外，尚无相关法律法规。关于救济，仅有《广东省社会救济条例》，且已废止。

退或者处分”。免职、降职、辞退或者处分是内部侵害行为的典型，可以说这是对内部侵害行为法定原则的纲领性宣示。在此基础上，《公务员法》第26条在明确列举录用和禁止录用要件后，以“有法律规定不得录用为公务员的其他情形的”作为禁止录用情形的兜底条款；第86条在列举公务员不得辞职的情形后，以“法律、行政法规规定的其他不得辞去公职的情形”作为限制公务员辞职的兜底条款；第88条以封闭式列举的方式规定了辞退公务员的条件；第89条在列举不得辞退的情形后，以“法律、行政法规规定的其他不得辞退的情形”作为限制辞退的兜底条款。经由这些条款，将拒绝录用、拒绝辞职、辞退纳入法律、法规保留范围。

不过，对于行政机关和事业单位的内部给付行为，《公务员法》也明显将其排除在法定范围之外。例如，关于内部奖励，该法首先于第51条作了原则性规定：“对工作表现突出，有显著成绩和贡献，或者有其他突出事迹的公务员或者公务员集体，给予奖励……”而后于第52条规定：“公务员或者公务员集体有下列情形之一的，给予奖励：(一) 忠于职守，积极工作，勇于担当，工作实绩显著的；(二) 遵纪守法，廉洁奉公，作风正派，办事公道，模范作用突出的；(三) 在工作中有发明创造或者提出合理化建议，取得显著经济效益或者社会效益的……(十)有其他突出功绩的。”[①]在这里，对于奖励的具体情形采用了开放性的列举方式，不以列举为限。对于公务员的工资、福利等待遇，《公务员法》第89条至第93条仅规定，公务员按照“国家规定”，享受基本工资、津贴、补贴、补助、奖金和其他福利待遇，享受休假，因公致残的享受伤残待遇。[②] 这里的“国家规定”显然超出了法律、法规和规章的范畴。但有一点非常值得关注。《中华人民共和国教育法》(2016年)第34条第2款规定：“教师的工资报酬、福利待遇，依照法律、法规的规定办理。”《中华人民共和国教

① 与给予奖励不同，《公务员法》对于撤销奖励则明确坚持法定原则。该法第56条规定：“公务员或者公务员集体有下列情形之一的，撤销奖励：(一) 弄虚作假，骗取奖励的；(二) 申报奖励时隐瞒严重错误或者严重违反规定程序的；(三) 有严重违纪违法等行为，影响称号声誉的；(四) 有法律、法规规定应当撤销奖励的其他情形的。”在这里，对于撤销奖励的“其他情形”，则以“有法律、法规规定应当撤销奖励的”为限。类似规定参见《公务员奖励规定》(2008年)第5条和第16条。

② 《公务员法》第82条规定：“公务员按照国家规定享受福利待遇。国家根据经济社会发展水平提高公务员的福利待遇。公务员执行国家规定的工时制度，按照国家规定享受休假。公务员在法定工作日之外加班的，应当给予相应的补休，不能补休的按照国家规定给予补助。”第83条规定：“公务员依法参加社会保险，按照国家规定享受保险待遇。公务员因公牺牲或者病故的，其亲属享受国家规定的抚恤和优待。”第84条规定：“任何机关不得违反国家规定自行更改公务员工资、福利、保险政策，擅自提高或者降低公务员的工资、福利、保险待遇。任何机关不得扣减或者拖欠公务员的工资。”

师法》(2009 年)第 6 章和第 7 章对教师待遇与奖励作了原则性规定[①]。这些规定似乎昭示着事业单位内部给付行为被纳入行政法定的范围。但此类规定在其他公益事业领域立法中难得一见。

进一步查阅《行政机关公务员处分条例》《公务员录用规定》《公务员奖励规定》和《公务员培训规定》等法律文件,可以看出,这些法规和规章与《公务员法》的原则性规定没有出入。例如,《行政机关公务员处分条例》第 2 条规定:"行政机关公务员违反法律、法规、规章以及行政机关的决定和命令,应当承担纪律责任的,依照本条例给予处分……地方性法规、部门规章、地方政府规章可以补充规定本条例第三章未作规定的应当给予处分的违法违纪行为以及相应的处分幅度……除法律、法规、规章以及国务院决定外,行政机关不得以其他形式设定行政机关公务员处分事项。"《公务员奖励规定》第 5 条规定:"公务员、公务员集体有下列情形之一的,给予奖励:(一) 忠于职守,积极工作,勇于担当,工作实绩显著的;(二) 遵守纪律,廉洁奉公,作风正派,办事公道,模范作用突出的;(三) 在工作中有发明创造或者提出合理化建议,取得显著经济效益或者社会效益的……(十) 有其他突出功绩的。"如果进一步考察我国行政实务现状,其情形与法律上的规定基本相同。至此,可得出的基本结论是:一般内部侵害行为被现行法纳入行政法定范围,但一般内部给付行为,除个别例外,被排除在法定范围之外。

至于特别内部行为,相关法律文件有《中华人民共和国监狱法》(以下简称《监狱法》)、《劳动教养试行办法》(已废止)、《普通高等学校学生管理规定》《普通中等专业学校学生学籍管理规定》等。前两者规定的侵害和给付行为主要为惩戒和奖励,后两者规定的侵害和给付行为主要为退学、处分和奖励。

不论是对罪犯和劳教人员的惩戒还是奖励,现行法基本未将其纳入法定范围。对于罪犯的惩戒,《监狱法》(2012 年)第 58 条在列举了"聚众哄闹监狱,扰乱正常秩序"等要件后,以"有违反监规纪律的其他行为"作为惩戒要件的兜底条款,而"监规纪律"通常都是监狱自己制定的。以前对劳动教

---

① 不过,该法第 33 条规定:"教师在教育教学、培养人才、科学研究、教学改革、学校建设、社会服务、勤工俭学等方面成绩优异的,由所在学校予以表彰、奖励。国务院和地方各级人民政府及其有关部门对有突出贡献的教师,应当予以表彰、奖励。对有重大贡献的教师,依照国家有关规定授予荣誉称号。"

养人员惩罚，原《劳动教养试行办法》[①]第58条在列举“散布腐化堕落思想，妨碍他人改造”等要件后，以“有其他违法犯罪行为”作为惩戒要件的兜底条款，使惩戒要件具有开放性。对罪犯奖励，《监狱法》第57条在列举了“遵守监规纪律，努力学习，积极劳动，有认罪服法表现”等要件后，以“对国家和社会有其他贡献的”作为奖励要件的兜底条款，使奖励要件呈开放性。就劳动教养人员的奖励，原《劳动教养试行办法》第57条在列举了“厉行节约，爱护公物有显著成绩”等要件后，以“有其他有利于国家和人民的突出事迹”作为奖励要件的兜底条款，使奖励要件具有很大裁量空间。可以看出，《监狱法》和原《劳动教养试行办法》均将内部惩戒和奖励排除在法定范围之外。

针对学生的内部行为则有所不同。例如，对退学情形，《普通高等学校学生管理规定》(2017年)第30条规定：“学生有下列情形之一，学校可予退学处理：(一)学业成绩未达到学校要求或者在学校规定的学习年限内未完成学业的；(二)休学、保留学籍期满，在学校规定期限内未提出复学申请或者申请复学经复查不合格的；(三)根据学校指定医院诊断，患有疾病或者意外伤残不能继续在校学习的；(四)未经批准连续两周未参加学校规定的教学活动的；(五)超过学校规定期限未注册而又未履行暂缓注册手续的；(六)学校规定的不能完成学业、应予退学的其他情形。学生本人申请退学的，经学校审核同意后，办理退学手续。”这里也采用了开放式的列举方式。对处分情形，《普通高等学校学生管理规定》第52条仅对开除学籍的(不包括警告、严重警告、记过、留校察看)的处分要件作了规定，且采用封闭式列举的立法方式[②]，排除了学校裁量处分的可能。而对学生奖励，《普通高等学校学生管理规定》第49条和第50条、《普通中等专业学校学生学籍管理规定》(1994年)第37条仅对奖励形式等作了简要规定。可见，两个管理规定仅将勒令退学和开除学籍两种内部处分纳入法定范围。

综上所述，对于一般内部行为，现行法仅将侵害行为纳入法定范围；对于特别内部行为，现行法仅将学校取消学生学籍的勒令退学和开除两类侵害行为纳入法定原则。其他内部侵害行为和给付行为则基本被排除在法定范围。此种情形提出的问题是：形成这种格局的原因何在？未来法制建设中，行政法定原则是否仍应局限于这一狭小范围？

---

① 2018年4月4日，李克强签署第698号中华人民共和国国务院令，公布了《国务院关于修改和废止部分行政法规的决定》，废止了《劳动教养试行办法》。

② 另参见《普通中等专业学校学生学籍管理规定》第40条。

（二）法律保留若干理论与行政行为法定范围之界定

法律保留是行政法定的内核，界定法律保留范围的相关理论自然对把握行政法定范围不无意义。在法律保留原则发展过程中，侵害保留理论、特别权力关系理论、重要性理论和功能优化理论是先后对法律保留范围提供依据的主要理论。下面就这四种理论的基本思想及其对行政法定范围之确定所具有的意义予以讨论。

1. 侵害保留理论源于自由权的消极性

侵害保留意味着，法律保留限于外部侵害行为，其他行为则被排除在保留范围之外。奥托·迈耶提出法律保留原则时即指出：并非所有行政活动都须以法律规定为依据，只有那些特别重要的事项必须以法律为依据，其他方面“行政可以自有的力量作用，而不是依据法律”[①]。德国现代行政法学家毛雷尔回顾说：“在 19 世纪作为宪政主义的宪法工具发展起来的法律保留，原先限于侵害行为。”[②]目前，侵害保留思想在德国仍不乏坚持者。[③]

追根溯源，侵害保留是宪法规定在行政法中的落实。1215 年英国《自由大宪章》第 12 条就规定：“未经国会公意许可，不得征收任何免役税和贡金。”1689 年英国《权利法案》再次规定：“凡未经议会准许，借口国王特权，为国王而征收，或供国王使用而征收金钱，超出议会准许之时限或方式者，皆为非法。”1776 年美国《独立宣言》传承了这一思想。它宣称，人类为了保障生命权、自由权和追求幸福的权利才建立政府，而政府之正当权力是经被治理者的同意而产生的。法国大革命后，这一思想在 1789 年《人权宣言》第 4 条得到肯定：“各人的自然权利的行使，只以保证社会上其他成员能享有同样权利为限制。此等限制仅得由法律规定之。”[④]19 世纪初，这一原则同样在德国联邦宪法中得到规定。1814 年那桑公国（Herzogtum Nassau）《宪法》第 2 条规定，涉及财产、个人自由之新的法律，非经议会讨论与同意，不得实施。

---

① 参见〔德〕奥托·迈耶：《德国行政法》，刘飞译，商务印书馆 2002 年版，第 72 页。

② 〔德〕哈特穆特·毛雷尔：《行政法学总论》，高家伟译，法律出版社 2000 年版，第 109 页。

③ 参见许宗力：《论法律保留原则》，载许宗力：《法与国家权力》（一），元照出版公司 2006 年版，第 152—155 页。

④ 陈新民认为，法国《人权宣言》第 4 条的规定是法律保留原则的最初渊源。参见陈新民：《德国公法学基础理论》（下册），山东人民出版社 2001 年版，第 355 页。

1818 年的巴伐利亚王国、巴登大公国等宪法中也作了相同或类似规定。[①] 正是在这一背景下,奥托·迈耶于 1895 年指出,除非有法律规定或基于法定理由,才可以对公民个人自由、财产及其他权利进行干涉。[②]

在近代西欧诸国,给付行为虽“昔非今比”,但并非没有。近代宪法和行政法何以将法律保留范围局限于侵害行为,而置给付行为于不顾?其根本原因还在于近代宪法的人权构成和人权观念。法律保留的终极目的在于保障人权,而近代人权以平等权、人身权和财产权等自由权为基本内容。“自由权是以否定国家干涉的自由国家、消极国家为基础的、要求国家不作为的请求权”[③],“是排除国家权力对个人领域的介入,以保障个人自由的意思决定和活动的人权。在这个意义上,自由权也被称为‘不受国家干涉的自由’”[④]。反过来讲,国家要干涉人民的自由,必须有法律上的依据。这样,法律保留便顺理成章。

由此可见,侵害保留的逻辑基础在于自由权本质上对政府干预行为的否定。对于行政法定原则而言,如果我国宪法上自由权与西方国家宪法上自由权具有共同的质性,则侵害或干预自由权的行政行为,即便不被全部纳入法律保留范围,也应纳入行政法定范围。

2. 特别权力关系理论是对侵害保留的例外排除

特别权力关系理论起先由德国学者波尔·拉贝德(Paul Laband)提出,最后由奥托·迈耶确立。[⑤] 所谓特别权力关系,系指依据特别的公法上的原因(如法律规定或本人同意)而成立的公权力与国民之间的特别法律关系,如行政机关与公务员、监狱与罪犯、学校与学生。这一理论的主张可概括为

---

① Vgl. H. J. Papier, Die finanzrechtlichen Gesetzesvorbehalte und das grundgesetzliche demokratieprinzip, Berlin 1973, S. 12 f.; P. Selmer, Der Vorbehalt des Gesetzes, JuS 1968, S. 490. 转引自许宗力:《论法律保留原则》,载许宗力:《法与国家权力》(一),元照出版公司 2006 年版,第 123—124 页。

② 参见〔德〕奥托·迈耶:《德国行政法》,刘飞译,商务印书馆 2002 年版,第 72 页。

③ 〔日〕芦部信喜:《宪法》(第三版),林来梵、凌维慈、龙绚丽译,北京大学出版社 2006 年版,第 73 页。

④ 同上书,第 72 页。

⑤ 波尔·拉贝德认为,官吏与国家之间是基于双方的合意而形成的一种具有公法性质的契约:国家必须表明愿意接受特定人为其服务,而官吏也应当有表明同意加入这种勤务关系的意思;双方形成契约后,官吏产生了特别的服从、忠诚等义务,国家则负有保护和支付所约定的薪俸的责任。因此,国家与官吏之间关系属于特别权力关系。参见胡建淼:《“特别权力关系”理论与中国的行政立法——以〈行政诉讼法〉、〈国家公务员法〉为例》,载《中国法学》2005 年第 5 期。在波尔·拉贝德的基础上,奥托·迈耶进一步认为,“为达成公行政之特定目的,使所有加入所定特别关系的人民,处于(比一般人)更加从属的地位。”参见翁岳生:《论特别权力关系之新趋势》,载翁岳生:《行政法与现代法治国家》,台湾大学法学丛书编辑委员会 1990 年版,第 135 页。

三点：第一，"公权力拥有概括性的统治权（命令权、惩戒权），在各种无法律根据的场合下，也能对属于特别权力关系的私人，进行概括性统治"；第二，"公权力对属于特别权力关系的私人，在无法律根据的情况下，可以限制其作为一般公民所享有的人权"；第三，"特别权力关系内部的公权力行为，原则上不受司法审查"。[①] 总之，在特别权力关系中，人民负有特别的服从义务，自由受到特别的限制，法律保留原则不再适用。如此一来，即便是内部侵害行为也被排除在法律保留范围之外。可见，特别权力关系理论本质上是对侵害保留的一种例外排除理论，除此例外排除功能，别无他用。

特别权力关系理论是近代德国社会的历史产物。当时的德国施行君主立宪制。在国家与社会两分的宪政观念下，国家与社会之间的事务应由法律调整，行政权力内部的事务则无法律"插足"的根由，仍属于君主的特权范围。特别权力关系理论正是基于这一现实并为服务于这一需要提出的，当生成基础消失后，这一理论也必将寿终正寝。

1972年3月14日，德国联邦宪法法院关于"刑事执行案件"的判决提出了重要性理论，为特别权力关系理论画上了"终止符"。[②] 联邦宪法法院认为，囚犯的通信权利是宪法基本权利；对囚犯基本权利的限制只能由法律规定，只能根据法律才能进行。[③] 1981年10月20日，德国联邦宪法法院关于黑森（Hessen）州学校的判决认为，有关强迫学生退学之条件等重要事项，应以法律加以规定，而学生降级之条件得以行政命令规定。[④] 自此伊始，凡攸关监狱与狱犯、学生与学校、公务员与行政机关等内部关系相对人之基本权利的重要事项被纳入法律保留之内[⑤]，法律保留原则之保留范围从外部行为扩及内部行为。

我国行政法治建设基本始于改革开放之后，方兴未艾。特别权力关系这一已被西方国家废弃的理论，过去不对我们造成影响，现在和将来也不应成为界定法定范围的依据。

---

① 参见〔日〕芦部信喜：《宪法》（第三版），林来梵、凌维慈、龙绚丽译，北京大学出版社2006年版，第92页。

② BverfGE 33,1. 这份判决是关于监狱囚犯通信权利的案件。一位正在服刑的囚犯给朋友写信，信中使用轻蔑和侮辱性语言宣泄了对监狱负责人和管理人员的不满。监狱管理人员对信件进行例行检查时，因其侮辱性言辞依据监狱的内部管理规则予以扣留。该囚犯不服，提起诉讼。初审高级法院认为，依据特别权力关系，监狱有权扣押，无须法律依据，但联邦宪法法院撤销了该判决。

③ 参见于安编著：《德国行政法》，清华大学出版社1999年版，第34—35页。

④ 参见吴庚：《行政法之理论与实用》（增订八版），中国人民大学出版社2005年版，第57页。

⑤ 参见〔德〕哈特穆特·毛雷尔：《行政法学总论》，高家伟译，法律出版社2000年版，第114—118页；吴庚：《行政法之理论与实用》（增订八版），中国人民大学出版社2005年版，第57页。

3. 重要性理论缺乏判断重要性的客观标准

重要性理论是战后社会权入宪以及福利国家发展的产物，是在新时代条件下反思特别权力关系理论的过程中形成的。1956 年，乌勒教授在“德意志公法学者年会”上提交了题为《论特别权力关系》的论文，提出以“基础关系”(Grundverhaltnis)与“管理关系”(Betriebsverhaltnis)取代“特别权力关系”。“基础关系”指直接关系到特别权力关系产生、变更和消灭的事项，如公务员资格的取得、学生的开除；“管理关系”指行政主体为实现特别权力关系之目的所采取的管理措施，如给公务员发放工资、给学生提供住宿条件。“基础关系”属于法律保留范围，“管理关系”则不然。[①] 1961 年，埃姆克教授在此基础上提出了“一方面，立法者必须作出对公共利益而言极为重要的决定，而另一方面，对几乎不具有重要性的问题的规范则可以委托给法院乃至行政机关”的命题。[②] 换言之，无论何种行政事项，只要具有“重要性”，就应纳入法律保留范围；反之，则应排除在法律保留范围之外。至 20 世纪 70 年代和 20 世纪 80 年代，重要性理论在德国联邦宪法法院的判决中得到应用。[③]

重要性理论为拓展法律保留范围提供了分析工具。不论是侵害行为还是给付行为，不论是内部行为还是外部行政，不论是行政实体内容还是行政程序，但凡属于重要性事项，都应纳入法律保留范围，使法律保留原则既摆脱了侵害保留和特别权力关系理论的束缚，也顺应了现代宪法人权思想和福利国家政策的时代需要。此外，重要性理论为划分法律保留的位阶提供了分析工具。按此理论，最重要的事项应属于议会法律保留，次重要的事项属于可授权的法律保留，不重要的事项则无须法律保留。以此类推，行政法定范围问题也可迎刃而解。不管什么类型的行政，只要在最重要的和最不重要的之间多划分几个层次，人大法律保留、可授权的法律保留、行政法规保留、地方性法规保留、部门规章和地方政府规章保留的范围就统统敲定了。实际上，我国《立法法》《行政处罚法》和《行政强制法》对立法权的划分一定程度上也体现了这一思想。

---

① 参见陈新民：《中国行政法学原理》，中国政法大学出版社 2002 年版，第 66 页。

② 参见〔日〕大桥洋一：《行政法学的结构性变革》，吕艳滨译，中国人民大学出版社 2008 年版，第 26 页。

③ 例如 1972 年 3 月 14 日的“刑事执行案件”、1972 年 7 月 18 日的“限额条款判决”、1977 年 12 月 21 日的“性教育课程判决”、1978 年 4 月 8 日的“卡尔卡判决”、1981 年 10 月 20 日的黑森(Hessen)州学校判决等案件。参见许宗力：《论法律保留原则》，载许宗力：《法与国家权力》(一)，元照出版公司 2006 年版，第 42—45 页；吴庚：《行政法之理论与实用》(增订八版)，中国人民大学出版社 2005 年版，第 57 页；〔德〕哈特穆特·毛雷尔：《行政法学总论》，高家伟译，法律出版社 2000 年版，第 114—118 页。

但是，重要性理论自提出以来，批评与质疑之声不绝于耳。德国学者欧森布尔（Fritz Ossebühl）认为，重要性理论根本没有资格被称为“理论”，其核心内容不过是老生常谈。[①] 批评的焦点集中于这一理论缺乏判断重要与否的客观标准。就重要性的划分，德国联邦宪法法院提出了对基本权利的实现具有重要意义[②]或者重要地影响了人民的自由和平等权[③]的标准。但这种标准还是要靠重要概念来解释，属于循环论证。[④] 学者季斯可（Kisker）曾提出以“政治争议性”作为重要与否的判断标准，即政治争议性大且重要者属于法律保留。[⑤] 但是，政治争议性大小的判断仍属于主观性判断，难以找到客观的评价标准。例如，是以上了新闻的头版头条还是以上街游行为争议大小的标志。[⑥] 因此，克勒普佛（Michael Kloepfer）认为，重要性理论不过是法院合理化其自由心证所披的一层外衣，重要与否到最后还是由联邦宪法法院说了算。[⑦] 皮耶斯克（Eckart Pieske）甚至认为，重要与否的划分根本就是死胡同，注定不可能找出区分的客观标准。[⑧]

必须承认，德国学者对重要性理论的批判不是没有道理的。可以设想，如果行政机关可以依据自己对行政事务的重要性判断，在没有法律明确规定的情形下采取行动或者不采取行动；司法机关可依据自己对行政事务的重要性判断，判决某无法律依据的行政行为合法或者违法，其结果必将是公婆说理，各执一词。同时，在我国，行政决定和行政判决均不具有先例的一般约束力，逐步通过先例列清重要性事项也没有可能。因此，重要性理论恐怕只能作为一项立法理念或立法政策，作为划定行政法定范围的理论依据

---

① Ossebühl, Schule im Rechtssstaat, DÖV 1977, S. 802 f. ders.（注 14），S. 24. 转引自许宗力：《论法律保留原则》，载许宗力：《法与国家权力》（一），元照出版公司 2006 年版，第 59 页。

② BverfGE 34, 165, 192; 40, 237, 248 f.; 41, 251, 260 f.; 47, 46, 79.

③ BverfGE 49, 89, 126 f.

④ Roellecke, Die Verwaltungsgerichtsbarkeit im Grenzbereich zur Gesetzgebung, NJW 1978, S. 1778. 转引自许宗力：《论法律保留原则》，载许宗力：《法与国家权力》（一），元照出版公司 2006 年版，第 60 页。

⑤ Kisker, NJW 1977, S. 1318. 转引自许宗力：《论法律保留原则》，载许宗力：《法与国家权力》（一），元照出版公司 2006 年版，第 60 页。

⑥ H. Schneider, Gesetzgebung, Heigelberg 1982, § 2 Rdnr. 25 f.; D. C. Umbach, Das Wesentliche an der Wesentlichkeitstheorie, FS-H. J. Faller, Müncher=n 1984, S. 126 f. 转引自许宗力：《论法律保留原则》，载许宗力：《法与国家权力》（一），元照出版公司 2006 年版，第 60 页。

⑦ Kloeper, JZ 1984, S. 692. 转引自许宗力：《论法律保留原则》，载许宗力：《法与国家权力》（一），元照出版公司 2006 年版，第 59 页。

⑧ E. Pieske, Der Weg des deutschen Schulrechts nach dem 51. Deutschen Juristentag in Stuttgart im September 1976, DVBI. 1977, S. 677. 转引自许宗力：《论法律保留原则》，载许宗力：《法与国家权力》（一），元照出版公司 2006 年版，第 59 页。

则还需要斟酌,至少还需要根据具体问题进行具体分析。

4. 功能优化理论未能弥补重要性理论之不足

实际上,除了缺乏评价重要与否的客观标准外,重要性理论也没有清晰地回答:为什么重要的事情必须交由议会通过立法来决定? 为了弥补重要性理论的种种不足,近年来德国法学不再只是立足于国会的民主性特征,而是把国会议事程序的特殊性突出出来,置于国家机关功能优化的面向来思考,试图为法律保留范围寻找更加客观的依据。本章将这一理论称为"功能优化理论",倡导这一理论的代表性学者首推欧森布尔,其次为冯阿尼(Hans Herbert v. Arnim)和史道博(Jürgen Staupe)。[①]

欧森布尔于1980年撰文认为,权力分立制度的功能绝非只是人权保障与权力制衡,更是要求依据"适当功能之机关结构"标准把国家事务在不同国家机关之间进行分配。"换言之,不同国家机关各有不同组成结构与决定程序,该组成结构与决定程序因质的高度差异自然会赋予各自所作成之决定不同的分量与不同的正当性。今既然宪法规定的立法权与行政权,无论在组成结构与决定程序上均极度不同,则这项差异在法的评价上就绝非毫无意义,最后必然将导致何种国家事务仅能保留由何一机关作成决定的宪法要求。"[②]冯阿尼认为,权力分立其实就是国家决定之正确性的概率如何提升的问题。"就立法与行政两权间的权限分配而言,关键在于究竟立法者拥有哪些特殊之组织、程序或其他性质,足以令人期待其作成的决定将比行政权作成者更臻'尽可能正确'的境地。"他指出,国会复杂、"奢侈"的立法程序绝非"自我目的"的存在,而在于尽可能提升依此程序所作成决定的实质正确性。[③] 史道博进一步指出:"何种国家事务应由何一机关以何种规范形式加以决定,必须放在各该机关之组织与程序结构的关系上观察,据此最后必然能得出特定国家事务仅能由特定国家机关以特定规范形式作成决定的结果。"[④]法

① 参见许宗力:《论法律保留原则》,载许宗力:《法与国家权力》(一),元照出版公司2006年版,第22—25页。

② Ossenbühl, Aktuelle Probleme der Gewaltenteilung, DÖV 1980, S. 548 f. 转引自许宗力:《论法律保留原则》,载许宗力:《法与国家权力》(一),元照出版公司2006年版,第22—23页。

③ H. H. v. Arnim, Zur "Wesentlichkeitstheorie", des Bundesverfassungsgerichts, DVBI. 1987, S. 1243 f. 转引自许宗力:《论法律保留原则》,载许宗力:《法与国家权力》(一),元照出版公司2006年版,第23—24页。

④ Staupe, Parlamentsvorbehalt und Delegationsbefugnis, Berlin 1986, S. 201, 213 ff., 233 ff. 转引自许宗力:《论法律保留原则》,载许宗力:《法与国家权力》(一),元照出版公司2006年版,第23—24页。

律保留的范围即可由此得到解决。

功能优化的观点在德国联邦宪法法院已得到回应。1984 年,德国联邦宪法法院在导弹部署判决案(Raketenstationierungs-Urteil)中强调,权力的区分与不同的功能配置于不同的机关,其主要目的无非在于要求国家决定能够达到尽可能的正确。换言之,即要求国家决定由内部结构、组成方式与决定程序等各方面均具备最佳条件的机关来作成。①

如果"功能优化理论"的理想能够实现,则不仅法律保留的范围可以由此划定,行政法定范围也可由此得以确定。以我国为例,既然能基于我国人大的内部结构、组成方法、决定程序确定最适宜于法律决定的立法事项,则同样可基于国务院及其部门、地方省级人大及省级人民政府的内部结构、组成方式、决定程序确定最适于行政法规、地方性法规以及部门规章、地方政府规章的立法事项,从而确定行政法定的事项。

但问题是,如何能从一个国家机关的内部结构、组成方式以及议事程序客观地判断出最适宜于该机关处理的行政事项?单就程序而言,我们能否从《立法法》《行政法规制定程序条例》和《规章制定程序条例》中推导出人大法律保留、可授权的法律保留、行政法规保留以及规章保留的行政事项?可能性恐怕不大。因此,"功能优化理论"的道理是贯通的,但操作的可能性很小,试图借助"功能优化理论"为确定法律保留范围提供客观依据的努力仍可能是徒劳,对于确定行政法定范围也缺少实践上的借鉴意义。其实,倡导这一理论的学者在具体应用时最终仍然落入重要性理论的窠臼,即重要的事项交由议会程序来处理,次要的事项则交由行政程序来处理。②

综上,除了侵害保留理论,其余三种理论对界定行政行为法定范围而言并没有太大的实际借鉴意义。

(三) 行政行为法定范围的确定

当今社会,行政事务和人权内容丰富多样,两者之间的关系也不一而足,试图发明一种理论,将所有问题一网打尽,毕其功于一役,不大可能。务实的解决之道应当是"分而治之",即根据不同类型行政行为与人权的属性及其相互关系逐项分析。

---

① BverfGE 68, 1, 86. 转引自许宗力:《论法律保留原则》,载许宗力:《法与国家权力》(一),元照出版公司 2006 年版,第 23 页。

② 参见许宗力:《论法律保留原则》,载许宗力:《法与国家权力》(一),元照出版公司 2006 年版,第 63—67 页。

1. 侵害行为的全面法定化

我国现行法已明确将行政处罚、税收征收、行政强制纳入行政法定原则之法定范围。因此,我们面对的问题是:要不要将其他行政侵害行为也纳入行政法定范围,从而使侵害行为法定成为一项普适性原则?

侵害行为的本质在于对自由权的限制或剥夺。德国等西方国家之所以将侵害性行政行为纳入法律保留范围,其根据在于自由权是"不受国家干涉的自由",是针对国家的消极防御权。那么,我国宪法宣示的自由权是否具有同样的属性呢?《中华人民共和国宪法》(以下简称《宪法》)第13条第1款规定:"公民的合法的私有财产不受侵犯。"第33条第2款规定:"中华人民共和国公民在法律面前一律平等。"第35条规定:"中华人民共和国公民有言论、出版、集会、结社、游行、示威的自由。"第36条第1款规定:"中华人民共和国公民有宗教信仰自由。"第37条第1款规定:"中华人民共和国公民的人身自由不受侵犯。"第38条规定:"中华人民共和国公民的人格尊严不受侵犯。禁止用任何方法对公民进行侮辱、诽谤和诬告陷害。"第39条规定:"中华人民共和国公民的住宅不受侵犯。禁止非法搜查或者非法侵入公民的住宅。"第47条规定:"中华人民共和国公民有进行科学研究、文学艺术创作和其他文化活动的自由……"可以看出,西方国家宪法所宣示的人身自由、精神自由、财产自由等自由权在我国宪法中都得到了规定,也是"不受侵犯"的。这种不受侵犯性自然是针对国家公权力的,确认这些自由权的目的也在于排除国家对于个人自由的无端干预或侵犯。我国公民享有的自由权也应当属于"不受国家干涉的自由"。

既然我国宪法所宣示的自由权同样属于不受国家干涉的自由,是排除国家权力对个人领域的介入以保障个人意思决定和活动的自由,即便不能将所有的侵害行为纳入法律保留的范围,也应纳入行政法定范围,不论是对人身自由的侵害,还是对经济自由或精神自由的侵害,都不应有所例外,这是行政法定原则的底线。行政实践中存在的大量于法无据的侵害行为,只能算作对行政法定原则的违反,而不能算作行政法定原则的例外。

2. 干预性给付行为的全面法定化

对于给付行为,可分保障性给付行为与干预性给付行为两个方面来分析。虽然现行法仅将行政许可、税收减免等极少数干预性给付纳入法定范围,但这不是它的应有范围。

（1）保障性给付行为的非法定化

保障性给付行为是为实现人民社会权而实施的行政。比之于自由权，社会权是20世纪新生的宪法权利，“这种权利又称为‘由国家给予照顾的自由’，即可要求国家给予积极照顾，以使社会性的、经济性的弱者能够营构‘值得作为人的生活’的权利”①。如果说“自由权是以否定国家干涉的自由国家、消极国家思想为基础的、要求国家不作为的请求权”，“社会权则是以广泛认可国家干涉的社会国家、积极国家的思想为前提的、请求国家积极作为的权利（只是并非具体性的请求权）”。② 作为社会主义国家，我国《宪法》第42条至第49条依次确定了人民的劳动权、休息权、物质帮助权、受教育权等权利，社会权成为我国人权的重要组成部分，而且也是一种积极权利。从行政行为与人权的关系来看，侵害行政必将“侵害”公民的自由权，但给付行为并不会“侵害”公民的社会权，“侵害”公民社会权的反倒是“行政不给付”。因此，从社会权本质不能推导出保障性给付行为法定化的结论。

不过，不能从社会权推导出保障性给付行为法定，并不意味着可以决然得出保障性给付行为应排除在法定范围之外的结论。因为在法治国家，不论是侵害行为还是给付行为，行政权的行使都应受到法的规范和制约。而在所有行政法律原则中，行政法定原则与法律保留原则一样，“是自行并且是普遍性地事先发生作用的”③，它对行政权的特殊制约和规范功能是其他原则所不具备的。然而，凡事都有两面性，行政法定原则有它的优势，便有它的劣势。它的劣势在于，立法程序（包括法规和规章制定程序在内）是所有公权力运作程序中最为烦琐的，一部法律从提议、起草到最后通过，短则一年，长则几年。将保障性给付行为纳入法定范围，行政的灵活性、主动性受到极大限制，新出现的问题将无法得到处理，急需保障的权利将得不到保障。原本为保障人权而建立的原则，反而会成为保障人权的窒碍。这也是将保障性给付行为纳入法定范围的重大障碍。

行政法定原则是制约行政权最有力的原则，但不是唯一的原则。首先，将保障性给付行为排除在法定范围之外，不表明立法机关对此不能立法，立法机关完全可以根据轻重缓急制定相关的法律文件对给付行为加以规范和

① 〔日〕芦部信喜：《宪法》（第三版），林来梵、凌维慈、龙绚丽译，北京大学出版社2006年版，第72—73页。

② 同上书，第73—74页。

③ 〔德〕奥托·迈耶：《德国行政法》，刘飞译，商务印书馆2002年版，第74页。

约束。这种情况下,可以依据行政合法原则(或法律优位原则)对给付行为加以规范。其次,即便立法机关未制定相关法律,该行政事务也属于自由裁量空间,裁量并非完全自由,仍受平等原则、行政合理原则(或比例原则)及正当程序原则的约束。行政机关当付不付或选择性给付的,可以根据这些原则予以制裁。最后,现代国家还构建了财政预决算审议制度。按这一制度,各级行政机关的财政支付事前要预算,事后要决算,预、决算要经相应级别的人代会审议。这种审议表明,每一项行政给付,均已获得人民代表机关的同意,具有民主正当性。从法律保留原则的民主主义理论基础看,预、决算制度发挥的功能与法律保留原则发挥的功能具有相似性。如果这些制度能够有效运作、真正落实,保障性给付行为一方面可以得到规范和制约,另一方面又可避免行政法定可能带来的负面影响。

综合以上三个方面情形来看,应将保障性给付行为排除在行政法定范围之外。

(2) 干预性给付行为的法定化

干预性给付行为因其干预性而不同于保障性给付行为。干预性使得干预性给付行为与侵害行为具有很大相似性,揭示干预性给付行为的"侵害性"并非难事。例如,行政许可(机动车驾驶执照、烟草专卖许可)形式上赋予相对人特定的权利或自由,是一种给付,但它以一般性地限制或剥夺人民所享有的特定自由为基础;没有一般性的限制或剥夺(行政许可的设定),也就没有个案性的解禁或授权(行政许可的实施)。再如,税收减免虽然"减免"了纳税人的纳税义务,是一种给付,但它以损害其他纳税人的纳税平等权为代价,其他纳税人可能因此在市场竞争中处于不利地位。因此,在现代社会,减税与增税发挥着相同功能。对文化产业、农业产业、新兴产业等提供补贴或资助莫不具有这一特征。[①] 由此来看,干预性给付行为应当类比侵害行为纳入法定范围。

可能有人会认为,干预性给付行为虽因其干预性而相似于侵害行为,但也因其给付性而相似于保障性给付行为,基于其给付性,干预性给付与保障性给付一样,给付本身并不会给相对人造成直接损害,且利用行政合法原则、行政合理原则、正当程序原则、预决算审议制度可以制约这种权力,从而

① 李国兴博士将此类给付行政按行政目的分为政治目的、经济目的和科技目的三类,这一分类不无借鉴意义,但也只是个大框架。参见李国兴:《超越"生存照顾"的给付行政——论给付行政的发展及对传统行政法理论的挑战》,载《中外法学》2009 年第 6 期。

可以将其排除在行政法定范围之外。这种想法没有充分认识到，干预性给付虽然是一种给付，但这种给付本质上仍然是对自由权、平等权的一种“侵害”，应当给予类同于侵害行为般的法律制约；也没有认识到，行政合法原则、行政合理原则、正当程序原则、预决算审议制度虽可对行政权力发挥制约作用，但不及行政法定原则来得有力。之所以将保障性给付行为排除在行政法定范围之外，主要是因为兼顾立法的迟滞性对人民社会权之保障与实现构成潜在威胁，而不是因为这些原则可以完全替代行政法定原则。

基于上述理由，虽然我国现行法仅将行政许可与税收减免等纳入法定范围，但应当将所有干预性给付行为纳入法定的范围。

3. 内部侵害行为与特殊给付行为的法定化

前文在考察我国行政行为法定化实践现状时，按两个标准将内部行为分为一般内部行为和特别内部行为、内部侵害行为和内部给付行为。考察表明，现行法已将一般内部侵害行为、勒令退学和开除学籍两类特别内部侵害行为纳入法定原则，其他内部侵害行为和给付行为则基本被排除在法定范围。现在要回答的问题是：如何看待这种格局？行政法定原则应否局限于这一狭小范围？

内部侵害行为所“侵害”的主要是公务人员的工作权或劳动权、学生的受教育权等权利。这些权利属于社会权的范围，乍看起来与侵害自由权的外部侵害行为迥然有别，但其实不然，自由权与社会权在宪法上的划分具有相对性。例如，知情权不仅具有信息的接受不受妨碍的自由权性质，也具有积极地要求公开信息的社会权性质。工作权（劳动权）、受教育权也具有类似的特点。它们一方面具有积极地要求政府提供条件促进就业和教育的社会权性质，另一方面具有排除政府干预从事职业和接受教育的自由权性质。[①] 免职、降职、辞退、处分、勒令退学、开除学籍等内部侵害行为所侵害的公务人员、学生的工作权或教育权，实际上是掩盖在社会权面纱下的自由权。当然，并非所有的内部侵害行为都是对自由权意义上的社会权的侵害。监狱和劳教所对罪犯和劳教人员信件的检查，则是对名副其实的自由权的侵害。既然内部侵害行为所干预的属于自由权的范畴，自然应纳入行政法定的范围。反过来讲，无关自由权之内部侵害行为就无须纳入法定范围。

---

① 关于自由权与社会权划分相对性的意见，参见〔日〕芦部信喜：《宪法》（第三版），林来梵、凌维慈、龙绚丽译，北京大学出版社 2006 年版，第 73 页。

这里须注意一般内部行为与特别内部行为的区别。学校对学生的管理涉及学校的科学研究规范和教育行为规范，监狱和劳教所对罪犯和劳教人员的改造涉及劳动技术规范和行为矫正规范。这些规范属于技术范畴，虽会限制学生、罪犯和劳动人员的“自由”，但不属于法的范畴，不应纳入行政法定范围。由此看来，现行法对于内部侵害行为法定范围的圈定基本是合理的。

对于内部给付行为，可参照外部给付行为之分类，进一步划分为两类：其一为保障性内部给付，如公务人员基本工资、罪犯与劳教人员劳动保障、学生助学金和助学贷款等；其二为特殊性内部给付，如内部行政补贴与奖金，尤其是对领导干部提供的办公用房、住房、用车、秘书、接待等特殊待遇。基于与外部干预性给付法定化与保障性给付非法定化相似的理由，应将保障性内部给付行为排除在法定范围之外，而将特殊性内部给付行为纳入法定范围。将保障性内部给付排除在法定范围之外，有助于行政主体根据经济发展程度，及时改善内部人员的生活条件，提高其生活质量；将特殊性内部给付行为纳入法定范围，可使特权者的特权受到法的约束，从而创造一个更加公平、公正的社会环境。①

总之，在内部行为领域，内部侵害行为和特殊给付行为应纳入行政法定范围。

小　结

考虑到本题所论问题的广泛性和复杂性，最后对本题的基本思路和结论做一总结。

行政法的目的在于制约行政行为以保障和实现人权，行政法定原则正是实现这一目的的理论工具。故而，对行政法定范围的界定应当以行政行为与宪法上人权之间的关联性为基本路径，在对行政行为和人权分类的基础上进行。自由权与社会权是宪法上两种基本人权，自由权是排除国家干预的消极性权利，社会权则是要求国家作为的积极性权利。自由权的消极性和社会权的积极性应成为划分行政法定范围的宪法根据，不论是侵害行

---

① 1979年发布的《中共中央、国务院关于高级干部生活待遇的若干规定》、1994年发布的《中共中央办公厅、国务院办公厅关于党政机关汽车配备和使用管理的规定》、1999年发布的《中共中央办公厅、国务院办公厅关于调整党政机关汽车配备使用标准的通知》、2004年印发的《中央国家机关公务用车编制和配备标准的规定》、1999年发布的《国家计委关于印发党政机关办公用房建设标准的通知》以及2000年国务院机关事务管理局、中共中央直属机关事务管理局发布的《在京中央和国家机关部级干部住房制度改革实施意见》和《在京中央和国家机关职工住房面积核定及未达标、超标处理办法》等，均在这方面做了努力，但没有解决实际存在的问题。

为还是给付行为，不论是外部行为还是内部行为，都应当按照这一思路进行划分：但凡属于侵害自由权或者可能对自由权造成侵害的行为，都应划入行政法定的范围；反之，但凡属于保障社会权或者有助于社会权实现的给付行为，都应排除在行政法定范围之外。依照这一思路进行划分，外部侵害行为与干预性给付行为、内部侵害行为与特殊给付行为必须纳入法定范围，其他行政行为则应排除在法定范围之外。

三、行政程序法定原则及其范围与适用

上面讨论的是行政行为的法定问题，也就是行政行为的实体要素法定化问题。现在讨论行政程序的法定问题，也就是行政行为的程序要素的法定化问题。

（一）行政程序法定问题的进一步说明

在我国行政法律文件中，“法定程序”是被经常使用的法律概念。例如，2017 年《行政处罚法》第 3 条第 2 款规定，“没有法定依据或者不遵守法定程序的，行政处罚无效”。[①]《行政许可法》第 4 条和《行政强制法》第 3 条规定，实施行政许可和行政强制，“应当依照法定的权限、范围、条件和程序”。在一些地方人民政府制定的“行政程序规定”中，行政机关“按照法定程序实施行政行为”或“按照法定程序行使行政职权”几乎成为标准表述。[②] 此外，《中华人民共和国行政复议法》（以下简称《行政复议法》）第 28 条和《行政诉讼法》第 69 条、第 70 条规定，行政行为符合法定程序的，可以驳回请求；违反法定程序的，可以撤销或者部分撤销。可以说，这些法律条文构成了行政主体遵守法定程序的义务和违反法定程序的责任的规范体系。但是，欲使这些法律规范真正落实，就必须准确理解和界定“法定程序”或者“违反法定程序”这个核心概念。

---

① 现行《行政处罚法》第 24 条第 2 款规定：“承接行政处罚权的乡镇人民政府、街道办事处应当加强执法能力建设，按照规定范围、依照法定程序实施行政处罚。”第 38 条规定：“行政处罚没有依据或实施主体不具有行政主体资格的，行政处罚无效。违反法定程序构成重大且明显违法的，行政处罚无效。”

② 参见《湖南省行政程序规定》《山东省行政程序规定》《江苏省行政程序规定》《汕头市行政程序规定》第 3 条。例如，《湖南省行政程序规定》和《山东省行政程序规定》第 3 条规定：“行政机关应当依照法律、法规、规章，在法定权限内，按照法定程序实施行政行为。”

准确理解和界定“法定程序”或者“违反法定程序”这个法律概念或许面临诸多问题，但其中一个至关重要的问题是：“法定程序”是否意味着“程序法定”？换言之，行政程序是否遵循法定原则？如果遵循法定原则，是所有的行政程序都遵循法定原则，还是其中的一部分？如果是其中一部分，是哪一部分？可以说，这个问题是划定“法定程序”的范围和认定“违反法定程序”的基石。这是因为，如果行政程序遵循法定原则，必须于法有据，那“法定程序”就应当理解为成文法（尤其是法律和授权的行政法规）规定的程序，行政主体不能对成文法规定的程序自行予以增减；“违反法定程序”就应当理解为行政主体增加或者裁减成文法规定的程序，其实施的程序与成文法的规定不一致。反过来讲，如果行政程序不遵循法定原则，无须于法有据，则行政主体就可以对成文法规定的程序予以增减，“违反法定程序”也就不能简单地等同于行政主体实施的程序与成文法规定的程序不一致。

目前，我国官方文件并没有关于行政程序法定原则的表述，可以看到的仅有前文所述的2004年国务院制定的《纲要》和2014年十八届四中全会通过的《决定》中关于行政法定原则的规定。《纲要》指出：“行政机关实施行政管理，应当依照法律、法规、规章的规定进行；没有法律、法规、规章的规定，行政机关不得作出影响公民、法人和其他组织合法权益或者增加公民、法人和其他组织义务的决定。”《决定》规定：“完善行政组织和行政程序法律制度，推进机构、职能、权限、程序、责任法定化。行政机关要坚持法定职责必须为、法无授权不可为……行政机关不得法外设定权力，没有法律法规依据不得作出减损公民、法人和其他组织合法权益或者增加其义务的决定。”从这两处规定可以看出，行政法定原则主要适用于“减损公民、法人和其他组织合法权益或者增加其义务的决定”。相应地，增加公民、法人和其他组织合法权益或者减少其义务的决定，或者对公民、法人和其他组织合法权益或者其义务不产生影响的行政决定，即便不能绝对地排除在法定原则的适用范围之外，也不能将其全然纳入法定原则的适用范围之内。但尚不明确的是，这里的“合法权益”和“义务”是仅指实体法上的权益与义务，还是包括程序法上的权益与义务。因此，这一规定仅能为行政程序法定原则的确立提供一定的条件或思路，但不能为其提供确凿、充分的政策或规范依据，在怎样的意义上确立行政程序法定原则仍面临艰巨的论证任务。

（二）行政程序法定原则的提出与认知迷失

应该说，行政法学界和法律实务界已经提出行政程序法定原则，并在一定程度和范围应用着这一原则。在讨论这一原则之前，先对相关研究与应用予以考察很有必要。

1. 行政程序法定原则在法学界的提出与讨论

行政法学界关于行政程序法定原则的研究最早可追溯到 1998 年。① 不过，迄今仅有个别文章探讨了这一问题。② 考察这些文献可以看出，行政法学界关于行政程序法定原则的研究主要聚焦于确立行政程序法定原则的必要性、基本要求等方面，其观点可概括为两点：第一，确立行政程序法定的必要性在于实现行政法律关系主体之间的公平性。有学者提出，在行政权行使过程中，行政权行使主体和行政权行使对象处于不平等的地位。作为行政权行使主体的行政机关处于主导地位，而作为行政权行使对象的行政相对人处于被动地位。这种不平等造成了行政机关和行政相对人实体权利义务的不平衡。如果不对行政程序加以法的规定，那就意味着具体的行政程序可以由国家行政机关任意决定，其结果会使行政机关和行政相对人地位更加不平等、不平衡。③ 第二，行政程序法定的主要要求在于公正性。有学者指出，“法定的行政程序必须反映公正性要求”，具体包括：其一，法定的行政程序必须体现相对一方对行政权运行过程的参与性；其二，法定的行政程序必须避免行政决定带有任何偏见，以免相对一方当事人遭受不公正的待遇；其三，法定的行政程序应当保障相对一方当事人的救济权利，建立程序上的纠错制度。④ 还有学者更具体地指出：“行政程序法定必须确定的基本制度至少应包括行政公开制度、听证制度、职能分离制度、说明理由制度、不单方接触制度、回避制度、时效制度等。”⑤这些论述，就数量而言，少得可怜；就观点而言，则值得讨论。在行政法基本原则中，行政程序的公正性实际上

---

① 参见赵华强：《行政程序法定——依法行政的关键》，载《法学》1998 年第 11 期。

② 如吴传毅：《关于行政程序法定的思考》，载《求索》2002 年第 4 期。对于程序法定原则，除了行政法学界研究外，诉讼法学界（主要是刑事诉讼法学界）也有研究，其成果较行政法学界多一些，例如：李邦军：《我国刑事诉讼法应当确立程序法定原则》，载《西南民族大学学报（人文社科版）》2005 年第 11 期；黄士元：《程序是否需要“法定”：对“程序法定原则”的反思性评论》，载《中外法学》2006 年第 4 期；江涌：《“程序法定原则”不能成立吗——兼与黄士元博士商榷》，载《政治与法律》2007 年第 8 期；李明：《论刑事强制措施法定原则——兼评程序法定原则》，载《中国刑事法杂志》2008 年第 5 期；徐阳：《程序法定原则对刑事司法的规范意义》，载《法学》2014 年第 10 期。民事诉讼法学界的研究文献仅有：周建华：《从程序法定主义到程序人文主义——法国民事诉讼法典的发展述评》，载《四川大学学报（哲学社会科学版）》2013 年第 3 期。

③ 参见赵华强：《行政程序法定——依法行政的关键》，载《法学》1998 年第 11 期。

④ 同上。

⑤ 吴传毅：《关于行政程序法定的思考》，载《求索》2002 年第 4 期。

是程序正当原则的要求，将其置于程序法定原则之下，二者之间的关系与边界便变得模糊起来。

2. 行政程序法定原则在行政诉讼实践中的应用

相较而言，行政程序法定原则在我国人民法院裁判文书中的出现和应用比较晚。以"程序法定原则"为检索词在最高人民法院"中国裁判文书网"上全文检索可以发现，"程序法定原则"这一概念在我国人民法院裁判文书中出现于2014年。截至2019年年底，共有48篇行政裁判文书使用了"行政程序法定原则"或者"程序法定原则"。[①] 在这48篇行政裁判文书中，有的是原告或者诉讼第三人（即行政相对人或者行政第三人）在其"诉称"中使用的，有的是被告（行政机关）在其"辩称"中使用的，有的是人民法院在其裁判理由中使用的。不论是原告、诉讼第三人还是被告的应用，其实大多都是出自其代理律师的"手笔"，体现的是律师的认知。人民法院在裁判理由中的应用则反映了法官对这一原则的看法。不过，不论是律师还是法官，他们对行政程序法定原则的应用体现的都是法律实务界的基本看法。进一步分析对行政程序法定原则的应用可以看出，不论是律师还是法官，均没有对这一原则及其内容或者要求形成全面、清晰的认识。这主要表现为以下几点：

第一，没有关于行政程序法定原则的明确定义，使用比较随意。在所有裁判文书中，大多都直接使用行政程序法定原则这一用语，没有对这一原则的含义和内容加以界定，即便结合上下文来看，也不知所云，看不出该用语与案件事实之间有任何关联。例如，在"赵绪宝诉章丘市公安局公安行政处罚案"[②]中，原告诉称，行政机关"在调查过程中，违背程序法定原则，调查程序违法"，该处罚决定应认定无效。[③] 在"潘彩君诉台州市公安局开发区分局、台州市公安局行政处罚案"[④]中，被告辩称，"上诉人伤情已经两次鉴定，且意见一致，上诉人两次申请重新鉴定不符合程序法定原则"。在"瑞安市

---

① 用"程序法定原则"在"北大法宝"上检索，截至2019年年底，所能检索到的行政案件仅有42篇，少于在"中国裁判文书网"上检索的数据。在"中国裁判文书网"上，截至2019年年底，共有124篇裁判文书使用了"程序法定原则"这一概念。其中，管辖类案件27篇，刑事案件2篇，民事案件33篇，行政案件48篇，执行案件13篇，强制清算与破产案件1篇。这就说明，在我国审判实践中，对"程序法定原则"的应用总体比较少。中国裁判文书网：http://wenshu.court.gov.cn/website/wenshu/181029CR4M5A62CH/index.html，2020年1月23日最后访问。

② 参见山东省济南市中级人民法院(2014)济行终字第5号行政判决书。

③ 类似案件还可参见"赵光河诉章丘市公安局公安行政处罚案"，山东省济南市中级人民法院(2014)济行终字第4号行政判决书。

④ 参见浙江省台州市中级人民法院(2015)浙台行终字第164号行政判决书。

鑫盛无纺辅料厂诉瑞安市环境保护局行政处罚案”[①]中，被告辩称，其“作出的行政处罚经立案程序、调查程序、拟作出处罚程序、告知程序、听证程序、作出处罚决定程序与送达程序等，符合行政处罚程序法定原则”。这些案件虽都提到了程序法定原则，但通篇研读其内容会发现，当事人在提出或者使用程序法定原则这一用语时，前无因后无果，这一原则的含义是什么，与案件事实有什么关联，对行政行为合法性判断有何意义，都未作必要说明和论证。在这里，程序法定原则似乎只是个噱头，没有任何价值和意义。这种情形在法院的裁判理由中也存在，如在“铜仁市碧江区林业局、龙建军非诉执行审查案”[②]中，法院认为，“申请执行人以需要完成法定程序为由，提出撤回强制执行申请符合程序法定原则”。但是，联系上下文实在看不出申请撤回强制执行申请怎么就符合程序法定原则了。

第二，针对同一案件事实，当事人或者法院会同时不加区别地把程序法定和正当程序等原则作为共同评价依据。例如，在“黄石坤宝房地产开发有限公司诉黄石市国土资源局案”[③]中，原告指出，被告“没有遵循行政行为的程序法定原则和程序正当性原则，因而被告作出该行政行为程序违法”。在这里，原告只是给行政行为扣了两顶帽子，却没有指出行政行为有哪些违法情形，其中哪些违反了程序法定原则，哪些违反了程序正当原则，因而也就无从知晓他们所讲的程序法定原则与正当程序原则之间的关联与区别。在“李红案”[④]中，原告认为，被告作出的房屋搬迁行政裁决书“是在未公示、未送达、原告毫不知情的情况下出台的。严重违反了行政程序应当遵循（的）程序法定原则、相对人参与原则、程序公正原则”。在这里，当事人列举了行政行为的违法情形（未公示、未送达、未告知），但给同样的违法情形戴了违反程序法定、相对人参与、程序公正原则三顶帽子，三者之间的关联也就无从理清。这种现象同样在法院裁判理由中存在。例如，在“张某某诉曲阜市交通运输局整改通知纠纷案”[⑤]中，法院认为，“被告作出的《整改通知书》既未载明适用的法律依据，也未告知原告享有陈述权、申辩权及救济途径、方式和期限，违反了正当程序及程序法定原则，被告行政程序违法”。这同样是将同一类违法情形置于两个原则的羽翼之下。

① 参见浙江省瑞安市人民法院（2014）温瑞行初字第 18 号行政判决书。
② 参见贵州省铜仁市碧江区人民法院（2018）黔 0602 行审 2 号行政裁定书。
③ 参见湖北省黄石市黄石港区人民法院（2016）鄂 0202 行初 16 号行政判决书。
④ 参见辽宁省营口市中级人民法院（2018）辽 08 行初 61 号行政裁定书。
⑤ 参见山东省曲阜市人民法院（2014）曲行初字第 184 号行政判决书。

第三，即便以行政程序法定原则为单一评价依据，却赋予其以正当程序原则的内容。换言之，他们将行政程序的正当性作为程序法定原则的基本要求。这方面的案例很多，占了所检索案例的大多数。[①] 例如。在“上海誉迅教学仪器有限公司诉上海市松江区九亭镇人民政府案”[②]中，原告诉称，被告“在作出被诉强拆决定之前未充分听取原告的意见，未保障原告的陈述和申辩权利，被告作出的《限拆催告书》《强拆决定书》等也未依法送达原告，不符合程序法定原则要求”。在“陈彪、陈灿玲等诉北海市国土资源局案”[③]中，原告诉称，被告作出行政行为时，“未告知当事人有陈述、申辩或申请听证的权利，行政程序违背听证制度的立法意愿及目的，严重违反行政许可、行政登记、行政决定的程序法定原则”。[④] 这种现象在法院裁判理由中也大量存在。例如，在“王瑞红诉贵州省锦屏县人力资源和社会保障局劳动和社会保障行政管理案”[⑤]中，法院认为，“当事人对于行政机关作出涉及其权利义务的行政处理决定，依法享有陈述权和申辩权。行政机关在作出涉及其权利

① 此类观点主要出现在原告诉称和法院裁判理由中。原告持这种主张的案件有：“平定县娘子关镇娘子关村养鹿厂与平定县人民政府行政确认案”，山西省高级人民法院（2017）晋行终 188 号行政裁定书；“苏家芳诉北海市国土资源局行政管理（土地管理）案”，广西壮族自治区北海市中级人民法院（2017）桂 05 行终 73 号行政判决书；“平定县娘子关镇娘子关村养鹿厂诉平定县人民政府行政赔偿案”，山西省太原市中级人民法院（2016）晋 01 行初 91 号行政赔偿裁定书；“陈彪、陈灿玲等诉北海市国土资源局案”，广西壮族自治区北海市中级人民法院（2016）桂 05 行初 23 号行政裁定书；“龙门县天堂湖山庄有限公司诉龙门县环境保护局环境保护行政管理案”，广东省博罗县人民法院（2018）粤 1322 行初 146 号行政判决书；“梁仕斌诉从江县人民政府、从江县水务局案”，贵州省黎平县人民法院（2018）黔 2631 行初 7 号行政判决书。人民法院持此种意见的案件有：“云南欣农科技有限责任公司诉昆明市国土资源局土地行政撤销案”，昆明市西山区人民法院（2014）西法行初字第 13 号行政判决书、昆明市中级人民法院（2014）昆行终字第 51 号行政判决书；“郑月容诉台州市国土资源局椒江分局行政强制案”，台州市椒江区人民法院（2014）台椒行初字第 52 号行政判决书；“张某某诉曲阜市交通运输局整改通知纠纷案”，山东省曲阜市人民法院（2014）曲行初字第 184 号行政判决书；“吴立亭诉昌乐县人力资源和社会保障局行政确认案”，山东省潍坊市中级人民法院（2015）潍行终字第 242 号行政判决书；“王瑞红诉贵州省锦屏县人力资源和社会保障局劳动和社会保障行政管理案”，贵州省黎平县人民法院（2019）黔 2631 行初 21 号行政判决书；“潘年柏诉天柱县卫生和计划生育局、天柱县人民政府计划生育行政管理案”，贵州省黎平县人民法院（2018）黔 2631 行初 14 号行政判决书；等等。

② 参见上海市松江区人民法院（2017）沪 0117 行初 290 号行政判决书。

③ 参见广西壮族自治区北海市中级人民法院（2016）桂 05 行初 23 号行政裁定书。

④ 类似案件还如“蔡锦定与惠东县住房和城乡规划建设局城乡建设行政管理—城市规划管理案”（广东省惠东县人民法院（2015）惠东法行初字第 12 号行政判决书）和“蔡锦定与惠东县国土资源局资源行政管理—土地行政管理案”（广东省惠东县人民法院（2015）惠东法行初字第 13 号行政判决书）。在这两个案件中，原告认为，被告对原告作出具体行政行为，应当按照公正合理的方式进行，不得违背程序公正的原则，且作出不利于相对人的行政处理决定时，应当事先通知有利害关系的相对人即原告，告知其权利、义务，并听取其陈述、申辩，保障相对人的知晓权和参与权。被告在没有履行告知和申辩程序的情况下，作出相关行政决定，显然违反了程序法定原则和行政相对人参与原则。

⑤ 参见贵州省黎平县人民法院（2019）黔 2631 行初 21 号行政判决书和贵州省黎平县人民法院（2018）黔 2631 行初 15 号行政判决书。

和义务的行政处理决定前，将行政处理决定的事实、理由及依据告知当事人，并告知其依法享有的权利，是行政机关处理行政事务活动应当遵循程序法定原则的具体体现”。[①] 在“云南欣农科技有限责任公司与昆明市国土资源局土地行政撤销案”[②]中，法院认为，被告“未告知当事人陈述、申辩或申请听证的权利，且未明确告知行政相对人不服行政决定获取救济的途径，行政程序违背听证制度的立法原意及目的，严重违反行政许可、行政登记、行政决定的程序法定原则，依法应当予以撤销”。可以比对的是，关于“行政程序正当”原则，《纲要》指出，行政机关实施行政管理，应当公开，注意听取公民、法人和其他组织的意见；要依法保障行政管理相对人、利害关系人的知情权、参与权和救济权。由此可以看出，上述案件赋予程序法定原则的内容其实是正当程序原则所要求的。这样一来，上述观点就将程序法定原则与程序正当原则混而为一了。

第四，在一些案件中，将行政程序不合理视为对程序法定原则的违反。这就等于将行政程序的合理性作为程序法定原则的一项基本要求。例如，在“龙门县天堂湖山庄有限公司诉龙门县环境保护局环境保护行政管理案”[③]中，原告诉称，被告将责令拆除决定书径直张贴在原告有关建筑上，而未按照法律规定的送达程序进行送达。被告组织听证的时间从下午 3 点开始，而被告作出责令拆除决定书的时间为听证当天，从组织听证到作出责令拆除决定书只有短短几小时的时间，甚至可能在听证前就已经作出了责令拆除决定书，这显然违反程序法定原则。在“上海欧尚包装机械有限公司诉上海市松江区九亭镇人民政府案”[④]中，原告认为，被告“在作出被诉强拆决定之前未充分听取原告的意见，未保障原告的陈述和申辩权利，被告作出的催告书、强拆决定书等也未依法送达原告，不符合程序法定原则要求”。在“上海誉迅教学仪器有限公司诉上海市松江区九亭镇人民政府案”[⑤]中，原告也认为，被告“在作出被诉强拆决定之前未充分听取原告的意见，未保障原

① 与本案极为相似的是“潘年柏诉天柱县卫生和计划生育局、天柱县人民政府计划生育行政管理案”(贵州省黎平县人民法院(2018)黔 2631 行初 14 号行政判决书)，该案法院认为，“公民、法人或者其他组织对于行政机关作出涉及其权利义务的行政处理决定，依法享有陈述权和申辩权。行政机关在涉及其权利和义务的行政处理决定前，将行政处理决定的事实、理由及依据告知当事人，并告知当事人依法享有的权利，是行政机关执法活动应当遵循程序法定原则的具体体现”。

② 参见昆明市西山区人民法院(2014)西法行初字第 13 号行政判决书。

③ 参见广东省博罗县人民法院(2018)粤 1322 行初 146 号行政判决书。

④ 参见上海市松江区人民法院(2017)沪 0117 行初 284 号行政判决书。

⑤ 参见上海市松江区人民法院(2017)沪 0117 行初 290 号行政判决书。

告的陈述和申辩权利，被告作出的《限拆催告书》《强拆决定书》等也未依法送达原告，不符合程序法定原则要求”。上述案件中，拆除决定书张贴不到位、听证时间与作出决定之间的时间间隔太短、听证过程中未充分听取原告意见等问题，即便存在，也应该属于行政程序不合理或者裁量不当。在行政法上，不合理或者裁量不当问题一般属于合理原则或者比例原则规范的对象。但在这些案件中，在他们看来，程序裁量合理性也属于程序法定原则的内在要求。

第五，在个别案件中，赋予行政程序法定原则以其他法律制度的相关要求。例如，在“营口通达管道工程有限公司（二处）诉营口市地方税务局稽查局案”[①]中，原告主张，“根据行政处罚的程序法定原则，依法作出的行政处罚决定一旦生效，其法律效力不仅及于行政相对人，也及于行政机关，非经复议机关和人民法院审判，任何机关和个人不得改变已经发生法律效力的处罚决定，即便该行政处罚有错误，也应当依据法定程序进行撤销，被上诉人随意撤销行政处罚行为，严重损害行政行为的公信力和稳定性”。应该承认，行政机关作出的行政处罚决定一旦生效，其法律效力不仅及于行政相对人，也及于行政机关，包括行政机关在内的任何人不得随意改变或者撤销。[②]即便因该行政处罚违法而撤销，也应按照法定程序进行。这些看法都是正确的。但是，在行政法原理和制度体系中，这主要是基于行政处罚决定的拘束力和存续力，往更远地说，是基于行政法律秩序的稳定性。在行政法学文献中，鲜见有从行政程序法定原则论述的。行政机关擅自撤销其作出的行政处罚决定何以会违反行政程序法定原则，从案件之上下文看，实在搞不清楚，也看不明白。如果这种看法正确，那就意味着，行政行为的存续力、行政秩序的稳定性也是行政程序法定原则的内在要求。

第六，还有一种意见不同于上述看法，认为程序法定系指行政程序由成文法设定。这主要是作为被告的行政机关所主张的。[③] 例如，在“湖北军翔

---

① 参见辽宁省营口市中级人民法院(2016)辽 08 行终 226 号行政判决书。

② 参见杨登峰:《行政决定效力的本质与体系》,载《行政法学研究》2013 年第 4 期;杨登峰:《行政行为的多元矫正制度研究》,清华大学出版社 2019 年版,第 17—25 页。

③ 相关案例有:“湖北军翔投资实业集团有限公司诉襄阳市樊城区城市管理执法局城乡建设行政管理案”(湖北省襄阳市中级人民法院(2018)鄂 06 行终 11 号行政判决书);“武汉和谐五行实业有限公司诉襄阳市樊城区城市管理执法局城乡建设行政管理案”(湖北省襄阳市中级人民法院(2018)鄂 06 行终 12 号行政判决书);“湖北盛景怡家酒店集团有限公司诉襄阳市樊城区城市管理执法局城乡建设行政管理案”(湖北省襄阳市中级人民法院(2018)鄂 06 行终 13 号行政判决书);“瑞安市鑫盛无纺辅料厂诉瑞安市环境保护局行政处罚案”(浙江省瑞安市人民法院(2014)温瑞行初字第 18 号行政判决书);“鲁云富、鲁全成等诉邓州市桑庄镇人民政府等资源行政管理案”(河南省南阳市卧龙区人民法院(2017)豫 1303 行初 59 号行政判决书)。

投资实业集团有限公司诉襄阳市樊城区城市管理执法局城乡建设行政管理案”[①]中，针对原告提出的被告在接到听证申请后将近一年才举行听证会从而应认定程序违法的主张[②]，被告辩称，《行政处罚法》第 64 条第 1 款第 2 项仅要求，在听证七日前通知当事人举行听证的时间、地点即可，对其余事项未作明确规定，依据程序法定原则，其听证程序并不违法。[③] 在“鲁云富、鲁全成等诉邓州市桑庄镇人民政府等资源行政管理案”[④]中，针对原告提出的被告在作出建房许可时未告知听证程序、严重违反法定程序的主张，被告辩称，其行为是根据《中华人民共和国土地管理法》(以下简称《土地管理法》)规定作出的，“本案也不属于被告应当告知听证的法定情形，因此，根据程序法定原则，二原告认为被告未告知听证程序违法无法律依据”。[⑤] 透过行政机关的这些意见可以看出，在他们看来，在行政程序法定原则下，不管什么

① 参见湖北省襄阳市中级人民法院(2018)鄂 06 行终 11 号行政判决书。

② 本案原告诉称，《湖北省行政处罚听证规则》第 15 条第 2 款规定，“当事人申请听证超过期限或者不符合听证条件的，行政机关应当在收到当事人申请之日起三日内书面告知当事人不予听证”；第 16 条第 1 款规定，“行政机关决定予以听证的，听证主持人应当在收到当事人听证申请之日起两日内确定举行听证的时间、地点和方式，并在听证举行的七日前，将听证通知书送达当事人，由当事人在通知书送达回执上签字”。但本案被告在接到申请后将近 1 年才决定听证，违反了上述规定。

③ 与“湖北军翔投资实业集团有限公司案”案情相似的还有“武汉和谐五行实业有限公司诉襄阳市樊城区城市管理执法局城乡建设行政管理案”(湖北省襄阳市中级人民法院(2018)鄂 06 行终 12 号行政判决书)、“湖北盛景怡家酒店集团有限公司诉襄阳市樊城区城市管理执法局城乡建设行政管理案”(湖北省襄阳市中级人民法院(2018)鄂 06 行终 13 号行政判决书)。

④ 参见河南省南阳市卧龙区人民法院(2017)豫 1303 行初 59 号行政判决书。

⑤ 这里更为详细地举两个例子。一是平顶山市新兴宏达建筑安装公司不服鲁山县人事劳动社会保障局工伤认定案(参见河南省鲁山县人民法院行政判决书(2010)鲁行初字第 010 号)。本案中，安装公司工人高东应在工作期间，因墙体倒塌受伤。出院后，高东应向鲁山县人事劳动和社会保障局申请工伤认定并被认定为工伤。安装公司认为，“被告在受理工伤认定申请后，既未通知申请人陈述、申辩和举证，更未对申请人进行调查核实”，程序违法，遂起诉。法院认为，“《工伤保险条例》及《工伤认定办法》中均未规定劳动保障行政部门在受理工伤认定申请后，必须告知用工单位相关的权利，且必须向用工单位进行调查核实，只要劳动保障行政部门依照程序通过调查取证能够认定劳动者所受伤害为工伤，即为合法”，遂判决维持。二是王春诉太和县建设局规划许可案(参见石岩：《危房改建邻居不签字不审批 太和县建设局违法行政败诉》，https://www.chinacourt.org/article/detail/2009/02/id/344735.shtml，2013 年 10 月 15 日访问)。本案中，安徽省太和县居民王春所住房屋被有关部门鉴定为危房，要求改建。王春备齐房产证、土地证等法定材料，向太和县建设局申请颁发危房改建规划许可证。建设局受理后，要求王春联系四邻签署认可意见。西邻谢某与王春素有矛盾，拒绝签署认可意见。太和县建设局便以此为由，拒绝颁发规划许可。王春无奈，提起诉讼。一二审法院均认为，太和县建设局未能提供四邻签字是办理行政许可的法定必备条件的法律依据，其程序违法，遂判令其重新作出具体行政行为。在第一个案件中，利害关系人要求在法定程序之外增加相应的程序，没有得到法院的认可。在第二个案件中，行政机关在法定程序之外增加了程序，也没有得到法院的支持。由此来看，至少在这两个案件中，法院全面坚持了“程序法定”原则，即不论何种程序，都以法律规定的程序为准，行政机关不可随意增加或减少。但这两个案件还是有质的不同。

行政程序,都应以成文法规定的程序为准,行政行为只要符合成文法规定的程序就符合程序法定原则了。

上述六种情形,可分为三类:第一类为第一种,涉及对行政程序法定原则概念的理解;第二类为第二至第五种,涉及对行政程序法定与正当程序等其他法律原则、制度之间的关系;第三类为第六种,属于将程序法定原则理解为所有行政程序只能由成文法设定,作出行政行为时只应按成文法规定的程序进行。

3. 确立和应用行政程序法定原则须解决的问题

综合上述行政法学界的研究状况和行政审判实践中的应用状况可以看出,我国法律界虽然提出了行政程序法定原则并在行政审判实践中加以应用,但是对于行政程序法定原则的含义,避而不谈;对于行政程序法定原则的基本要求,莫衷一是,有的理解为程序的正当性,有的理解为程序的合理性,有的理解为程序的稳定性,有的理解为成文法的设定性,以至于与正当程序原则、行政合理原则(或比例原则)、行政稳定性等法律原则界分不明确。对于行政程序法定原则的适用范围更是没有触及。这充分说明,我国法律界对行政程序法定原则的一些基本问题还没有搞清楚,没有能够将这一原则与其他法律原则与制度协调统一起来。如果这种状况持续存在,势必会给行政法基本原理研究和行政法律实践造成认识混乱。而要从根本上解决这些问题,则须解决如下基本问题:什么是行政程序法定原则?行政程序法定原则对行政程序提出哪些基本要求?哪些行政程序需要遵循法定原则?这些问题解决了,其他问题也就不解自通了。

(三)从行政程序法定到义务性行政程序法定

考虑到法律界对行政程序法定概念在使用上的不确定性,这里需要先对行政程序法定原则的含义做一个界定,从而为整个讨论奠定前提。笔者以为,行政程序法定原则既然以“法定”为核心概念,就应当与行政行为法定以及其他法定原则(如税收法定、处罚法定、强制法定、罪刑法定等原则)的含义保持一致,不能另搞一套。其他法定原则的“法定”含义至少包括两个方面:一是该事项应当先由成文法加以设定,不允许执法与司法机关自行为之;二是执法或者司法机关应当严格遵守成文法的规定,不得经由解释与适用而予以质的改变。前者涉及的是立法权的划分,后者涉及的是成文法对法律适用者的约束力。这两个方面须有机结合，不可偏废。据此，行政程序法定原则应指行政程序的设定权属于立法主体，必须由其以成文法形式加以规定；行政主体作出行政行为时只能按照成文法规定的程序进行，不能自行设定，否则就属于违反法定程序。

在上述语义下，行政程序要不要遵循法定原则，在怎样的意义上和范围内遵循法定原则，是一个相对比较复杂的问题，必须着眼于行政程序本身并在必要分类基础上讨论。

1. 义务性程序与权利性程序的划分

对于讨论行政程序法定原则而言，可以对行政相对人权益的影响为标准，将行政程序分为“权利性程序”和“义务性程序”两大类。所谓权利性程序，即对行政相对人和行政第三人而言，这种程序对他们是有利的，本质上是他们所享有的一种程序性权利。与此相对应，对于行政主体而言，这些程序对它们则是不利的，本质上是它们所承担的一种程序性义务。行政处罚法规定的事前告知程序、当事人的陈述与申辩程序、听证程序、送达程序等都属于这类程序。此外，行政许可法规定的听证制度、行政强制法规定的强制措施实施前向负责人报告制度、两名以上行政执法人员实施制度、执法身份证件出示制度、通知当事人到场制度、理由说明制度等也属于这种程序。[①] 所谓义务性程序，即对行政相对人和行政第三人而言，这种程序对他们是不利的，本质上是他们所承担的一种程序性义务。与此相对应，对于行政主体而言，这些程序对它们则是有利的，本质上是它们所享有的一种程序性权力。《行政许可法》规定的申请人提交申请、提交材料、说明情况等程序都属于这一类。例如，该法第 29 条规定，公民、法人或者其他组织从事特定活动，依法需要取得行政许可的，应当向行政机关提出申请；第 31 条规定，申请人申请行政许可，应当如实向行政机关提交有关材料和反映真实情况，并对其申请材料实质内容的真实性负责；第 49 条规定，被许可人要求变更行政许可事项的，应当向作出行政许可决定的行政机关提出申请。除了这些规定外，

① 参见《行政许可法》第 46 条和《行政强制法》第 18 条。其中，《行政许可法》第 46 条规定：“法律、法规、规章规定实施行政许可应当听证的事项，或者行政机关认为需要听证的其他涉及公共利益的重大行政许可事项，行政机关应当向社会公告，并举行听证。”

针对行政相对人设定的期限与办事流程等规定也属于义务性程序。[①]

“权利性程序”与“义务性程序”是站在行政相对人权益的立场上对程序进行的分类，总体与行政行为实体内容的分类相对应。对于行政行为的实体内容，也可以对相对人权益的影响为标准将其分为干预性行政行为、给付性行政行为和介于二者之间的中性行政行为。[②] 相互比较可见，绝大多数“权利性程序”存在于干预性行政行为中，如行政处罚、行政征收、行政强制等行政行为。绝大多数“义务性程序”则存在于给付性行政行为和中性行政行为中，如行政许可、行政奖励、行政补贴或者行政登记、行政确认、行政裁决等。可以看出，当行政行为在实体上对行政相对人不利时，在程序上则是有利的；当行政行为在实体上对行政相对人有利时，在程序上则是不利的。结果是，行政行为的实体要素与程序要素形成了有利与不利之间的对应与平衡。但这种对应也不是绝对的。干预性行政行为的程序中也包含一些“义务性程序”，反之，给付性行政行为的程序中也包含一些“权利性程序”。例如，《行政处罚法》第 55 条第 2 款规定，行政机关执法人员调查或者检查时，“当事人或者有关人员应当如实回答询问，并协助调查或者检查，不得拒绝或者阻挠”；第 56 条规定：“行政机关在收集证据时，可以采取抽样取证的方法；在证据可能灭失或者以后难以取得的情况下，经行政机关负责人批准，可以先行登记保存，并应当在七日内及时作出处理决定，在此期间，当事人或者有关人员不得销毁或者转移证据。”再如，《行政许可法》第 44 条规定：“行政机关作出准予行政许可的决定，应当自作出决定之日起十日内向申请人颁发、送达行政许可证件，或者加贴标签、加盖检验、检测、检疫印章。”由此可见，行政程序的性质虽然与行政行为的实体效果有一定关联，但绝非一

① 期限也可分为几类。一类是为行政相对人设定的，此类期限属于“义务性程序”。例如，《行政许可法》第 50 条规定：“被许可人需要延续依法取得的行政许可的有效期的，应当在该行政许可有效期届满三十日前向作出行政许可决定的行政机关提出申请……”另一类是为行政主体设定，此类期限则属于“权利性程序”。例如，《行政许可法》第 42 条规定：“除可以当场作出行政许可决定的外，行政机关应当自受理行政许可申请之日起二十日内作出行政许可决定。二十日内不能作出决定的，经本行政机关负责人批准，可以延长十日，并应当将延长期限的理由告知申请人……”还有一类则是内部程序，或者可称之为“中间性程序”。例如，《行政许可法》第 43 条规定：“依法应当先经下级行政机关审查后报上级行政机关决定的行政许可，下级行政机关应当自其受理行政许可申请之日起二十日内审查完毕……”

② 干预性行政行为也被称为侵益性行政行为或者不利行政行为，给付性行政行为也被称为有利行政行为或者授益性行政行为。中性行政行为则是居于干预性行政行为与给付性行政行为之间的行政行为，这种行政行为对当事人而言，既可能有利也可能不利。

对一的对应关系，不能将“权利性程序”等同于干预性行政行为的程序，也不能将“义务性程序”等同于给付性和中性行政行为的程序。

“权利性程序”与干预性行政行为、“义务性程序”与给付性和中性行政行为之间的总体对应关系表明，“权利性程序”与“义务性程序”所要发挥的功能是不同的。“权利性程序”通过为行政相对人提供必要的程序性权利，对“干预性行政行为”的作出发挥阻却性功能，从而实现对行政相对人实体权利的程序保护。“义务性程序”则通过要求行政相对人负担必要的程序性义务，为行政主体作出行政行为提供便利，以降低行政成本，从而对“非干预性行政行为”的作出发挥促成性作用。其实，在本质上，“权利性程序”可以看作“程序性权利”，“义务性程序”可以看作是“程序性义务”。不论是“程序性权利”还是“程序性义务”，都应当属于权利与义务的有机组成部分。只不过人们平常在谈论权利和义务两个概念时，往往只考虑或者重视了其中的实体部分，忽视了其中的程序部分。

当把行政程序分为“权利性程序”与“义务性程序”并对其性质作上述认定之后，笔者提出的基本预设是：仅“义务性程序”遵循法定原则，“权利性程序”则不然。

2. 有且只有义务性程序应遵循法定原则

“义务性程序”遵循法定原则的根源在于，如果允许行政机关自行设定或者任意增加义务性程序，势必造成两个后果：一是行政相对人办事的制度成本会急剧增加；二是有些情形下行政相对人根本就办不成事，其实体权利不能实现。现举两个事例来说明。

首先是 2013 年 10 月 11 日中央电视台“焦点访谈”节目报道的“北漂小伙为办护照返乡 6 次多跑 3000 公里”的事例（下文简称“小周办理护照案”）。[①] 小周大学毕业后在北京工作。2012 年 10 月，公司欲派他出国，需办普通护照。由于他在北京缴社保不足一年，按规定须回户口所在地办理。[②]为此，他往返三百多公里外的老家 6 次，奔波半年，也没有把护照办下来。原

① 参见《北漂小伙为办护照返乡 6 次多跑 3000 公里：他们玩弄百姓》，http://www.mzyfz.com/cms/benzhousheping/shepingzhuanqu/fazhi/html/1245/2013-10-12/content-888135.html，2019 年 12 月 9 日访问。

② 《中华人民共和国护照法》第 5 条规定：“公民因前往外国定居、探亲、学习、就业、旅行、从事商务活动等非公务原因出国的，由本人向户籍所在地的县级以上地方人民政府公安机关出入境管理机构申请普通护照。”

因是，每次去提交材料时，办事人员都要求他补充一份材料，先后共要求补办无犯罪记录证明、公司在职证明、公司营业执照、公司外派人员资格证明、本地身份证等 5 份材料。① 但《中华人民共和国护照法》（以下简称《护照法》）第 6 条规定，公民申请普通护照，应当提交本人的居民身份证、户口簿、近期免冠照片以及申请事由的相关材料。可见，《护照法》明确要求申请人提交的仅为“居民身份证、户口簿、近期免冠照片”三份证明材料。

其次是“陈爱华诉南京市江宁区住房和城乡建设局不履行房屋登记法定职责案”。② 2011 年 5 月 23 日，曹振林自书遗嘱一份，将其房产以及名下所有存款、日用品等无条件赠与陈爱华。2011 年 6 月 22 日，曹振林在医院病逝。2011 年 7 月 22 日，陈爱华经南京市公证处公证，声明接受全部遗赠。2011 年 10 月 10 日，陈爱华向被告提出书面申请，要求被告为其办理房屋所有权转移登记。2011 年 10 月 27 日，被告以“遗嘱未经公证，又无‘遗嘱继承公证书’”为由，书面回复不予办理，且以《司法部、建设部关于房产登记管理中加强公证的联合通知》的相关规定为其依据。人死不能复生，遗嘱不可能公证，陈爱华无奈，提起行政诉讼。法院认为，法律、法规和规章并没有规定遗嘱公证程序，行政机关以政府规范性文件为依据，拒绝为申请人办理产权登记的行为违法。③

类似事例或者案例不在少数。④ 撇开上述处理结果不论，这两个案例生动且深刻地揭示出，如果允许行政机关法外自行增加“义务性程序”，会无端

---

① 《行政许可法》第 32 条规定，申请材料不齐全或者不符合法定形式的，（行政机关）应当当场或者在五日内一次告知申请人需要补正的全部内容，逾期不告知的，自收到申请材料之日起即为受理。但是，本案行政机关工作人员没有遵守这一规定。

② 本案载于《最高人民法院公报》2014 年第 8 期。

③ 《民法典》第 1133 条第 3 款规定：“公民可以立遗嘱将个人财产赠与国家、集体或者法定继承人以外的组织、个人。”《民法典》第 210 条第 2 款规定：“国家对不动产实行统一登记制度。统一登记的范围、登记机构和登记办法，由法律、行政法规规定。”《房屋登记办法》未规定，遗嘱受益人必须持遗嘱公证书才能办理房屋转移登记。

④ 类似案件如“陈苏仪诉湖南省涟源市公安局限制会见被告案”，具体参见湖南省娄底市中级人民法院 1998 年 6 月 15 日作出的（1998）娄行初字第 4 号行政裁定书。本案案情是，1998 年 3 月 23 日，陈苏仪接受邱振辉（抢劫嫌疑人）委托担任其辩护人。4 月 13 日下午，陈苏仪到涟源市公安局看守所会见在押被告人，并向看守所值班警察出示了律师执业证、律师事务所出具的会见被告专用证明及被告人邱振辉父亲的授权委托书。值班警察提出会见在押被告人必须出示人民法院出具的会见证明，否则不许可会见。陈苏仪解释法律无此规定，但值班警察答复这是他们局里的规定，改变这一规定必须征得局领导同意。前文所引“王春诉太和县建设局建设规划许可案”也是典型案例，石岩：《危房改建邻居不签字不审批 太和县建设局违法行政败诉》，https://www.chinacourt.org/article/detail/2009/02/id/344735.shtml，2012 年 9 月 24 日访问。

增加行政相对人的办事成本，使其办事太难；有些情况下，还会使行政相对人根本办不成事，其结果是，行政相对人所享有的实体法上的权益就得不到实现。反过来讲，如果要降低行政相对人的办事成本，使其能够便捷地行使或者享有其实体法上的权益，就不能任由行政机关在法外随意自行添加“义务性程序”。进一步分析，这两个案例还揭示出，“义务性程序”对于人民生活的负面影响并不比干预性行政行为小。在前引“小周办理护照案”中，小周往返 6 次、奔波半年、多跑 3600 多公里所支付的费用可能还远大于一些行政罚款。而在前引“陈爱华案”中，义务性程序的设定等于剥夺了行政相对人对其房屋的所有权、使用权和收益权。既然如此，当行政处罚、行政征收、行政强制等要遵循法定原则时，“义务性程序”遵循法定原则就顺理成章。

长期以来，奇葩证明、重复证明、循环证明成为行政顽疾，给人民工作生活带来很大影响。相关案例还如江苏公证处要求证明“我爸是我爸”事例。2018 年 5 月 27 日，据“江苏新闻”微信公众号消息，淮安市民钱先生遇到了“奇葩证明”，要求证明“我爸是我爸”。钱先生打算将已经去世的父亲的住房公积金取出来，住房公积金中心的工作人员告诉他，提取他父亲的公积金需要到公证处公证。淮安市公证处则要求钱先生开具多项证明，包括“他是他父亲的儿子”“他爷爷奶奶已经去世”“他没有养父母”“与继父母关系”等。为了办理这些证明，钱先生跑遍了户口所在地的街道、社区和派出所，但各个单位均无法给出他想要的证明材料。① 2017 年 11 月 20 日，彭湃新闻报道，对于有些用人单位要求就业学生出具“毕业证、学位证证明”，学生就读学校苦不堪言。为此，贵阳中医学院在其官网上发布专门通知，告知社会上的用人单位，学生的毕业证、学位证具有法律效力，足以证明其入学时间、毕业时间、就读专业、学制、学历、学位等情况，各用人单位应取消此类证明或材料。

---

① 这种情况的出现，与相关立法不严谨有一定关联。《中华人民共和国公证法》第 27 条规定：“申请办理公证的当事人应当向公证机构如实说明申请公证的事项的有关情况，提供真实、合法、充分的证明材料；提供的证明材料不充分的，公证机构可以要求补充。公证机构受理公证申请后，应当告知当事人申请公证事项的法律意义和可能产生的法律后果，并将告知内容记录存档。”2009 年 10 月 22 日中国公证协会第五届常务理事会第九次会议通过的《办理继承公证的指导意见》第 3 条中提到，当事人申请办理继承公证时，要提交全部法定继承人的基本情况及被继承人的亲属关系证明；其他继承人已经死亡的，应当提交其死亡证明和其全部法定继承人的亲属关系证明。《办理继承公证的指导意见》第 5 条还规定，公证机构办理继承公证时，需要重点审查当事人身份是否属实，当事人与被继承人的亲属关系是否属实，被继承人有无其他继承人，被继承人和已死亡的继承人的死亡事实是否属实，等等。

法理者事理，事理者天理。任何法律原则和规则在根本意义上皆出自事理，且必须服从于天理。上述事例或案例所揭示的事理已经充分表明，必须把“义务性程序”纳入法定的范围，无须引经据典。当然，如果非要引经据典，也并非决然没有。行政法定原则首先立基于宪法之基本权利保障原则之上，但凡公权力行为有可能减损人民权益或者增加其义务者，皆须以法律法规的规定为前提。① 前文已经叙明，“义务性程序”本质上是“程序性义务”，属于义务的一种，而且这种程序对人民实体权益的负面影响不亚于干预性行政行为，将其纳入法定范围也是基本权利保障原则的要求。我国行政实践中普遍存在的奇葩证明、重复证明、循环证明以及程序繁苛等问题，从根本上说，就是由于没有坚持义务性程序法定原则造成的。反过来讲，要从源头上消除这些现象，就必须坚持和贯彻义务性程序法定原则。

3. 权利性程序以正当程序原则为依归

至于“权利性程序”何以不遵循法定原则，则要从“权利性程序”与正当程序原则之间的关系说起。正当程序原则源远流长，源于英国、盛于美国、播于世界，对它的理解可从其适用范围或对象、内在要求或内容两个方面来进行。

从适用范围或适用对象来看，正当程序原则主要是针对干预性行政行为的。可以说，从正当程序原则诞生以来，自始至终保持了这一特性。1215年英国《自由大宪章》第39条规定：“凡自由民，如未经其同级贵族之依法裁判，或经国法判决，皆不得被逮捕，监禁，没收财产，剥夺法律保护权，流放，或加以任何其他损害。”1354年英国《自由令》规定：“未经法律的正当程序进行答辩，对任何财产或身份的拥有者一律不得剥夺其土地或住所，不得逮捕或监禁，不得剥夺其继承权和生命。”1791年美国《宪法第五修正案》规定：“无论何人……不经正当法律程序，不得被剥夺生命、自由和财产。”1868年美国《宪法第十四修正案》规定：“任何一州……不经正当法律程序，不得剥夺任何人的生命、自由或财产。”可以看出，正当程序原则自始是针对限制或者剥夺生命、自由和财产等自由权利的国家行为的。② 进入现代社会以来，

---

① 参见杨登峰：《行政法定原则及其法定范围》，载《中国法学》2014年第3期。

② 在宪法学上，生命、自由和财产权属于自由权的范畴。自由权“是排除国家权力对个人领域的介入，以保障个人自由的意思决定和活动的人权”。参见〔日〕芦部信喜：《宪法》（第三版），林来梵、凌维慈、龙绚丽译，北京大学出版社2006年版，第72页。

正当程序原则所保护的权益范围虽有所扩展，但其针对干预性行政行为的基本特性并未改变。①

从正当程序原则内在要求或内容看，其对干预性行政行为的程序提出了正当性要求，即国家机关在作出限制或者剥夺人民相关权益、增加其义务的决定时，必须经过正当的法律程序。正当法律程序的内在要求或内容，随时代发展而变化，起初，主要包括"听取对方意见"和"自己不能当自己的法官"两个方面；20 世纪中期以来，公开的重要性得到普遍认可和接受；现在，一般认为正当法律程序必须具备中立性、参与性与公开性三个品格。"程序中立性就是要求决定程序法律结果的法律主体应当处于中立地位，对参与程序的任何一方不得存有偏见和歧视……程序参与性就是那些利益或者权利可能会受到程序法律结果直接影响的法律主体应当有充分的机会富有意义地参与法律程序的过程，并对法律结果的形成发挥其有效的影响和作用……程序公开性，即法律程序的每一个阶段和步骤都应当以当事人和社会公众看得见的方式进行。"②在我国行政法律和政府规范性文件中，这些正当性要求具体化为告知、回避、听证、说明理由、送达、救济权利告示、公开等法律制度。③

综合以上两个方面可以看出，广泛应用于干预性行政行为的"权利性程序"其实植根于正当程序原则，是正当程序原则的内在要求或内容在法律文本中的落实和体现。

既然权利性程序植根于正当程序原则，就必须按照正当程序原则的内在逻辑来解释和应用这些程序。对于正当程序原则，英美国家行政法普遍认为，它不是来自立法，而是来自自然法。当行政行为有侵害人民权益之虞时，除非法律有明确的排除性规定，否则自然法的正义法则或宪法的正当程序条款就如影随形地赋予了人民相关程序权利，即便成文法没有规定，也应按照正当程序原则的要求补足相关程序。详言之，若成文法对干预性行政行为应当具有的"权利性程序"没有规定，或者相关规定没有达到正当程序原则所要求的正当程度，则法律适用机关就应补充欠缺的程序，直到程序符

---

① 关于正当程序原则适用范围的发展变化，参见杨登峰：《法无规定时正当程序原则之适用》，载《法律科学(西北政法大学学报)》2018 年第 1 期。

② 周佑勇：《行政法的正当程序原则》，载《中国社会科学》2004 年第 4 期。

③ 除了《行政处罚法》《行政许可法》和《行政强制法》的有关规定外，还有《纲要》关于"程序正当"提出的总体要求。

合正当程序原则的正当要求为止。

上述观念在我国行政审判实践中已得到普遍认可和体现。指导案例38号"田永诉北京科技大学拒绝颁发毕业证、学位证案"、指导案例6号"黄泽富、何伯琼、何熠诉四川省成都市金堂工商行政管理局行政处罚案"以及"赵博诉平邑县人民政府土地行政许可案"[①]"宋莉莉诉宿迁市建设局房屋拆迁补偿安置裁决案"[②]"张成银诉徐州市人民政府房屋登记行政复议决定案"[③]"陆廷佐诉上海市闸北区房屋土地管理局房屋拆迁行政裁决纠纷案"[④]"射阳县红旗文工团诉射阳县文化广电新闻出版局程序不正当注销文化行政许可纠纷案"[⑤]"于艳茹诉北京大学撤销博士学位决定案"[⑥]都是这方面的典型案例。如"赵博案"宣示，法律虽"没有设定行政机关撤销行政许可所要遵循的具体程序性义务，并不意味着其就可以不要程序，在行使职权的方式、步骤、顺序、时限上享有绝对的自由裁量权，而程序合法的底线在于正当程序原则，行政机关在此情况下应当遵循这一法律原则"。"宋莉莉案"指出，尽管相关法律"对行政拆迁程序没有明确的规定，但行政机关在裁决时(应)充分保障当事人的合法权利，允许双方当事人对争议问题进行申辩和陈述。""张成银案"指出，"《行政复议法》虽然没有明确规定行政复议机关必须通知第三人参加复议，但根据正当程序的要求，行政机关在可能作出对他人不利的行政决定时，应当专门听取利害关系人的意见"[⑦]。其他几个案例的观点与此基本相同。

上述案例充分表明，诸如送达、告知、听取对方申辩与陈述、说明理由等

---

① 山东省费县人民法院(2009)费行初字第39号行政判决书，山东省临沂市中级人民法院(2010)临行终字第(2010)第74号行政判决书。另参见最高人民法院行政审判庭编:《中国行政审判指导案例》(第3卷)，中国法制出版社2013年版，第118页以下。

② 本案载于《最高人民法院公报》2004年第4期。

③ 本案载于《最高人民法院公报》2005年第3期。

④ 本案载于《最高人民法院公报》2007年第8期。

⑤ 本案载于《最高人民法院公报》2018年第8期。本案裁判摘要是:"行政机关设定和实施行政许可，应当遵循公开、公平、公正的原则。虽然现行法律对行政许可注销行为的程序没有具体规定，但行政机关在注销行政许可时仍应遵循程序正当原则，向行政相对人说明行政行为的依据、理由，以充分保障当事人的知情权和陈述申辩权。行政机关在注销行政许可前未告知行政相对人，未听取行政相对人的陈述申辩，违反了程序正当原则，在作出注销决定后又未依法送达行政相对人，行政相对人要求撤销行政机关行政许可注销行为的，人民法院应予支持。"

⑥ 北京市第一中级人民法院(2017)京01行终277号行政判决书。

⑦ 关于司法判决对正当程序原则的发展的研究，参见周佑勇:《司法判决对正当程序原则的发展》，载《中国法学》2019年第3期。

"权利性程序"遵循的是正当程序原则，不遵循程序法定原则。在成文法没有规定或者规定有欠缺时，行政主体必须法外增加相应的程序，使其达到正当的程度。该增加不增加，反而构成违法。

当然，"权利性程序"与法定原则也不是没有一点关联，其关联在于对权利性程序应用的限制，即要完全剥夺或者限制当事人的程序性权利，则要以法律明文规定为前提，即遵循法定原则。对此，英美国家早已有深刻认识。以听证为例，英国人认为，如果法律规定不听证，即便该规定不符合自然公正原则之要求，也可不听证。不过，议会排除听证的意图须清楚明白地表达出来，否则应推定，议会意在要求按自然公正原则行事。[①] 美国人同样认为，如果法律明确排除听证，就无听证程序的适用；反之，则可依据正当程序原则适用听证程序。[②] 其实，这一观点在我国行政审判中也得到明确体现。如"宋莉莉案"指出，"正当程序原则的要义在于，作出任何使他人遭受不利影响的行使权力的决定前，应当听取当事人的意见……作为最基本的公正程序规则，只要成文法没有排除或另有特殊情形，行政机关都要遵守。即使法律中没有明确的程序规定，行政机关也不能认为自己不受程序限制，甚至连最基本的正当程序原则都可以不遵守"。应该说，这与解释实体权利规范时所遵循的逻辑是相同的，即实体权利的享有不以成文法的规定为限，成文法没有规定不等于人民不享有该等权利，但对于权利的限制和剥夺，则必须以成文法的规定为前提，必须遵循法定原则。可以看出，不论程序法还是实体法，法定原则所遵循的逻辑是统一的。

以上所论可概括为一句话，即行政程序法定其实仅指"义务性程序"，"权利性程序"以正当程序为原则，只有在限制或者排除"权利性程序"时才遵循法定原则。这一结论为我们框定了行政程序法定的范围，回答了前文提出的"行政程序是否遵循法定原则以及哪些行政程序遵循法定原则"的问题。与此同时，这一结论也明确了《纲要》和《决定》规定的"行政机关不得法外设定权力，没有法律法规依据不得作出减损公民、法人和其他组织合法权益或者增加其义务的决定"中的"权利"和"义务"，不仅应指实体性义务，还应当包括程序性义务。程序性权利与义务应属于该句"权利"与"义务"不可

---

① See Durayappah v. Fernando, [1967] 2 A. C. 337 (P. C.) (Ceylon).

② See Goss v. Lopez, 419 U. S. 565 (1975); Arnett v. Kennedy, 416 U. S. 134 (1974); Morrissey v. Brewer, 408 U. S. 471 (1972); Board of Regents v. Roth, 408 U. S. 564 (1972); Greene v. McElroy, 360 U. S. 474, 507 (1959); Frederick F. Shauer, Supra note 9.

排除的一部分。借由这些结论，前文所归纳的法学界和实务界观点的是非曲直也就非常明确了：程序法定既不是指程序的正当、合理与稳定性，也不是指不分青红皂白地按照成文法的规定办。

（四）依据程序法定原则对程序违法的认定

既然义务性程序遵循法定原则，权利性程序遵循正当程序原则，则“法定程序”的内涵就可以因程序差异而分为两个方面：对于义务性程序而言，“法定程序”只能指成文法规定的程序；对于权利性程序而言，“法定程序”则不仅指成文法规定的程序，还包括正当程序原则所要求的程序，后者对前者发挥补充和托底作用。与此相适应，“违反法定程序”也就需从两个方面来界定：对于义务性程序而言，“违反法定程序”系指行政行为不符合成文法规定的程序且违背法定原则；对于权利性程序而言，“违反法定程序”则指两个方面：一是在成文法对程序有具体规定且符合正当程序原则要求时，行政行为不符合成文法规定的程序；二是在成文法对行政程序没有规定或者规定有所不足时，行政行为不符合正当程序原则的要求。这样一来，本章开头提出的研究任务似乎彻底完成了，我们既界定了何为“法定程序”，也明确了何为“违反法定程序”。但是，正如判断具体个案的行政程序是否违反正当程序原则并非一目了然一样[①]，在具体个案中判断行政程序是否符合成文法规定或违反了程序法定原则也比较困难。

1. 个案中判断“违反法定程序”的现实困境

首先，我们回头进一步追问“小周办理护照案”的法律适用问题。《护照法》第 6 条第 1 款规定：“公民申请普通护照，应当提交本人的居民身份证、户口簿、近期免冠照片以及申请事由的相关材料……”对于这一条款，前文为了聚焦论证议题，有意忽略了一个问题，即除了明确列举的“本人的居民身份证、户口簿、近期免冠照片”三份材料外，还有一个兜底性规定，即“申请事由的相关材料”。那么，小周办理护照过程中，公安机关的办事人员要求他补充的无犯罪证明、公司在职证明、公司营业执照、公司外派人员资格证明、本地身份证五份材料，是否超出了“申请事由的相关材料”的范围，从而违反

---

① 参见杨登峰：《法无规定时正当程序原则之适用》，载《法律科学（西北政法大学学报）》2018 年第 1 期；杨登峰：《指导案例 6 号的未竟之业》，载《法治现代化研究》2017 年第 3 期。

了法定程序？换言之，在义务性程序法定原则下，对这一类法律条款或者法律概念该作何解释？

与“小周办理护照案”相关的是，2019 年 3 月 27 日国家移民管理局宣布，自 2019 年 4 月 1 日起，我国普通护照、往来港澳通行证、大陆居民往来台湾通行证等出入境证件实行“全国通办”，即内地居民可在全国任一出入境管理窗口申办出入境证件，不再受《护照法》第 5 条规定的“本人向户籍所在地的县级以上地方人民政府公安机关出入境管理机构申请普通护照”的限制；[①]与此同时，就申请人应提交的材料，取消了提交户口簿的要求，并对该条中的“申请事由的相关材料”增加了较为严格的程序性限制规定，即改为“省级公安机关出入境管理机构报经国家移民管理局批准的其他材料”。[②]从“小周办理护照案”来看，这一改革给出国办护照的人们带来了实实在在的红利。据估算，改革后第一年仅往返交通费就可以节省 200 多亿元。但问题是，《护照法》迄今没有修改，也未取得授权。这种情形下，国家移民管理局的这些改革举措是否属于“违反法定程序”？换言之，在义务性程序法定原则下，行政机关可否为方便百姓而取消或简化成文法规定的义务性程序？

这一现象在我国改革试点中比较普遍。例如“证照分离”改革试点，这一改革于 2015 年在上海浦东新区开始试点，后在其他省市逐步推开。改革的主要内容有，对于现行法规定的一些审批制度，能取消的取消；不能取消但通过备案管理可以达到目的的，改审批为备案；不能取消或改为备案管理的，实行告知承诺制。“证照分离”改革对于减少审批、优化营商环境具有非

---

① 《护照法》第 5 条规定：“公民因前往外国定居、探亲、学习、就业、旅行、从事商务活动等非公务原因出国的，由本人向户籍所在地的县级以上地方人民政府公安机关出入境管理机构申请普通护照。”按照宣传，出入境证件实行“全国通办”后，可以实现三个“都能办”：全国各地都能办，即内地居民可在全国任一出入境管理窗口申办出入境证件，申请材料与户籍地一致；内地居民都能办，即不受户籍地、居住地等条件限制，内地居民均可在异地申办出入境证件；出国出境证件都能办，即中华人民共和国普通护照、往来港澳通行证、大陆居民往来台湾通行证等都可在异地申办。

② 应提交的材料包括：符合《出入境证件相片照相指引》标准的照片；中国公民出入境证件申请表；居民身份证，在居民身份证领取、换领、补领期间，可以提交临时居民身份证；省级公安机关出入境管理机构报经国家移民管理局批准的其他材料。参见陶凤、常蕾：《4 月起内地居民申领护照“全国通办”》，http://it.people.com.cn/n1/2019/0327/c1009-30997035.html，2019 年 12 月 27 日访问。出入境证件“全国通办”是逐渐试点推进的结果：2012 年以前，只能在户籍地办理；2012 年，北京等地试点就业、就学、户籍居民配偶、子女等人员异地办证；2013 年，试点范围扩大至 43 城市；2016 年，居住证持有人可在居住地异地办证；2018 年 2 月，放开省(自治区、直辖市)内异地办证，全面放开户籍居民配偶、父母、子女异地办证；2018 年 9 月，实施全国范围内异地换(补)发出入境证件；2019 年 4 月，出入境证件“全国通办”。

常重要的意义，但这些改革试点涉及对现行法的变革。为此，2015 年 12 月 30 日上海市人大常委会颁布了《上海市人民代表大会常务委员会关于开展“证照分离”改革试点在浦东新区暂时调整实施本市有关地方性法规规定的决定》，2016 年 5 月 5 日国务院公布了《国务院关于在上海市浦东新区暂时调整有关行政法规和国务院文件规定的行政审批等事项的决定》。经由这些授权决定，上海市浦东新区的“证照分离”改革试点取得了合法性。但其他省市的后续改革，则未有类似授权。例如，2017 年 12 月 12 日江苏省政府印发了《省政府关于推进“证照分离”改革试点工作的通知》，但笔者没有检索到国务院在江苏省调整行政法规的决定，也没有看到江苏省人大及其常委会调整本省地方性法规的决定。这种情形下，江苏省推进的取消审批、改审批为备案、告知承诺制等义务性程序变革，是否违反了法定程序？该如何评价？

要回答上述问题，就必须对程序法定原则的解释与适用功能作进一步讨论。

2. 程序法定原则的适用应基于权利保障原则

在根本意义上，程序法定原则的解释与适用功能是由其理论依据决定的，而程序法定原则的理论依据统一于行政法定原则的宪法理论依据。前文在讨论义务性程序法定原则之确立时，已经简略地提出，义务性程序法定原则与公民基本权利保障原则相一致。但要更为全面地厘清这一问题，还需对行政法定原则的宪法理论依据作进一步追述。

行政法上的行政法定原则（或者法律保留原则）最初立基于公民基本权利保障原则之上。奥托·迈耶指出：“通过基本权利的明示或默示保留，保证公民个人自由、财产不可侵犯及其他权利不受侵犯，除非有法律对此作出规定或基于法定理由才可以对上述权利进行干涉。”[①]这一观点后来被称为侵害保留说。进入 20 世纪，随着福利国家之给付行政的发展，人们认识到了给付行政的重要性，并有了将其纳入法律保留范围的思想。为此，德国法学界进一步将法律保留原则植根于民主原则、法治原则之中。依据民主原则，只有人民选举的、具有直接民主合法性的议会才能够对共同体利益作出重大决定，特别是颁布对公民具有普遍约束力的行为规范，其结果是“行政机

① 〔德〕奥托·迈耶：《德国行政法》，刘飞译，商务印书馆 2002 年版，第 72 页。

关只能根据法律的授权——而不是根据自己的权利或者自己的绝对权力——进行活动"。[①] 依据法治原则,"国家和公民之间的关系应受一般法律的调整。该一般法律不仅使行政活动得以确定,而且使公民可以预见和测度行政活动"[②]。从这一表述看,在法治原则的立场上,行政法定原则其实进一步植根于法律安定性原则基础上。对于行政法定原则的理论依据,我国与其他受德国法影响的国家和地区的行政法学界所持看法基本一致,也限于基本权利保障、民主与法治三个宪法原则。[③]

将行政法定原则的理论基础从基本权利保障原则向民主原则和法治原则扩展的目的在于扩大行政法定原则的法定范围。从结果来看,它的确将行政法定的范围从干预行政领域扩展至给付行政等领域。但是,人权保障原则、民主原则和法治原则的内涵和要求不完全一致,将行政法定原则植根于它们所产生的结果也不完全一致。依据基本权利保障原则,判断行政行为是否符合行政法定原则的基准应当是该行政行为是否在未经法律授权或无法律依据的情形下侵犯了公民的权益;依据民主原则,判断行政行为是否符合行政法定原则的基准应当是该行政行为是否有法律依据且符合该法律依据所反映的人民或者人民代表(也即立法者)的主观意志;而依据法治原则,判断行政行为是否符合行政法定原则的基准应当是该行政行为是否有法律依据且符合表达该法律依据的法律条文。也就是说,行政法定的理论依据会进而影响相关适用规则或者解释方法。不过,权利保障原则与民主原则、法治原则也具有一定的共通性,这种共通性在于民主原则与法治原则都把公民基本权利保障作为主要任务。当我们主张国家对于公民权利的干预只能以人民代表机关制定的法律法规为依据时,权利保障原则与民主原则、法治原则便统一了起来。在这一表述中,权利保障是民主原则与法治原则的共同基础和目标。

应该说,我国的行政法定原则是立基于权利保障原则并适当兼容民主与法治原则的。这既在《纲要》和《决定》中得到体现,也在《立法法》的相关

---

① 参见〔德〕哈特穆特·毛雷尔:《行政法学总论》,高家伟译,法律出版社 2000 年版,第 105 页。

② 同上。

③ 参见〔日〕盐野宏:《行政法》,杨建顺译,法律出版社 1999 年版,第 54—56 页;翁岳生编:《行政法》(上册),中国法制出版社 2002 年版,第 178—179 页;许宗力:《法与国家权力》(一),元照出版公司 2006 年版,第 131—143 页;周佑勇、伍劲松:《论行政法上之法律保留原则》,载《中南大学学报(社会科学版)》2004 年第 6 期;金承东:《论行政法律保留原则》,载《浙江社会科学》2002 年第 1 期。

规定中得到体现。如前所述,《纲要》规定:“行政机关实施行政管理,应当依照法律、法规、规章的规定进行;没有法律、法规、规章的规定,行政机关不得作出影响公民、法人和其义务的决定。”《决定》规定:“行政机关不得法外设定权力,没有法律法规依据不得作出减损公民、法人和其他组织合法权益或者增加其义务的决定。”《立法法》第 80 条第 2 款规定:“……部门规章不得设定减损公民、法人和其他组织权利或者增加其义务的规范,不得增加本部门的权力或者减少本部门的法定职责。”第 82 条第 6 款规定:“没有法律、行政法规、地方性法规的依据,地方政府规章不得设定减损公民、法人和其他组织权利或者增加其义务的规范。”可以看出,在我国行政法定原则下,仅“减损人民权益或者增加其义务”的干预性行为需要于法有据,且这里的“法”不限于人民代表机关制定的法律和地方性法规,还包括国务院制定的行政法规,但不包括部门规章和地方政府规章,说它立基于权利保障原则并适当兼容了民主原则与法治原则的要素,实不为过。

既然我国行政法定原则立基于权利保障原则并适当兼容了民主原则与法治原则的要素,则程序法定原则的适用,或者更准确地说义务性程序法定原则的适用,也必然或者应当立基于权利保障原则并适当考虑民主原则与法治原则。

3. 义务性行政程序“违反法定程序”的认定标准

上述结论意味着,对于义务性行政程序是否“违反法定程序”的判断可以坚持两个标准:第一,行政主体实施的行政程序只要没有在成文法规定之外增加行政相对人的程序性义务就是合法的。第二,行政主体对于义务性程序的取消、简化只要符合立法者的立法意旨且不违背行政相对人的预期就是合法的。换言之,行政主体不能在成文法规定之外自行增加义务性程序,但可以有限地取消或者简化义务性程序。

第一个判断标准的得出不言而喻。不论从义务性程序法定的含义还是其依据的权利保障原则都可以得出这一点。不过,在具体个案中,如“小周办理护照案”所显示的,界限并非总是泾渭分明,判断还得仰赖相关解释规则的正确应用。具体来讲,为落实这一标准,对义务性程序规范的解释应当遵循有利解释原则。有利解释原则系指,在法律概念有歧义从而存在多种解释可能时,应当选择对行政相对人有利的解释方案。它的生成逻辑是,减损公民的权益或者增加其义务的决定只能由立法主体以立法形式规定;立法主体以立法形式加以规定时应当明确明白，以免执法机关经由解释而减损人民权益或者增加其义务；如果立法主体未尽明确立法之义务，致使法律规范有歧义，为保护公民权益，应选择对其有利的解释结论。可以看出，有利解释规则完全是基于权利保障原则并兼容法治原则之明确性要求的，在具体解释过程中，可视情形选择采用限缩解释或者目的性限缩解释等方法。"限缩解释，系指法律规定之文义，过于广泛，限缩法文之意义，局限于核心，以期正确适用而言。"①"目的性限缩，系指对法律文义所涵盖之某一类型，由于立法者之疏忽，未将之排除在外，为贯彻规范意旨，乃将该一类型排除在该法律适用范围外之漏洞补充方法而言。"②二者的共同点在于，经由限缩解释或者目的性限缩，避免减损不该减损的权益或者增加不该增加的义务，将减损权益或增加义务的行为尽可能限制在法律规范的文义或者目的范围内。③

第二个判断标准的得出则需要进一步说明。如同出国通行证"全国通办"和"证照分离"改革所显示的，在法律未予修改也未经立法主体授权暂停适用或暂时调整适用的情况下，行政主体先行取消、简化义务性程序，在本质上等于废弃或者变更了现行有效的法律。直观来看，这损害了法的权威性和稳定性，合法性值得拷问。但问题在于法的权威性和稳定性是否具有永恒的绝对的至高的价值。在法律适用上，维护法的权威性和稳定性的重要原则是不溯及既往，但这个原则也有例外，其典型是"有利法律溯及"④和"程序从新"原则。"有利法律溯及"是对实体法不溯及既往原则的排除原

① 杨仁寿：《法学方法论》，中国政法大学出版社 1999 年版，第 148 页。

② 同上。

③ 二者的区别在于，前者属于法律解释，后者属于漏洞填补。"限缩解释系消极地将文义局限于其核心部分，而目的性限缩则系积极地将不合规范意旨部分予以剔除，使之不在该法律适用范围之列，二者理由仍有所不同。在实务上，如文义可分切割、直接分类时，多采限缩解释，将其文义局限于核心部分。若不能将文义予以切割分类，则以目的性限缩为之。例如'民法'第一零六条禁止自己代理之规定，法文曰：'代理人，非经本人之许诺，不得为本人与自己之法律行为'，纯为保护本人而设，设代理本人与自己订立赠与契约，由自己将物品赠与本人，并无利益冲突之弊，自为法之所许，此时此种类型，不能从条文文义上予以切割分类，故宜作目的性限缩。"参见杨仁寿：《法学方法论》，中国政法大学出版社 1999 年版，第 150 页。

④ 有利法律溯及原则系指执法机关在适用法律时，如果新的法律规定对当事人更为有利的，可以溯及既往地适用新的法律规定。关于有利法律溯及原则的论述可参见胡建淼、杨登峰：《有利法律溯及原则及其适用中的若干问题》，载《北京大学学报（哲学社会科学版）》2006 年第 6 期。

则，在刑法和行政法中得到普遍应用。[①] 就行政法而言，除了立法法的规定[②]，最高人民法院印发的《关于审理行政案件适用法律规范问题的座谈会纪要》规定，行政相对人的行为发生在新法施行以前，具体行政行为作出在新法施行以后，适用新法对保护行政相对人的合法权益更为有利的，适用新法。“程序从新”虽然也是不溯及既往原则的例外，但单就程序法的适用而言，它是一般原则。对此，《关于审理行政案件适用法律规范问题的座谈会纪要》指出，“根据行政审判中的普遍认识和做法，行政相对人的行为发生在新法施行以前，具体行政行为作出在新法施行以后，人民法院审查具体行政行为的合法性时，实体问题适用旧法规定，程序问题适用新法规定”[③]。“有利法律溯及”和“程序从新”原则充分表明，对于人民权利保障而言，法的权威性和稳定性具有工具性。换言之，为了更好地实现和维护人民的权益，法的权威性和稳定性可以受到一定的限制。[④] 就本章所论程序改革而言，虽然不同于程序的从新适用，但为了给进一步改革和修改法律积累经验，在试点中通过规范性文件一般性地先行取消或者简化义务性行政程序，既降低了人民办事的成本，又不违背人民的预期，还有利于促进公共利益，应该是符合法治要求从而可以接受的。[⑤]

将上述观点用于“小周办理护照案”，则可以看出，公务人员增加无犯罪记录证明、公司在职证明、公司营业执照、公司外派人员资格证明、本地身份证等材料的行为，违反了“有利解释原则”，从而构成了“违反法定程序”。将上述观点用于国家移民管理局推行的出入境证件“全国通办”和江苏省的

---

① 刑罚“从轻”的典型立法例是《中华人民共和国刑法》(2017 年)第 12 条的规定，即行为时法认为是犯罪且应追究刑事责任，但裁判时法不认为是犯罪或处刑较轻的，应适用裁判时法。

② 我国《立法法》(2015 年)第 93 条规定：“法律、行政法规、地方性法规、自治条例和单行条例、规章不溯及既往，但为了更好地保护公民、法人和其他组织的权利和利益而作的特别规定除外。”

③ “程序从新”原则在我国行政审判实践中也得到普遍应用。如“香港斯托尔实业(集团)有限公司诉泰州市人民政府招商引资协议再审案”(2017 年 12 月 28 日最高人民法院作出的(2017)最高法行再 99 号行政裁决书)。本案法院认为，对《行政诉讼法》修改后的条款，除非明确规定不溯及既往或因条款性质不宜溯及既往的，原则上溯及既往，应适用新的规定。

④ 法的稳定性原则源于信赖利益保护原则，而有利溯及和程序从新不会影响人们的信赖利益。法的权威性植根于法的正义性，也就是对公民基本权利和公共利益的维护，当有利溯及和程序从新有利于实现或者维护公民的基本权利而不影响公共利益时，二者之间也就达成了统一。

⑤ 需要进一步说明的是，如果简单地站在适用法律的时点从形式上观察，在法律未予修改的情形下先行简化甚至取消义务性程序与法律修改后溯及既往地适用新的法律有一定差别。前者是执法者修法、造法的行为，后者似乎依然是执法(或法律适用)行为。但是，如果站在行为发生的时点上从本质上思考，都是在法律没有修改的情形下对于有利于当事人的新法律规范的适用，既不违反权利保障原则，也未损害法治的确定性原则，对人民都是有利的，本质和目的是相同的。

"证照分离"改革试点,则可以看出,行政机关为方便人民先行取消或者简化义务性程序的行为符合"法定程序"。这应该是这些改革推行之后,不论是实务界还是法学界都能够默然接受的根本原因所在。

小　结

这一部分的主要观点可以概括为以下几点:第一,我国法律界虽然提出和应用了行政程序法定原则,但对这一原则的含义、基本要求、适用范围和解释功能等缺乏基本认识,从而未能将其与正当程序原则、合理原则(比例原则)、法的安定性原则等加以区分。第二,对于行政程序法定原则之含义,不能仅在行为依据的意义上将其理解为行政程序应当由法律法规规定,还应在法律后果的意义上将其理解为行政机关不得在成文法规定的程序之外自行增加程序,从而与其他法定原则的"法定"语义相统一。第三,正如并非所有实体行政行为都遵循法定原则一样,并非所有的行政程序都遵循法定原则。站在行政相对人的立场上,行政程序可分为"权利性程序"和"义务性程序"两类。需要遵循法定原则的主要是"义务性程序","权利性程序"则遵循正当程序原则,只有在限制或剥夺其正当程序权利时才遵循法定原则。因此,行政程序法定包括义务性程序法定和权利性程序限制法定两个方面。第四,界定"违反法定程序"应分两种情形:"权利性程序"应以是否符合正当程序原则为标准,"义务性程序"应以是否符合程序法定原则为标准。对于义务性程序条款和限制权利性程序的成文法条款的解释,应当遵循有利解释以及由其衍生的限缩解释和目的性限缩规则。对于改革实践中先行取消或者简化义务性程序的行为来说,只要改革试验没有减损人民的程序性权利或者增加人民的程序性义务,就可以界定为不违反程序法定原则,也不属于"违反法定程序"。对于最后一点,或许有人难以接受,有学者的如下观点也许对理解有所帮助:

> 笔者一贯坚持法律现实主义的立场,反对教条主义和形式主义:当现实需要和法律文本及理论发生冲突的时候,我们不能"削足适履",强求现实符合法律框架,而是要检讨法律本身的问题。如果地方发起的经济改革或民主与法治试验符合民主、法治和人权保障的基本原则,那么我们就不能简单以"违宪"为由否定之;在这种情况下,错不在于改

革,而在于不合时宜的法律。①

四、行政机构法定原则及其法定范围

如前所述,除了行政行为和行政程序法定化,行政机构法定化也是中共中央和国务院确立的关于建设法治政府的一项基本原则。行政机构法定化属于组织法的范围,行政机构的设置属于组织行为,组织行为与管理行为截然不同,它既不会对行政体制外之公民、法人和其他组织的权利义务直接产生影响,也不会对行政体制内之公务人员的权利义务直接产生影响。

早在2004年,国务院公布的《纲要》就提出:"合理划分和依法规范各级行政机关的职能和权限。科学合理设置政府机构,核定人员编制,实现政府职责、机构和编制的法定化。"2014年十八届四中全会通过的《决定》和2018年十九届三中全会通过的《中共中央关于深化党和国家机构改革的决定》均要求依法管理各类组织机构,加快推进机构、职能、权限、程序、责任法定化。行政机构法定化有着丰富的内涵,但其首要的内容是行政机构设置法定化。所谓行政机构设置法定化,是指行政机构设置事项必须以法律、法规、规章为依据,如果没有法律、法规、规章的依据,就不得设置相应的机构,即行政机构设置需于法有据。

虽然行政机构设置法定已经成为中共中央和国务院的基本政策要求,但要将这一政策要求落到实处,首先要明确行政机构设置法定的范围,即哪些行政机构的设置需要法定化,哪些则不需要法定化。这构成行政机构设置法定最核心的命题。不过,人们对于行政机构设置的认识不及行政行为或者行政程序那么清晰,因此,要划定行政机构设置的法定范围,需先明确两个问题:第一,"行政机构"有哪些种类,"设置"如何理解?第二,法定范围划分的标准是什么?只有解决了这两个问题,才能对行政机构法定的法定范围提出具体方案。下面即按照这一思路对相关问题展开讨论。

---

① 张千帆:《宪法变通与地方试验》,载《法学研究》2007年第1期。

(一) 行政机构及其设置的法学释义

对于行政机构,我国行政法学界并没有形成统一认识。部分学者认为,行政机构通常是指行政机关的内部机构,只是作为行政机关的一部分而存在,只能代表行政机关对外行使管理权;[①]而有的学者认为,行政机构是一级政府(国务院、省政府、市政府、县政府、乡镇政府)的工作部门(政府所属的部、委、厅、局、处、室等)。[②] 这一情形下,有必要结合法律文本和行政实践来分析和界定这一概念。

1. 法律文本中的行政机构

总体而言,在我国现行有关行政组织的一般性法律文件中使用行政机构这一概念的并不多。我国《宪法》仅于第 89 条第 1 款第 17 项规定,国务院有权“审定行政机构的编制”。《中华人民共和国国务院组织法》(以下简称《国务院组织法》)与《中华人民共和国地方各级人民代表大会和地方各级人民政府组织法》(以下简称《地方各级人民代表大会和地方各级人民政府组织法》)均未提及这一概念[③],而使用较多的当属行政机构编制法。

行政机构编制法界定行政机构的形式大致分为三类:一是定义式。例如,《上海市行政机构设置和编制管理办法》第 2 条第 2 款规定:“本办法所称行政机构,是指本市各级人民政府依法设置、行使行政权力、承担行政管理职能、使用行政编制的国家机构。”[④]二是列举式。例如,《安徽省行政机构设置和编制管理规定》第 2 条规定:“本规定所称行政机构,是指县级以上地方人民政府的工作部门、派出机构、部门管理机构,以及乡(镇)人民政府的综合办事机构等。”[⑤]三是混合式,即兼采定义式与列举式两种模式。例如,《江西省各级人民政府行政机构设置和编制管理办法》第 3 条规定:“本办法所称

---

① 参见任进:《行政组织法研究》,国家行政学院出版社 2010 年版,第 25 页;孟鸿志等:《中国行政组织法通论》,中国政法大学出版社 2001 年版,第 7—8 页。

② 参见胡建淼:《行政法学》(第三版),法律出版社 2010 年版,第 64 页。

③ 《国务院组织法》未提及“行政机构”,却使用“直属机构”等;《地方各级人民代表大会和地方各级人民政府组织法》则未提及“行政机构”或“机构”,而采用“工作部门”。

④ 《四川省行政机构设置和编制管理规定》第 2 条也采取定义式。

⑤ 《黑龙江省各级人民政府行政机构设置和编制管理规定》第 2 条、《辽宁省行政机构设置和编制管理规定》第 2 条、《山西省机构编制管理规定》第 2 条、《重庆市人民政府行政机构设置与编制管理办法》第 7 条、《浙江省人民政府行政机构设置和编制管理办法》第 7 条、《广东省行政机构设置和编制管理条例》第 39 条、《杭州市行政机构设置和编制管理办法》第 7 条以及《宁波市行政机构设置和编制管理办法》第 8 条也采取列举式。

行政机构,是指本省各级人民政府依法设立的履行行政职责、使用行政编制的工作部门和部门管理机构等。"①

进一步考察这三类立法形式对行政机构概念或其范围的界定,可以看出,我国行政机构编制法对行政机构概念有一个基本共识,即不包括各级人民政府,主要指在各级政府(包括乡镇政府)之下设立的工作部门、派出机关、部门管理机构、直属机构、议事机构、综合办事机构,以及这些部门的内设机构与派出机构等。也就是说,行政机构只能在各级政府之"构成要素"层面把握。为了解行政机构的全貌,我们有必要对上述各类组织机构进一步进行类型化解读。

2. 执法性机构与服务性机构

依据不同的标准,行政机构可分为不同种类,如中央机构与地方机构、常设机构与临时机构等。但这些类型只是从静态的主体层面所作的划分,实际上并不能反映各类组织机构在外部行政管理活动中的功能。因此,我们根据行政机构在行政行为作出过程中所发挥的作用或者所占据的地位,将上述法律文本中所提到的各种行政机构分为执法性行政机构和服务性行政机构。

所谓执法性机构,即在行政体系内部,具体承担行政职能或者行使行政职权的机构,其对行政行为的作出发挥着实质性作用或者影响。所谓服务性机构,即在行政体系内部,仅为执法性行政机构提供服务的机构,其不承担行政职能或者不行使行政职权,不可能通过行政行为影响相对人的权利。

具体而言,两者的区别主要体现在如下两个方面:第一,行政主体资格不同。执法性机构既包括具有主体资格的机构,也包括部分不具有主体资格的机构;而服务性机构全部不具有主体资格。第二,承担的职能不同。执法性机构主要承担对外行政管理的职能,能够对外部行政法律关系产生影响;而服务性机构主要是为执法性机构提供服务与保障,不承担对外行政管理的职能。

按照这一划分标准,具备行政主体资格的政府业务部门(组成部门、部

① 《青海省行政机构设置和编制管理条例》第 2 条与《甘肃省机构编制管理办法》第 2 条也采取混合式。

门管理机构、具有行政管理职能的直属机构、经授权的部门内设机构与派出机构)、派出机关应当划入执法性机构的范围。但是,这是否意味着除此以外所有不具备行政主体资格的内设机构、议事协调机构、不具有行政管理职能的直属机构等都属于服务性机构?我们认为,这里需要分情况区别对待。

首先,根据工作职能的不同,内设机构可再分为内设业务机构、事务机构、辅助机构、监督机构。一般而言,“行政机关对外作出的行政行为,通常是行政机关若干个内设行政机构在分工、合作基础上共同完成的”[①]。业务机构主要是指部门内部为履行对外行政职责而设立的行政机构;事务机构主要协助各级政府及其业务部门的领导处理日常工作,发挥参谋、助手和协调作用;辅助机构主要为政府及其业务部门提供后勤保障;监督机构则主要负责对行政机构的职责履行情况进行监督,从而实现内部制约。由此可知,内设事务、辅助、监督机构不能对外部管理关系产生影响,可划入服务性机构的范围;而业务机构则具体承担行政管理职能,能够对外部管理关系产生影响,可划入执法性机构的范围。

其次,议事协调机构承担的是跨机构、跨区域事务的组织协调工作,在组织设置领域一般不“另起炉灶”,往往将其划入服务性机构的范围。不过,有些议事协调机构的独立程度较高,拥有相对完备的组织体系和人员配备,如各级政府防汛抗旱指挥部、扶贫开发领导小组等。这是因为,此类议事协调机构所管辖的公共事务繁杂或专业性强,或者具有日常性,而为了保证能够及时有效地进行统一指挥,需要设置固定的办事机构通过专门的工作机制来实时跟进。[②] 结果是,这些议事协调机构不仅承担了组织协调的任务,还承担了大量行政管理职能,实际上已经超越单纯的议事协调性质,在职权行使上与政府的工作部门没有差别,因而将此类议事协调机构也纳入执法性机构的范围。

最后,需要特别说明的是行政职位。行政职权指“结构上划分到具体的个人的任务范围”[③],是最小的行政组织单位,不同于公务人员。前者“是行

① 章剑生:《作为担保行政行为合法性的内部行政法》,载《法学家》2018 年第 6 期。

② 参见周望:《超越议事协调:领导小组的运行逻辑及模式分化》,载《中国行政管理》2018 年第 3 期。

③ 〔德〕哈特穆特·毛雷尔:《行政法学总论》,高家伟译,法律出版社 2000 年版,第 510 页。

政权力的载体,也是后者行使的具体行政职权的合法来源”[①],而后者仅指“归属某一行政机构并且占据特定职位、负责执行特定职能单元的、具体的个人”[②]。行政职位设置的本质是对行政任务范围的划分,设置一个行政职位等同于设置一个内设行政机构。例如,国家卫计委“三定规定”明确增设1名副主任兼任深化医药卫生体制改革领导小组办公室主任[③],增设副主任的职位等同于在其内部设立了专门负责医药卫生体制改革的组织机构,将其纳入执法性机构的范围有其合理性。

3. 行政机构设置的性质与范围

行政机构的设置,究其实质,属于行政组织行为。行政组织行为可分为事实行为与法律行为两类。前者指建立行政机构的具体措施,如通过配备人员、添置物资设备以构筑行政机构;后者则指机构设置行为,包括作出成立行政主体或者行政机关的决定,以及确定其基本的组织形式,特别是确定其管辖权。[④] 行政组织法上的行政机构设置应当仅指法律行为。

不过,不能将行政机构设置等同于行政机构设立。行政机关设立后,还应当根据经济、社会的不断变化及履行职责的需要对行政机构做出适时调整,因而行政机构的增加、减少、合并、撤销、规格升降及名称变更等也属于设置的范围。相关行政组织法均已将这些行政机构设置行为纳入调整范围,如《地方各级人民代表大会和地方各级人民政府组织法》第64条规定,地方各级政府工作部门的设置包括设立、增加、减少、合并;[⑤]《地方各级人民政府机构设置和编制管理条例》第9条在设立、撤销、合并的基础上增加了规格及名称的变更。这里值得注意的是,1954年《国务院组织法》规定,行政机构设置行为包括增加、减少、合并,而根据1982年《国务院组织法》第8条的规定,“国务院各部、各委员会的设立、撤销或者合并”由全国人大决定,显然立

① 贺日开:《“省政府资政”职务设置之质疑》,载《法律科学(西北政法大学学报)》2014年第4期。

② 〔德〕哈特穆特·毛雷尔:《行政法学总论》,高家伟译,法律出版社2000年版,第510—511页。

③ 参见《国务院办公厅关于印发国家卫生和计划生育委员会主要职责内设机构和人员编制规定的通知》。

④ 参见〔德〕哈特穆特·毛雷尔:《行政法学总论》,高家伟译,法律出版社2000年版,第516—519页。

⑤ 《地方各级人民代表大会和地方各级人民政府组织法》第64条与《中华人民共和国地方各级人民代表大会和地方各级人民委员会组织法》(1954年)第36条都规定了工作部门的设立、增加、减少、合并,而《中华人民共和国中央人民政府组织法》(1949年)第22条、《政务院及其所属各机关组织通则》(1949年)第9条只提及了行政机构的增加、减少、合并。

法机关有意以设立、撤销代替增加、减少。所以，我们认为，行政机构设置的范围应包括设立、撤销、合并、规格升降与名称变更。

（二）我国行政机构设置法定化状况

我国现行法律已经在一定程度上体现和明确了行政机构法定原则，但主要限于高级别的行政机关。《宪法》第86条规定，国务院由总理、副总理若干人、国务委员若干人、各部部长、各委员会主任、审计长、秘书长组成；国务院的组织由法律规定。第95条规定，地方各级人民政府的组织由法律规定，“自治区、自治州、自治县设立自治机关。自治机关的组织和工作根据宪法第三章第五节、第六节规定的基本原则由法律规定”。《立法法》第8条规定：“下列事项只能制定法律……（二）各级人民代表大会、人民政府、人民法院和人民检察院的产生、组织和职权……”这些规定表明，各级人民政府的产生、组织和职权已被纳入法律保留的范围，且处于行政法定的最高位阶。

除了上述规定，我国《宪法》《国务院组织法》《地方各级人民代表大会和地方各级人民政府组织法》对政府内部结构也作了原则性规定。《宪法》第86条第1款规定：“国务院由下列人员组成：总理，副总理若干人，国务委员若干人，各部部长，各委员会主任，审计长，秘书长。”第95条第1款规定：“省、直辖市、县、市、市辖区、乡、民族乡、镇设立人民代表大会和人民政府。”《国务院组织法》第8条规定：“国务院各部、各委员会的设立、撤销或者合并，经总理提出，由全国人民代表大会决定；在全国人民代表大会闭会期间，由全国人民代表大会常务委员会决定。”《地方各级人民代表大会和地方各级人民政府组织法》第56条规定：“省、自治区、直辖市、自治州、设区的市的人民政府分别由省长、副省长，自治区主席、副主席，市长、副市长，州长、副州长和秘书长、厅长、局长、委员会主任等组成。县、自治县、不设区的市、市辖区的人民政府分别由县长、副县长，市长、副市长，区长、副区长和局长、科长等组成。乡、民族乡的人民政府设乡长、副乡长。民族乡的乡长由建立民族乡的少数民族公民担任。镇人民政府设镇长、副镇长。”第63条规定：“县级以上的地方各级人民政府会议分为全体会议和常务会议……”第64条规定：“地方各级人民政府根据工作需要和精干的原则，设立必要的工作部门……省、自治区、直辖市的人民政府的厅、局、委员会等工作部门的设立、增加、减少或者合并，由本级人民政府报请国务院批准，并报本级人民代表大会常务委员会备案。自治州、县、自治县、市、市辖区的人民政府的局、科等工作部门的设立、增加、减少或者合并，由本级人民政府报请上一级人民政府批准，并报本级人民代表大会常务委员会备案。"第 65 条规定："各厅、局、委员会、科分别设厅长、局长、主任、科长，在必要的时候可以设副职。办公厅、办公室设主任，在必要的时候可以设副主任。省、自治区、直辖市、自治州、设区的市的人民政府设秘书长一人，副秘书长若干人。"经由这些规定，我国各级政府和政府工作部门的内部机构基本得以框定，各级政府和政府工作部门内设机构的设立程序也得到规定，基本实现了行政机构设立的法定化。不过，看得出来，《地方各级人民代表大会和地方各级人民政府组织法》仅规定了政府的工作部门和主要职位的种类，却没有数的限制，更没有就工作部门的内部机构作出规定，且未表明相关工作部门内部机构及其领导职位的设定是否以法律规定为限。

进一步考查我国行政机构设立的实践，可以看出，在上述立法格局下，无法律依据的机构设置行为还是比较普遍的。例如，20 世纪 90 年代以来各级地方政府配备的"行政首长助理"，包括省长助理、市长助理、县长助理和乡长助理，就基本没有法律根据。近年来，在一些省级政府领导班子中还配备过一种新的职位，即"省政府资政""省政府特邀咨询"或"省政府顾问"，如四川省人民政府资政、山东省人民政府特邀咨询、江西省人民政府顾问等。[①] 不论是"资政"还是"特邀咨询""顾问"，大多无任何法律依据。仅有个别地方在地方政府规章中作了规定，如山东省的《山东省人民政府工作规则》[②]第 7 条规定："根据工作需要，省政府设省政府特邀咨询和省长助理若干名，协助省长或副省长工作。"机构设置的乱象不仅表现在行政职位设立上，还表现在行政职位数量上。广东佛山大部制改革后，出现一局 10 个副局长，甚至一局 19 个副局长的状况。[③] 我国 27 个省政府驻地城市市政府副职人数少则 6 人，多则 13 人，其乱象可见一斑。[④]

---

① 关于"政府资政""政府特邀咨询"或"政府顾问"设立的合法性问题，南京师范大学法学院贺日开教授曾专门撰文进行研究（该文至今未见发表），并就相关问题与笔者讨论。笔者对这方面情况的了解受益于此，在此特别予以说明并致以谢意。

② 2008 年 4 月 2 日山东省人民政府第一次全体会议通过。

③ 参见刘希平：《佛山水务局被曝副局长人数多达 19 名》，http://news.sina.com.cn/c/sd/2012-03-28/102424187298.shtml，2013 年 4 月 8 日访问。

④ 参见《南京市政府"减副"受质疑，政府副职人数究竟该多少？》，载《南方都市报》2013 年 1 月 17 日 AA21"时局版"。

面对上述情形，并结合前述行政机构的概念，我们需要追问：在行政机构设置行为中，除已纳入法律保留范围的之外，其他机构设置行为是否也应纳入法定范围？

(三) 划定法定范围的双重标准

思考行政机构设置的法定范围问题，必须先确立划定法定范围的标准或者依据。考虑到行政机构设置行为与行政管理行为的差异性，这一问题还得从头再来。

1. 外在标准：重要性理论

划定行政机构设置法定范围，必须再次讨论法律保留的范围。如前所述，有关法律保留范围的理论依据，总体上经历了从干涉保留到全面保留，再到重要性保留的发展过程。[①] 第二次世界大战之后，随着福利国家的不断发展，大量给付行为的出现对干涉保留理论提出挑战。尽管给付行为有利于相对人，但也可能影响相对人以外的第三人权益，甚至会产生使他人蒙受不利益的结果，将其完全排除在保留之外似乎不尽合理。德国学界遂提出了重要性理论，并由联邦宪法法院通过系列判决予以确立。重要性理论是指，凡是对公民或组织具有重要意义的事项，均应由立法机关以法律的形式决定。具体而言，某一行政事项对公民个人或组织越重要，那么对立法机关的要求也就越高，最为重要的事项需要议会法律独占调整，次级重要的事项属于可授权的法律保留，一直到不重要的事项则无须法律保留。[②] 至于国家事务是否"重要"，德国法院是以对基本权利的行使或实现是否重要作为判断依据的。

重要性理论现在已不只是一种法学理论，而是作为一项立法理念或立法政策在我国立法中得到体现。[③]《立法法》关于立法事权的划分以及《行政处罚法》《行政许可法》《行政强制法》关于行政处罚、行政许可、行政强制设

① 参见许宗力：《法与国家权力》(一)，元照出版公司 2006 年版，第 148—155 页。

② 参见〔德〕哈特穆特·毛雷尔：《行政法学总论》，高家伟译，法律出版社 2000 年版，第 109—110 页。

③ 杨登峰：《行政法定原则及其法定范围》，载《中国法学》2014 年第 3 期。

定权的划分，均体现了重要性理论的逻辑。[①] 那么，这是否表明重要性理论也可以作为划分行政机构设置法定范围的标准或依据？需要明确的是，虽然我国立法体现或遵循了重要性理论，但这并不能直接证明重要性理论可以作为划分行政机构设置法定范围的标准或者依据，更何况学界对此问题也有不同意见。

部分学者指出，“行政组织的重要问题应以法律定之，纵使不在国会保留范围，最起码也应适用法律保留”[②]，“制度性之法律保留原则[③]，若核与重要性理论之精神，主要出于人民基本权利之保障”，而行政组织的建构与人民基本权利保障休戚相关[④]，因而依据重要性理论，只要行政组织事项具有“重要性”，就应当纳入法律保留范围，反之则应当排除在法律保留范围之外。“在这里（行政组织和行政程序），重要性理论同样构成有关调整必要性和调整密度的标尺。”[⑤]有的学者则认为，行政组织领域的法律保留更加强调“宪法之权力分立、联邦国体制、地方自治保障体制及机关或公法人分立而出之民主正当性控制”[⑥]，虽然行政组织“设置与否对于所属领域政策形成有所影响”[⑦]，但是“至于将行政主体所进行的事务具体分配给哪些行政机关，以及该行政机关的具体组织应如何构成”[⑧]，可认为与基本权利保障在逻辑上并无直接关联，因而重要性理论便不足以适用于行政组织法领域。除此之外，对重要性理论的质疑还在于“重要”与否的判断缺乏清楚性和可预期性，并且“重要”一词到最后主要还是靠“重要”的概念来解释，因而有循环论

---

① 参见《立法法》第 8—10 条、《行政处罚法》第 10—16 条、《行政许可法》第 14—17 条、《行政强制法》第 10—13 条。

② 许宗力：《法与国家权力》(一)，元照出版公司 2006 年版，第 211 页。

③ 法律保留可针对实质事务领域，也可针对国家权力组织（行政组织或法院组织），因而法律保留可区分为“行为范畴的法律保留”与“制度性法律保留”，两者的发展背景与脉络并不一样，一般探讨法律保留问题时主要针对实质事务领域。“制度性法律保留”也被称为“组织性之法律保留”，是指行政组织的基本架构与基础要素须有法律上的依据，于此范围内，行政机关的组织行为仅能在法律之框架下有所开展。参见蔡宗珍：《法律保留思想及其发展的制度关联要素探微》，载《台大法学论丛》2010 年第 3 期。

④ 参见李建良：《行政法基本十讲》，元照出版公司 2011 年版，第 165 页。

⑤ 〔德〕哈特穆特·毛雷尔：《行政法学总论》，高家伟译，法律出版社 2000 年版，第 118 页。

⑥ 黄锦堂、张文哲：《大学自治与两种法律保留原则——释字第 563、626 与 684 号解释评析》，载《法令月刊》2011 年第 6 期。

⑦ 黄锦堂：《论制度性之法律保留——以部会及三级机关、机构之设置为中心》，载《宪政时代》2012 年第 3 期。

⑧ 〔日〕盐野宏：《行政组织法》，杨建顺译，北京大学出版社 2008 年版，第 6 页。

证之嫌。[1] 这便导致重要性理论在很大程度上成为法官合理化其自由心证所进行的一种理论掩饰，使其最终成为一项空白公式[2]，从而难以使法定范围的判断落到实处。由此可见，这个问题还得进一步说明。

重要性理论本质上仍然立基于人权保障思想，即对于人民基本权利有重要影响的事项纳入法律保留范围，对人民基本权利不产生重要影响的事项排除在法律保留范围之外。依此，行政机构设置似乎属于行政组织法范畴，表面看对人民基本权利似乎不产生直接影响，从而易于将其归为不重要事项并排除在法律保留范围之外。但这种简单推论犯了两个错误：一是忽视了基本权利的客观价值秩序功能。公民基本权利的客观价值秩序功能是与主观防御权功能和受益权功能并列的一种功能。主观防御权功能所针对的是国家的消极不侵犯义务，受益权功能所针对的是国家的积极给付义务，而客观价值秩序功能则要求国家必须尽一切可能去创造和维持有利于基本权利实现所需要的基本条件[3]，即公民基本权利只有在一定的制度、组织和程序背景下才能得到充分的保障与实现。[4] 例如，我国《宪法》第 46 条规定了公民的受教育权，这便意味着国家除了提供义务教育之外，还必须建构相应的教育立法、行政、司法制度，建立教育管理机构来保障公民受教育权的落实。二是忽视了行政机构在外部行政行为作出过程中的重要地位和作用。即便将行政机构设置视为一种单纯的“内部”行政行为，这种“内部”行政行为也具有特殊性。对此，有学者认为，“内部行政法是行政机关对外行使权力的一个支撑体系”，如果“没有内部行政法的支撑，就没有外部行政法的调控作用，更不可能影响到行政相对人的合法权益”[5]。详而言之，行政机构设置是外部行政行为得以作出的主体性、前提性条件，也是每一个外部行政行为所包含的有机构成要素之一，这便与行政机关对其公务员作出的行政处分等真正的内部行政行为存在根本性差别。

综上可见，行政机构设置与公民基本权利紧密相关，是“近亲”而非“远邻”，立基于人权保障的重要性理论可以在一定程度上作为划分行政机构设

---

① 参见许宗力：《法与国家权力》(一)，元照出版公司 2006 年版，第 175—176 页。

② 参见张慰：《“重要性理论”之梳理与批判——基于德国公法学理论的检视》，载《行政法学研究》2011 年第 2 期。

③ 参见张翔：《基本权利的受益权功能与国家的给付义务——从基本权利分析框架的革新开始》，载《中国法学》2006 年第 1 期。

④ 参见张翔：《基本权利的双重性质》，载《法学研究》2005 年第 3 期。

⑤ 章剑生：《作为担保行政行为合法性的内部行政法》，载《法学家》2018 年第 6 期。

置法定范围的重要判断标准。由于重要性理论立足于行政机构设置的事项属性或者影响力，相对于设立主体而言是外在的，因此可称之为外在标准。

2. 内在标准：功能结构主义

依据重要性理论，重要的行政机构设置事项纳入法定范围，不重要的则排除在法定范围之外。但某一行政机构设置即便属于该理论中的重要事项，也有可能要考虑该事项在功能结构上的特殊性而同样不适宜纳入法定范围。因此，除重要性理论之外，行政机构设置法定范围的判断还需要考虑功能结构主义。功能结构主义理论认为"权力分立制度的功能绝非仅止于一般人所熟悉的人权之保障与权力均衡的维护而已，毋宁系更进一步要求何种国家事务应由何一机关负责决定"。也就是说，哪一国家机关对行使某种权力是最适当、最科学及最合规律的，就应当由哪一个国家机关行使该种权力。这种新型的权力配置进路与形式主义的分权理论存在较大区别，其在关注人权保障的同时，也重视国家机关的创设和权力（功能）的配置。①

行政机构设置法定范围的判断必然涉及立法权与行政权之间的权限划分。如果将这一理论应用到法定范围的判断中，那么就需要比较立法机关与行政机关在行政机构设置领域中各自的功能优势。具体而言，立法机关通过法律、法规、规章时需要遵循立项、起草、审查、决定、公布等严格的程序性机制，该过程更为公开透明，结果也更为正式、严谨；而行政机关的决定程序则不如立法机关严格，其决定过程相对简单、便捷，但这也意味着在权力的行使上，行政权具有无所不在、持续不断、机动灵活、快速效率等优势，并且对行政组织的内部构造更为了解，具有专业性、技术性。② 这些差异使得立法机关更适合从整体上规定行政机构设置的常规性事项，而行政机构设置过程中涉及的非常规性事项则适宜由行政机关自己决定，且非常规性事项要比常规性事项更容易观察。在划定法定范围时，我们应当将这些非常规性的行政机构设置事项排除在外。

比之于重要性理论，依据功能结构主义划分法定范围，是着眼于行政机构设置主体自身的性质和功能，因而可称之为内在标准。

---

① 参见张翔：《我国国家权力配置原则的功能主义解释》，载《中外法学》2018年第2期。

② 参见许宗力：《法与国家权力》（一），元照出版公司2006年版，第179—183页。

(四) 法定范围的具体划分

下面依据上述标准对各类行政机构设置法定的事项进行分析。

1. 执法性机构设置应纳入法定范围

基于人权保障和重要性理论，我们可以就行政机构设置法定范围的划分提出如下基本主张：如果行政机构设置事项能够通过行政行为影响行政相对人的权利，则该行政机构就具有重要性，应当纳入法定范围；相反，如果行政机构设置事项不能通过行政行为影响行政相对人的权利，则该行政机构就不具有重要性，应排除在法定范围之外。按照这一思路，只有执法性机构的设置应纳入法定范围，而服务性机构的设置则应排除在法定范围之外。具体而言：

首先，政府派出机关与业务部门的设置应纳入法定范围。之所以要将此类行政机构纳入法定范围，主要是因为“所设置者乃唯一有权作成行政主体之意思，并以自己的名义将该意思表示于外部关系之行政主体的机关，而获得重要的评价”[①]。也就是说，政府的派出机关与业务部门具体行使各级政府的行政管理职能，具备行政主体资格，能够以自己的名义行使职权，并能够直接对外作出行政行为，对相对人的权利产生影响。同理，部分经过法律、法规或规章授权的部门内设机构与派出机构也应当纳入法定范围，原本这类行政机构不具备行政主体资格，但是经过法律、法规、规章授权，便转化为法律法规授权的组织，在授权范围内其与政府业务部门并无本质差别。

其次，内设业务机构的设置应纳入法定范围。上文提及，内设业务机构与内设事务、辅助、监督机构之间有联系，但也存在区别。内设业务机构虽然不能够以自己的名义对相对人直接作出行政行为，但是其具体执行政府业务部门的行政管理事项。例如，自然资源部所承担的自然资源调查、监测、评价的职责具体由自然资源调查监测司负责，由其具体拟定自然资源调查监测评价的指标体系和统计标准、建立定期调查监测评价制度等。[②] 在此种意义上，内设业务机构“有权参与行政决定的作成，甚至所作成决定实际

---

① 许宗力：《法与国家权力》(一)，元照出版公司 2006 年版，第 211 页。

② 参见《中共中央办公厅、国务院办公厅关于印发〈自然资源部职能配置、内设机构和人员编制规定〉的通知》(厅字〔2018〕69 号)。

上即无异于官署本身的决定，因而也有被评价为重要之可能”[①]。如果说政府业务部门是名义上的行政主体，那么其内设业务机构便是实际上的行为主体。它直接面向相对人并对其作出行政行为，能够对相对人权利产生影响。因此，将内设业务机构的设置纳入法定范围比较合理。

最后，行政职位的设置应纳入法定范围。上文已经提及，行政职位一般指的是行政机构的领导岗位，设置一个行政职位就相当于设置一个内设业务机构。实践中，行政职位是行为主体，并且往往是行为的决策主体，在行政过程中发挥着更为重要的作用，从而对相对人权益保障来说具有十分重要的意义。例如，“省政府资政”并非是向省长提供意见的荣誉性、咨询性职位，而是享有行政权力的实体性领导职位，有自己的负责事项和分管部门，且拥有决策权。此外，行政职位的设置还关涉国家财政负担、行政效率、内部决策程序等问题，将其纳入法定范围有百利而无一害。

至于服务性机构的设置自然可排除在法定范围之外。这里需要说明的是，虽然服务性机构的设置可排除在法定范围之外，但这并不意味着立法机关针对此类行政机构的设置不能制定相应的法律、法规、规章。如果立法机关根据实际需要对此类行政机构的设置作出规定，那么各级政府在行政机构设置过程中仍有遵循此类法规范的义务。实际上，编制法是规范此类行政机构设置的重要法律依据。

这里还需要说明的是，纳入法定范围的执法性机构的设置，不仅指它的设立，还指它的撤销、合并，但不应包括有些法律文件中所提到的行政机构规格的升降及名称的变更等。如果说行政机构的设立会影响相对人的权益从而具有重要性，则与其相对应的撤销、合并同样会影响相对人的权利，具有重要性，从而应当纳入法定范围。但是，行政主体作出行政行为是“以事实为根据、以法律为准绳”，与行政机构规格的高低、名称的内容没有直接的因果关系，它们的变更对行政行为的作出不产生实质性影响，也就不会对相对人的权利产生实质性影响，从而没必要纳入法定范围。

2. 行政机构设置程序应纳入法定范围

上述对行政机构设置法定范围的界定只是解决了哪些行政机构的设置应当于法有据的问题。但是，法律规定可以设置行政机构，并不等于现实中

① 许宗力：《法与国家权力》(一)，元照出版公司 2006 年版，第 211 页。

就应当自然而然地设立相应的行政机构。要把法律上的规定转化为现实中的存在，势必要经过一定的程序。这与管理行政行为具有相似性。例如，《中华人民共和国治安管理处罚法》(以下简称《治安管理处罚法》)第 24 条规定，围攻裁判员、运动员或者其他工作人员，扰乱文化、体育等大型群众性活动秩序的，处警告或者 200 元以下罚款；情节严重的，处 5 日以上 10 日以下拘留，可以并处 500 元以下罚款。公安机关要对实施了上述行为的人予以罚款或者拘留，必须经过一个相应的程序，不能直接从相对人兜里强制掏出罚款并将其投入监狱。正因为如此，行政法定范围或者法律保留范围均不仅涉及实体问题，还涉及相关的程序问题，即问题是相应的程序要不要纳入法定的范围。就本章所面对的问题而言，便是行政机构设置的程序要不要法定化。

对这一问题的思考，同样可以类比管理行政程序的理论与经验。如前所述，站在相对人的立场上，管理行政程序大致可分为两类：第一类是为规范行政主体行为设定的程序，如告知、听证、说明理由等。这类程序为行政主体设定程序义务，为相对人赋予程序权利。第二类是为规范相对人参与行政设定的程序，如提出申请、提供资料、遵循期限、缴纳费用等。这类程序为利害关系人设定程序义务，给行政主体赋予程序权力。第一类程序主要在不利行政行为(如行政处罚、行政征收、行政强制等)中应用，目的在于为相对人提供必要的程序保护，对行政权力予以必要的约束，实现程序的正当性。第二类程序则不然，其主要在有利行政行为(如行政许可、行政奖励、行政给付等)中应用，目的在于为行政机关作出相关行为提供便利，降低行政成本，提高行政效率。借鉴实体意义上的"不利行为"与"有利行为"的分类方法，对相对人而言，可称第一类程序为"权利性程序"，称第二类程序为"义务性程序"。这两种程序所遵循的法律原则不一样。权利性程序遵循正当程序原则，以程序正当为满足；在法律没有规定或者规定有所不足时，可以增加程序。义务性程序则遵循法定原则，以程序法定为前提，没有法律的规定，行政机关不得擅自增加程序。[①] 将义务性程序纳入法定范围，其道理与将不利行政行为纳入法定范围是一样的。

行政机构设置的程序属于组织行政程序，介于内部行政程序与外部行

---

① 参见杨登峰：《行政法定原则及其法定范围》，载《中国法学》2014 年第 3 期。

政程序的中间地带。不过,行政机构设置程序与行政许可程序或者行政审批程序具有一定的相似性,往往是下级行政机关向上级行政机关提出申请和予以审批的过程。所以,行政机构设置的程序在内容上属于义务性程序,借助相关编制法的规定来看,其内容大致包括:(1)申请程序,即行政机构设置申请的提出与接收程序。(2)论证程序,即有关主体提出申请后,由有关主体组织力量进行科学论证的过程。[①] (3)方案的编制程序,即行政机构设置方案编制所应遵循的程序。(4)审核程序,即有权主体审核行政机构设置方案可行性的程序。(5)决定程序,即由有权主体决定通过与否的程序。(6)备案程序,即将行政机构设置情况报有关机关备案审查的程序。基于它们与义务性程序的相似性,将此类程序纳入法定范围具有一定的合理性。

不过,行政机构设置程序与义务性程序还是具有一定的差异性,其差异在于,这种程序的功能不仅在于为上级行政机关作出决定提供便利,降低行政成本,更在于节制行政机构的设置,防范和克服行政机构设置的随意性。因此,将行政机构设置程序纳入法定范围,不仅有利于设置程序规范化,也有利于机构设置的严肃性,较管理行政之义务性程序法定具有更重要的意义。同时,不论各级政府行政机构的规模、种类存在何种差异,其设置过程应该说是一致的,即都需要遵循申请、论证、方案编制等程序,因而从法规范层面对行政机构设置行为所遵循的程序进行统一规定也具有可行性。此外,需要说明的是,这里的程序不仅指执法性行政机构的设置程序,还应包括服务性行政机构的设置程序。

3. 非常规性机构设置不纳入法定范围

上文曾提及,根据功能结构主义的标准,一些非常规性的行政机构设置事项被排除在法定范围之外。那么,实践中哪些行政机构设置属于这里所谓的非常规性事项?我们认为,首先,为了应对某些突发的紧急事件,如自然灾害、金融危机、重大传染病疫情等,有时往往需要设置一些临时性的应急管理机构或议事协调机构等。这些行政机构的应急性与临时性决定了其设置事项不适宜通过相对烦琐的立法程序规定,也便不需要纳入法定范围。其次,我国法治政府建设实践中存在许多改革试点,如相对集中行政许可的改革试点、国家级新区的改革试点等,这些改革试点领域往往会涉及行政机

① 参见章剑生:《行政程序法学原理》,中国政法大学出版社1994年版,第164页。

构的设立、撤销、合并等。这种试验性质的行政机构设置事项即便符合重要性的标准,但由于其尚处于不断的变动发展中,不具有终局性,因此也很难将其纳入法定范围。这些事项由行政机关决定也是机动性、灵活性、效率性特别是"试验性"的体现。

小　结

至此,行政机构设置的法定范围便基本划定了。我们的意见是,除了现行法律已经明确纳入法定范围的之外,行政机构设置法定事项应主要包括执法性行政机构的设立、撤销、合并以及所有行政机构设置的报批程序。需要注意的是,在明确行政机构设置法定的范围之后,接踵而至的问题是,那些纳入法定范围的行政机构设置事项应当交由哪一层级的法律渊源予以规范?不同层级法律渊源的规定应达到怎样的具体程度?这构成了行政机构设置法定的位阶与程度问题。仅划定行政机构设置的法定范围,不明确其法定位阶与程度,行政机构设置法定化的任务依然不算圆满完成。因此,在现行立法的基础上,进一步明确行政机构设置的法定位阶与程度是随后要完成的研究工作。但是,这只能留待以后来完成。此外,我们也必须承认,即便对于行政机构设置法定范围的上述研究,也只是一个初步的尝试,论证多有不成熟之处,在行政组织法治基础理论没有突破的情形下,对这一问题的研究也难有创新。因此,本题的目的主要在于抛砖引玉,希冀学界能够更多关注这一基础性问题。其实,行政机构设置法治化的理论依据,除了重要性理论和功能结构主义,财政负担也应当是需要考量的重要因素。行政机构的设置不仅关系行政职权配置的科学化,更关系财政负担,其高昂的运行费用要由人民承担。①

当前,学界关于行政机构设置法定化的呼声很高。例如,姜明安教授曾指出:"公共行政组织必须由宪法和法律予以规范,而不能由行政机关自行其是,即使是出于对现代行政复杂性和机动性的考虑,行政机关也只能在宪法和法律的明确授权之下,对公共行政组织的部分问题作出决定。这是民主和法治对公共行政组织的一个最基本的要求。""现代国家的公共行政职

---

① 参见姜明安、沈岿:《法治原则与公共行政组织——论加强和完善我国行政组织法的意义和途径》,载《行政法学研究》1998 年第 4 期;应松年、薛刚凌:《行政组织法基本原则之探讨》,载《行政法学研究》2001 年第 2 期。

能极为复杂，并且为了顺应迅速发展而多变的社会需求，它们的变化也非常频繁，对于目前正在进行体制变革与转型的中国而言，更是如此。然而，如果由此否认法律对公共行政组织予以规范的必要性与可行性，就会在事实上纵容行政专制。”[①]德国行政法学者哈特穆特·毛雷尔说：“法律保留不仅适用于国家和个人之间的实体法律关系，而且也适用于行政组织和行政程序。行政机关的任务和结构，行政主体的设立，行政机关的管辖权，基本的行政程序的模式，都必须由法律确定。这不仅是出于问题本身的意义，而且是因这种认识得以证实和强化：基本权利不仅需要实体法保障，也需要相应的组织和程序形式予以保障（通过组织和程序的基本权利保护）。”[②]但是，对于行政机构设置法定化的研究仅停留在这样一个宏观叙事层面，不利于切实解决问题，而国内相关研究却凤毛麟角，难得一见。笔者的基本立场是，面对我国目前行政组织的机构膨胀、因人设机构或设岗、人浮于事、职责不明、争权夺利之乱象以及人民为此所负沉重之负担，即便不能将组织行为纳入法律保留的范围，也应当全面纳入行政法定的范围，法学工作者应当在相关研究上多下功夫。

五、有关行政法定原则之适用的研读案例

法律保留原则尽管在行政法中非常重要，但在指导案例、公报案例和其他典型案例中，尚未检索到直接引用“法律保留原则”或者“行政法定原则”的案例。但是，这并不意味着我国人民法院在行政诉讼中不适用法律保留原则或者行政法定原则。人民法院在行政审判实践中对于法律保留原则或者行政法定原则的适用主要体现在裁判理由中，往往以“行政行为没有法律依据”“只有在法律明确规定的情形下才可以做……”“行使职权必须有明确的法律依据”等为表述方式。指导案例 21 号“内蒙古秋实房地产开发有限责

① 姜明安、沈岿：《法治原则与公共行政组织——论加强和完善我国行政组织法的意义和途径》，载《行政法学研究》1998 年第 4 期。

② 〔德〕哈特穆特·毛雷尔：《行政法学总论》，高家伟译，法律出版社 2000 年版，第 118 页。

任公司诉呼和浩特市人民防空办公室人防行政征收案”[①]、指导案例41号“宣懿成等诉浙江省衢州市国土资源局收回国有土地使用权案”[②]、典型案例“姚新金、刘天水诉福建省永泰县国土资源局案”[③]、典型案例“广州德发房产建设有限公司诉广州市地方税务局第一稽查局税务处理决定案”[④]、典型案例“袁西北诉江西省于都县人民政府物价行政征收案”[⑤]都是这方面的例子。

指导案例21号 内蒙古秋实房地产开发有限责任公司诉呼和浩特市人民防空办公室人防行政征收案

【裁判要点】

建设单位违反《中华人民共和国人民防空法》及有关规定，应当建设防空地下室而不建的，属于不履行法定义务的违法行为。建设单位应当依法缴纳防空地下室易地建设费的，不适用廉租住房和经济适用住房等保障性住房建设项目关于“免收城市基础设施配套费等各种行政事业性收费”的规定。

【相关法条】

《中华人民共和国人民防空法》第22条、第48条。

【基本案情】

2008年9月10日，被告呼和浩特市人民防空办公室（以下简称呼市人防办）向原告内蒙古秋实房地产开发有限责任公司（以下简称秋实房地产公司）送达《限期办理“结建”审批手续告知书》，告知秋实房地产公司新建的经济适用住房“秋实第一城”住宅小区工程未按照《中华人民共和国人民防空法》第22条、《人民防空工程建设管理规定》第45条、第47条的规定，同时修建战时可用于防空的地下室，要求秋实房地产公司9月14日前到呼市人防办办理“结建”手续，并提交相关资料。2009年6月18日，呼市人防办对秋实房地产公司作出呼人防征费字（001）号《呼和浩特市人民防空办公室征收

---

① 最高人民法院审判委员会讨论通过，2013年11月8日发布。

② 最高人民法院审判委员会讨论通过，2014年12月25日发布，曾刊于《最高法院公报》2004年第4期。相关讨论文献参见阎巍、石磊：《〈宣懿成等18人诉浙江省衢州市国土资源局收回国有土地使用权案〉的理解与参照——行政机关作出具体行政行为未引用具体法律条款，且在诉讼中不能证明符合法律的具体规定，视为没有法律依据》，载《人民司法》2016年第20期；张亮：《对行政行为未引用具体法律条款的司法审查——兼评指导案例41号》，载《政治与法律》2015年第9期。

③ 2014年政府信息公开十大典型案例之五。

④ 本案为2017年最高人民法院行政审判十大典型案例之二。

⑤ 本案为2019年最高人民法院发布的9起行政诉讼附带审查规范性文件典型案例之三。

防空地下室易地建设费决定书》，决定对秋实房地产公司的“秋实第一城”项目征收“防空地下室易地建设费”172.46万元。秋实房地产公司对“秋实第一城”项目应建防空地下室5518平方米而未建无异议，对呼市人防办作出征费决定的程序合法无异议。

【裁判结果】

内蒙古自治区呼和浩特市新城区人民法院于2010年1月19日作出(2009)新行初字第26号行政判决：维持呼市人防办作出的呼人防征费字(001)号《呼和浩特市人民防空办公室征收防空地下室易地建设费决定书》。宣判后，秋实房地产公司提起上诉。呼和浩特市中级人民法院于2010年4月20日作出(2010)呼行终字第16号行政判决：驳回上诉，维持原判。

【裁判理由】

法院生效裁判认为：《国务院关于解决城市低收入家庭住房困难的若干意见》第16条规定，“廉租住房和经济适用住房建设、棚户区改造、旧住宅区整治一律免收城市基础设施配套费等各种行政事业性收费和政府性基金”。建设部等七部委联合发布的《经济适用住房管理办法》第8条规定，“经济适用住房建设项目免收城市基础设施配套费等各种行政事业性收费和政府性基金”。上述关于经济适用住房等保障性住房建设项目免收各种行政事业性收费的规定，虽然没有明确其调整对象，但从立法本意来看，其指向的对象应是合法建设行为。《中华人民共和国人民防空法》第22条规定，“城市新建民用建筑，按照国家有关规定修建战时可用于防空的地下室”。《人民防空工程建设管理规定》第48条规定，“按照规定应当修建防空地下室的民用建筑，因地质、地形等原因不宜修建的，或者规定应建面积小于民用建筑地面首层建筑面积的，经人民防空主管部门批准，可以不修建，但必须按照应修建防空地下室面积所需造价缴纳易地建设费，由人民防空主管部门就近易地修建”。也就是说，只有在法律法规规定不宜修建防空地下室的情况下，经济适用住房等保障性住房建设项目才可以不修建防空地下室，并适用免除缴纳防空地下室易地建设费的有关规定。免缴防空地下室易地建设费有关规定适用的对象不应包括违法建设行为，否则就会造成违法成本小于守法成本的情形，违反立法目的，不利于维护国防安全和人民群众的根本利益。秋实房地产公司对依法应当修建的防空地下室没有修建，属于不履行法定义务的违法行为，不能适用免缴防空地下室易地建设费的有关优惠规定。

本案裁判理由表明，建设防空工程或者缴纳防空工程异地建设费是建设单位的一般法律义务，建设单位要免除这一法律义务，必须以法律规定为前提，即坚持法定原则。

指导案例 41 号 宣懿成等诉浙江省衢州市国土资源局收回国有土地使用权案

【裁判要点】

行政机关作出具体行政行为时未引用具体法律条款，且在诉讼中不能证明该具体行政行为符合法律的具体规定，应当视为该具体行政行为没有法律依据，适用法律错误。

【相关法条】

《行政诉讼法》第 32 条。

【基本案情】

原告宣懿成等 18 人系浙江省衢州市柯城区卫宁巷 1 号（原 14 号）衢州府山中学教工宿舍楼的住户。2002 年 12 月 9 日，衢州市发展计划委员会根据第三人建设银行衢州分行（以下简称衢州分行）的报告，经审查同意衢州分行在原有的营业综合大楼东南侧扩建营业用房建设项目。同日，衢州市规划局制定建设项目选址意见，衢州分行为扩大营业用房等，拟自行收购、拆除占地面积为 205 平方米的府山中学教工宿舍楼，改建为露天停车场，具体按规划详图实施。18 日，衢州市规划局又规划出衢州分行扩建营业用房建设用地平面红线图。20 日，衢州市规划局发出建设用地规划许可证，衢州分行建设项目用地面积 756 平方米。25 日，被告衢州市国土资源局（以下简称衢州市国土局）请示收回衢州府山中学教工宿舍楼住户的国有土地使用权 187.6 平方米，报衢州市人民政府审批同意。同月 31 日，衢州市国土局作出衢市国土（2002）37 号《收回国有土地使用权通知》，并告知宣懿成等 18 人其正在使用的国有土地使用权将收回及诉权等内容。该通知说明了行政决定所依据的法律名称，但没有对所依据的具体法律条款予以说明。原告不服，提起行政诉讼。

【裁判结果】

浙江省衢州市柯城区人民法院于 2003 年 8 月 29 日作出（2003）柯行初字第 8 号行政判决：撤销被告衢州市国土资源局 2002 年 12 月 31 日作出的衢市国土（2002）第 37 号《收回国有土地使用权通知》。宣判后，双方当事人均未上诉,判决已发生法律效力。

【裁判理由】

法院生效裁判认为:被告衢州市国土局作出《收回国有土地使用权通知》时,虽然说明了该通知所依据的法律名称,但并未引用具体法律条款。在庭审过程中,被告辩称系依据《土地管理法》第 58 条第 1 款作出被诉具体行政行为。《土地管理法》(1999 年)第 58 条第 1 款规定:“有下列情形之一的,由有关人民政府土地行政主管部门报经原批准用地的人民政府或者有批准权的人民政府批准,可以收回国有土地使用权:(一) 为公共利益需要使用土地的;(二) 为实施城市规划进行旧城区改建,需要调整使用土地的……”衢州市国土局作为土地行政主管部门,有权依照《土地管理法》对辖区内国有土地的使用权进行管理和调整,但其行使职权时必须具有明确的法律依据。被告在作出《收回国有土地使用权通知》时,仅说明是依据《土地管理法》及浙江省的有关规定作出的,但并未引用具体的法律条款,故其作出的具体行政行为没有明确的法律依据,属于适用法律错误。

本案中,衢州市国土局提供的衢州市发展计划委员会(2002)35 号《关于同意扩建营业用房项目建设计划的批复》《建设项目选址意见书审批表》《建设银行衢州分行扩建营业用房建设用地规划红线图》等有关证据,难以证明其作出的《收回国有土地使用权通知》符合《土地管理法》(1999 年)第 58 条第 1 款规定的“为公共利益需要使用土地”或“为实施城市规划进行旧城区改建,需要调整使用土地”的情形,主要证据不足,故被告主张其作出的《收回国有土地使用权通知》符合《土地管理法》规定的理由不能成立。根据《行政诉讼法》及其相关司法解释的规定,在行政诉讼中,被告对其作出的具体行政行为承担举证责任,被告不提供作出具体行政行为时的证据和依据的,应当认定该具体行政行为没有证据和依据。

综上,被告作出的收回国有土地使用权具体行政行为主要证据不足,适用法律错误,应予撤销。

本案审理法院之裁判理由指出,“衢州市国土局作为土地行政主管部门,有权依照《土地管理法》对辖区内国有土地的使用权进行管理和调整,但其行使职权时必须具有明确的法律依据”,这应该是行政法定原则的基本体现。不过,本案将被告不提供作出具体行政行为时的依据的,认定该具体行政行为没有依据,适用法律错误,在法理上有所不通。被告不提供作出具体行政行为时的法律依据,分两种情况:一是具体行政行为根本就没有法律依据,压根就提供不出来;二是具体行政行为有法律依据,但被告不予提供(可再分知道有法律依据而不提供,压根不知道有相关法律依据)。这两种情形的法律后果应该不同。①

典型案例 姚新金、刘天水诉福建省永泰县国土资源局案

【基本案情】

2013年3月20日,姚新金、刘天水通过特快专递,要求福建省永泰县国土资源局书面公开二申请人房屋所在区域地块拟建设项目的"一书四方案",即建设用地项目呈报说明书、农用地转用方案、补充耕地方案、征收方案、供地方案。2013年5月28日,永泰县国土资源局作出《关于刘天水、姚新金申请信息公开的答复》,称"你们所申请公开的第3项(拟建设项目的"一书四方案"),不属于公开的范畴",并按申请表确定的通信地址将该答复邮寄给申请人。2013年7月8日,姚新金、刘天水以永泰县国土资源局未就政府公开申请作出答复为由,提起行政诉讼。永泰县国土资源局答辩称,"一书四方案"系被告制作的内部管理信息,处在审查中的过程性信息,不属于《中华人民共和国政府信息公开条例》(以下简称《政府信息公开条例》)所指应公开的政府信息,被告没有公开的义务。

【裁判结果】

永泰县人民法院经审理认为,"一书四方案"系永泰县国土局在向上级有关部门报批过程中的材料,不属于信息公开的范围。虽然《关于刘天水、姚新金申请信息公开的答复》没有说明不予公开的理由,存在一定的瑕疵,但不足以否定具体行政行为的合法性。姚新金、刘天水要求被告公开"一书四方案"于法无据,判决驳回其诉讼请求。

姚新金、刘天水不服,提出上诉。福州市中级人民法院经审理认为,根据《中华人民共和国土地管理法实施条例》第23条第1款第2项规定,永泰县国土资源局是"一书四方案"的制作机关,福建省人民政府作出征地批复后,有关"一书四方案"已经过批准并予以实施,不再属于过程性信息及内部

① 参见杨登峰:《行政行为撤销要件的修订》,载《法学研究》2011年第3期;杨登峰:《行政行为的多元矫正制度研究》,清华大学出版社2018年版,第40—47页。

材料，被上诉人不予公开没有法律依据。判决撤销一审判决，责令永泰县国土资源局限期向姚新金、刘天水公开“一书四方案”。

【典型意义】

本案的焦点集中在过程性信息如何公开。《政府信息公开条例》确定的公开的例外仅限于国家秘密、商业秘密、个人隐私。《国务院办公厅关于做好政府信息依申请公开工作的意见》中规定：“行政机关在日常工作中制作或者获取的内部管理信息以及处于讨论、研究或者审查中的过程性信息，一般不属于《条例》所指应公开的政府信息。”过程性信息一般是指行政决定作出前行政机关内部或行政机关之间形成的研究、讨论、请示、汇报等信息，此类信息一律公开或过早公开，可能会妨害决策过程的完整性，妨害行政事务的有效处理。但是，过程性信息不应是绝对的例外，当决策、决定完成后，此前处于调查、讨论、处理中的信息即不再是过程性信息，如果公开的需要大于不公开的需要，就应当公开。本案福建省人民政府作出征地批复后，当事人申请的“一书四方案”即已处于确定的实施阶段，行政机关以该信息属于过程性信息、内部材料为由不予公开，对当事人行使知情权构成不当阻却。二审法院责令被告期限公开，为人民法院如何处理过程信息的公开问题确立了典范。

知情权是公民享有的基本权利，只有在法律规定的例外情形下，行政机关才可以限制公民的这一权利，即政府信息坚持“以公开为原则，不公开为例外，例外法定”原则。“政府信息例外不公开法定原则”是行政法定原则在政府信息公开领域的落实。

典型案例　广州德发房产建设有限公司诉广州市地方税务局第一稽查局税务处理决定案

【基本案情】

2005年1月，广州德发房产建设有限公司（以下简称德发公司）委托拍卖行将其自有的位于广州市人民中路555号“美国银行中心”的房产拍卖后，按1.38255亿元的拍卖成交价格，向税务部门缴付了营业税6912750元及堤围防护费124429.5元，并取得了相应的完税凭证。2006年，广州市地方税务局第一稽查局（以下简称广州税稽一局）在检查德发公司2004年至2005年地方税费的缴纳情况时，认为德发公司的上述房产拍卖成交单价格2300

元/㎡，不及市场价的一半，价格严重偏低，遂于2009年9月，作出穗地税稽一处〔2009〕66号税务处理决定，核定德发公司委托拍卖的上述房产的交易价格为311678775元，并以311678775元为标准核定应缴纳营业税及堤围防护费，决定追缴德发公司未缴纳的营业税8671188.75元，加收营业税滞纳金2805129.56元；决定追缴堤围防护费156081.40元，加收滞纳金堤围防护费48619.36元。德发公司不服该决定，提起行政诉讼。

【裁判结果】

本案一审判决驳回德发公司诉讼请求；二审维持一审判决，驳回德发公司上诉。再审判决撤销一、二审判决，并撤销被诉处理决定中加收营业税滞纳金和堤围防护费滞纳金的部分。

最高人民法院再审认为：1. 不违反法律原则和精神的行政惯例应当予以尊重。广州税稽一局在查处涉嫌税务违法行为时，依据《税收征收管理法》第35条规定核定纳税义务人的应纳税额是其职权的内在要求和必要延伸，符合税务稽查的业务特点和执法规律，符合《国家税务总局关于稽查局职责问题的通知》关于税务局和稽查局的职权范围划分的精神，不构成超越职权。2. 税务机关确定应纳税额时，应当尊重市场行为形成的市场价格；其基于国家税收利益的考虑否定拍卖价格作为计税价格时，行使《税收征收管理法》第35条第1款第6项应纳税额核定权时，应当受到严格限制。纳税义务人以拍卖不动产的拍卖价格作为计税依据依法纳税后，在该拍卖行为未被有权机关依法认定为无效或者认定存在违反拍卖法的行为并影响拍卖价格的情况下，税务机关原则上不能根据《税收征收管理法》第35条第1款第6项的规定行使应纳税额核定权，但如果拍卖行为中存在影响充分竞价的因素导致拍卖价格过低，如本案中的一人竞拍时，税务机关基于国家税收利益的考虑，有权行使应纳税额核定权。3. 没有法律、法规和规章的规定，行政机关不得作出影响行政相对人合法权益或者增加行政相对人义务的决定。税务机关根据《税收征收管理法》第35条第1款第6项的规定行使应纳税额核定权，应当受到《税收征收管理法》第52条关于追缴税款和滞纳金的条件和期限的限制；因不能归责于纳税义务人的原因时，新确定的应纳税额，缴纳义务应当自核定之日发生，征收该应纳税额确定之前的税收滞纳金没有法律依据。

【典型意义】

本案是最高人民法院提审改判的第一起税务行政案件，案件多个焦点问题的裁判理由均具有较强的典型意义：1. 尊重行政机关长期执法活动中形成的专业判断和行政惯例。通过司法确认的方式，认可省级以下税务局及其税务稽查局在具体执法过程中形成的不违反法律原则和精神且符合具体执法规律和特点的惯例，对今后人民法院处理类似问题提供借鉴方法。2. 体现法院在促进依法行政方面的司法能动性，既保障国家利益不受损，也要防止税收权力的任性。进一步明确拍卖价格作为计税依据的合法性，限定税务机关行使应纳税额核定权行使条件，厘清特定税收专业领域行政机关职权和市场主体自治的界限。3. 贯彻“法无明文规定不可为”的法治理念，确保当事人合法权益不受行政机关无法律依据的剥夺。行政权的行使应当严格限定在法律明确规定的范围内，在法律没有规定的情况下，行政机关不得作出影响行政相对人合法权益或者增加行政相对人义务的决定。

本案是税收法定原则的体现。税收法定原则是行政法定原则在税法领域的体现。

典型案例　袁西北诉江西省于都县人民政府物价行政征收案

【基本案情】

袁西北的住房属江西省于都县中心城区规划范围。江西省于都县人民政府（以下简称于都县政府）委托于都县自来水公司，根据袁西北户从2010年2月1日起至2015年11月的自来水使用情况，征收了袁西北户的污水处理费共计1273.2元。袁西北以于都县政府对其征收污水处理费违法为由，诉至法院，请求于都县政府全部退还已征收的污水处理费；依法对《于都县城市污水处理费征收工作实施方案》（以下简称《实施方案》）的合法性进行审查。

【裁判结果】

江西省高级人民法院二审认为，《中华人民共和国水污染防治法》第44条第3款、第4款规定，城镇污水集中处理设施的运营单位按照国家规定向排污者提供污水处理的有偿服务，收取污水处理费用，保证污水集中处理设施的正常运行。城镇污水集中处理设施的污水处理收费、管理以及使用的具体办法，由国务院规定。《城镇排水与污水处理条例》第 32 条规定，排水单位和个人应当按照国家有关规定缴纳污水处理费。财政部、国家发展改革委和住房城乡建设部印发的《污水处理费征收使用管理办法》(以下简称《管理办法》)第 8 条规定，向城镇排水与污水处理设施排放污水、废水的单位和个人应当缴纳污水处理费。江西省发改委赣发改收费字[2010]135 号《关于统一调整全省城市污水处理费征收标准的通知》及赣州市物价局赣市价费字[2010]15 号《关于核定于都县城市污水处理费征收标准的批复》确定的征收范围均明确是“在城市污水集中处理规划区范围内向城市排污管网和污水集中处理设施排放达标污水的所有用水单位和个人”。但是，《实施方案》所确定的污水处理费征收范围却扩大至“于都县中心城区规划区范围内所有使用城市供水的企业、单位和个人”，违反法律法规规章及上级行政机关规范性文件规定，不能作为于都县政府征收袁西北污水处理费的合法性依据。在袁西北未向城市排污管网和污水集中处理设施排放污水的情况下，于都县政府向其征收污水处理费没有事实和法律依据，应予返还。因此，判决撤销于都县政府征收袁西北城市污水处理费的行为，责令于都县政府于判决生效之日起三十日内向袁西北返还 1273.2 元污水处理费。此后，江西省高级人民法院向于都县政府发送司法建议，建议其对涉案规范性文件的相关条款予以修改。

【典型意义】

本案所涉及的污水处理费征收，根据法律法规的规定，其范围由征收对象和征收对象实施的行为确定。征收对象为城市污水集中处理规划区范围所有用水单位和个人，且征收对象需实施向城市排污管网和污水集中处理设施排放污水的行为。但是，《实施方案》所确定的污水处理费征收范围却扩大至“于都县中心城区规划区范围内所有使用城市供水的企业、单位和个人”，违反法律法规规章及上级行政机关规范性文件规定。在《管理办法》第 8 条明确规定了征收范围后，于都县政府在其制定的规范性文件中扩大征收范围没有法律依据，应予修改。根据《最高人民法院关于适用〈中华人民共和国行政诉讼法〉的解释》第 149 条之规定，规范性文件不合法的，人民法院可以向规范性文件的制定机关提出司法建议。司法建议作为法律赋予人民法院的一项重要职责，是充分发挥审判职能的重要方式。人民法院在规范性文件附带审查后向有关机关发出司法建议，可以促进执法质量、扩展审判效果。

行政收费与行政税收具有很大的相似性，都属于行政征收行为的一种，且属于典型的侵害性行政行为，应当遵循法定原则。本案判决深刻地体现了这一原则，虽然表面上是对涉及的规范性文件进行合法性审查。

— 第二章 —

法律优先原则及其适用*

【内容提要】

法律优先原则是行政法上定义最简单也最好理解的一项基本原则,相关教科书的解说非常简单。不过,在不同国家、不同时期,针对不同问题,这一原则的内涵与适用还是有一定差异。本章在介绍了法律优先原则的基本含义之后,探讨了以下三个问题:

第一,实质法治时期法律优先原则的基本要求。实质法治是对形式法治的继承和发展,在实质法治时期,法律优先原则的内涵至少有五个方面:(1) 不仅要求行政行为符合法律规范,更要求法律规范本身要合法、合宪;(2) 不仅要求行政行为合乎法律规则,更要求行政行为符合法律原则;(3) 不仅要求行政行为符合法律条文,更要求行政行为符合法律目的;(4) 不仅要求行政行为要遵从成文法规范,还要求行政行为要兼顾民间习惯、行政惯例等不成文法规范;(5) 不仅要求行政行为符合法的规范,还要求行政行为兼顾公序良俗等社会伦理规范。

第二,行政行为依据的法律规范的合法性判断。法律优先原则不仅要求行政行为要符合法律规范,更要求法律规范本身要合法、合宪,但行政行为的合法性判断并不完全等同于法律规范的合法(宪)性判断。在法律规范的合法性判断上,除了参考最高人民法院《关于审理行

* 本章第三部分“法规与规章的合法性判断”部分采用了笔者在《法律冲突与适用规则》(法律出版社 2017 年版)一书第三章“下位法抵触上位法的认定与审查”之“一、下位法与上位法相抵触的认定”的观点和内容,特此说明。

政案件适用法律规范问题的座谈会纪要》外,可将法律规范分为“规定性规范”和“设定性规范”两类。对于下位“规定性规范”与上位法抵触的认定,主要在于比对上下位两个规范的事实构成与法律后果要件是否相一致,即分别比对下位法的事实构成要件是否与上位法的事实构成要件相一致,以及下位法的法律后果要件是否与上位法的法律后果要件相一致。对于下位“设定性规范”与上位法抵触的认定,则主要在于分析下位法是否超越了《立法法》《行政处罚法》《行政许可法》和《行政强制法》等法律授予的立法权限。

第三,基于授权制度的先行先试的合法性评价。先行先试是我国改革开放的特殊形式。先行先试可分实施性、创制性与改制性三类。对于创制性与改制性试验而言,由于是在局部地方或者部分单位先行先试,不可能走“先立法、后改革”或者“先修法、后改革”的惯常路径,先行先试的合法性评价也就不能按照惯常的逻辑进行。目前,十八届四中全会通过的《决定》和2015年修订的《立法法》已经确立了授权制度。在授权制度下,先行先试,但凡需要授权的,取得授权且符合其他行政决策或者决定的一般性程序要求,便是合法的;但凡无须授权的,没有取得授权但符合行政决策或者决定的一般性程序要求,也是合法的。总而言之,在授权制度下,先行先试需要授权且取得授权的,“不违法的”便是合法的。法律优位原则的效力在这里受到一定限制。而先行先试应否取得授权,则依据侵害性、重要性和合法性依据来决定。

本章最后选列了五个相关案例供大家参考。

【关键词】

法律优先原则;实质法治;法律规范的合法性;先行先试的合法性。

一、法律优先原则及其基本要义

法律优先原则也称法律优位原则、合法性原则,似乎是行政法上定义最简单也最好理解的一项基本原则，相关教科书的解说非常简单，关于这一原则的学术论文也少之又少。[①] 德国行政法鼻祖奥托·迈耶最先提出这一原则时，对它的论述就不是很多。奥托·迈耶仅指出："以法律形式出现的国家意志依法优先于所有以其他形式表达的国家意志；法律只能以法律形式才能废止，而法律却能废止所有与之相冲突的意志表达，或使之根本不起作用。这就是我们所说的法律优先。"[②]后来，德国学者毛雷尔在论及法律优先原则时仅指出，"法律优先原则是指行政应当受现行法律的约束，不得采取任何违反法律的措施"，它"无限制地和无条件地适用于一切行政领域，源自有效法律的约束力"。[③] 日本学者南博方也只是指出，法律优位原则意味着，"一切行政活动都不得违反法律，并且不得以行政措施在实质上改变、废止或者变更法律。这种法律的优位的原则，不论是权力性行为，还是非权力性行为；是侵益性行为，还是授益性行为；也不论是法的行为，还是事实行为，对所有的行政活动一律适用"。[④] 这些论述都是寥寥数语。

就法律优先原则的具体要求而言，总体来看，主要处理的是法律与行政的统一性关系，即行政要服从法律，不得与法律相抵触。这里的"法律"指的是代议机关代表民意制定的法律，即我们所讲的狭义的法律。对此，学界认识没有太大分歧。不过，在对"行政"内涵的理解上则有所不同。上述三位外国学者中，南博方强调的是具体行政行为与法律的统一性，要求行政行为不得违反法律，而奥托·迈耶和毛雷尔强调的是所有行政活动与法律的统一性，要求所有行政活动不得违反法律。按照这一思路并将行政活动分为行政立法与行政行为的话，那就意味着，法律优先原则有两个方面的要求：一是行政立法不得违反法律；二是行政行为不得违反法律。

我国的法律优先原则引自德日行政法学，并深受其影响。不过，就这一原则内涵的界定，国内行政法学界则有不同看法。其中，最值得关注的观点是，将法律优先仅限定在行政立法与法律的统一性这一层面，而将行政行为

---

① 相关的研究成果主要有周佑勇：《行政法中的法律优先原则研究》，载《中国法学》2005 年第 3 期；王贵松：《论行政法上的法律优位》，载《法学评论》2019 年第 1 期；曾祥华：《法律优先与法律保留》，载《政治与法律》2005 年第 4 期；周兰领：《论法律优越原则》，载《法学论坛》2005 年第 1 期。

② 〔德〕奥托·迈耶：《德国行政法》，刘飞译，商务印书馆 2002 年版，第 70 页。奥托·迈耶还指出："行政是一种自行形成的国家意志，并不只是服务于法律，而是能自行从不同程度优势地位出发决定什么是正确的。"

③ 参见〔德〕哈特穆特·毛雷尔：《行政法总论》，高家伟译，法律出版社 2000 年版，第 103 页。

④ 参见〔日〕南博方：《行政法》(第六版)，杨建顺译，中国人民大学出版社 2009 年版，第 7 页。

与法律的统一性剥离于法律优先原则之外。例如,周佑勇教授认为:“法律优先原则的基本含义是指法律对于行政立法即行政法规和规章的优越地位。从这个角度而言,法律优先实质上强调的是法律的位阶体系。”[①]周佑勇教授不步德日行政法学者后尘的理由是:“他们所使用的广义上的法律优先一词,实际上从一个侧面表述了依法行政的全面含义,而目前我国行政法学明确而公认的概念——‘职权法定’已经表述了依法行政的表层含义,即‘任何行政都必须具有法定依据,而不得与之相违’。只是作为依法行政所依之‘法’的关系,尤其是法律和行政立法之间的关系却一直没有一个相对固定的概念来表述。法律优先一词则能够准确而明快地概括出法律与行政立法的关系。同时,在这种意义上使用法律优先一词,也表明在这里,‘法律’仅限于狭义上,即仅指国家立法机关制定的法律,因而与其字面含义相一致。并且,德、日学者所使用的法律优先一词,只是说‘行政’是广义上的,即法律优越于一切行政活动,而其中的‘法律’在本意上则仅限于狭义上使用。因此,笔者认为将法律优先的基本含义限定在法律与行政立法的关系上是适当的。”[②]

可以看出,周佑勇教授主要考虑的是法律优先原则与职权法定原则内容上的协调性,从这个角度看,他的看法不无道理。但是,这里要再考虑四个方面的因素:第一,职权法定原则,或者说法律保留原则,以及本书所讲的行政法定原则,从根本上讲,不是在阐述行政行为与法律的统一性,而是在阐述行政权力的来源以及行政行为的根据,而且并非所有的行政行为都须以法律规定为前提。因此,不论职权法定、行政法定还是法律保留原则,与法律优先原则调整的原理和范围不完全相同。第二,在我国,行政立法有两类,一类是创制性的,即行政机关基于宪法或者立法法的授权,创设新的权利义务的行政规范;另一类是规定性的,或者说是实施性的,即行政机关基

① 周佑勇:《行政法基本原则研究》,武汉大学出版社 2005 年版,第 175 页;周佑勇:《行政法中的法律优先原则研究》,载《中国法学》2005 年第 3 期。据周佑勇教授考察,持这一观点的学者不止他一人。他说:“多数学者将其内涵相对限制在法律与行政立法的关系上,认为法律优先原则的基本含义是指法律优先于行政立法,即强调法律对于行政立法即行政法规和规章的优越地位。”周佑勇教授引注的参考文献有:应松年:《中国走向行政法治探索》,中国方正出版社 1998 年版,第 105 页;孙笑侠:《法律对行政的控制——现代行政法的法理解释》,山东人民出版社 1999 年版,第 194 页;刘莘:《依法行政与行政立法》,载《中国法学》2000 年第 2 期;方世荣:《论行政相对人》,中国政法大学出版社 2000 年版,第 200 页。

② 周佑勇:《行政法基本原则研究》,武汉大学出版社 2005 年版,第 175 页;周佑勇:《行政法中的法律优先原则研究》,载《中国法学》2005 年第 3 期。

于执行法律的职责，为执行法律的规定，将法律规定加以具体化的行政规范。如果将法律优先原则仅限于行政立法与议会法律的统一性，主要强调了规定性行政立法的合法性问题，则不能很好地解决创制性行政立法合宪性的问题。第三，在行政法上，对于行政职权的规范和制约虽然包括行政立法权和行政执法权，但由于行政立法的效力须借助于行政执法行为才能作用于相对人，因此行政法的核心或者说终极的目的便在于规范和制约行政执法行为。如果将法律优先原则限于行政立法与法律的统一性，而将行政行为与法律的统一性问题排除在外，则等于使这一原则的效力偏离了它的根本所在。第四，国内外行政学者在表述法律保留原则或者行政法定原则时，往往仅强调"行政行为须有法律依据，没有法律依据不能作出行政行为"，较少强调行政行为须符合法律规定；行政行为须符合法律规定往往被置于法律优位原则要求之下。[①] 因此，将法律优先原则的内涵限定在行政立法与议会立法的统一性，会过分割裂它与国内外行政法学对同一法律原则的一致理解，不利于交流。

基于上述分析，笔者认为，法律优先原则的内涵至少应当包括以下两个方面的要求：第一，行政行为须符合法的规定；第二，行政立法须符合代议机关立法的规定。如果要有所发展的话，考虑到我国行政立法的创制性以及行政立法的多元多级性，还可以增加一点，作为第三，即下位阶的行政立法须符合上位阶的行政立法。为简明起见，也可将第二和第三合并为一个，统一表述为：下位阶的立法须符合上位阶的立法。

二、实质法治时代法律优先原则的再解读

确定法律优先原则的内涵和要求时，除了要考虑法律概念之间的传承等关系外，还需考虑每个国家的时空因素。超脱具体国情和时代要求对法

① 德日学者的相关观点前文已有所引述，国内学者的相关论述有："法律保留是指只有在法律明确授权的情况下才可以实施某种行政行为。法律保留原则之于行政法，如同罪刑法定主义之于刑法。""法律优位是指'法律在行政的活动中具有优越地位，行政的一切活动不得违反现行的法律'。"参见余凌云：《行政法讲义》(第三版)，清华大学出版社 2019 年版，第 79 页；王贵松：《论行政法上的法律优位》，载《法学评论》2019 年第 1 期。

规范简单而一般地解读，往往会忽视法律适用的复杂性，于法治有害而无益。因此，在当下中国，我们处于怎样的一个法治阶段，该如何准确理解和适用这一原则也不是毫无值得进一步追问和思考的地方。

（一）实质法治及其对行政法治的影响

有学者认为，在法治发展形态上，大体经历了一个无法治（前法治）、形式法治、实质法治、形式与实质相结合的法治时代。在无法治（前法治）时代，是有法律，无法治，法律不过是统治者维持其统治的工具。形式法治是人类步入法治时代的早期阶段。这种法治特别强调人对法律的机械服从，它要求法官要严格司法，法律怎么规定就怎么执行。形式主义的推理理论是其代表，他们认为法律就是一个自洽的逻辑系统，完全可以自行运作，法官只需将案件事实输入到法律规则的逻辑程序中，唯一正确的判决就会生产出来。形式法治思想虽然维护了法的一般正义，但忽略了法的个别正义，忽视了社会的复杂性和多变性。实质法治是为矫正形式法治提出的，旨在强调个案正义，承认社会的复杂性和多变性，但这又成为实质法治的不足。为了兼顾形式法治与实质法治的优缺点，人类便走向形式法治与实质法治相结合的时代。顾名思义，这种法治兼取形式法治与实质法治之长，将二者有机地结合起来。在这个时代，法律工作者不仅要保障法的一般正义，也要保证法的个别正义，适当调适个案与法律之间的紧张关系。现代法治发达国家多秉持形式与实质相结合的立场。[①] 就我国法治的基本形态而言，韩大元教授认为："基于对中国宪法的历史、文本与国家发展目标的综合考量，宪法修正案第 13 条的'法治国家'也可解释为包括'形式和实质法治主义'的综合概念，但更注重形式，并通过形式的完善，逐步向实质法治的目标发展，两者在发展过程中虽体现阶段性特征，但总体上包含两者的因素。"[②]

法治从形式法治走向实质法治，或者使二者相互补强、相互交融，不仅深刻影响了司法，也对行政（法）产生了久远的影响。从 20 世纪行政法的发展来看，一般认为，法的合法性概念的提出、对行政裁量权的制约和对行政程序正义的追求是实质法治理念在行政法上的最基本表现。为此，行政法在最初确立的法律保留和法律优先原则的基础上，确立法的合法性审查制度来规范行政立法权，用合理原则（英国）或者比例原则（德国）来制约行政

① 参见吴情树：《形式法治与实质法治》，载《检察日报》2011 年 2 月 10 日第 3 版。

② 韩大元：《"法治国家"的形式意义和实质意义》，载《检察日报》2014 年 1 月 14 日第 3 版。

裁量权，引入正当程序原则来规范行政程序。不过，值得进一步追问的是，为了因应实质法治理念的要求，行政法除了提出并遵循这些法律原则或者制度外，它最初所提出和遵循的，也是体现形式法治理念的法律保留和法律优先原则已经或者应当作怎样的调整。对于前者，我们知道，在20世纪中期，法律保留原则之"法律"概念从议会亲自制定的法律扩展及议会授权行政机关制定的法规，从而分化出议会法律保留和授权法规保留两个层次，以使法律保留原则克服僵化的弊端，更好地顺应时代的发展变化。这可以理解为行政法律保留原则与实质法治形态之间的一种自我调适。在这一方面，我国行政法有过之而无不及。我国行政的依据不仅包括法律、行政法规，还包括地方性法规和规章。如此一来，法律保留的"法律"不仅包括授权性行政法规，甚至还包括其他行政法规、地方性法规和规章，从而将法律保留蜕化为"成文法保留"。正因为如此，如第一章所述，笔者称之为行政法定原则。[①] 不过，就法律优先原则如何因应实质法治的要求，在适用上应作怎样的调整，或者说，实质法治赋予法律优先原则怎样的新内容，迄今尚无深入的论证。

（二）实质法治下对法律优先的重新解读

笔者以为，实质法治给法律优先原则提出了一些新要求，赋予了一些新内涵，加上法律优先原则的基本内涵，可以将其概括为六个方面：第一，要求行政行为必须符合法的规定，这是其基本的核心的要义；第二，不仅要求行政行为符合法律规定，更要求法律规定本身要合法、合宪；第三，不仅要求行政行为符合法律条文，更要求行政行为符合法律目的；第四，不仅要求行政行为合乎法律规则，更要求行政行为符合法律原则；第五，不仅要求行政行为要遵从成文法规范，还要求行政行为要兼顾民间习惯、行政惯例等不成文法规范；第六，不仅要求行政行为符合法的规范，还要求行政行为兼顾诚信、公序良俗等社会伦理规范。[②] 上述六个方面，第一个自不待说，这里主要就后五个方面的要求作简要说明。

---

① 相关论述也可参见杨登峰：《行政法定原则及其适用范围》，载《中国法学》2014年第3期。

② 何海波教授对形式法治与实质法治对合法性判断的影响作了如下分析："按照形式合法的概念，合法仅仅是符合法律、法规、规章等制定法所确立的规则。而按照实质合法的观点，除了符合法律、法规、规章的规定，还要符合行政法原则、行政先例、公共道德等其他渊源所表达的法律准则。打个比方，形式合法的概念把法律、法规等制定法看成一个构筑行为规范的法律框框，框框之内，行政机关可自由裁量而不受限制，于是才有了'合法不合理'的问题。实质合法的概念则强调框框之内还有细格，行政机关越出这些细格也属违法。据此，合理不合理的问题也属于合法性的范畴。"参见何海波：《论行政行为"明显不当"》，载《法学研究》2016年第3期。

1. 行政行为不仅要合法,法规范本身也要合法

法律优先原则要求,法律的位阶高于行政行为,行政行为必须符合法的规定。在形式法治形态下,法律怎么规定行政机关就怎么执行,对于法(特别是议会制定的法律)的合宪、合法性问题不作考虑,也不能质疑。但在实质法治形态下,法治不仅要求行政行为要符合法的规定,更要求行政行为所符合的法本身要符合包括宪法在内的上位法的规定。如果行政行为仅仅符合它所依据的法律规定,但它所依据的法律规定本身违法或者违宪,则该行政行为依然是违法的。在这里,法的合法、合宪性问题成为判断行政行为合法性时所考量的根本问题。为此,20 世纪特别是第二次世界大战后,西方国家大多建立了司法审查或者违宪审查制度,专门用以解决包括议会立法在内的法规范的合法、合宪性问题。①

与西方国家相比,我国行政机关和人民法院尚不能对全国人大及其常委会所制定法律的合宪性问题提出质疑或予以审查。这既是我国人民代表大会制度的集中体现,也是我国法治兼具形式法治特色的集中表现。但我国行政机关和人民法院可以对法规和规章的合法、合宪性予以质疑并审查,或者在有所质疑时提请审查。《行政诉讼法》(2017 年)第 63 条第 3 款规定:"人民法院审理行政案件,参照规章。"这里的"参照"意味着,只有当规章符合上位法的规定时,行政机关才可以将其作为行政行为的依据;否则,不得作为行政行为的依据。《立法法》(2015 年)第 99 条规定,国务院、最高人民法院以及其他国家机关和社会团体、企事业组织、公民认为行政法规、地方性法规、自治条例和单行条例同宪法或者法律相抵触的,可以向全国人民代表大会常务委员会书面提出进行审查的要求或者建议,由常务委员会工作机构进行研究。尽管我国对于行政法规和地方性法规的审查程序不同于西方国家,但要求行政行为所依据的法规、规章必须合法、合宪却是明确的、贯彻始终的。

行政行为必须合法,但所合的法必须合乎宪法和法律。这一认识不仅在行政诉讼法、立法法等法律文件中得到体现,在我国行政法律实践中也长期得到践行。这里可举两个案例加以说明。第一个案例是"任建国诉山西

① 美国司法审查制度始于 1803 年的马伯里诉麦迪逊案,比其他西方国家要早 100 多年。

省吕梁行政公署劳动教养管理委员会劳动教养复查决定案”。[①] 1992年7月15日下午，任建国到高阳煤矿矿长办公室找矿长张福保谈分房事宜。因言语不和，任建国拽住张福保的领口来回推拉，并抓其头发，后经他人劝阻罢手。被告根据上述事实，以任建国不听劝阻，实施暴力推拉矿长，阻碍矿长执行职务，影响了企业生产的正常进行为由，于1992年8月28日根据国务院劳动教养有关规定和《山西省人民政府关于保护企业厂长、经理依法执行职务的规定》第8条第2项的规定决定对任建国劳动教养一年。[②] 任建国不服，先向被告申请复查，被告复查并维持后，任建国对复查决定提起行政诉讼。被告作出劳动教养决定主要依据的是《山西省人民政府关于保护企业厂长、经理依法执行职务的规定》第8条第2项："以暴力、威胁方法阻碍厂长、经理依法执行职务，尚不够刑事处罚的"，可实行劳动教养。因此，本案的争议焦点是，这一规定是否合法？依据该规定作出的行政行为是否合法？

本案经两审程序结案。一审法院认为《山西省人民政府关于保护企业厂长、经理依法执行职务的规定》第8条第2项"以暴力、威胁方法阻碍厂长、经理依法执行职务，尚不够刑事处罚的"可实行劳动教养的规定违法，不足以成为案涉劳动教养决定的法律依据，从而认定被诉行政行为——劳动教

---

① 参见《最高人民法院公报》1993年第3期。

② 劳动教养制度现已废止。该制度最早起源于1957年8月3日国务院公布施行的《国务院关于劳动教养问题的决定》，规定劳动教养对象为：(1) 不务正业，有流氓行为或者有不追究刑事责任的盗窃、诈骗等行为，违反治安管理，屡教不改的；(2) 罪行轻微，不追究刑事责任的反革命分子、反社会主义的反动分子，受到机关、团体、企业、学校等单位的开除处分，无生活出路的；(3) 机关、团体、企业、学校等单位内，有劳动力，但长期拒绝劳动或者破坏纪律、妨害公共秩序，受到开除处分，无生活出路的；(4) 不服从工作的分配和就业转业的安置，或者不接受从事劳动生产的劝导，不断地无理取闹、妨害公务、屡教不改的。1979年11月29日国务院又公布施行了《国务院关于劳动教养的补充规定》，但该补充规定没有重新规定劳动教养的适用范围；1982年1月21日国务院转发公安部制定的《劳动教养试行办法》，该办法定义"劳动教养是对被劳动教养的人实行强制性教育改造的行政措施，是处理人民内部矛盾的一种方法"，其第10条规定对以下六类人员可强制劳动教养：(1) 罪行轻微、不够刑事处分的反革命分子、反党反社会主义分子；(2) 结伙杀人、抢劫、强奸、放火等犯罪团伙中，不够刑事处分的；(3) 有流氓、卖淫、盗窃、诈骗等违法犯罪行为，屡教不改，不够刑事处分的；(4) 聚众斗殴、寻衅滋事、煽动闹事等扰乱社会治安，不够刑事处分的；(5) 有工作岗位，长期拒绝劳动，破坏劳动纪律，而又不断无理取闹，扰乱生产秩序、工作秩序、教学科研秩序和生活秩序，妨碍公务，不听劝告和制止的；(6) 教唆他人违法犯罪，不够刑事处分的。

养决定——违法，遂判决撤销该劳动教养决定。[①] 一审判决后，被告不服，提起上诉。二审法院山西省吕梁地区中级人民法院审理后，提出以下判决意见，并作出维持一审判决的判决。

《行政诉讼法》(1989年)第53条第1款规定："人民法院审理行政案件，参照国务院部、委根据法律和国务院的行政法规、决定、命令制定、发布的规章以及省、自治区、直辖市和省、自治区的人民政府所在地的市和经国务院批准的较大的市的人民政府根据法律和国务院的行政法规制定、发布的规章。"这里所指的可以参照的规章，是指那些根据法律和国务院的行政法规制定的规章；对于那些不是根据法律和行政法规制定的规章，或者其内容与法律和行政法规相抵触的规章，则不在人民法院参照之列。国务院有关劳动教养的行政法规中，对劳动教养的适用对象已有明确的规定，《山西省人民政府关于保护企业厂长、经理依法执行职务的规定》第8条第2项把劳动教养的适用范围作了扩大的规定。对于这样的规章，人民法院只在符合行政法规规定的范围内参照适用，即行政法规规定的劳动教养适用对象有以暴力、威胁方法阻碍厂长、经理依法执行职务的行为时，可对其实行劳动教养。如果不属于劳动教养适用对象，则不能仅参照规章对其适用劳动教养。对于法律和行政法规中的实体与程序规定，都应当全面、准确无误地适用，这才是依法办案。如果仅适用程序而不适用实体规定，或者仅适用实体而

① 离石县人民法院认为：《行政诉讼法》第52条第1款规定"人民法院审理行政案件，以法律和行政法规、地方性法规为依据"，而能作为审理劳动教养行政案件依据的行政法规有：1957年8月3日国务院公布的《国务院关于劳动教养问题的决定》，1979年11月29日国务院公布的《国务院关于劳动教养的补充规定》，1982年1月21日经国务院转发、公安部发布的《劳动教养试行办法》。这三个法规对劳动教养的适用对象、审批和管理办法都作了详尽的规定，但都没有授权地方人民政府另定执行措施的规定。这三个法规中规定的适用劳动教养的对象很明确，根本没有《山西省人民政府关于保护企业厂长、经理依法执行职务的规定》第8条第2项"以暴力、威胁方法阻碍厂长、经理依法执行职务，尚不够刑事处罚的"可实行劳动教养的规定。因此，对山西省人民政府规章中的这一条只能作这样的理解：只有法规规定的劳动教养对象兼有以暴力、威胁方法阻碍厂长、经理依法执行职务的行为，尚不够刑事处罚时，才可对其实行劳动教养；否则，不能单独依规章对其实行劳动教养。原告任建国不听劝阻，并以推拉、抓头发等手段对待张福保，是一种侵犯张福保人身权利的违法行为，但是这种违法行为不属于我国劳动教养法规调整的对象，对其实行劳动教养不符合法规的规定。被告在决定对任建国劳动教养时，由于无法引用劳动教养法规适用对象的具体规定，因此笼统地表述为依据国务院关于劳动教养的有关规定和《山西省人民政府关于保护企业厂长、经理依法执行职务的规定》第8条第2项，并在任建国提起申请复查时，不能有理有据地予以辩驳，即作出"事实清楚，定性准确、处罚适当，维持原决定"的复查决定，不仅适用法律不当，而且无视公民行使正当的申诉权利，是错误的。据此判决：撤销被告山西省吕梁行政公署劳动教养管理委员会作出的维持对原告任建国劳动教养一年的复查决定和原对任建国劳动教养一年的决定。

不适用程序规定，都不是依法办案。原审以适用法律错误为由，判决撤销上诉人山西省吕梁行署劳动教养管理委员会对被上诉人任建国作出的劳动教养一年的决定，是正确的。上诉人以“人民法院审理行政案件应当参照地方规章”的上诉理由，不予采纳。据此判决：驳回上诉，维持原判。

第二个案例是最高人民法院选列的指导案例“鲁潍（福建）盐业进出口有限公司苏州分公司诉江苏省苏州市盐务管理局盐业行政处罚案”[①]。2007年11月12日，鲁潍公司从江西等地购进360吨工业盐。苏州盐务局认为鲁潍公司进行工业盐购销和运输时，应当按照《江苏省〈盐业管理条例〉实施办法》的规定办理工业盐准运证，鲁潍公司未办理工业盐准运证即从省外购进工业盐涉嫌违法。2009年2月26日，苏州盐务局经听证、集体讨论后认为，鲁潍公司未经江苏省盐业公司调拨或盐业行政主管部门批准从省外购进盐产品的行为，违反了《盐业管理条例》第20条以及《江苏省〈盐业管理条例〉实施办法》第23条、第32条第2项的规定，并根据《江苏省〈盐业管理条例〉实施办法》第42条的规定，对鲁潍公司作出了（苏）盐政一般〔2009〕第001—B号处罚决定书，决定没收鲁潍公司违法购进的精制工业盐121.7吨、粉盐93.1吨，并处罚款122363元。鲁潍公司不服该决定，认为行政处罚决定适用法律错误，于2月27日向苏州市人民政府申请行政复议。苏州市人民政府于4月24日作出了〔2009〕苏行复第8号复议决定书，维持了苏州盐务局作出的处罚决定。鲁潍公司仍不服，向人民法院起诉。

本案涉及的基本问题是：苏州盐务局依据《江苏省〈盐业管理条例〉实施办法》对行政相对人鲁潍公司的行政处罚是否合法？争议的焦点是：国务院制定的《盐业管理条例》没有设定工业盐运输许可制度，《江苏省〈盐业管理条例〉实施办法》设定工业盐运输许可制度并对违反该制度的行为实施处罚是否合法？

审理法院认为，根据《行政许可法》第15条第1款、第16条第3款的规定，在已经制定法律、行政法规的情况下，地方政府规章只能在法律、行政法规设定的行政许可事项范围内对实施该行政许可作出具体规定，不能设定新的行政许可。法律及《盐业管理条例》没有设定工业盐准运证这一行政许可，地方政府规章不能设定工业盐准运证制度。根据《行政处罚法》第13条

---

① 江苏省苏州市金阊区人民法院（2009）金行初字第0027号行政判决书；指导案例5号，最高人民法院审判委员会讨论通过，2012年4月9日发布。另参见《人民法院报》2012年4月14日第4版专版。

的规定，在已经制定行政法规的情况下，地方政府规章只能在行政法规规定的给予行政处罚的行为、种类和幅度内作出具体规定，《盐业管理条例》对盐业公司之外的其他企业经营盐的批发业务没有设定行政处罚，地方政府规章不能对该行为设定行政处罚。因此，《江苏省〈盐业管理条例〉实施办法》设定工业盐运输许可制度并对违反该制度的行为设定处罚是违法的，依据该实施办法作出的行政处罚决定自然也违法。

在我国行政法律实践中，类似“任建国诉山西省吕梁行政公署劳动教养管理委员会劳动教养复查决定案”和“鲁潍（福建）盐业进出口有限公司苏州分公司诉江苏省苏州市盐务管理局盐业行政处罚案”的案例不在少数。最高人民法院将前者在《最高人民法院公报》上刊载，将后者选列为指导案例这一事实也表明，行政行为所依据的法规、规章必须合法、合宪的要求已经是我国法律优先原则的基本内涵，并在司法实践中得到贯彻落实。

2. 行政行为不仅要符合法律条文，还要符合法律目的

立法者制定法律条文或规则，都是为了追求特定的政治、经济、文化或社会目的，没有目的的立法活动应该是不存在的。反过来讲，所有的法律条文或规则都“怀揣”一个或几个立法目的，且是服务于这些立法目的的。如此说来，法律目的才是立法的价值和意义所在，法律条文只不过是实现立法目的的工具。在这种情形下，行政行为的“实质合法性”意味着，它不仅要符合法律条文的字面含义，更要符合法律规则所欲达成的立法目的。反过来讲，如果行政行为仅符合法律条文的字面含义，但不符合它的立法目的，则该行政行为应当认定为违法。这不仅是对裁量行政行为的要求，也是对羁束行政行为的要求。这里以“李党林诉西安市人民政府工伤认定案”[①]和“贺宁不服富顺县民政局撤销婚姻登记、罚款案”[②]来说明。先谈“李党林诉西安市人民政府工伤认定案”。

李党林为陕西兴源电子设备有限公司（以下简称兴源公司）的员工，在给公司搬运货物时腰部受伤，被医院诊断为腰椎间盘突出。为此，他于2004年7月21日向西安市劳保局申请工伤认定。西安市劳保局于7月23日向兴源公司发出《工伤认定调查材料通知书》，该通知书载明：“依据《工伤保险

---

① 参见西安市中级人民法院(2006)西行终字第50号行政判决书。

② 参见四川省自贡市中级人民法院(1999)自行终字第20号行政判决书和四川省自贡市富顺县人民法院(1999)富行初字第10号行政判决书。

条例》第 19 条的规定，需对申请人受伤情况调查核实，请你单位自收到通知之日起 30 日内提出答辩意见和相关证据，送西安市劳动和社会保障局工伤保险处。逾期不提供，我局将按照劳动和社会保障部《工伤认定办法》第十四条的规定，根据申请人提供的证据，依法作出工伤认定结论。”兴源公司逾期至同年 11 月 2 日将《企业法人营业执照》和一份说明提供给西安市劳保局。同年 12 月 14 日，西安市劳保局对原告的受伤事实进行调查核实，并于 2005 年 1 月 12 日作出《关于李党林工伤认定决定通知书》，认定李党林所受伤害为工伤。兴源公司不服该工伤认定决定，向西安市人民政府申请复议。西安市人民政府于 5 月 19 日作出市政复决字〔2005〕21 号《行政复议决定书》，以工伤认定事实不清、超出法律规定期限从而程序违法为由，撤销了西安市劳保局作出的《关于李党林工伤认定决定通知书》，并责令西安市劳保局收到行政复议决定书后 60 日内重新作出具体行政行为。李党林对行政复议决定不服，提起行政诉讼。

针对上述事实，需要思考和回答的问题是：复议机关作出的撤销工伤认定书的复议决定是否合法？从本案判决文书来看，复议机关撤销劳保局的工伤认定书主要有两个理由：一是认定事实不清；二是违反法定认定期限，程序违法。关于事实问题，西安市劳保局主要以用人单位兴源公司举证不能对事实作出认定。《工伤保险条例》（2004 年）第 19 条规定：“劳动保障行政部门受理工伤认定申请后，根据审核需要可以对事故伤害进行调查核实，用人单位、职工、工会组织、医疗机构以及有关部门应当予以协助。职业病诊断和诊断争议的鉴定，依照职业病防治法的有关规定执行。对依法取得职业病诊断证明书或者职业病诊断鉴定书的，劳动保障行政部门不再进行调查核实。职工或者其直系亲属认为是工伤，用人单位不认为是工伤的，由用人单位承担举证责任。”按此规定，在兴源公司不能证明李党林所受伤害不属于工伤的情形下，西安市劳保局认定为工伤，符合《工伤保险条例》规定的证据规则。对此，没有多少讨论的余地。这种情形下，值得讨论的问题就是，复议机关西安市人民政府可否以西安市劳保局超过法定的工伤认定期限为由撤销该工伤认定决定？

《行政复议法》第 28 条规定，行政行为“违反法定程序的”，复议机关应当撤销该行政行为。《工伤保险条例》（2004 年）第 20 条规定：“劳动保障行政部门应当自受理工伤认定申请之日起 60 日内作出工伤认定的决定，并书面通知申请工伤认定的职工或者其直系亲属和该职工所在单位……”李党林于2004年7月21日向西安市劳保局提出工伤申请，西安市劳保局迟至2005年1月12日作出工伤认定决定，耗时5个多月，远远超过了法定的60日期限。行政期限属于法定行政程序，超过法定期限自然属于违反法定程序的范畴。简单来看，复议机关依据《行政复议法》第28条的规定作出撤销所复议的工伤认定决定，符合法律规定。但如此处理是否符合《工伤保险条例》第20条关于工伤认定期限的立法目的则不无疑问。

《工伤保险条例》第20条将工伤认定的期限限定在60日内，其立法目的在于敦促工伤认定之行政机关在合理的期限内及时作出工伤认定决定，防范因工伤认定机关无期限地拖延而损害工伤认定申请人的合法权益。本案工伤认定机关——西安市劳保局，虽然因各种原因，拖延5个月才作出工伤认定决定，但总算作出了一个工伤认定。如果该工伤认定决定没有其他违法之处，仅仅超过了法定的认定期限，复议机关以此为由撤销该工伤认定决定的话，工伤认定机关势必还得重新作出相同的认定，其结果只能是进一步延长工伤认定的期限，进一步拖延对工伤认定申请人的救济，与《工伤保险条例》第20条的立法目的背道而驰，且越走越远。因此，本案复议机关以超过法定期限为由撤销工伤认定决定，虽然有法律依据且符合法律依据，但不符合所依据法律的立法目的，依然是违法的。

本案经一审、二审结案。一、二审法院一直判决撤销复议决定。二审法院的判决理由全面地体现了行政行为不仅须符合法律规则，还须符合法律目的的实质法治理念：“《工伤保险条例》第20条规定，劳动保障行政部门应当自受理工伤认定申请之日起60日内作出工伤认定的决定。此规定是为了提高行政效率，及时维护行政相对人及利害关系人的合法权益。在本案中，如果以此规定为由撤销工伤认定决定，责令重新作出，势必会造成行政期限的进一步拖延，与立法本意不符。”①

下面再来分析“贺宁不服富顺县民政局撤销婚姻登记、罚款案”。1990年8月15日，原告贺宁持婚姻状况证明书等材料与刘克硕到富顺县民政局申请结婚登记。婚姻状况证明和结婚申请书均载明，贺宁的出生日期为1970年1月15日。依据上述证件和证明，被告给二人颁发了结婚证书。

① 2014年修订的《行政诉讼法》第74条规定，“行政行为程序轻微违法，但对原告权利不产生实际影响的”，“人民法院判决确认违法，但不撤销行政行为”。这一规定为以后解决此类问题提供了制度依据。

1996年12月，贺宁生育一子。1998年10月，刘克硕因他杀身亡。1999年4月，有人举报，贺宁结婚时未达法定婚龄。1999年4月30日，被告根据贺宁的居民身份证、常住人口登记表查明，贺宁生于1972年1月8日，遂依据《中华人民共和国婚姻法》（以下简称《婚姻法》）、《婚姻登记管理条例》和《四川省婚姻登记管理实施细则》第31条的规定，撤销了贺宁、刘克硕的婚姻登记证，宣布该婚姻无效，同时对贺宁欺骗婚姻登记机关、骗取结婚登记的行为罚款200元。

《婚姻法》（1980年）第5条规定："结婚年龄，男不得早于二十二周岁，女不得早于二十周岁……"《婚姻登记管理条例》第25条规定："申请婚姻登记的当事人弄虚作假，骗取婚姻登记的，婚姻登记管理机关应当撤销婚姻登记，对结婚、复婚的当事人宣布其婚姻关系无效并收回结婚证……"1996年1月经四川省人民政府批准、省民政厅发布的《四川省婚姻登记管理实施细则》第31条规定："申请结婚登记、离婚登记、复婚登记或申请出具夫妻关系证明书、解除夫妻关系证明书的当事人弄虚作假，骗取婚姻登记或夫妻关系证明书、解除夫妻关系证明书的，婚姻登记管理机关应撤销婚姻登记，对结婚的宣布结婚无效，收回结婚证……"单从这些法律规定看，本案婚姻登记机关作出的撤销贺宁婚姻登记证书的行政行为是有法律依据且符合法律规定的，原告的诉讼请求应当予以驳回。不过，如前所述，判断被诉行政行为的合法性时，还需考虑它是否符合相关法律规则的立法目的。那么，被告撤销贺宁婚姻登记证书的目的何在？与相关法律规则的立法目的是否一致呢？

婚姻和家庭是社会的基本细胞，它的稳定直接关系着社会的稳定。因此，婚姻和家庭的稳定性应当是婚姻法的立法目的之一。《婚姻法》（1980年）第5条限制男女结婚的年龄——"结婚年龄，男不得早于二十二周岁，女不得早于二十周岁"——除了晚婚晚育外，其主要目的在于，使结婚的人能够在生理上和心理上都比较成熟，使他们对社会、家庭、婚姻有完全的认知能力，也使他们对社会、家庭和婚姻有一定的了解和认识，从而确保婚姻的缔结和家庭的建立具有一定的稳定性。尽管贺宁1990年8月结婚时尚未达到法定的结婚年龄，但到1999年4月撤销结婚登记证书时，她已经27周岁，完全达到法定的结婚年龄了。在这种情形下，婚姻登记机关再以当初登记结婚时未达到法定结婚年龄为由撤销婚姻登记证书就与立法目的背道而驰了。正因为如此,《最高人民法院关于适用〈中华人民共和国婚姻法〉若干问题的解释(一)》第8条规定:“当事人依据婚姻法第十条规定向人民法院申请宣告婚姻无效的,申请时,法定的无效婚姻情形已经消失的,人民法院不予支持。”可以说,最高人民法院的这一解释,正是基于行政行为合目的性考量的结果。

进一步就本案事实而言,1998年10月,贺宁的丈夫刘克硕已经死亡,婚姻关系在实际上已经不存在,婚姻登记机关撤销案涉婚姻登记证书等于无的放矢。这种情形下,本案举报人以及婚姻登记机关撤销婚姻登记证书究竟是为了维护婚姻法律秩序,还是别有企图,实在令人怀疑。总之,本案被诉的行政行为虽然在形式上符合法律条文的规定,但本质上不符合所依据法律条文的立法目的,貌似合法,实质违法,应当判决予以撤销。本案一审法院判决维持被诉行政行为,但二审法院则判决撤销被诉行政行为,一定程度上体现了上述思想:“上诉人贺宁与刘克硕申请结婚登记时未达法定婚龄,其行为虽违反了《婚姻法》有关规定,但贺宁与刘克硕领取结婚证至被上诉人撤销其婚姻登记已逾8年之久,且刘克硕已于1998年10月死亡。根据《行政处罚法》第29条第1款及有关法律关于相对人死亡不再给予处罚的规定,被上诉人不宜再对贺宁、刘克硕进行处罚。”

上述两个案例反映出,如果仅要求行政行为在形式上符合法律条文的字面含义,不要求在实质上符合法律条文所蕴含的法律目的,会造成不可理喻或难以忍受的法律后果。

3. 行政行为不仅要符合法律规则,还要符合法律原则

一般情况下,行政行为符合法律规则也就符合法律原则。但在有些情形下,行政行为虽然符合法律规则却未必符合法律原则。这时,如何处理法律规则与法律原则之间的矛盾,就成为在实质法治形态下适用法律优先原则必须考虑的问题。这里以“潘龙泉诉新沂市公安局治安行政处罚案”[①]和“彭淑华诉宁波市北仑区人民政府工伤行政复议案”[②]来说明这一问题。先

① 江苏省新沂市人民法院(2007)新行初字第11号行政判决书,江苏省徐州市中级人民法院(2008)徐行终字第170号行政裁定书。参见最高人民法院行政审判庭编:《中国行政审判案例》(第4卷),中国法制出版社2012年版,第125页。

② 浙江省宁波市人民法院(2006)甬镇行初字第3号行政判决书,浙江省宁波市中级人民法院(2006)甬行终字第78号行政判决书。参见最高人民法院行政审判庭编:《中国行政审判指导案例》(第1卷),中国法制出版社2010年版,第99页以下。

谈“潘龙泉诉新沂市公安局治安行政处罚案”。

1997 年 8 月 26 日，潘龙泉与刘廷选、陆敬山、李明臣四人在新沂市新安镇四华里张向荣家中打麻将。徐州市公安局当场扣押赌资若干并立案调查，后分别对陆敬山、李明臣作出治安拘留 15 日、罚款 3000 元的行政处罚。因潘龙泉及刘廷选属于被告单位民警，徐州市公安局对两人另行处理。1998 年 12 月 4 日，决定没收潘龙泉赌资 260 元，刘廷选赌资 860 元，同时退还潘龙泉现金 3720 元，刘廷选现金 4000 元。2000 年 2 月 27 日，徐州市公安局撤销了之前作出的相关决定，于 2000 年 2 月 28 日将案件移交给新沂市公安局处理，但未返还没收潘龙泉的财产。2000 年 11 月 2 日，潘龙泉不服徐州市公安局没收财产的决定，提起行政诉讼。2000 年 12 月 8 日，徐州市云龙区人民法院行政判决：“一、徐州市公安局督察大队没收潘龙泉财产的行为违法。二、自判决生效之日起三日内，由徐州市公安局返还没收潘龙泉的现金 260 元。”潘龙泉不服提起上诉后，二审法院维持原判。2006 年 12 月 26 日，被告新沂市公安局对潘龙泉进行传唤，并进行询问。同日，告知潘龙泉处罚的事实、理由及依据，并听取其陈述及申辩。被告对潘龙泉的陈述、申辩进行复核后于 2007 年 1 月 30 日再次告知，并于 31 日作出行政处罚决定：对潘龙泉予以治安拘留 7 日并罚款 1500 元。潘龙泉不服，提起行政诉讼，请求撤销该行政处罚决定。

从本案案情来看，潘龙泉实施赌博行为的真实性，各方没有异议，可以认定。对于赌博行为，1994 年修订的《中华人民共和国治安管理处罚条例》（以下简称《治安管理处罚条例》）第 32 条规定：“严厉禁止下列行为：（一）赌博或者为赌博提供条件的……有上述行为之一的，处十五日以下拘留，可以单处或者并处三千元以下罚款……”根据这一规定，被告行政机关对其给予“治安拘留 7 日并罚款 1500 元”的行政处罚，符合法律规定。[①] 不过，值得思考的是，潘龙泉的赌博行为发生于 1997 年 8 月 26 日，被告于近 10 年后即 2007 年 1 月 31 日，还能否对潘龙泉作出行政处罚？潘龙泉的赌博行为发生之时正在实施的《行政处罚法》和《治安管理处罚条例》均未对行政处罚的期

① 比较对同案之陆敬山、李明臣作出“治安拘留 15 日、罚款 3000 元”的行政处罚，本案没有做到相同情形相同对待，有违平等原则，显得不尽合理。实际上，陆敬山、李明臣提供的赌资最少（徐州市公安局当场暂扣刘廷选现金 4860 元，潘龙泉 3980 元，陆敬山 1380 元，李明臣 460 元），情节似乎更轻。因此，即便不能对潘龙泉作出更重的行政处罚，也不应作出更轻的行政处罚。但不论怎样，对潘龙泉进行行政处罚是必要的。

限作出规定,因此,针对上述问题的答案似乎应该是肯定的。不过,法律没有规定处罚的期限,是否就意味着行政处罚不受时间限制呢?答案应该是否定的。

行政行为不仅受法律规则约束,更受法律原则的约束。在行政法律原则中,与本案有关的有法安定性原则与信赖利益保护原则。这两个原则与行政法定、法律优先等原则一道约束、规范着行政行为。法的安定性原则意味着,应当维护借由法律达成的社会秩序的安定性,或者说,应当透过法律的规范功能维持社会秩序的安定状态。在此意义下的法的安定性,旨在保障既已存在的法律关系与状态,使其免受权力恣意运作的侵害。① 信赖利益保护原则是借由法的安定性原则发展而来的,这一原则意味着,人民对于国家行为之存续所产生的信赖利益应受法律保护。具体来讲,当人民对于行政机关的行政行为、行政规划、行政合同等产生正当的信赖利益时,法律应当对这种信赖利益加以保护。在信赖利益保护原则下,对于权力的不行使或迟延行使,有所谓权力(权利)失效之理论。按照这一理论,在法律未对时效、期限等加以规定的情形下,如若肯认权力(权利)之行使无期限之限制,则当事人之间的权力(权利)义务关系将长期处于不确定状态,一旦权力(权利)行使,将给相对人造成突袭之侵害。为防范这一结果发生,权力(权利)人若长久不行使权力(权利)并使相对人已产生权力(权利)人永不再行使该权力(权利)之信赖时,如果权力(权利)人嗣后再行使权力(权利),则相对人可以行使抗辩权,此时权力(权利)人即不得主张其权力(权利)。②

用法的安定性原则和信赖利益保护原则来分析本案,尽管从法律规则层面来看,潘龙泉案的被告新沂市公安局有作出行政处罚的依据,可以处罚,但由于时隔十年,从维护既有法律秩序稳定性和保护潘龙泉信赖利益的角度看,再行处罚,无论如何都是不符合这两个法律原则的。因此,新沂市

① 除此之外,法的安定性原则还有第二层含义,即“法律本身的安定性”,系指法律本身之安定状态的维持。在此意义下的法安定性,旨在要求法律条文对权利义务表述的明确性,即对法律规则之构成要件、法律效果、主客体及权利义务内容的规定都需明确、可认知。参见城仲模主编:《行政法之一般法律原则》(二),三民书局 1999 年版,第 273 页以下。

② 参见城仲模主编:《行政法之一般法律原则》(二),三民书局 1999 年版,第 237 页以下。

公安局对潘龙泉的行政处罚决定违法,应予撤销。[①]

潘龙泉案是关于行政行为实体内容符合规则但不符合原则的案例。这里再举一个行政行为程序方面符合规则但不符合原则的案例,即"彭淑华诉宁波市北仑区人民政府工伤行政复议案"。本案具体案情如下:2003 年 7 月 6 日,徐成兵经杨绍荣介绍到第三人宁波市北仑区金鑫公司工作,与第三人建立了事实劳动关系。2004 年 7 月 7 日 20 时 30 分许,徐成兵从北仑区小港街道衙前村暂住地骑自行车去第三人单位上班,途中因机动车刮擦死亡并被抛尸于大矸富春江路南端桥边。2005 年 6 月 14 日,原告向宁波市北仑区劳动和社会保障局提出工伤认定申请,该局根据事实、依据《工伤保险条例》,作出了认定徐成兵死亡为工伤的决定。宣告后,第三人不服,于同年 9 月 9 日向被告北仑区政府申请复议。同年 11 月 8 日,被告北仑区政府作出行政复议决定,撤销了宁波市北仑区劳动和社会保障局作出的工伤认定决定。被告北仑区政府在行政复议过程中,未通知原告作为第三人参加行政复议。2005 年 12 月 14 日,原告在宁波市北仑区劳动仲裁院开庭审理劳动争议时,从第三人提交的证据材料中,知道了被告北仑区政府作出的行政复议决定。原告不服此项复议决定,于同月 28 日向人民法院提起行政诉讼。

原告起诉的理由之一是,被告在行政复议期间,未通知其参加行政复议程序,未给予其任何程序性权利,程序违法,应予撤销。被告则认为,《行政复议法》没有规定复议机关有通知利害关系人参加行政复议的义务,且行政复议原则上采取书面审查的办法进行,其复议程序符合法律规定。可以看出,本案争议焦点在于,在《行政复议法》没有规定复议机关须通知利害关系

---

① 本案二审法院徐州市中级人民法院经审理认为,上诉人潘龙泉等人打麻将行为发生于 1997 年 8 月 26 日,被上诉人新沂市公安局于同日对其他两名参加打麻将人员作出治安处罚,在无违反治安管理人逃跑等客观原因的情况下,再于 2007 年 1 月 31 日对上诉人潘龙泉作出被诉的治安处罚决定,既不符合《治安管理处罚法》第 99 条关于"公安机关办理治安案件的期限,自受理之日起不得超过三十日;案情重大、复杂的,经上一级公安机关批准,可以延长三十日。为了查明案情进行鉴定的期间,不计入办理治安案件的期限"的规定,也有违《行政处罚法》的立法精神。被上诉人对上诉人作出新公(治)决字(2007)第 N23 号公安行政处罚决定违反了法定程序,亦属滥用职权,依法应予撤销。因此,二审法院作出了撤销判决。这一判决结论虽然与本章分析意见相同,但其理由笔者不能赞同。第一,不能引用 2007 年才实施的《治安管理处罚法》;第二,认为属于裁量权滥用不完全妥当。在法律没有对行政处罚期限作出规定的情形下,处罚期限确实属于行政裁量的范畴。如果新沂市公安局认为,本案行政处罚的期限延长至十年后处理为宜,那的确属于裁量权的滥用。但问题在于,新沂市公安局可能当初并不是这样认为的。此外,仅以此为由撤销该行政处罚决定的,还得重新作出,但笔者认为,本案是不能判决重新作出的。

人参加行政复议,也没有规定第三人参加复议的具体程序,可否将第三人参加行政复议的程序解读为不受任何法律约束?本案经两审结案。其中二审法院的判决意见如下:[①]

随着社会民主进程的进一步推进,行政程序中的正当程序理念在进一步深化。对有关公民参与权的行政法律规范的理解,应当在正当程序原则所确定的基本框架内进行。正当程序原则的基本含义是:“行政机关实施行政行为,可能影响公民、法人或其他组织合法权益的,应当在作出行政行为之前向当事人和利害关系人告知事实并说明理由,听取公民、法人或其他组织的意见。行政机关应当告知公民、法人和其他组织享有陈述意见的权利,并为公民、法人和其他组织提供陈述事实、表达意见的机会。”行政复议制度形式上是一种内部监督制度,实质上是一种权利救济制度,即一种争讼制度,更应当贯彻正当程序原则。行政复议原则上采用书面审查办法,在书面审查办法不足以保护行政相对人(包括处于被管理地位的利害关系人)合法权益时,应当听取行政相对人的意见。行政复议法规定,同申请行政复议的具体行政行为有利害关系的其他公民、法人和其他组织,可以作为第三人参加行政复议。行政复议机关拟作出的行政复议决定将对利害关系人产生不利影响时,应当通知利害关系人参加行政复议,行使复议权利。本案行政复议机关未尽通知义务,属程序违法。

上述判决清楚地说明,行政程序不仅受程序规则约束,更受正当程序原则约束。类似的案件还有很多,后文关于正当程序原则的论述中列举的“黄泽富等诉四川省成都市金堂县工商行政管理局行政处罚案”[②]“赵博诉平邑县人民政府土地行政许可案”[③]“张成银诉徐州市人民政府房屋登记行政复

---

① 本案一审法院的判决是:“被告在行政复议中撤销宁波市北仑区劳动和社会保障局作出的、认定徐成兵死亡为工伤的认定决定,与原告有重大利害关系,应当通知原告参加行政复议。被告未通知原告参加行政复议,使原告不能依法行使陈述事实、提供证据、进行辩解、提出主张等程序权利,违反了行政复议法确立的公开原则和设置第三人制度的规定,属程序违法,依法应予撤销。”

② 成都市中级人民法院(2006)成行终字第228号行政判决书;指导案例6号,最高人民法院审判委员会讨论通过,2012年4月9日发布。另参见《最高人民法院公报》2012年第12期、《人民法院报》2012年4月14日第4版专版。

③ 山东费县人民法院(2009)费行初字第39号行政判决书,山东省临沂市中级人民法院(2010)临行终字第74号行政判决书。另参见最高人民法院行政审判庭编:《中国行政审判指导案例》(第3卷),中国法制出版社2013年版,第118页以下。

议决定案”[①]都可视为这方面的典型。

通过上述案例可以看出，在特定案情下，对于法律规则的适用有可能会与法律原则的要求相抵触。行政行为合法性判断，不仅要判断行政行为是否符合所依据的法律规则，还应进一步判断行政行为是否符合法律原则。当法律规则的适用结果违背了某些法律原则的要求时，行政机关有义务按照法律原则的要求对法律规则的适用结果作必要调整，使行政行为能够为法律原则所认可。这应该是法律优先原则在实质法治理念下的又一必要含义。

4. 行政行为不仅要符合成文法，还要兼顾惯例

由于受行政法定原则的影响，人们对行政法渊源的关注主要集中于成文法，对于行政行为合法性的判断也主要关注于行政行为与成文法的统一性。但是，我国幅员辽阔、民族众多、风俗各异，当成文法的规定与地方风俗存在差异时，在行政执法过程中于一定程度和范围兼顾民间习俗或者乡规民约也是必要的。这里可举“刘应礼诉庆元县公安局、刘应兴治安处罚案”[②]来说明。

2000 年 6 月 10 日，刘应兴未经林业主管部门审批，在其父亲承包的责任山内砍伐了包括刘氏祖坟坟林在内的树木若干。2000 年 6 月 15 日，刘应礼与刘应勤、刘应龙等 12 人以刘应兴盗伐刘氏祖坟坟林为由，根据当地“杀猪散众”的“村规民约”，捆绑刘应兴家的生猪到刘氏祖坟前宰杀祭祀，然后将 80 公斤猪肉平均分给全村 39 户村民。2000 年 6 月 28 日，刘应兴以刘应礼等 12 人侵害其私有财产为由，向庆元县公安局告发，请求追究其行政责任。庆元县公安局调查后于 2000 年 7 月 10 日对刘应礼作出拘留 5 日的行政处罚决定。刘应礼不服，提起行政诉讼。

《治安管理处罚条例》(1987 年)第 23 条规定：“有下列侵犯公私财物行为之一，尚不够刑事处罚的，处十五日以下拘留或者警告，可以单处或者并处二百元以下罚款：(一) 偷窃、骗取、抢夺少量公私财物的；(二) 哄抢国家、

---

① 参见江苏省高级人民法院苏高(2004)行字第 35 号行政判决书，本案载于《最高人民法院公报》2005 年第 3 期。

② 参见浙江省庆元县人民法院(2001)庆行初字第 9 号行政判决书，浙江省丽水市中级人民法院(2001)丽中行终字第 38 号行政判决书。

集体、个人财物的；（三）敲诈勒索公私财物的；（四）故意损坏公私财物的。”[①]按此规定，刘应礼等人强行杀死刘应兴家生猪用于祖坟祭祀并分发给全村村民的行为应当予以处罚，行政机关的拘留决定有法律依据且符合法律规定。一审法院也是按照这一思路判决的，但本案二审法院并不这样认为。他们认为，行政机关在作出行政处罚决定时必须充分考虑乡规民约。“刘应礼与刘应勤、刘应龙等12人认为刘应兴盗伐坟林违反了村规民约，遂按照当地村规民约，将其家的生猪宰杀，并将猪肉平均分给全村39户村民，其行为虽然有些过激，但目的是教育村民遵守村规民约。庆元县公安局在作出行政处罚决定时，未考虑‘杀猪散众’是执行村规民约这一事实，将其认定为哄抢公私财物，定性显然不当。”二审法院遂判决撤销庆元县公安局作出的拘留5日的行政处罚决定，同时撤销原审法院作出的维持被告庆元县公安局行政处罚决定的判决。

此类案例在基层行政实践中并不少见。某地有个习俗，农村老人去世后，家人要偷别人地里种的蔬菜招待前来吊唁的客人。一次，一家村民的老人去世了，家人遂偷了别人家的蔬菜。不知是偷得太狠，还是被偷的村民小气，被偷的村民不干了，将此事告到当地派出所，要求依法予以处理。但偷菜的村民讲，这是他们村子里的老习俗，大家都是这样做的，他们家的菜也同样被偷过，而且他们偷得也不多，刚够用，如果因此受到行政处罚，不合理。[②] 这个事例中的“偷菜”行为，应该是“以非法占有为目的”的，如果严格按照《治安管理处罚条例》(1987年)第23条或者《治安管理处罚法》第49条的规定来处理，应当界定为“偷窃少量私人财物”的行为并给予行政处罚。但是，若如此处理，很难得到当地群众的认同。笔者认为，应当借鉴前述“刘应礼案”的处理意见，适当兼顾乡规民约，使法律效果与社会效果得以有机统一，不能拘泥于形式法治的思维方式，简单予以处理。

除了乡规民约或者民间习俗外，行政机关在日常工作中形成的行政习惯或行政惯例也是理解和适用法律优先原则时不可忽视的，特别是当行政相对人对这种行政习惯或行政惯例形成合法期待时。行政行为兼顾这些行

① 《治安管理处罚条例》(1987年)于2005年制定《治安管理处罚法》后废止。《治安管理处罚法》第49条规定：“盗窃、诈骗、哄抢、抢夺、敲诈勒索或者故意损毁公私财物的，处五日以上十日以下拘留，可以并处五百元以下罚款；情节较重的，处十日以上十五日以下拘留，可以并处一千元以下罚款。”

② 本案例系笔者一次授课时当地民警所讲述。

政习惯和惯例,无损于形式法治,且对于实质意义上法治有所补益,或者说更符合实质法治的精神。这里以"吴小琴等诉山西省吕梁市工伤保险管理服务中心履行法定职责案"[①]来说明。

吴小琴之夫冯海生、高保花之夫高三信均系柳林县兴无煤矿有限公司(以下简称兴无煤矿)的固定职工。2007 年 5 月 9 日,冯海生、高三信二人在出差途中因交通事故死亡,吕梁市劳动和社会保障局认定二人死亡系工亡。兴无煤矿从 2002 年至 2006 年均为固定职工和合同职工交纳了工伤保险费用。2007 年 2 月 2 日为 1160 名合同制工人缴费 354960 元,缴费期是 2007 年 1 月至 6 月;2007 年 8 月 31 日为 1160 名合同制工人续缴 354960 元,缴费期是 2007 年 7 月至 12 月。2007 年 12 月 26 日为 389 名固定工缴费 247320 元,该固定工名单中包括已经死亡的冯海生和高三信,缴费期是 2007 年 1 月至 12 月。吴小琴、高保花向工伤保险中心提出核定工伤保险待遇的请求,工伤保险中心认为兴无煤矿是在冯海生、高三信因工死亡之后才交纳的 2007 年度的工伤保险费,所以不予核定工伤保险待遇。

一审法院认为,兴无煤矿 2007 年度应缴的工伤保险费是在 12 月一次性缴纳的,缴纳时吴小琴、高保花二人的丈夫已去世,已去世的职工所在单位不需要再行缴纳社会保险费用,说明缴费单位按月向社会保险经办机构申报应缴纳的社会保险费以及社会经办机构进行核定的程序是十分必要的,只有按月申报并核定才能及时准确地反映职工工伤的情况。由于兴无煤矿不能提供冯海生、高三信去世前一个月的申报和缴费情况,应认定属于未按时缴纳工伤保险费的情形。《吕梁市人民政府关于印发〈吕梁市工伤保险统筹办法〉的通知》规定:"未参加工伤保险的职工发生工伤或者职工在用人单位欠缴工伤保险费期间发生工伤的,由用人单位按照《工伤保险条例》及配套政策规定的工伤保险待遇项目、标准向工伤职工支付费用,工伤保险基金不予支付或补交。用人单位未按时缴纳工伤保险费的,欠缴期间的工伤保险待遇由用人单位支付,补缴后工伤保险基金不予补支。"据此,冯海生、高三信的工伤保险待遇应由兴无煤矿负责。一审法院遂判决驳回吴小琴、高保花的诉讼请求。

吴小琴、高保花不服一审判决,提起上诉。她们认为,其丈夫所在单位

① 参见山西省吕梁市中级人民法院(2010)吕行初字第 14 号行政判决书,山西省高级人民法院(2010)晋行终字第 115 号行政判决书。

兴无煤矿在2007年以前，一直都是不定期缴纳工伤保险费用，每年年底前全部缴清当年的工伤保险费。这已经形成了惯例，而且这一“惯例”一直执行了几年，也得到了当地社保部门的认可。此外，2007年山西省吕梁市社会保障局出台的吕劳社字〔2007〕169号文件《关于全市工伤保险统筹有关问题的通知》第20条、第21条也对企业补缴欠费这一行为予以认可。冯海生、高三信二人系兴无煤矿的固定工，从2002年开始至2007年，单位对其工伤保险缴费从未间断，只是缴费时间按当时的惯例是不定期缴纳而已。因此，原审法院以兴无煤矿工伤保险费用缴纳方式不符合条例规定，从而驳回其诉讼请求是错误的。非常值得关注的是，当事人在这里提出了行政惯例对于行政行为的约束力问题。二审院审理后认为：

工伤保险是社会保险的重要组成部分，是劳动者应该得到的最基本保障，特别是对那些从事煤矿等高风险职业的劳动者来说，工伤保险显得尤为重要。从工伤保险设立的目的来看，既是为了分散用人单位的工伤风险，同时，也是为了最大限度地保护劳动者，特别是受害者的合法利益。2007年12月，兴无煤矿仍按往年的缴费方式一次性向工伤保险中心缴纳了2007年度固定工的工伤保险费用，工伤保险中心给兴无煤矿出具了山西省社会保险费征收专用票据，但并没有按《工伤保险经办业务管理规程》第三章（工伤保险费征缴）第21条第2款的规定以兴无煤矿2006年度缴费数额的110%确定2007年度的缴费数额，也没有按照《社会保险费征缴暂行条例》第13条的规定加收滞纳金，应当认定工伤保险中心认可了这种缴费方式。同时，采用这种缴费方式的并不仅是兴无煤矿一家企业，而是柳林县大多数企业的做法。柳林县医疗保险管理中心出具的2007年12月工伤保险费征缴情况表上，除了兴无煤矿外，柳林建行、王家沟煤矿、文安煤业有限责任公司、刘家垣煤矿等企业也是于2007年12月一次性缴纳了2007年度全年的工伤保险管理费，可以认为这种不定期缴费方式是在工伤保险管理的实际工作中形成的一种习惯性做法，这种做法需要在以后的工伤保险管理工作中逐步地加以规范。综上，工伤保险中心以冯海生、高三信所在单位工伤保险费用缴费方式不符合条例规定为由不予核定并支付上诉人丈夫工亡后的工伤保险待遇的行为违法。原审法院判决驳回吴小琴、高保花的诉讼请求系适用法律错误，应予纠正。二审法院遂判决撤销一审判决，责令被告核定上诉人吴小琴、高保华丈夫工亡后应享受的工伤保险待遇并予支付。

可以看出，在二审法院看来，行政惯例对于行政行为具有一定的约束力，可以补充或者变通成文法的一些规定；在判断行政行为的合法性时必须兼顾行政惯例，不能一味地或者呆板地适用成文法的规定。当然，这里需要指出的是，承认行政惯例对于行政行为的约束力，并不意味着承认所有行政惯例或者习惯都对行政行为具有约束力。从本案的情形看，涉及的法律规定是关于行政相对人缴纳工伤保险费期限的规定。站在行政相对人的角度看，属于义务性程序规定，而行政机关的工作惯例属于放宽缴费的期限，提高缴费的灵活性，即减轻了行政相对人的程序义务，加重了行政机关的程序负担。在这种情形下——也只有在这种情形下，以行政惯例替代法律规定并不损害行政相对人或利害关系人的权益，是符合行政基本原理从而是可行的。但若是在相反的情形下，即相较于成文法的规定，行政惯例加重了行政相对人的实体或程序上的义务或负担，则万万不可用行政惯例替代成文法的规定。之所以有此等差异，是因为前者在兼顾信赖保护原则的同时并不违反其他法律原则，后者则明显与行政法定原则相抵触，是与人民对法的期待相背离的。

5. 行政行为不仅要符合法规范，还要兼顾公序良俗

公序良俗是民法的基本原则，是公民从事民事活动必须遵循的。如果民事行为有悖公序良俗，则会导致该行为无效。原《中华人民共和国民法通则》（以下简称《民法通则》）第 7 条规定：“民事活动应当尊重社会公德，不得损害社会公共利益，破坏国家经济计划，扰乱社会经济秩序。”原《中华人民共和国合同法》（以下简称《合同法》）第 7 条规定：“当事人订立、履行合同，应当遵守法律、行政法规，尊重社会公德，不得扰乱社会经济秩序，损害社会公共利益。”原《中华人民共和国民法总则》（以下简称《民法总则》）第 8 条规定：“民事主体从事民事活动，不得违反法律，不得违背公序良俗。”第 10 条规定：“处理民事纠纷，应当依照法律；法律没有规定的，可以适用习惯，但是不得违背公序良俗。”这些规定基本被《民法典》悉数吸收。《民法典》第 8 条规定：“民事主体从事民事活动，不得违反法律，不得违背公序良俗。” 第 10 条规定：“处理民事纠纷，应当依照法律；法律没有规定的，可以适用习惯，但是不得违背公序良俗。”第 153 条第 2 款规定：“违背公序良俗的民事法律行为无效。”

行政法虽然少有关于公序良俗原则的明确规定，但行政行为应当也受这一原则的约束，在遵循行政合法原则的同时，要兼顾公序良俗原则。德国和我国台湾地区“行政程序法”将“违背公序良俗、善良风俗”作为行政行为

无效的要件之一。[①] 许多行政行为本身就是对民事行为的确认，如登记行为，在这种情形下，行政行为更是要受公序良俗原则的约束。这里以指导案例89号"'北雁云依'诉济南市公安局历下区分局燕山派出所公安行政登记案"[②]来说明。

"北雁云依"出生于2009年1月25日，其父亲名为吕晓峰，母亲名为张瑞峥。吕晓峰、张瑞峥二人共同决定为女儿取名为"北雁云依"。2009年2月，吕晓峰前往济南市公安局历下区分局燕山派出所为女儿申请办理户口登记时，民警认为"北雁云依"这个名字不符合办理出生登记的条件。理由是，尽管《婚姻法》第22条规定"子女可以随父姓，可以随母姓"，但《山东省公安厅关于规范常住户口管理若干问题的意见（试行）》（鲁公通〔2006〕302号）规定，新生婴儿申报出生登记，其姓氏应当随父姓或母姓；2009年5月发布的《山东省卫生厅关于进一步加强〈出生医学证明使用〉管理的通知》（鲁卫妇社发〔2009〕12号）中也再次明确规定，新生儿姓氏应当随父姓或者随母姓。"北雁云依"既没有随父姓，也没有随母姓，因而不符合登记的条件。但吕晓峰不以为然，提起行政诉讼，请求判决被告履行法定职责。

在诉讼过程中，原告认为，《民法通则》第99条第1款规定，公民享有姓名权，有权改变自己的姓名。命名权是自然人的权利，任何人不能干涉。《婚姻法》第22条规定的"子女可随父姓，可以随母姓"，这是对男女平等的表达，而不是必须随父姓或母姓。凡是法律不禁止的都是允许的，所以公民既可以随父姓，也可以随母姓，还可选用其他姓氏。《民法通则》和《婚姻法》是上位法，而《山东省公安厅关于规范常住户口管理若干问题的意见（试行）》和《山东省卫生厅关于进一步加强〈出生医学证明〉使用管理的通知》是下位

---

① 《德国联邦行政程序法》第44条规定："行政行为具有严重瑕疵，该瑕疵按所考虑的一切情况而明智判断为明显者，行政行为无效。"该条同时列举了重大明显瑕疵的主要情形："(1) 虽以书面作出，但作出的行政机关却未表明该行为由谁作出；(2) 根据法规，行政行为仅可以交付一定的文书方式作出，而未交付文书的；(3) 行政机关在第3款第1项所列权限之外作出的行政行为，且未得到授权；(4) 基于事实理由不能实施的行政行为；(5) 行政行为的完成以违法行为为要件的，该违法行为构成犯罪或罚款事实要件；(6) 违反善良风俗的。"我国台湾地区"行政程序法"(1999年)第111条就行政处分的无效作了类似规定："行政处分有下列各款情形之一者，无效：一、不能由书面处分中得知处分机关者。二、应以证书方式作成而未给予证书者。三、内容对任何人均属不能实现者。四、所要求或许可之行为构成犯罪者。五、内容违背公序良俗、善良风俗者。六、未经授权而违背法规有关专属管辖之规定或缺乏事物权限者。七、其他具有重大明显之瑕疵者。"

② 最高人民法院审判委员会讨论通过，2017年11月15日发布。另参见山东省济南市历下区人民法院(2010)历行初字第4号行政判决书。

法，下位法的有关规定与上位法不一致的，应当适用上位法。姓氏只是各民族的传统，是否让子女随父母姓是个人问题。我国的姓氏是不断增加的，而不是固定的、规范的，谁也没有规定哪个字不能用作姓氏，法律未规定公民不能改变姓氏，姓名只要不存在有损国家尊严、违反民族美德等情况，皆可自由选取。因此，吕晓峰为女儿选取的“北雁云依”之名，“北雁”是姓，“云依”是名，是可行的，应当登记。

对于吕晓峰的上述意见，被告作了如下辩驳：《中华人民共和国户口登记条例》第1条明确规定，制定条例是为了维持社会秩序，保护公民的权利和利益，服务于社会主义建设。如果公民滥用姓名权，会模糊他人和自己的区别，损害他人和社会的利益，妨碍社会的管理秩序。《中华人民共和国户口登记条例》第22条还明确规定，户口簿、册、表格由公安部统一制定，而户口册中常住人口登记卡第一项就是姓名，既包含姓也包含名。因此，姓名权和其他权利一样，受到法律的限制而不可滥用，否则将造成权利义务关系的主体不明确。新生婴儿随父姓、随母姓是中华民族的传统习俗，据文献记载，我们的祖先最初使用姓的目的是为了“别婚姻”“明世系”“别种族”，它产生的时间大约在原始社会的氏族公社时期，《当代汉语词典》中也将姓解释为表明家族的字。这种习俗标志着血缘关系，随父姓或者随母姓，都是有血缘关系的，可以在很大程度上避免近亲结婚，但是姓第三姓，则与这种传统习俗、与姓的本意相违背。全国各地公安机关在执行《婚姻法》第22条关于子女姓氏的问题上，标准都是一致的，即子女应当随父姓或者随母姓。天津、沈阳等地的公民倪宝龙、律诗等就曾经因申请登记更改的姓名不随父姓也不随母姓，而遭到当地公安机关的拒绝。综上所述，燕山派出所拒绝原告法定代理人以“北雁云依”的名字为原告申报户口登记的行为正确。

可以看出，双方当事人主要对《民法通则》第99条第1款、《婚姻法》第22条的适用问题存有分歧。围绕这一法律问题，审理法院层层上报至最高人民法院，请求最高人民法院予以解释。2014年11月1日，第十二届全国人民代表大会常务委员会第十一次会议通过了《全国人民代表大会常务委员会关于〈中华人民共和国民法通则〉第九十九条第一款、〈中华人民共和国婚姻法〉第二十二条的解释》，该解释规定：“公民依法享有姓名权。公民行使姓名权，还应当尊重社会公德，不得损害社会公共利益。公民原则上应当随父姓或者母姓。有下列情形之一的，可以在父姓和母姓之外选取姓氏：

（一）选取其他直系长辈血亲的姓氏；（二）因由法定扶养人以外的人抚养而选取抚养人姓氏；（三）有不违反公序良俗的其他正当理由。少数民族公民的姓氏可以从本民族的文化传统和风俗习惯。”这一立法解释重申了公民依法享有姓名权，但同时指出，公民行使姓名权作为一项民事活动，应尊重社会公德，不得损害社会公共利益；列举了可以在父姓和母姓之外选取姓氏的三种情形；针对少数民族公民，规定其姓氏可以遵从本民族传统和风俗习惯。综合起来看，这一解释设定了在父母姓氏之外选取其他姓氏的两个必备要件：一是不违反公序良俗，二是存在其他正当理由。不违反公序良俗是选取其他姓氏时应当满足的最低规范要求和道德义务，存在其他正当理由要求在符合上述条件的基础上，还应具有正当目的。据此，审理法院认为，本案的关键问题是，吕晓峰提出的理由是否符合该立法解释规定的“有不违反公序良俗的其他正当理由”，同时是否符合尊重社会公德、不得损害社会公共利益的前提。对此，他们作了如下分析：

（1）所谓公序良俗，即指社会公共秩序和社会善良风俗，要求公民从事民事活动应当遵守公共秩序，符合善良风俗，不得损害社会公共利益，不得违反国家的公共秩序和社会的一般道德。关于“公序良俗”对姓名的规制问题，首先，从社会管理和发展的角度，子女承袭父母姓氏有利于提高社会管理效率，便于管理机关和其他社会成员对姓氏使用人的主要社会关系进行初步判断。倘若允许随意选取姓氏甚至恣意创造姓氏，则会增加社会管理成本，无利于社会和他人，而且极易使社会管理出现混乱，增加社会管理的风险性和不确定性。其次，姓氏主要来源于客观上的承袭，系先祖所传，名字则源于主观创造，为父母所授。在我国，姓氏承载了对血缘的传承、先祖的敬重、家庭的热爱等，而名字则承载了个人喜好、人格特征、长辈愿望等。中国人民对姓氏传承的重视和尊崇，不仅仅体现了血缘关系、亲属关系，更承载着丰富的文化传统、伦理观念、人文情怀，符合主流价值观念，是中华民族向心力、凝聚力的载体和镜像。反之，如果任由公民仅凭个人意愿喜好，随意选取姓氏甚至自创姓氏，则会造成对文化传统和伦理观念的冲击，既违背社会善良风俗和一般道德要求，也不利于维护社会秩序和实现社会的良性管控。因此，本案中“北雁云依”的父母自创姓氏的做法，不符合公序良俗对姓名的规制要求。

（2）关于“存在其他正当理由”，要求选取父母姓氏之外其他姓氏的行为，不仅不应违背社会公德、不损害社会公共利益，还应当具有合目的性。这种行为通常情况下主要存在于实际抚养关系发生变动、有利于未成年人身心健康、维护个人人格尊严等情形。本案中，原告“北雁云依”的父母自创“北雁”为姓氏、选取“北雁云依”为姓名给女儿办理户口登记的理由是，“我女儿姓名‘北雁云依’四字，取自四首著名的中国古典诗词，寓意父母对女儿的美好祝愿”。仅凭个人喜好愿望并创设姓氏，具有明显的随意性，不符合《全国人民代表大会常务委员会关于〈中华人民共和国民法通则〉第九十九条第一款、〈中华人民共和国婚姻法〉第二十二条的解释》所规定的正当理由，不应给予支持。

基于上述认识，审理法院最后判决驳回原告的诉讼请求。[①]

在民法中，除了民法典总则和分则对公序良俗原则的一般性规定之外，有些特别法还对一些特殊民事行为有特别规定。行政机关对这些民事行为给予行政法上的管理或者确认时，更应遵循或兼顾这一原则。“上海上鼎餐饮有限公司不服上海市工商行政管理局卢湾分局行政处罚案”[②]是典型案例。在本案中，上海上鼎餐饮有限公司（以下简称上鼎公司）下属餐厅发布的广告单页上印有如下文字：“主理四川、淮扬菜系列，精心烹制的中国名茶，弥漫着旧殖民地时期的气息。”上海市工商行政管理局卢湾分局（以下简称卢湾工商分局）检查发现后，于 2007 年 4 月 24 日作出沪工商卢案处字（2007）第 030200610579 号行政处罚决定，认定上鼎公司发布的广告单页上采用的“主理四川、淮扬菜系列，精心烹制的中国名茶，弥漫着旧殖民地时期的气息”广告用语违背社会良好风尚，违反《中华人民共和国广告法》（以下简称《广告法》）第 7 条第 2 款第 5 项的规定[③]，

① 最高人民法院审判委员会为本案撰写的裁判要点是：公民选取或创设姓氏应当符合中华传统文化和伦理观念。仅凭个人喜好和愿望在父姓、母姓之外选取其他姓氏或者创设新的姓氏，不属于《全国人民代表大会常务委员会关于〈中华人民共和国民法通则〉第九十九条第一款、〈中华人民共和国婚姻法〉第二十二条的解释》规定的“有不违反公序良俗的其他正当理由”。

② 本案载于“北大法宝网”，【法宝引证码】CLI. C. 337203，没有注明审理法院和裁判文书编号。最后访问时间：2017 年 1 月 17 日。

③ 《广告法》（1995 年）第 7 条规定：“广告内容应当有利于人民的身心健康，促进商品和服务质量的提高，保护消费者的合法权益，遵守社会公德和职业道德，维护国家的尊严和利益。广告不得有下列情形：（一）使用中华人民共和国国旗、国徽、国歌；（二）使用国家机关和国家机关工作人员的名义；（三）使用国家级、最高级、最佳等用语；（四）妨碍社会安定和危害人身、财产安全，损害社会公共利益；（五）妨碍社会公共秩序和违背社会良好风尚；（六）含有淫秽、迷信、恐怖、暴力、丑恶的内容；（七）含有民族、种族、宗教、性别歧视的内容；（八）妨碍环境和自然资源保护；（九）法律、行政法规规定禁止的其他情形。”

遂依据《广告法》第 39 条的规定[①]，责令原告停止发布、公开更正，并处罚款人民币 5540 元的行政处罚。

上鼎公司不服，提起行政诉讼。他们认为，在餐厅内发布的广告中采用“旧殖民地时期的气息”词语，表述的是旧上海特殊的海派风格，是对特定历史时期建筑与装饰风格的描述。“旧殖民地时期”一词是对客观历史状态的反映，没有颂扬旧殖民地社会的主观意愿，故对该词语的使用不构成违背社会良好风尚，没有违反《广告法》的行为，被告作出的行政处罚决定主要证据不足，认定事实有误，适用法律不当，请求法院判决撤销该处罚决定。

卢湾工商分局则认为，广告应该让其受众对其所介绍的商品或服务产生美好的联想，《广告法》第 7 条对广告用语规范亦作出相应规定，广告用语不能违背社会良好风尚是其规范之一。旧殖民地时期曾是我国历史上一段屈辱、困苦的历史时期，原告将“弥漫着旧殖民地时期的气息”语句用于其发布的广告中，容易让广告受众产生屈辱、灾难的联想，其传递的广告信息违背社会良好风尚，违反了《广告法》的相关规定，应予以处罚。被告作出的被诉具体行政行为认定事实清楚，定性准确，处罚幅度适当，执法程序合法，适用法律正确，请求法院予以维持。可以看出，本案争议的焦点是，上鼎公司下属餐厅发布的广告单页上印刷的“主理四川、淮扬菜系列，精心烹制的中国名茶，弥漫着旧殖民地时期的气息”的广告用语是否违背了社会良好风尚？就这一问题，一审法院认为：

中文汉字词语本身带有多义性的特点，多数社会公众理解的往往是一段语句中最突出的语义。一般情况下，当语言表述会造成多层文字含义并存的时候，往往敏感的语义会占据上风，尤其在广告传播过程中其不良含义更易突出，这是由广告这一特定传播方式的性质、功能、特点所决定的，这也是《广告法》中设立相关禁止性条款对广告用语加以规范的立法目的之一。

“旧殖民地时期”是一个具有特定政治、历史意义的词语，该词语本身所包含的消极、否定因素容易让一个曾经有过被殖民经历的国家中大多数社会公众产生屈辱、受压迫等不良印象，并可能由此感受到不同程度的内心情

---

① 《广告法》(1995 年)第 39 条规定：发布广告违反本法第七条第二款规定的，由广告监督管理机关责令负有责任的广告主、广告经营者、广告发布者停止发布、公开更正，没收广告费用，并处广告费用一倍以上五倍以下的罚款；情节严重的，依法停止其广告业务。构成犯罪的，依法追究刑事责任。

感伤害。为突出广告效果而强调所谓“旧殖民地时期”概念的做法，在当前社会历史条件下是不可能被社会主流价值观所接受的。需要特别指出的是，这种可能存在的不良印象和情感伤害的产生并不以广告主自身主观认识为要件。还需特别说明的是，“旧殖民地时期”与“二十世纪二三十年代上海”“旧上海”或者“老上海”等词语所表达的内涵及带有的感情色彩均存在明显差异。在绝大多数主流媒体及正规出版物中，对上海 20 世纪初某一特定时期进行客观描述时，均采用“二十世纪二三十年代上海”“旧上海”或者“老上海”等词语，而非“旧殖民地时期”，这一点即使是在原告提供的部分材料中也有所反映。这些相近词语的运用正说明了当今社会主流文化观念的价值取向，“旧殖民地时期”不等同于“老上海”，尤其在富有感情色彩的广告用语中，更不能互相替代。因此，本案原告以“旧殖民地时期”及与其含义相近的类似词语在社会上被广泛运用为由，认为其发布的广告用语正当、合理的观点，法院不予采信。

当今信息时代，广告已经成为社会文化的一个组成部分，广告的传播功能要求广告用语严谨得体，其语言文字表述不能让公众产生违背社会良好风尚的歧义理解。虽然《广告法》对“违背社会良好风尚”没有详尽定义，然而社会的公序良俗仍然可以靠一般社会理念去理解。凡是不被社会主义社会主流价值观所接受的，必定存在违背社会良好风尚、违背社会公序良俗的不良因素。因此，在新闻媒体及消费者已经对原告发布的广告存在负面评价的客观状况下，被告出于对社会公众接受程度的考虑，而对原告发布广告的行为作出行政处罚，应属事实认定清楚，主观判断准确，适用法律正确，系合理行使行政管理的自由裁量权，并未违背或偏离《广告法》设定的立法目的和原则，执法目的正当。①

基于以上分析，一、二审法院均判决维持被诉的行政处罚决定。

以上两个案件均是行政机关在作出行政行为时兼顾公序良俗的例子。行政实践中，也有忽视公序良俗的案例。这里仅举一起公媳结婚的事例来说明。② 此事发生在 2005 年，当时已经 59 岁的丁全仁是高邮市塑料厂退休职工，他的大儿媳名叫占小东，时年 33 岁。占小东 10 年前与丁全仁的大儿

① 为便于理解，对所引用部分的表述顺序或部分文字作了删改。

② 相关案情参见新浪网：http://news.sina.com.cn/s/2005-08-15/11026694447s.shtml，2017 年 1 月 17 日访问。其他网站也有相关报道。

子丁桂宏结婚并生有一子。2005 年,孙子时年已经 10 岁,在高邮某小学念书。几年前,因为传闻丁全仁与儿媳占小东"有不正当关系",儿子丁桂宏 2000 年曾起诉离婚。经调解,丁全仁和儿媳分别向丁桂宏写了保证书,表示不再有不正当关系,最终丁桂宏撤诉。可此后,丁桂宏几乎天天夜不归宿,对儿子(丁全仁孙子)更是不闻不问,占小东一气之下跑到常熟打工,照顾小孙子的任务落到了丁全仁与老伴头上。2003 年年底,丁全仁老伴去世,照顾小孙子的事情全部落到了丁全仁身上。占小东回来后发现公公如此关照自己的孩子,非常感动,再加上与丈夫分居日久,她与公公丁全仁旧情复燃。占小东与丁桂宏离婚后,于 2005 年 6 月,和丁全仁向当地婚姻登记机关申请结婚登记,婚姻登记机关为他们颁发了结婚证。那么,这起婚姻登记行为是否合法呢?

可以看出,婚姻登记机关在为二人办理结婚登记证书时,仅仅考虑了法律,没有考虑公序良俗原则。单从婚姻法的规定看,占小东与丁全仁的结婚登记行政行为是合法的。首先,婚姻自由是我国婚姻法律制度的一项基本原则。对于丁全仁与占小东而言,他们原来的公媳关系因占小东与丁桂宏结婚而形成,当占小东与丁桂宏离婚后,这种公媳关系自然就消灭了。此时,只要两情相悦,自然可以结婚。其次,二人之间不具有法定禁止结婚的情形。《婚姻法》(2001 年)第 7 条规定:"有下列情形之一的,禁止结婚:(一) 直系血亲和三代以内的旁系血亲;(二) 患有医学上认为不应当结婚的疾病。"从报道情况看,丁全仁与占小东之间并没有所列举的禁止结婚的情形。不过,从中国传统文化观念来看,行政行为的"合法性"则是值得反思的,至少有待进一步讨论。人们在追问,占小东与丁桂宏生育的儿子在新家庭中的名分如何确定?从这个孩子的角度看,他与丁全仁是"爷孙关系",与占小东是"母子关系"。这些都是因血缘关系形成的,而血亲关系,按照民法理论,并不因占小东与丁桂宏的离婚而消灭。换言之,即使丁全仁与占小东结了婚,孙子还是孙子,不能成为"继子"。但是,从法律上来说,丁全仁与占小东既然是夫妻关系,他就成为"继子"。在这种情形下,是否应当尊重血亲关系,依据公序良俗对他们的"婚姻自由"作必要限制,特别是在已有孙子的情形下,就应该特别考虑。

三、法规与规章的合法性判断

明确了在我国当下即形式法治与实质法治兼具时期法律优先原则所应具有的基本内涵和要求之后,现在需要讨论这一原则的适用问题。适用法律优先原则的主要问题包括法律优先原则的适用范围、行政行为的合法性判断等。法律优先原则的适用范围非常广泛,是所有行政行为都须遵循的,贯穿了行政程序和行政救济的所有阶段。因此,这一方面没有太多值得讨论的。至于行政行为的合法性判断,则相对复杂一些,除了判断行政行为是否符合所依据的法律规则之外,还需依次考虑行政行为所依据的法律规则是否合法,行政行为在符合法律规则的同时是否符合立法目的和相关法律原则,是否兼顾了习惯、惯例和公序良俗。这些判断不仅是一个"态度"问题,更是一个技术问题。其中一些问题较为简单,一些问题则比较复杂,要将它们一一讨论清楚绝非易事。本章第二题其实已在一定程度上就这些问题作了粗泛的回答,考虑到其重要性和复杂性,这里再就行政所依据的法律规则的合法性判断作一讨论。行政行为所依据的法律规则的合法性问题,实际上也就是作为下位法的法规、规章是否与上位法相抵触的问题,即法的合法性问题。

(一) 下位行政法规则抵触上位法的基本类型

对于上下位法律规则相抵触的主要情形,最高人民法院印发的《关于审理行政案件适用法律规范问题的座谈会纪要》(法〔2004〕96 号)作了如下归纳和列举:"下位法缩小上位法规定的权利主体范围,或者违反上位法立法目的扩大上位法规定的权利主体范围;下位法限制或者剥夺上位法规定的权利,或者违反上位法立法目的扩大上位法规定的权利范围;下位法扩大行政主体或其职权范围;下位法延长上位法规定的履行法定职责期限;下位法以参照、准用等方式扩大或者限缩上位法规定的义务或者义务主体的范围、性质或者条件;下位法增设或者限缩违反上位法规定的适用条件;下位法扩大或者限缩上位法规定的给予行政处罚的行为、种类和幅度的范围;下位法改变上位法已规定的违法行为的性质;下位法超出上位法规定的强制措施的适用范围、种类和方式，以及增设或者限缩其适用条件；法规、规章或者其他规范文件设定不符合行政许可法规定的行政许可，或者增设违反上位法的行政许可条件；其他相抵触的情形。”

这些规定对于认定下位法与上位法相抵触的情形有一定的指导和帮助。不过，并不全面，至少需对有些问题作进一步解读和分析。例如，原《婚姻法》(2001 年)第 22 条规定：“子女可以随父姓，可以随母姓。”《山东省公安厅关于规范常住户口管理若干问题的意见(试行)》之二(一)规定：“新生婴儿申报出生登记，其姓氏应当随父姓或母姓。”在这两个规范中，上位法是裁量性规定，下位法却变为羁束性规定。就这两个规则的属性而言，将裁量性规则改为羁束性规则，相当于将权利改变为义务。这应当属于下位法抵触或者违反上位法的典型情形，但应当将其归为哪一种类型？总体来看，《关于审理行政案件适用法律规范问题的座谈会纪要》是针对行政法的，它对下位法抵触上位法情形的列举基本上属于行政法领域的规范冲突现象。在行政法领域，下位法律规范与上位法律规范之间的关系大致可分为“设定”关系和“规定”关系两类。所谓“设定”关系，即在上位法对相关事项没有作出规定的情形下，下位法第一次对该事项作出规定。在这种情况下，下位法的规定属于对法律规范的创制，没有与之相对应的上位法律规范。所谓“规定”关系，即在上位法已经对相关事项作出规定的情形下，下位法对该规定再一次作出更为具体、详细的规定。在这种情形下，下位法的规定属于对上位法律规范的“实施”，有一个上位法律规范与之相对应。因此之故，“设定”关系和“规定”关系又可称为“创制”关系和“实施”关系。“设定”规范或“创制”规范是“规定”规范或“实施”规范的框架或母体。①

---

① 关于“设定”与“规定”之间的关系，胡建淼教授针对行政处罚的设定与规定作了如下解释，可资参考。“《行政处罚法》第二章标题上的‘设定’，是‘广义上的设定’概念。‘广义上的设定’包括：狭义上的设定与规定。这与行政许可法上的设定与规定同理。为解决行政处罚的设定问题，应当首先讨论什么是‘狭义上的设定(权)’，什么是‘规定(权)’。为方便起见，以下所讨论的‘设定’均限于狭义。对行政处罚的设定，系指在上位法尚无对行政处罚作出规定条件下，下位法率先对给予行政处罚的行为、种类、幅度作出规定。如《治安管理处罚法》率先规定治安拘留，这便属于‘设定’。对行政处罚的规定，系指在上位法已对行政处罚作出设定的条件下，在上级规范性文件所设定的处罚行为、种类、幅度范围内再作具体规定。如《浙江省土地管理法实施细则》(地方性法规)依据《中华人民共和国土地管理法》(法律)对违反土地管理行为的处罚再作出具体规定。‘设定’使行政处罚从无到有，‘规定’使行政处罚从有到有，无非更详细而已；因而或许可以说，设定是上位法的规定，规定下位法的设定；设定是第一次规定，规定是第二次以后的设定。”参见胡建森：《行政法学》(第四版)，法律出版社 2015 年版，第 230—231 页。

这里可以1997年《生猪屠宰管理条例》[1]第15条的规定与1998年《生猪屠宰管理条例实施办法》[2]第34条的规定为例来说明"设定"与"规定"之间的关系。《生猪屠宰管理条例》第5条第3款规定："未经定点，任何单位和个人不得屠宰生猪；但是，农村地区个人自宰自食的除外。"第15条规定："违反本条例规定，未经定点，擅自屠宰生猪的，由市、县人民政府商品流通行政主管部门予以取缔，并由市、县人民政府商品流通行政主管部门会同其他有关部门没收非法屠宰的生猪产品和违法所得，可以并处违法经营额3倍以下的罚款。"《生猪屠宰管理条例实施办法》第34条规定："违反《条例》第五条第三款规定，未经定点，擅自屠宰生猪的，由市、县人民政府商品流通行政主管部门予以取缔，并会同有关部门没收非法屠宰的生猪及其产品、违法所得、屠宰工具，拆除屠宰设施，可以并处违法经营额2倍以下的罚款；情节严重的，可以并处违法经营额2倍以上3倍以下的罚款。"我国尚未制定"生猪屠宰法"，因而《生猪屠宰管理条例》第15条是第一次就未经定点屠宰生猪的行为规定处罚的法律，是创制性的，属于"设定"。《生猪屠宰管理条例实施办法》是在"条例"已经对未经定点屠宰生猪设定行政处罚的情形下再次作细化规定，即它是将"可以并处违法经营额3倍以下的罚款"细化为"可以并处违法经营额2倍以下的罚款；情节严重的，可以并处违法经营额2倍以上3倍以下的罚款"，"实施办法"的这一规定就是"实施"性的，属于"规定"。

总体来看，所调整的事项不同，不同位阶的法律渊源的设定权或创制权会不同。这在立法法、行政处罚法、行政许可法、行政强制法、税收征收管理法等法律中有明确的体现。有些事项的设定权或创制权是为特定法律渊源独有的，有些事项的设定权或创制权是为几种法律渊源共有的。具体来讲，有些事项的设定权是为法律独有的，如对限制人身自由的行政处罚或行政强制措施的设定，从而属于议会保留的范围；有些事项的设定权是为法律和授权性行政法规共有的，从而属于法律保留的范围；有些事项的设定权是为法律、行政法规共有的，如对吊销行政许可证或营业执照类行政处罚的设定，从而属于法律、行政法规保留的范围；有些事项的设定权是为法律、行政法规和地方性法规共有的，如对查封、扣押类行政强制措施，从而属于法律

① 1997年12月12日国务院第六十四次常务会议通过，国务院令第238号发布，自1998年1月1日起施行。本条例已经四次修订，本章所引为修订前的条款。

② 1998年2月18日国内贸易部令第4号发布。本实施办法已经商务部令2008年第13号修订，本章所引为修订前的条款。

法规保留的范围;有些事项的设定权是为法律、法规和规章共有的,如对警告和一定数额的行政罚款的设定,从而属于法律、法规和规章保留的范围。总体而言,法律渊源的位阶越低,享有的设定权越小。在好多事项上,规章都没有设定权。[①] 设定权或创制权本身属于"法定"的范畴,具体配置要看立法法、行政处罚法、行政许可法、行政强制法、税收征收管理法等法律的具体规定,没有"一言以蔽之"的一般性规定。

上述上下位阶法律规范之间的"设定"或"创制"关系与"规定"或"实施"关系以及不同法律渊源设定权的划分为认定下位法抵触上位法提供了基本的思路。可以看出,下位法律规范可以分两类:第一类是"规定"性或"实施"性法律规范;第二类是"设定"性或"创制"性法律规范。就"规定"性或"实施"性法律规范而言,它的事实构成要件不得超越或限缩"被规定"或"被实施"的上位法设定的事实构成要件的外延,法律后果不得加重(扩大)或减轻(缩小)"被规定"或"被实施"的上位法设定的法律后果的限度。出现这两种情形中任何一种,都可能造成下位法与上位法相抵触的情形。这在《行政处罚法》第 11 条第 2 款、第 12 条第 2 款、第 13 条第 1 款以及《行政许可法》第 16 条、《行政强制法》第 11 条的规定中得到全面体现。[②] 就"设定"性或"创制"性法律规范而言,它规范的事项不得超越它的设定权限或创制权限。这是法的设定权或创制权与生俱来的含义和约束力,如果超越了它的设定权

① 2015 年修改后的《立法法》基本上取消了规章的创制权,其第 80 条第 2 款规定:"部门规章规定的事项应当属于执行法律或者国务院的行政法规、决定、命令的事项。没有法律或者国务院的行政法规、决定、命令的依据,部门规章不得设定减损公民、法人和其他组织权利或者增加其义务的规范,不得增加本部门的权力或者减少本部门的法定职责。"第 82 条第 6 款规定:"没有法律、行政法规、地方性法规的依据,地方政府规章不得设定减损公民、法人和其他组织权利或者增加其义务的规范。"《行政许可法》第 15 条第 1 款规定:"本法第十二条所列事项,尚未制定法律、行政法规的,地方性法规可以设定行政许可;尚未制定法律、行政法规和地方性法规的,因行政管理的需要,确需立即实施行政许可的,省、自治区、直辖市人民政府规章可以设定临时性的行政许可。临时性的行政许可实施满一年需要继续实施的,应当提请本级人民代表大会及其常务委员会制定地方性法规。"

② 《行政处罚法》第 11 条第 2 款规定:"法律对违法行为已经作出行政处罚规定,行政法规需要作出具体规定的,必须在法律规定的给予行政处罚的行为、种类和幅度的范围内规定。"第 12 条第 2 款规定:"法律、行政法规对违法行为已经作出行政处罚规定,地方性法规需要作出具体规定的,必须在法律、行政法规规定的给予行政处罚的行为、种类和幅度的范围内规定。"第 13 条第 1 款规定:"国务院部门规章可以在法律、行政法规规定的给予行政处罚的行为、种类和幅度的范围内作出具体规定。"第 14 条第 1 款规定:"地方政府规章可以在法律、法规规定的给予行政处罚的行为、种类和幅度的范围内作出具体规定。"《行政许可法》第 16 条第 4 款规定:"法规、规章对实施上位法设定的行政许可作出的具体规定,不得增设行政许可;对行政许可条件作出的具体规定,不得增设违反上位法的其他条件。"《行政强制法》第 11 条第 1 款规定:"法律对行政强制措施的对象、条件、种类作了规定的,行政法规、地方性法规不得作出扩大规定。"

限或创制权限，就会与上位法相抵触。不过，在这种情形下，所抵触的上位法是授予法的设定权的法，也就是规范法的创制的法——立法的法，而不是其他一般法规范。如此一来，下位法与上位法相抵触的情形也就可以分为"下位规定性规范与上位设定性规范相抵触"与"设定性规范与设定权授予规范相抵触"两大类，且这两大类抵触的判断略有不同。

（二）下位"规定性规范"与上位法抵触的认定

"下位规定性规范与上位设定性规范相抵触"的认定首先是比对上下位两个规范的事实构成与法律后果要件的过程，即分别比对下位法的事实构成要件是否与上位法的事实构成要件相一致，以及下位法的法律后果要件是否与上位法的法律后果要件相一致。如前所述，如果下位法律规范增加或减少了事实构成要素，或者扩大或缩小了法律后果的限度，都可能会造成"下位规定性规范与上位设定性规范相抵触"的情形。不过，我们要认识到，法律规范结构上的形式关系承载着法律权利义务上的内容关系，真正的法律规范事实构成要件或者法律后果的变化最终都会导致法律关系主体的权利义务的变化。例如，就授权性法律规范而言，如果授权性规范涵盖的事实构成要件是选择性的——只要符合法律列举的事实构成要件之一就可以满足该规范的适用条件，则事实构成要件的增加会造成权利义务适用范围的扩大，事实构成要素的减少会造成权利义务适用范围的缩小；如果授权性规范涵盖的事实构成要件是必要性的——必须符合法律列举的全部事实构成要件才可以满足该规范的适用条件，则事实构成要素的增加会造成权利义务适用范围的缩小，而事实构成要件的减少会导致权利义务适用范围的扩大。如果规范构成要件上的文字、结构等形式上的变化不会最终导致权利义务内容的变化，则这种形式上的变化就是"假"变化。因此，"下位规定性规范与上位设定性规范相抵触"的认定可以从规范构成的形式要件入手，但最终的评价标准还取决于是否改变了上位法设定的权利义务的适用条件。我们可以称此为"形式与内容双重改变"的认定标准，重点在于"实质内容"的改变。《关于审理行政案件适用法律规范问题的座谈会纪要》列举的"下位法缩小上位法规定的权利主体范围，或者违反上位法立法目的扩大上位法规定的权利主体范围；下位法限制或者剥夺上位法规定的权利，或者违反上位法立法目的扩大上位法规定的权利范围；下位法扩大行政主体或其职权范围；下位法延长上位法规定的履行法定职责期限；下位法以参照、准用等方式扩大或者限缩上位法规定的义务或者义务主体的范围、性质或者条件；下位法增设或者限缩违反上位法规定的适用条件”等情形，都应当按照这一标准来审视和理解。

之所以强调要采用从规范构成要件之形式变化到权利义务之内容变化的双重认定标准，根本的原因在于，有些下位法的构成要件在形式上发生的变化并不会导致权利义务的内容变化，将这种变化认定为与上位法相抵触不符合立法法的本意。例如，《政府信息公开条例》(2008 年)第 13 条规定，除本条例规定的行政机关主动公开的政府信息外，“公民、法人或者其他组织还可以根据自身生产、生活、科研等特殊需要，向国务院部门、地方各级人民政府及县级以上地方人民政府部门申请获取相关政府信息”。而《高等学校信息公开办法》(2010 年)第 9 条规定：“除高等学校已公开的信息外，公民、法人和其他组织还可以根据自身学习、科研、工作等特殊需要，以书面形式(包括数据电文形式)向学校申请获取相关信息。”比较两个条款，可以看出两点差异：一是申请条件不同。《高等学校信息公开办法》规定公民、法人和其他组织可“根据自身学习、科研、工作等特殊需要”申请获取相关信息，《政府信息公开条例》规定公民、法人和其他组织可“根据自身生产、生活、科研等特殊需要”申请获取相关信息。二是申请方式不同。《政府信息公开条例》第 13 条没有明确规定申请的方式，《高等学校信息公开办法》却明确规定“以书面形式(包括数据电文形式)向学校申请”。有人因此认为，《高等学校信息公开办法》的规定与《政府信息公开条例》的规定相抵触，但这种看法未必成立。就申请条件而言，不论是《高等学校信息公开办法》的规定，还是《政府信息公开条例》的规定，都采用的是正面不完全列举的立法方式，申请公开的理由包括但不限于列举的事项。因此，虽然从字面来看，“学习”“工作”的内涵可能比“生产”“生活”的内涵小，但从实际运作或解释结果看，这种差异并不会造成申请资格审查的结果不同，从而不应视为与上位法相抵触。至于申请形式，则可能与上位法相抵触。《政府信息公开条例》第 13 条虽然对申请方式没有规定，但于第 20 条第 1 款规定：“公民、法人或者其他组织依照本条例第十三条规定向行政机关申请获取政府信息的，应当采用书面形式(包括数据电文形式)；采用书面形式确有困难的，申请人可以口头提出，由受理该申请的行政机关代为填写政府信息公开申请。”可见，书面形式并非《政府信息公开条例》规定的唯一的、强制的形式。《高等学校信息公开办法》关于申请方式的规定应该是加重了申请人的程序义务，可以认定为与上位法相抵触。

讲到这里，可以看出，“形式与内容双重改变”认定标准中所讲的内容改变，除了指实体法上权利义务改变之外，还指程序法上权利义务的改变。换言之，下位法对上位法程序法上权利义务的改变也属于与上位法相抵触的范畴。这里仍以《高等学校信息公开办法》与《政府信息公开条例》关于政府信息公开的有关程序规定为例来说明。《高等学校信息公开办法》第 19 条第 1 款规定：“申请人向高等学校申请公开信息的，应当出示有效身份证件或者证明文件。”不过，《政府信息公开条例》第 13 条在规定申请公开时，并没有就申请提交的材料作一般性规定，只有在第 25 条第 1 款规定：“公民、法人或者其他组织向行政机关申请提供与其自身相关的税费缴纳、社会保障、医疗卫生等政府信息的，应当出示有效身份证件或者证明文件。”也就是说，《政府信息公开条例》仅规定，只有申请公开与申请人自身密切相关的政府信息时，才出示身份证件或相关证明文件。可见，《高等学校信息公开办法》的规定明显扩大了需要出示相关身份证或证明文件的范围，加大了社会公众申请公开的成本或者难度。从这个意义上说，《高等学校信息公开办法》第 19 条的规定与《政府信息公开条例》第 13 条、第 25 条的规定相抵触。

强调“形式与内容双重改变”的认定标准，并不是说所有下位法对上位法设定的权利义务的改变都可以纳入下位法与上位法相抵触的范畴。这里可举一例来说明。2014 年 9 月 19 日，笔者参加了南京市人大举办的《南京市政府投资建设项目审计监督条例（修订草案）》的专家论证会，期间讨论到草案第 2 条是否与上位法冲突的问题。《中华人民共和国审计法实施条例》第 19 条就审计范围规定：“审计法第二十一条所称国有资本占控股地位或者主导地位的企业、金融机构，包括：（一）国有资本占企业、金融机构资本（股本）总额的比例超过 50％的；（二）国有资本占企业、金融机构资本（股本）总额的比例在 50％以下，但国有资本投资主体拥有实际控制权的。审计机关对前款规定的企业、金融机构，除国务院另有规定外，比照审计法第十八条第二款、第二十条规定进行审计监督。”这一概念解释条款其实限定了对国有资产的审计范围，十分重要。《南京市政府投资建设项目审计监督条例（修订草案）》想将审计范围扩大到所有政府投资的建设项目，而不是限于

“由政府投资或者政府投资的比例占 50%以上,或者政府投资的比例未达到 50%,但政府拥有项目建设、运营的控制权的”两种情形。理由是,有些政府投资,虽然没有达到上述比例要求或控股要求,但投资额往往达到数千万甚至数亿元,如果对这么大的政府投资不进行审计,对于国有资产的保护十分不利。为此,修订草案第 2 条规定为:“本条例所称政府投资建设项目(以下简称政府投资项目)指使用下列政府性资金的投资建设项目,包括:(一) 财政预算安排的建设资金;(二) 纳入财政预算管理的专项建设专户管理的资金;(三) 政府融资、举借债务筹措的资金;(四) 国际金融组织和外国政府的贷款、赠款;(五) 转让、出售、拍卖国有资产及其经营权所得的国有资产权益收入;(六) 土地使用权出让金;(七) 法律、法规规定的其他政府资金。”最后审议通过的《南京市政府投资建设项目审计监督条例》[①]第 2 条规定:“本条例所称政府投资建设项目指全部使用和以占控股地位或者主导地位的方式使用下列政府资金投资建设的项目:(一) 财政预算资金;(二) 财政专户管理的资金;(三) 政府债务资金;(四) 法律、法规规定的其他政府资金。”按照这一规定,对于政府投资建设项目的审计范围势必大于《中华人民共和国审计法实施条例》规定的范围。那么,《南京市政府投资建设项目审计监督条例》第 2 条的规定是否与《中华人民共和国审计法实施条例》第 2 条的规定相抵触呢?答案是不抵触。

整个公法的使命在于防范公权力机关对公民的自由权或财产权施以不当的限制或剥夺,但凡公权力机关要限制或剥夺公民的权益,或者增设或者增加公民的义务的,都必须有相应的法律依据。法律保留原则、行政法定原则以及依据这些原则所构建的法的设定制度,都是按照维护公民的基本权利这一目的和逻辑建构的。至于国家内部公权力机关之间的权利义务关系,则不然。这些公法关系应当按照宪法、组织法规定的领导、管理、监督关系来处理。领导机关、主管机关、监督机关对其所领导、管理、监督的公权力机关或组织,在其权限范围内,有权根据管理需要制定更为严格的规范加以约束,不受法律保留或行政法定的制约。《南京市政府投资建设项目审计监督条例》对于“政府投资”概念的定义决定着国家对国有资产的审计范围,本质上是作为立法机关的市人大结合本地的实际情况,给本市国有资产的投

① 2014 年 10 月 30 日南京市第十五届人民代表大会常务委员会第十三次会议制定,2014 年 11 月 27 日江苏省第十二届人民代表大会常务委员会第十三次会议批准。

资主体以及经营主体设定法律义务；而“政府投资”概念内涵的扩大意味着立法机关给向其负责的行政机关增加了更多的法律义务。这应该是符合审计目的和现代公法基本原理的。

有人也许会认为，对于公私共同投资项目来说，政府投资概念的“扩容”所牵扯的不仅是国有资产投资人，还牵扯到“私人”，即公民的权利，对政府投资审计范围的扩大等于增加了私人投资方接受审计的法律义务。因此，下位法对政府投资概念“扩容”与上位法相抵触。这种看法貌似有理，其实不然。我们应当注意到，私人投资者在与政府签订共同投资协议或者在接受政府投资时应当充分意识到政府投资主体所担负的特殊公法义务，在享用政府投资所带来的“实惠”时，也应当为政府投资固有的“风险”买单。因此，这种看法乍看之下似乎很有道理，但经不住推敲。

（三）下位“设定性规范”与上位法抵触的认定

以上是对第一类即“下位规定性规范与上位设定性规范相抵触”的认定问题的讨论。下面来讨论第二类，即“设定性规范与设定权授予规范相抵触”的认定。这类认定以设定性规范是否超越了设定权限为标准，判断难度并不大。这里可以“陈洪金诉招远市贸易局行政处罚案”①加以说明。

陈洪金在家中私宰生猪一头并上市出售，招远市贸易局准备对其作出没收生猪产品、屠宰工具和罚款的行政处罚决定。经查，《生猪屠宰管理条例》第 5 条第 3 款规定：“未经定点，任何单位和个人不得屠宰生猪；但是，农村地区个人自宰自食的除外。”第 15 条规定：“违反本条例规定，未经定点，擅自屠宰生猪的，由市、县人民政府商品流通行政主管部门予以取缔，并由市、县人民政府商品流通行政主管部门会同其他有关部门没收非法屠宰的生猪产品和违法所得，可以并处违法经营额 3 倍以下的罚款。”《生猪屠宰管理条例实施办法》第 34 条规定：“违反《条例》第五条第三款规定，未经定点，擅自屠宰生猪的，由市、县人民政府商品流通行政主管部门予以取缔，并会同有关部门没收非法屠宰的生猪及其产品、违法所得、屠宰工具，拆除屠宰设施，可以并处违法经营额 2 倍以下的罚款；情节严重的，可以并处违法经营额 2 倍以上 3 倍以下的罚款。”比较可以看出，对于未经定点屠宰生猪的行为，《生

① 山东省招远市人民法院 1999 年 11 月 24 日作出的（1999）招行初字第 28 号行政判决书。

猪屠宰管理条例》第15条规定仅可以给予“没收生猪产品和违法所得”和“罚款”的行政处罚。但《生猪屠宰管理条例实施办法》第34条除可以给予“没收生猪产品和违法所得”和“罚款”的行政处罚外，还可以给予“没收屠宰工具”“拆除屠宰设施”的行政处罚。招远市贸易局最后依据《生猪屠宰管理条例实施办法》第34条的规定，作出没收私宰的生猪产品和屠宰工具，并处罚款的行政处罚决定。那么，《生猪屠宰管理条例实施办法》第34条的规定与《生猪屠宰管理条例》第15条的规定是否相抵触？招远市贸易局作出的没收屠宰工具的行政处罚决定是否合法？这里可以分两个方面的问题来讨论：

第一，《生猪屠宰管理条例实施办法》规定的“没收屠宰工具”“拆除屠宰设施”是否为一种新的行政处罚种类？从1996年《行政处罚法》第8条的规定来看，行政处罚种类遵循法定原则，即行政处罚种类由法律和行政法规来设定。该条在列举警告、罚款、没收等各种行政处罚种类后，于兜底条款明确规定“法律、行政法规规定的其他行政处罚”。这一规定表明，行政处罚的种类只能由法律和行政法规增设，地方性法规和规章没有创设新的行政处罚种类的权力。这就意味着，如果“没收屠宰工具”“拆除屠宰设施”不能归于1996年《行政处罚法》已经创设的“没收违法所得、没收非法财物”类行政处罚种类的话，等于《生猪屠宰管理条例实施办法》创设了一种新的行政处罚种类，而它又没有权力创设新的处罚种类，其作为部门规章创设新的行政处罚种类显然是违法的。

第二，如果“没收屠宰工具”和“拆除屠宰设施”不属于一种新的行政处罚种类，则《生猪屠宰管理条例实施办法》设定这种行政处罚是否超越了设定权或创制权？1996年《行政处罚法》第12条第1、2款规定：“国务院部、委员会制定的规章可以在法律、行政法规规定的给予行政处罚的行为、种类和幅度的范围内作出具体规定。尚未制定法律、行政法规的，前款规定的国务院部、委员会制定的规章对违反行政管理秩序的行为，可以设定警告或者一定数量罚款的行政处罚。罚款的限额由国务院规定。”这就是说，部门规章仅能设定警告或者一定数量罚款的行政处罚，不能设定其他行政处罚。《生猪屠宰管理条例实施办法》设定“没收屠宰工具”和“拆除屠宰设施”的行政处罚仍然是违法的。

这类案例在我国行政审判实践中有很多，“应泽忠诉西峡县交通局行政强制案”也是典型案例之一。[①] 本案原告应泽忠没有缴纳养路费，被告西峡县交通局以此为由对其作出《交通行政处罚决定书》及《交通行政强制措施决定书》，决定要求应泽忠缴纳养路费、滞纳金、罚款并决定扣押其车辆。应泽忠不服，提起行政诉讼。

西峡县交通局作出强制扣留决定的依据是1995年9月6日发布的《河南省公路管理条例》。该条例第53条第2款规定：“不按规定缴纳或逃缴、拒缴公路养路费的，交通行政主管部门可以暂扣车辆，待其接受处理后，立即放行车辆。”但是，1997年《中华人民共和国公路法》(以下简称《公路法》)第76条规定：“未按照国家有关规定缴纳应缴纳的公路建设、养护费用的，由交通主管部门责令限期缴纳，从欠缴之日起，按日加收滞纳金；逾期仍不缴纳的，处欠缴费款三倍以下的罚款并由交通主管部门依法申请人民法院强制执行。”两相比较，可以看出，《公路法》并没有对不如期缴纳养路费的行为设定“扣押车辆”的强制措施；《河南省公路管理条例》是在上位法对相关违法行为已经设定强制措施的情况下，增设了行政强制措施的种类。

就这种法律的适用问题，河南省高级人民法院向最高人民法院请示，最高人民法院行政审判庭认为，《河南省公路管理条例》的规定与《公路法》相抵触，遂对河南省高级人民法院《关于应泽忠诉西峡县交通局行政强制措施案的法律问题的请示》作了如下答复：“原则同意你院审判委员会第一种意见，即：人民法院审理公路交通案件涉及地方性法规对交通部门暂扣运输车辆的规定与《中华人民共和国公路法》的有关规定不一致的，应当适用《中华人民共和国公路法》的有关规定。”[②]

这一答复作出时，《行政强制法》(2011年)尚未制定，最高人民法院审判庭的答复尚没有明确的法律依据。但是，如果这个案件发生在今天，则认定《河南省公路管理条例》与《公路法》相抵触的法律依据就更加充分了。《行政强制法》第10条规定，“尚未制定法律、行政法规，且属于地方性事务的”，地方性法规可以设定的行政强制措施，一是“查封场所、设施或者财物”，二是扣押财物。从这一规定看，虽然地方性法规可以设定扣押财物的行政强制措施，但是这种设定必须是“尚未制定法律、行政法规，且属于地方性事务

① 参见刘德权主编：《最高人民法院司法观点集成：行政及国家赔偿卷》(第二版)，人民出版社2014年版，第519—520页。

② 《最高人民法院行政审判庭对关于养路费征稽部门能否扣押车辆的答复》(2002年8月7日)，〔2002〕行他字第7号。

的"情况下,才是可以的。就"应泽忠诉西峡县交通局行政强制案"而言,《河南省公路管理条例》设定扣押车辆的行政强制措施显然不具备这一条件。

这里要特别强调的是,在下位法与上位法对特定事项都有设定权或创制权的情况下,上位法的设定权或创制权具有优先性和独占性,可称之为"优先独占的设定权"或者"优先独占的设定原则"。所谓"优先独占的设定权或原则",是指对一个具体的法律事项,下位法只有"在没有制定上位法"的情形下,才可以行使设定权或创制权;如果"已经制定了上位法",但上位法没有设定权利义务,则下位法就不能再行使设定权或创制权了。此时,上位法的"没设定"应当解释为"不设定",即对该事项不得设定任何权利或义务,这是"无声似有声"。这种情形下,如果下位法行使了设定权或创制权,其设定便是违法的,即违背了法律关于设定权或创制权的规定,仍属于下位法与上位法相抵触的范畴。

关于上位法"优先独占的设定权"或者"优先独占的设定原则",可从行政处罚法、行政许可法、行政强制法关于行政处罚、行政许可以及行政强制的设定的规定中解读出来。修订前的《行政处罚法》第12条第2款规定:"尚未制定法律、行政法规的,前款规定的国务院部、委员会制定的规章对违反行政管理秩序的行为,可以设定警告或者一定数量罚款的行政处罚。罚款的限额由国务院规定。"[①]《行政许可法》第14、15条规定,对于可以设定行政许可的事项,法律可以设定行政许可;尚未制定法律的,行政法规可以设定行政许可;尚未制定法律、行政法规的,地方性法规可以设定行政许可;尚未制定法律、行政法规和地方性法规的,因行政管理的需要,确需立即实施行政许可的,省、自治区、直辖市人民政府规章可以设定临时性的行政许可。《行政强制法》第10条规定,行政强制措施由法律设定;尚未制定法律,且属于国务院行政管理职权事项的,行政法规可以设定除限制公民人身自由、冻结存款和汇款以及应当由法律规定的行政强制措施以外的其他行政强制措施;尚未制定法律、行政法规,且属于地方性事务的,地方性法规可以设定查封场所设施或者财物、扣押存汇款的行政强制措施。这些规定都是上位法"优先独占设定权"或"优先独占设定原则"的生动体现。

---

① 现行《行政处罚法》第14条第2款规定:"尚未制定法律、法规的,地方政府规章对违反行政管理秩序的行为,可以设定警告、通报批评或者一定数额罚款的行政处罚。罚款的限额由省、自治区、直辖市人民代表大会常务委员会规定。"

就优先独占的设定原则，最高人民法院公布的指导案例5号“鲁潍（福建）盐业进出口有限公司苏州分公司诉江苏省苏州市盐务管理局盐业行政处罚案”作了“指导”。前文对本案已有简要介绍，这里再稍作说明。2007年11月12日，鲁潍公司从江西等地购进360吨工业盐。苏州盐务局认为鲁潍公司进行工业盐购销和运输时，应当按照《江苏省〈盐业管理条例〉实施办法》[①]的规定办理工业盐准运证，鲁潍公司未办理工业盐准运证即从省外购进工业盐涉嫌违法。2009年2月26日，苏州盐务局经听证、集体讨论后认为，鲁潍公司未经江苏省盐业公司调拨或盐业行政主管部门批准从省外购进盐产品的行为，违反了《盐业管理条例》第20条以及《江苏省〈盐业管理条例〉实施办法》第23条、第32条第2项的规定，并根据《江苏省〈盐业管理条例〉实施办法》第42条的规定，对鲁潍公司作出了（苏）盐政一般〔2009〕第001-B号处罚决定书，决定没收鲁潍公司违法购进的精制工业盐121.7吨、粉盐93.1吨，并处罚款122363元。鲁潍公司不服该决定，遂于2月27日向苏州市人民政府申请行政复议。苏州市人民政府于4月24日作出了〔2009〕苏行复第8号复议决定书，维持了苏州盐务局作出的处罚决定。鲁潍公司仍不服，向人民法院起诉。

鲁潍公司认为，根据《国家计委、国家经贸委关于改进工业盐供销和价格管理办法的通知》等规定，国家取消了工业盐准运制度，工业盐不再属于国家限制买卖的物品。《江苏省〈盐业管理条例〉实施办法》的相关规定与上述规定精神不符，不仅违反了《国务院关于禁止在市场经济活动中实行地区封锁的规定》，而且违反了《行政许可法》和《行政处罚法》的规定，属于违反上位法设定行政许可和行政处罚的行为，故该行政处罚决定适用法律错误。针对鲁潍公司适用法律错误的主张，被告辩称：根据国务院《盐业管理条例》第4条和《江苏省〈盐业管理条例〉实施办法》第4条的规定，苏州盐务局有作出盐务行政处罚的相应职权。《江苏省〈盐业管理条例〉实施办法》是根据《盐业管理条例》的授权制定的，属于法规授权制定，整体合法有效。苏州盐务局根据《江苏省〈盐业管理条例〉实施办法》设立准运证制度的规定作出行政处罚并无不当。《行政许可法》和《行政处罚法》均在《江苏省〈盐业管理条例〉实施办法》之后实施，根据我国《立法法》法不溯及既往的规定，《江苏省

① 1991年6月27日江苏省人民政府第86次常务会议通过，1991年10月4日江苏省人民政府令第19号发布。

〈盐业管理条例〉实施办法》仍然应当适用。鲁潍公司未经省盐业公司或盐业行政主管部门批准而购买工业盐的行为，违反了《盐业管理条例》的相关规定，苏州盐务局作出的处罚决定，认定事实清楚，证据确凿，适用法规、规范性文件正确，程序合法，请求法院驳回鲁潍公司的诉讼请求。

江苏省苏州市金阊区人民法院审理后，于2011年4月29日以(2009)金行初字第0027号行政判决书，判决撤销苏州盐务局(苏)盐政一般〔2009〕第001-B号处罚决定书，其裁判理由为："苏州盐务局对盐业违法案件进行查处时，应适用合法有效的法律规范。《立法法》第79条规定，法律的效力高于行政法规、地方性法规、规章；行政法规的效力高于地方性法规、规章。苏州盐务局的具体行政行为涉及行政许可、行政处罚，应依照《行政许可法》《行政处罚法》的规定实施。法不溯及既往是指法律的规定仅适用于法律生效以后的事件和行为，对于法律生效以前的事件和行为不适用。《行政许可法》第83条第2款规定，本法施行前有关行政许可的规定，制定机关应当依照本法规定予以清理；不符合本法规定的，自本法施行之日起停止执行。《行政处罚法》第64条第2款规定，本法公布前制定的法规和规章关于行政处罚的规定与本法不符合的，应当自本法公布之日起，依照本法规定予以修订，在1997年12月31日前修订完毕。因此，苏州盐务局有关法不溯及既往的抗辩理由不成立。根据《行政许可法》第15条第1款、第16条第3款的规定，在已经制定法律、行政法规的情况下，地方政府规章只能在法律、行政法规设定的行政许可事项范围内对实施该行政许可作出具体规定，不能设定新的行政许可。法律及《盐业管理条例》没有设定工业盐准运证这一行政许可，地方政府规章不能设定工业盐准运证制度。根据《行政处罚法》第13条的规定，在已经制定行政法规的情况下，地方政府规章只能在行政法规规定的给予行政处罚的行为、种类和幅度内作出具体规定，《盐业管理条例》对盐业公司之外的其他企业经营盐的批发业务没有设定行政处罚，地方政府规章不能对该行为设定行政处罚。人民法院审理行政案件，依据法律、行政法规、地方性法规，参照规章。苏州盐务局在依职权对鲁潍公司作出行政处罚时，虽然适用了《江苏省〈盐业管理条例〉实施办法》，但是未遵循《立法法》第79条关于法律效力等级的规定，未依照《行政许可法》和《行政处罚法》的相关规定，属于适用法律错误，依法应予撤销。"

本案判决后，被最高人民法院选列为指导案例，足见最高人民法院对这个案件所阐述观点的认可程度。最高人民法院在发布这一案例时，就其裁判要点解释为：第一，盐业管理的法律、行政法规没有设定工业盐准运证的行政许可，地方性法规或者地方政府规章不能设定工业盐准运证这一新的行政许可。第二，盐业管理的法律、行政法规对盐业公司之外的其他企业经营盐的批发业务没有设定行政处罚，地方政府规章不能对该行为设定行政处罚。第三，地方政府规章违反法律规定设定许可、处罚的，人民法院在行政审判中不予适用。

不过，对上位法“优先独占的设定权”或者“优先独占设定原则”的理解应从两个方面来把握：

首先，上位法的优先独占不是法律文件的优先独占，对其界定不能停留在法律文件层面，不能理解为是针对一个法律文件所涉及的所有法律事项的，而应该理解为是针对法律所调整的一个事项或者一个行为，即所谓“上位法没有规定的”，是指某法律对其调整范围内的某一个事项或者某一个行为没有作出规定，下位法方可以在其设定权限内予以设定。以指导案例5号“鲁潍（福建）盐业进出口有限公司苏州分公司诉江苏省苏州市盐务管理局盐业行政处罚案”为例，所谓“上位法没有设定的”，不是指在没有制定《盐业管理条例》的情况下《江苏省〈盐业管理条例〉实施办法》才可以设定相关的行政许可或者行政处罚，而应是指《盐业管理条例》对于工业盐购销和运输是否需要设立行政许可、对无证运输工业盐的行为是否予以处罚未予法律上的评价和判断的情况下，《江苏省〈盐业管理条例〉实施办法》才可以设定行政许可或行政处罚。当然，对于上位法的评价状况不能单从法律条文看，还应参考相关立法背景资料。如果将这解读为针对所有法律事项的，则下位法的立法权就会受到极大的限制，其本应发挥的作用就不能发挥出来。

其次，“上位法的优先设定权”是主要针对减损公民、法人或其他组织的合法权益或者增加其义务的立法事项，而不是所有的立法事项。例如，对公民、法人或者其他组织的某一违法行为，如果上位法已经对该行为涉及的事项予以立法，但没有就该违法行为设定行政处罚，则下位法就不得对该违法行为设定处罚。上位法未设定行政处罚，应当解读为对该违法行为不予以处罚。在这种情形下，下位法再设定行政处罚等于违背了上位法的立法旨意。再如，对公民、法人或者其他组织的某一行为，若上位法已经对该行为的规范予以立法，但没有规定对其采取强制措施，则下位法就不得对该行为设定强制措施。上位法未设定强制措施，应当解读为对该行为不得采取强制措施。在这种情形下，下位法再设定强制措施，就违背了上位法的立法旨意。

在应用上，就上位法“优先独占的设定权”或者“优先独占的设定原则”还有两点值得注意，也有必要做进一步讨论：第一，《行政处罚法》第 13 条、第 14 条仅明确规定，尚未制定法律、法规的，规章可以设定警告、通报批评和一定数额的罚款的行政处罚，但没有对行政法规和地方性法规作类似的规定，即就行政法规和地方性法规关于行政处罚的设定权没有采用如下表述方式：“尚未制定法律的，行政法规可以设定……”；“尚未制定法律、行政法规的，地方性法规可以设定……”。这是否意味着，在行政处罚法的范围内，“优先独占原则”是仅针对规章而言的？第二，《行政强制法》第 11 条第 2 款规定：“法律中未设定行政强制措施的，行政法规、地方性法规不得设定行政强制措施。但是，法律规定特定事项由行政法规规定具体管理措施的，行政法规可以设定除本法第九条第一项、第四项和应当由法律规定的行政强制措施以外的其他行政强制措施。”这一条款明确规定了“优先独占原则”的例外。在这种情形下，即便是已经制定了法律，法律也没有设定强制措施，行政法规是可以设定行政强制措施的，与上位法也不抵触。这两处立法差异的根源何在，值得进一步研究，但它们涉及“优先独占原则”的适用范围，不可忽视。这里以“青岛北方盐化国际贸易有限公司诉临沂市盐务局行政处罚案”为例说明。[①]

青岛北方盐化国际贸易有限公司（以下简称北方公司）系 2012 年 7 月 6 日在青岛市工商行政管理局登记注册的民营企业，经营范围包括国内工业盐及盐化工产品（不含食盐）的销售。2013 年 5 月 7 日，该公司通过配货站雇用张佩玉的大货车从寿光装运工业盐 40 吨进行销售，经郯城县庙山镇时，承运人因联系不到货主便主动到公安机关报案，公安机关将案件转送郯城县盐务局。5 月 8 日，原告又雇用闫庆龙的大货车从潍坊市寒亭区装运工业盐 40 吨准备批发销售，运至临沂市河东区时被河东区盐务局查获。5 月 16 日、17 日，郯城县、河东区盐务局报请临沂市盐务局进行处理。5 月 17 日临沂市盐务局立案受理，并于 6 月 3 日作出了没收工业盐 80 吨及罚款 13 万元

① 参见山东省临沂市中级人民法院（2014）临行终字第 121 号行政判决书。

的行政处罚决定。原告不服申请复议，复议机关作出了维持决定。原告仍不服，遂提起行政诉讼。

北方公司的主要理由是，被告适用法律法规错误。北方公司认为："根据最高人民法院(2010)行他字第 82 号答复，国务院《盐业管理条例》对盐业公司之外的其他企业经营盐的批发业务没有设定行政处罚，地方政府规章不能对该行为设定行政处罚。本案应适用该答复，《山东省盐业管理条例》是地方性法规，是下位法，在上位法国务院《盐业管理条例》对盐业公司之外的其他企业经营盐的批发业务没有设定行政处罚时，《山东省盐业管理条例》亦不能设定行政处罚。根据《立法法》的规定，下位法与上位法相抵触，应适用上位法，被上诉人适用《山东省盐业管理条例》的规定，对上诉人作出的行政处罚属于适用法律错误。"

对这一问题，终审法院认为：首先，《山东省盐业管理条例》系山东省人大常委会制定的地方性法规，而非地方政府规章。《行政处罚法》(2009 年)第 11 条第 1 款规定："地方性法规可以设定除限制人身自由、吊销企业营业执照以外的行政处罚。"第 13 条规定："省、自治区、直辖市人民政府和省、自治区人民政府所在地的市人民政府以及经国务院批准的较大的市人民政府制定的规章可以在法律、法规规定的给予行政处罚的行为、种类和幅度的范围内作出具体规定。尚未制定法律、法规的，前款规定的人民政府制定的规章对违反行政管理秩序的行为，可以设定警告或者一定数量罚款的行政处罚。罚款的限额由省、自治区、直辖市人民代表大会常务委员会规定。"据此可以看出，地方政府规章设定行政处罚是受到严格控制的，只有在尚未制定法律、法规的情况下，才能设定相应的行政处罚。而对于地方性法规，《行政处罚法》并没有对此作出相同的限制性规定。

其次，最高人民法院(2010)行他字第 82 号答复明确指出，国务院《盐业管理条例》对盐业公司之外的其他企业经营盐的批发业务没有设定行政处罚，地方政府规章不能对该行为设定行政处罚。该答复只是认为在上述情形下，地方政府规章不能设定行政处罚，而不包括地方性法规。而本案被上诉人适用的《山东省盐业管理条例》是地方性法规，而非地方政府规章。因此，该答复也不适用本案。根据《行政诉讼法》(1989 年)第 52 条的规定，人民法院审理行政案件以法律和行政法规、地方性法规为依据；地方性法规适用于本行政区域内发生的行政案件。《山东省盐业管理条例》是地方性法规，可以作为本案的依据。临沂市盐务局依据《山东省盐业管理条例》相关规定对上诉人作出行政处罚决定并无不当，北方公司认为被上诉人适用法律法规错误的主张不能成立。

可以看出，本案法院认为，《行政处罚法》关于行政处罚设定权的规定与《行政许可法》《行政强制法》关于行政许可设定权、行政强制设定权的规定存在一定差异，需要区别对待。这一观点非常值得关注和研究。

四、基于授权制度的先行先试的合法性评价

在法律优先原则的适用上，除了法规范的合法性认定在一定程度上不同于行政行为的合法性认定从而值得特别讨论之外，我国改革开放过程中普遍存在的“先行先试”的合法性认定也具有特殊性，值得专门研究。

（一）授权与否乃先行先试合法性评价的焦点所在

先行先试俗称试点，也可称为改革试验，是指在全国范围全面开展改革之前，先在局部区域或特定部门就改革事项先进行试验，以积累经验，为全面推行改革创造条件的改革路径或方法。全国各地先行先试涉及的事项非常广泛，可以与法律制度的关联性及其对现行法律制度的影响为标准，将其分为实施性、创制性和改制性试验三种。实施性试验旨在实施现行法律制度，在我国当前改革试点中所占比重最大，数量最多。其中，有些偏重于机制，有些偏重于技术，如“安徽省基层政务公开标准化规范化试点”[①]“厦门和黄山市建设工程项目‘多测合一’改革试点”[②]“国务院行政执法公示制度执法全过程记录制度重大执法决定法制审核制度试点”[③]“厦门市农村人居环

① 参见《安徽省人民政府办公厅关于印发基层政务公开标准化规范化试点验收实施方案的通知》（皖政办秘〔2018〕186号）。

② 参见《厦门市国土资源与房产管理局关于印发〈厦门市建设工程项目“多测合一”改革试点工作制度（试行）〉的通知》（厦国土房〔2018〕359号）。

③ 参见2017年1月19日印发的《国务院办公厅关于印发推行行政执法公示制度执法全过程记录制度重大执法决定法制审核制度试点工作方案的通知》（国办发〔2017〕14号）。

境整治试点"[①]"福建省工业节能和循环经济示范试点"[②]"山东省重点产业专利导航试点"[③]"上海市新版社会保障卡换发试点"[④]"上海市农业保险电子保单试点"[⑤]等。创制性试验旨在创设新的法律制度，如"国家监察体制改革试点"[⑥]"刑事案件认罪认罚从宽制度试点"[⑦]和"公益诉讼试点"[⑧]等。改制性试验旨在改变、修改现行的法律制度，如"公务员职务与职级并行制度试点"[⑨]"农村土地征收、集体经营性建设用地入市、宅基地制度改革试点"[⑩]和"上海市证照分离改革试点"[⑪]等。改革试验与现行法律制度的关联性及其对现行法律制度的影响力不同，法律优位原则与它们之间的关联性以及对它们的作用力也不同。

实施性试验旨在探索或者创新更便捷、更有效地实施现行法律制度的方法、机制或技术。法律优位原则对这种改革试验的约束力可从两个方面来观察。首先，被实施的法律对实施性试验具有优先支配地位。既然是实施现行法律制度，自然受现行法律制度的约束，不能违反现行法律制度；如

① 参见《厦门市人民政府办公厅关于加快推进农村人居环境试点示范村创建工作的通知》(厦府办〔2018〕159号)。

② 参见《福建省经济和信息化委员会关于开展福建省工业节能和循环经济示范试点项目推荐工作的通知》(闽经信环资〔2018〕47号)。

③ 参见山东省知识产权局《关于印发〈山东省重点产业专利导航试点方案〉的通知》(鲁知规字〔2018〕35号)。

④ 参见上海市卫生和计划生育委员会《关于转发〈上海市人民政府办公厅关于做好本市新版社会保障卡试点换发工作的通知〉的通知》(沪卫计信息〔2018〕2号)。

⑤ 参见中国保险监督管理委员会上海监管局、上海市农业委员会、上海市金融服务办公室《关于在本市实施农业保险电子保单试点的通告》(沪保监通告〔2018〕1号)。

⑥ 参见《全国人民代表大会常务委员会关于在北京市、山西省、浙江省开展国家监察体制改革试点工作的决定》(2016年12月25日第十二届全国人民代表大会常务委员会第二十五次会议通过)。

⑦ 同上。

⑧ 参见《全国人民代表大会常务委员会关于授权最高人民检察院在部分地区开展公益诉讼试点工作的决定》(2015年7月1日第十二届全国人民代表大会常务委员会第十五次会议通过)。

⑨ 参见《全国人民代表大会常务委员会关于授权国务院在部分地区和部分在京中央机关暂时调整适用〈中华人民共和国公务员法〉有关规定的决定》(2016年12月25日第十二届全国人民代表大会常务委员会第二十五次会议通过)。

⑩ 参见2015年2月27日第十二届全国人民代表大会常务委员会第十三次会议审议通过的《关于授权国务院在北京市大兴区等三十三个试点县(市、区)行政区域暂时调整实施有关法律规定的决定》和2015年12月27日通过的《全国人民代表大会常务委员会关于授权国务院在北京市大兴区等232个试点县(市、区)、天津市蓟县等59个试点县(市、区)行政区域分别暂时调整实施有关法律规定的决定》。

⑪ 参见2015年12月22日国务院印发的《关于上海市开展"证照分离"改革试点总体方案的批复》，以及2016年5月5日国务院颁布的《关于在上海市浦东新区暂时调整有关行政法规和国务院文件规定的行政审批等事项的决定》(国发〔2016〕24号)。

果通过实施方法、机制或技术变相地或者潜在地改变了现行法的规定，那就不再是实施性试验，而是改制性试验了。其次，行政程序法对实施性试验的决策或决定过程具有优先支配地位。实施性改革试验需要投入大量财力和人力，关涉人民切身利益，搞不好，照样会造成重大损失。因此，开展实施性试验的行政决定或者行政决策应当由享有相应行政职权的主体按照相关行政决定或者决策程序作出，如果涉及重大行政决策事项，还需符合重大行政决策程序的要求，否则就等于违反了行政程序法优先原则。

创制性试验旨在创造新的法律规范，既然是在创造新的法律规范，也就没有现行法律规范与之相对应，本质上不大可能与现行法律规范相抵触。但是，与实施性试验一样，创制性试验事关新的法律制度的创设，需要投入大量人力物力，关涉国家人民切身利益；搞不好，也会造成重大损失，或者阻滞改革进程。因此，开展创制性试验的决定或者决策应当由相应的行政主体在其管辖权限范围内按照相关程序作出。在这里，行政程序法对于创制性试验之决定程序同样享有优先地位。但问题在于，对于创制性试验，除了受现行程序法约束之外，是否还受其他法律原则或规则的制约。十八届四中全会通过的《决定》提出："实现立法和改革决策相衔接，做到重大改革于法有据……"[①]要做到重大改革于法有据，就意味着"先立法，后改革"。但是，要做到"先立法，后改革"，就不可能开展创制性改革试验。

改制性试验面临的问题更复杂。与实施性试验与创制性试验一样，开启改制性试验的决策或决定程序自然也受决策或决定程序法的约束，遵循程序法律优位原则，但不同于实施性试验和创制性试验的是，改制性试验以修改现行法为目的，势必会在修改现行法律规定之前局部性地突破现行法律规定。改制性试验所修改的现行法不局限于实体法，也包括程序法。前者如"农村土地征收、集体经营性建设用地入市、宅基地制度改革试点"，后者如"上海市证照分离改革试点"。但不管是以改革实体法为目的，还是以改革程序法为目的，都是对现行法律制度的局部性变革。换言之，改制性先行先试必须是"先改革，后修法"，从而不同于"先修法，后改革"的通常改革路径；否则，就不可能是"先行先试"。但"先改革，后修法"就意味着，法律优

---

① 习近平在2014年2月28日主持召开全面深化改革领导小组第二次会议上强调指出："凡属重大改革都要于法有据。在整个改革过程中，都要高度重视运用法治思维和法治方式，发挥法治的引领和推动作用，加强对相关立法工作的协调，确保在法治轨道上推进改革。"

位原则受到一定挤压。

就先行先试的法治化,《决定》一方面要求,"实现立法和改革决策相衔接,做到重大改革于法有据、立法主动适应改革和经济社会发展需要";另一方面还要求,"实践条件还不成熟、需要先行先试的,要按照法定程序作出授权。对不适应改革要求的法律法规,要及时修改和废止"。与此相适应,2015 年修订的《立法法》第 13 条规定:"全国人民代表大会及其常务委员会可以根据改革发展的需要,决定就行政管理等领域的特定事项授权在一定期限内在部分地方暂时调整或者暂时停止适用法律的部分规定。"经由这些规定,先行先试的授权制度得以确立。授权制度意味着,取得授权,尽管先行先试无法律依据或者与现行法相抵触,仍然是为法律优位原则所接受的。如此一来,授权制度不仅为沟通或协调先行先试与法律优位原则之间的矛盾架起一座桥梁,为解决创制性试验与改制性试验的两难问题提供了可能,同时也意味着创制性试验与改制性试验的合法性判断有了新思路与新要求。

综上可见,不论是实施性试验,还是创制性试验抑或是改制性试验,在决策或决定阶段,都受相关程序法的约束,须按相关程序法规定进行,这与其他行政决策或者行政决定没有也不应有所区别。但对于创制性试验和改制性试验,在先行先试授权制度之下,授权与否成为合法性评价的关键:须取得授权却未取得授权的,就是非法的;无须取得授权而先行先试的,就是合法的。此时,哪些改革事项或者怎样的改革事项必须取得授权,哪些改革事项或者怎样的改革事项无须取得授权,需要取得授权的是否取得授权,便成为其合法性判断的核心问题。与此相适应,改革试验授权范围便具有决定性意义。

(二) 三个授权依据与先行先试授权范围

总体来看,《决定》和《立法法》仅确定了授权制度,但没有为划定授权事项范围提供明确的理论依据或者标准,更谈不上划定授权事项的具体范围。当然,两部法律文件的相关规定也并非完全相同。

1. 重要性依据、侵害性依据与合法性依据的揭示

《立法法》第 13 条的规定可以简化为:全国人大及其常委会可以根据改革发展的需要,决定就行政管理等领域的特定事项进行授权。这似乎意味

着，先行先试授权应主要限于“行政管理等领域的特定事项”，其他非“特定事项”则无须授权，但对“特定事项”该如何划定，《立法法》却未置一词。因此，我们不能从《立法法》的相关规定中解读出划定先行先试授权范围的理论依据。不过，比之于《立法法》，《决定》的情形稍有不同。我们还是可以从《决定》的两处规定中发现一些线索，看出一定端倪。

《决定》的前述规定可简单表述为：重大改革要于法有据，但实践条件还不成熟、需要先行先试的，要按照法定程序作出授权。这似乎在表明，只有重大改革需要于法有据，只有重大改革在实践条件不成熟、需要先行先试时，才需要按照法定程序作出授权，其他不重大的改革就无须遵循这一原则，先行先试也不需要取得授权。如果这种解读是正确的，则意味着，《决定》是将改革事项的重大性或者重要性作为确定改革试验授权事项的基本依据的。我们不妨称这种依据为“重大性依据”或者“重要性依据”。

不过，令人困惑的是，同样就于法有据，《决定》在“深入推进依法行政，加快建设法治政府”部分还规定：“行政机关不得法外设定权力，没有法律法规依据不得作出减损公民、法人和其他组织合法权益或者增加其义务的决定。”将这一规定转换到先行先试语境下，就意味着，至少在行政法领域，只有在先行先试会减损公民、法人和其他组织合法权益或者增加其义务时，才需要于法有据；因为需要于法有据，才需要“按照法定程序作出授权”，其他则不需要。简言之，只有当先行先试对人民具有侵害性或者干预性时，才需要取得授权。为了区别前述“重要性依据”，可称这种依据为“侵害性依据”。

除了重要性和侵害性之外，先行先试的授权依据应该还有合法性依据。所谓合法性依据，是指当先行先试事项与现行法律规定相抵触时，或者会突破现行法律规定时，必须取得授权。虽然《决定》并未明确提及合法性依据，但这应该是法律优位原则的必然要求。如前所述，法律优位原则意味着，法律的位阶高于其他任何行为的位阶，任何行为违反法律的规定，即为违法。[①]基于这一原则，突破现行法的改革试验要具有正当性，自然非得授权不可。

于此情形，我们不禁要问，重要性依据、侵害性依据以及合法性依据到底是什么关系，什么情形下适用重要性依据，什么情形下适用侵害性依据，什么情形下又适用合法性依据？它们分别是适用于创制性试验，还是适用

① 参见〔德〕哈特穆特·毛雷尔：《行政法学总论》，高家伟译，法律出版社2000年版，第103页；王贵松：《论行政法上的法律优位原则》，载《法学评论》2019年第1期。

于改制性试验？

2．重要性依据对于侵害性依据的继补性

于法有据本质上是法律保留或行政法定思想的一种简要表述。因此，对侵害性与重要性依据的内在关联性及其适用范围的探寻须围绕法律保留或行政法定原则及其发展衍变来展开。总体来看，“重要性依据”是对“侵害性依据”的一个继补。

关于法律保留原则或者行政法定原则，本书第一章已作了相应的介绍。这一原则意味着，国家的特定事项必须先由民意代表机关以法律形式做成，其他国家机关方能“依法而为”；否则，其行为便不具有合法性。法律保留原则肇始于19世纪德国，在后续发展过程中，围绕着法律保留的事项范围，先后形成侵害保留、全部保留、重要保留等多种学说。侵害保留说也称干预保留说，“是19世纪德国‘法治国’思想下的产物，是法治国透过国会法律来对抗并限制彼时君主主权之理念的具体实践”[①]。此说主张：“侵犯人民之自由及所有权之事项，应‘保留’由法律加以规定，亦即须经人民代表组成之议会，以法律形式之同意，始能对人民之自由及所有权加以侵犯……亦即法律保留原则之适用范围仅限于干预行政，仅在行政权侵害国民之权利自由或对于国民课予义务负担等不利益之情形，始须有法律根据，至于其他行政作用，则在不违反法律之范围内，均得自由为之，无须有法律授权。”[②]简言之，只有行政给人民带来不利益时须于法有据，反之则不然。这是法律保留理论及其保留事项范围的原始样态。

法律保留思想的转变出现于二战后《联邦德国基本法》实施后。《联邦德国基本法》确立的民主原则与社会国家原则给侵害保留说带来重大冲击。民主原则使德国议会与政府的权力关系发生了深刻变化，一方面议会立法在国家生活中的决定性作用得到进一步强调和提升，另一方面不再强调议会与政府之间的对立与对抗关系，而是强调政府对于议会与议会立法的信任，强调行政权之于立法权的依附与合作关系。[③] 而社会国家原则使社会性权利成为德国宪法基本权利的重要组成部分，使积极保障国民社会性权利

① 黄舒芃：《法律保留原则在德国法秩序下的意涵与特征》，载《中原财经法学》2004年第13期。

② 翁岳生编：《行政法》（上册），中国法制出版社2002年版，第180页。

③ 参见黄舒芃：《法律保留原则在德国法秩序下的意涵与特征》，载《中原财经法学》2004年第13期。

的实现成为国家新的重要任务，相应地，给付行政在国家社会生活中占据的地位更加突出。这种情形下，一方面以昔日“法治国”思想构筑法律保留原则的思想已经时过境迁，另一方面继续无视给付行政等新行政实践的重要性而将其排除在法律保留范围之外与现实格格不入。如此一来，民主原则、社会国家原则与法治原则一道成为法律保留原则新的理论基点，深刻影响着人们对法律保留事项的思考，并先后形成全部保留与重要事项保留等不同学说。①

全部保留说从民主、社会国家以及法治三个原则出发，不仅认为干预行政应当法律保留，给付行政、特别法律关系等领域也应当法律保留，即所有的行政事项都要由议会以法律形式决定，须有法律上的依据。② 但在日新月异的当代社会，凡事要求以议会立法为根据，根本无法满足行政积极主动地为民谋福利的要求；如若概括授权，又会破坏法的明确性原则，使法律保留原则流于形式。因此，这一原则并未在实践中得到真正落实。在这种情形下，德国法律界便提出了重要事项保留说。该说主张：“基于法治国家原则与民主原则，不仅干涉人民自由权利之行政领域，应有法律保留原则的适用，而且给付行政‘原则上’亦应有法律保留原则的适用，亦即于给付行政中，凡涉及人民之基本权利之实现与行使，以及涉及公共利益尤其是影响共

① 其实，除了全面保留说和重要事项说之外，这一时期就法律保留事项范围之界定还提出了机关功能说。不过，在我国官方文件和立法文件中几乎看不到这一学说的影响。机关功能说又称“功能结构取向的解释方法”，是在批判重要事项说的基础上发展而来，旨在为法律保留事项范围的划定提供新的论证依据。该说认为，保留事项范围的划定，“宜采取‘符合功能之机关结构’之标准”。机关功能说由德国学者欧森布尔于 1980 年提出。1984 年，德国联邦宪法法院在导弹部署案判决中采用了这一学说。在该案判决中，法院指出，“对国家之决定而言，不仅以最高度的民主合法性为依归，尤须要求尽可能正确，也就是说，依照机关之组织、编制、功能与程序方式观察，由具备最优良条件的机关来作国家决定”。换言之，权力的区分与配置，其主要目的无非在于要求国家决定能够达到“尽可能正确”，因而“国家决定应由内部结构、组成方式、功能与决定程序等各方面均具备最佳条件的机关来担当作成”。参见翁岳生编：《行政法》（上册），中国法制出版社 2002 年版，第 182 页；许宗力：《论法律保留原则》，载许宗力：《法与国家权力》（一），元照出版公司 2006 年版，第 138—139 页。

② 他们认为：“依据民主原则，一切国家权力源出于人民全体，故代表人民之国会为国家最高权力机关，一切之行政行为，包括给付行政，有关其应给付之对象、给付要件以及给付额度与条件等重要事项，都应受此民主立法者意思之支配、引导与规范。”“依据社会国家原则，国家负有应积极主动规律社会经济及文化生活秩序，以增进人民福祉的任务，宪法所保障‘自由权’之内容，不仅在防范国家之恣意侵犯，更要求其自由于国家中受国家之保障。在给付行政领域，国家拒绝给付对于人民所产生的危害，常不亚于单纯自由权利之侵犯所生损害，倘将法律保留局限适用于干预行政，则显系漠视这一实际问题。”“依法治国家原则，国家为遂行社会、经济及文化政策所谓财产分配，亦应由法律加以规定，裨使其给付于个案情形具有拘束力与预见可能性，并确保人民享有此等给付之权利。”参见翁岳生编：《行政法》（上册），中国法制出版社 2002 年版，第 180 页。

同生活之‘重要的基本决定’，应由具有直接民主基础之国会的立法者，自行以法律规定之，而不许委诸行政为之。又在特别权力关系中……立法者固然不必就所有具体之规律均加以规定，但就重要的决定仍必须以法律定之。”[①]此说虽因重要性判断的主观性、任意性而受到批判[②]，但它已经被德国法院在一系列案件中采用。[③]

综上可见，重要事项保留说既是对侵害保留说的继承与发展，又是对全面保留说的保守与退缩。对于侵害保留说而言，重要事项保留说在继承其思想的基础上，扩大了法律保留事项的范围，将保留事项从侵害行政扩及给付行政、特别权力关系等领域；对于全面保留说而言，重要事项保留说在吸收其思想的基础上，限缩了法律保留事项的范围，将给付行政和特别权力关系等领域的保留事项限定在“重要”事项范围内。可见，重要事项保留说通过一扩一缩，在侵害保留的基础上，形成了在非侵害行政领域以是否影响公民基本权利或者对公共利益是否具有重要性为基本标准的划分法律保留事项范围的折中方案，一方面满足了民主原则、社会国家原则与法治原则的宪法理论要求，另一方面也切合了行政实践的现实状况。如此一来，当今法律保留的事项范围便等于“侵害保留事项”加上“具有重要性的给付行政等非侵害性保留事项”。

应该说，我国法学中的法律保留思想是舶来品，深受德国以及受德国法影响的日本和我国台湾地区法律保留思想的影响。[④] 由此推断，《决定》中的侵害性依据应当源于法律保留原则的侵害保留说，而重要性依据则源自法律保留原则的重要事项保留说，二者之间的关联性应当与侵害保留说和重

① 翁岳生编：《行政法》（上册），中国法制出版社 2002 年版，第 181 页。

② 如德国有学者认为，重要性理论根本就没有资格成为“理论”，引起所陈述者只是老生常谈、内容空洞的自明之理，尤其是把这种陈词滥调比喻为近二十年来理论上的创见，连一般外行的非法律人也会感到不可思议（Ossenbühl, Schule im Rechtsstaat, DÖV 1977, S. 802 f）；有学者认为，重要性理论不过是法院合理化其自由心证所披的一层外衣，重要与否到最后还是由联邦宪法法院说了算（Kloeper, JZ 1984, S. 692）。参见许宗力：《论法律保留原则》，载许宗力：《法与国家权力》（一），元照出版公司 2006 年版，第 174—176 页。

③ 参见许宗力：《论法律保留原则》，载许宗力：《法与国家权力》（一），元照出版公司 2006 年版，第 158—162 页。

④ 我国学者关于法律保留思想的阐述与德国、日本和我国台湾地区如出一辙。参见黄学贤：《行政法中的法律保留原则研究》，载《中国法学》2004 年第 5 期；周佑勇、伍劲松：《论行政法上之法律保留原则》，载《中南大学学报（社会科学版）》2004 年第 6 期；金承东：《论行政法律保留原则》，载《浙江社会科学》2002 年第 1 期；喻少如：《论给付行政中法律保留原则的适用》，载《武汉大学学报（哲学社会科学版）》2011 年第 2 期。

要事项保留说之间的关联性具有较大一致性。

3. 合法性依据与重要性、侵害性依据之关联

阐明重要性依据与侵害性依据之间的关系之后，须进一步澄清二者与合法性依据之间的关系。

前文已经表明，合法性依据源自法律优位原则，重要性依据与侵害性依据源自法律保留原则。要澄清合法性依据与重要性依据、侵害性依据之间的关系与适用范围，必须厘清法律优位原则与法律保留原则之间的关系与适用范围。法律保留原则旨在通过法律实现对行政行为的事前控制，法律优位原则则旨在实现法律对行政行为的事后监督。按照法律保留原则，只要属于法律保留事项，就只能在法律授权的情况下才能实施相应行为。但按照法律优位原则，只要在宪法规定的职责范围之内，为实现公共利益的目的，即使没有法律授权或者规定，行政主体也可作出符合公共利益的行为，无法律依据的行为是合法的。因此，“法律保留原则比法律优先原则严格……在法律出现缺位时，优先原则并不禁止行政活动，而法律保留原则禁止任何行政活动”①。也正因如此，法律保留原则被称为积极的法治原则，法律优位原则被称为消极的法治原则。二者功能取向之间的这种差别导致其拥有相对独立的适用对象或者适用范围。法律保留原则基本上是对创制性行为的要求，如果一个行为会创设新的权利义务或者新的法律制度就要按照法律保留原则的要求办；而法律优位原则主要是对现行法的实施行为的要求，即在已经制定了相关法律规则的前提下，实施该法律规则必须与该规则设定的事实要件和后果要件保持一致。

将上述结论投射到改革试验授权实践，可大致得出这样的结论：《决定》提出的侵害性依据与重要性依据主要适用于创设新制度的创制性改革试验，突破现行法的改制性改革试验的授权范围则需要根据法律优位原则来划定。②详言之，只有创制性改革试验应当遵循法律保留原则，须根据侵害性依据、

① 〔德〕哈特穆特·毛雷尔：《行政法学总论》，高家伟译，法律出版社2000年版，第104页。

② 人类社会科学试验可依与法制之关系分为法制试验与其他试验。法制试验系指与法律制度的生成、发展与实施直接相关的试验；其他试验则与法律制度没有关联。法制试验可再以试验方案与现行法之间的关系为标准，将其分为制度变革性试验和制度实施性试验两类。制度变革性试验旨在修改现行法律规范或者创制新的法律规范；制度实施性试验，顾名思义，仅在改进与完善现行法的实施机制、方法或者措施，没有触动现行法律制度。对于制度变革性试验，还可根据与现行法之间的关系，将其分为创制性改革试验和改制性改革试验两类。前者以创设新的法律制度为依归，后者以变革现行法律制度为目的。

重要性依据来确定授权事项范围;改制性改革试验则主要遵循法律优位原则,须根据合法性依据来确定授权事项范围。进一步结合前文对侵害性与重要性依据关系的讨论观察创制性改革试验,则可得出如下结论:在实体法领域,当改革试验事项减损人民实体法权利或者增加其实体法义务时,就需要有法律依据,需要授权;但若改革试验事项增加人民实体法权利或者减轻其义务,或者对人民实体权利或者义务不产生直接影响,则原则上不需要有法律依据,无须授权,除非该事项对于人民基本权利或者公共利益产生重大影响。在程序法领域,只有改革试验事项会增加义务性程序时须于法有据,需要授权;但若改革试验事项会消减义务性程序或者补充权利性程序、改良技术性程序,则无须于法有据,无须授权。

(三)三个授权依据对于行政程序改革试验的适用

上文追述不仅明确了侵害性依据、重要性依据与合法性依据之间的关系,同时也比较清晰地表明了这三个依据各自的适用范围,即侵害性依据主要适用于侵害性的创制性先行先试,重要性依据主要适用于给付性的创制性先行先试,合法性依据主要适用于改制性先行先试。不过,就适用范围而言,上述结论主要着眼于行政实体内容,没有涉及行政程序。[①] 那么,侵害性标准、重要性标准以及合法性标准可否适用于行政程序领域的改革试验,是否有别于行政实体领域的改革试验?提出这一问题的原因在于,我国改革试验实践不仅涉及行政法实体法规范,也涉及行政程序法规范;行政实体法与行政程序法还是有本质的差别。对于侵害性依据、重要性依据以及合法性依据适用范围的探讨局限于行政实体方面不能满足现实需要。

在行政程序法领域讨论侵害性与重要性依据的适用,与本书第一章讨论行政程序法定原则时一样,需对其做一个分类。总体而言,程序可以对参加人权益的影响为标准,将其分为权利性程序和义务性程序两类。权利性程序对参加人来说是有利的,本质上是他们所享有的一种程序性权利。[②] 行政程序中的告知、回避、陈述与申辩、听证、说明理由、送达等都属于这一

---

① 其实,即便在行政法领域,关于法律保留原则的适用问题,也不仅仅只涉及实体与程序两个方面。参见杨登峰:《行政法定原则及其法定范围》,载《中国法学》2014 年第 3 期。

② 对于程序主持或者裁决者而言,这类程序对他们则不利,本质上是他们所承担的一种程序性义务。

类。[①] 义务性程序对程序参加人而言是不利的，本质上是他们所承担的一种程序性义务。[②] 行政程序参加人提交申请或诉状、提交证明材料或承担举证责任、缴纳费用、遵守起诉期限等都属于这一类。除了这两类之外，还有一些介于其间，如文书格式等，则属于技术性程序。三类程序的功能不同：权利性程序旨在维护程序正义或公正，保护程序参加人的实体权益；义务性程序旨在为程序开展提供便利，提高程序效率，维护公共资源的合理应用；技术性程序旨在解决程序运行过程中的操作规程。改造三类程序的结果也不同：增加义务性程序势必会增加参加人的程序负担，有些情况下会导致其实体权利无法实现；[③]删减权利性程序会使程序失去公正，进而不利于其实体权利的保护；改变技术性程序则一般不会给参加人的权利造成实质性影响，也无关程序正义。因此，没有法律法规依据，先行先试不得创设参加人的程序性义务，但可以创设其程序性权利，或者改良技术性程序。如果将义务性程序视同为干预性行为，将权利性程序视为给付性行为，将技术性程序视为中间性行为，则可以看出，侵害性依据在义务性程序中适用具有合理性，但由于权利性程序以正当程序为原则，重要性依据对其没有适用余地。

基于上述理由，合法性依据对行政程序领域改制性先行先试的适用也应当作适当调整，即并不是所有的改变现行程序法的先行先试都须取得授权，而是应当借鉴侵害性依据的有益成分。具体来讲，如果是在现行法基础上取消或删减义务性程序的改制性试验，或者是增加权利性程序（或者说赋予程序性权利）的改制性试验，无须授权。反之，如果是在现行法基础上增加义务性程序或者取消、减少权利性程序的改制性试验，则必须授权。

划定了授权范围，最后用本题开首的问题来归结便是：先行先试，但凡需要授权的，取得授权的且符合其他行政决策或者决定的一般性程序要求，便是合法的；但凡无须授权的，没有取得授权但符合行政决策或者决定的一般性程序要求，也是合法的。总而言之，在授权制度下，先行先试需要授权

① 立法程序和重大决策程序中的公众参与、专家论证、公开征求意见等程序也属于这类程序。

② 对于程序主持或者裁决者而言，这些程序对他们则有利，本质上是他们所享有的一种程序性权力。

③ 典型案例如"陈爱华诉南京市江宁区住房和城乡建设局不履行房屋登记法定职责案"，载于《最高人民法院公报》2014年第8期；"陈苏仪诉湖南省涟源市公安局限制会见被告案"，参见湖南省娄底市中级人民法院(1998)娄行初字第4号行政裁定书；"王春诉太和县建设局建设规划许可案"，参见石岩:《危房改建邻居不签字不审批 太和县建设局违法行政败诉》，https://www.chinacourt.org/article/detail/2009/02/id/344735.shtml，2012年9月24日访问。

且取得授权的,“违法的”便是合法的。法律优位原则的效力在这里受到一定限制。

五、有关法律优先原则之适用的研读案例

与法律优先原则紧密相关的案例较多,本章在论述过程中已经引用大量案例,这里再引用指导案例39号“何小强诉华中科技大学拒绝授予学位案”[①]、公报案例“甘露不服暨南大学开除学籍决定案”[②]“丹阳市珥陵镇鸿润超市诉丹阳市场监督管理局不予变更经营范围登记案”[③]“博坦公司诉厦门海关行政处罚决定案”[④]与“益民公司诉河南省周口市政府等行政行为违法案”[⑤]五个案例,以帮助大家对法律优先原则的适用有更全面的理解。

指导案例39号 何小强诉华中科技大学拒绝授予学位案

【裁判要点】

1. 具有学位授予权的高等学校,有权对学位申请人提出的学位授予申请进行审查并决定是否授予其学位。申请人对高等学校不授予其学位的决定不服提起行政诉讼的,人民法院应当依法受理。

---

① 最高人民法院审判委员会讨论通过,2014年12月25日发布,曾载于《最高人民法院公报》2012年第2期。相关研究文献有:石磊:《〈何小强诉华中科技大学拒绝授予学位案〉的理解与参照——高等学校在学术自治范围内有依法制定学术评价标准职权》,载《人民司法》2016年第20期;张亮:《高校学位授予条件之区分审查论——对指导性案例39号的质疑与反思》,载姜明安主编:《行政法论丛》(第19卷),法律出版社2016年版;郑磊:《论学术自治尊让原则的具体化——基于最高人民法院指导案例39号之展开》,载《郑州大学学报(哲学社会科学版)》2016年第3期;伏创宇:《高校校规合法性审查的逻辑与路径——以最高人民法院的两则指导案例为切入点》,载《法学家》2015年第6期。

② 本案载于《最高人民法院公报》2012年第7期。

③ 本案载于《最高人民法院公报》2018年第6期。

④ 本案载于《最高人民法院公报》2006年第6期。

⑤ 本案载于《最高人民法院公报》2005年第8期。相关研究文献有王贵松:《依法行政原则对信赖利益的保护——益民公司诉河南省周口市政府等行政行为违法案分析》,载《交大法学》2015年第1期。

2. 高等学校依照《中华人民共和国学位条例暂行实施办法》的有关规定，在学术自治范围内制定的授予学位的学术水平标准，以及据此标准作出的是否授予学位的决定，人民法院应予支持。

【相关法条】

1.《中华人民共和国学位条例》第 4 条、第 8 条第 1 款。

2.《中华人民共和国学位条例暂行实施办法》第 25 条。

【基本案情】

原告何小强系第三人华中科技大学武昌分校（以下简称武昌分校）2003 级通信工程专业的本科毕业生。武昌分校是独立的事业单位法人，无学士学位授予资格。根据国家对民办高校学士学位授予的相关规定和双方协议约定，被告华中科技大学同意对武昌分校符合学士学位条件的本科毕业生授予学士学位，并在协议附件载明《华中科技大学武昌分校授予本科毕业生学士学位实施细则》，其中第 2 条规定，“凡具有我校学籍的本科毕业生，符合本实施细则中授予条件者，均可向华中科技大学学位评定委员会申请授予学士学位”；第 3 条规定，“达到下述水平和要求，经学术评定委员会审核通过者，可授予学士学位……（三）通过全国大学英语四级统考”。2006 年 12 月，华中科技大学作出《关于武昌分校、文华学院申请学士学位的规定》，规定通过全国大学外语四级考试是非外国语专业学生申请学士学位的必备条件之一。

2007 年 6 月 30 日，何小强获得武昌分校颁发的《普通高等学校毕业证书》，由于其本科学习期间未通过全国英语四级考试，武昌分校根据上述《华中科技大学武昌分校授予本科毕业生学士学位实施细则》，未向华中科技大学推荐其申请学士学位。8 月 26 日，何小强向华中科技大学和武昌分校提出授予工学学士学位的申请。2008 年 5 月 21 日，武昌分校作出书面答复，因何小强没有通过全国大学英语四级考试，不符合授予条件，华中科技大学不能授予其学士学位。

【裁判结果】

湖北省武汉市洪山区人民法院于 2008 年 12 月 18 日作出（2008）洪行初字第 81 号行政判决，驳回原告何小强要求被告华中科技大学为其颁发工学学士学位的诉讼请求。湖北省武汉市中级人民法院于 2009 年 5 月 31 日作出（2009）武行终字第 61 号行政判决，驳回上诉，维持原判。

【裁判理由】

法院生效裁判认为：本案争议焦点主要涉及被诉行政行为是否可诉、是否合法以及司法审查的范围问题。

一、被诉行政行为具有可诉性……

二、被告制定的《华中科技大学武昌分校授予本科毕业生学士学位实施细则》第3条的规定符合上位法规定。《中华人民共和国学位条例》第4条规定："高等学校本科毕业生，成绩优良，达到下述学术水平者，授予学士学位：(一)较好地掌握本门学科的基础理论、专门知识和基本技能……"《中华人民共和国学位条例暂行实施办法》第25条规定："学位授予单位可根据本暂行条例实施办法，制定本单位授予学位的工作细则。"该办法赋予学位授予单位在不违反《中华人民共和国学位条例》所规定授予学士学位基本原则的基础上，在学术自治范围内制定学士学位授予标准的权力和职责，华中科技大学在此授权范围内将全国大学英语四级考试成绩与学士学位挂钩，属于学术自治的范畴。高等学校依法行使教学自主权，自行对其所培养的本科生教育质量和学术水平作出具体的规定和要求，是对授予学士学位的标准的细化，并没有违反《中华人民共和国学位条例》第4条和《中华人民共和国学位条例暂行实施办法》第25条的原则性规定。因此，何小强因未通过全国大学英语四级考试不符合华中科技大学学士学位的授予条件，武昌分校未向华中科技大学推荐其申请授予学士学位，故华中科技大学并不存在不作为的事实，对何小强的诉讼请求不予支持。

三、对学校授予学位行为的司法审查以合法性审查为原则。各高等学校根据自身的教学水平和实际情况在法定的基本原则范围内确定各自学士学位授予的学术水平衡量标准，是学术自治原则在高等学校办学过程中的具体体现。在符合法律法规规定的学位授予条件前提下，确定较高的学士学位授予学术标准或适当放宽学士学位授予学术标准，均应由各高等学校根据各自的办学理念、教学实际情况和对学术水平的理想追求自行决定。对学士学位授予的司法审查不能干涉和影响高等学校的学术自治原则，学位授予类行政诉讼案件司法审查的范围应当以合法性审查为基本原则。

本案表明，法律优位原则的适用有一定界限或者限制。在高校管理中，需恰当处理法律优位原则与学术自治原则的关系。

公报案例 甘露不服暨南大学开除学籍决定案

【裁判摘要】

学生对高等院校作出的开除学籍等严重影响其受教育权利的决定可以依法提起诉讼。人民法院审理此类案件时,应当以相关法律、法规为依据,参照相关规章,并可参考涉案高等院校正式公布的不违反上位法规定精神的校纪校规。

【基本案情】

甘露原系暨南大学华文学院语言学及应用语言学专业2004级硕士研究生。2005年,甘露为现代汉语语法专题科目提交的课程考试论文是《关于"来着"的历时发展》。任课老师发现该考试论文抄袭自互联网上,遂对其批评、教育后,要求重写。甘露第二次向任课老师提交的考试论文《浅议东北方言动词"造"》,又被发现与发表于《江汉大学学报》2002年第2期《东北方言动词"造"的语法及语义特征》一文雷同。2006年3月8日,暨南大学作出《关于给予硕士研究生甘露开除学籍处理的决定》,给予甘露开除学籍的处分。甘露不服,向广东省教育厅提出申诉,广东省教育厅认为暨南大学对甘露作出处分的程序违反《暨南大学学生违纪处分实施细则》第33条的规定,影响甘露的陈述权、申诉权及听证权的行使,不符合《普通高校学生管理规定》第55条、第56条的规定,责令暨南大学重新处理。之后,暨南大学于2006年6月1日开始,进行了相关调查、听取意见等程序。6月15日,暨南大学学生违纪处理委员会召开会议,决定给予甘露开除学籍的处分,并将给予甘露开除学籍处分的意见提交校长办公会议进行讨论。6月19日,暨南大学召开2006年第16次校长办公会议,会议决定同意给予甘露开除学籍的处分。6月21日,暨南大学将处分决定送达甘露母亲赵小曼。6月23日,暨南大学又将开除学籍决定寄送给甘露。2007年6月11日,甘露以暨南大学作出的开除学籍决定没有法律依据及处罚太重为由,提起行政诉讼,请求撤销暨南大学作出的开除学籍决定并承担案件诉讼费。

【裁判结果】

撤销暨南大学作出的开除学籍决定。

【裁判理由】

本案终审本院认为，高等学校学生应当遵守《高等学校学生行为准则》《普通高等学校学生管理规定》，并遵守高等学校依法制定的校纪校规。学生在考试或者撰写论文过程中存在的抄袭行为应当受到处理，高等学校也有权依法给予相应的处分。但高等学校对学生的处分应遵守《普通高等学校学生管理规定》第55条规定，做到程序正当、证据充足、依据明确、定性准确、处分恰当。特别是在对违纪学生作出开除学籍等直接影响受教育权的处分时，应当坚持处分与教育相结合原则，做到育人为本、罚当其责，并使违纪学生得到公平对待。违纪学生针对高等学校作出的开除学籍等严重影响其受教育权利的处分决定提起诉讼的，人民法院应当予以受理。人民法院在审理此类案件时，应依据法律法规、参照规章，并可参考高等学校不违反上位法且已经正式公布的校纪校规。

《暨南大学学生管理暂行规定》第53条第5项规定，剽窃、抄袭他人研究成果，情节严重的，可给予开除学籍处分。《暨南大学学生违纪处分实施细则》第25条规定，剽窃、抄袭他人研究成果，视情节轻重，给予留校察看或开除学籍处分。暨南大学的上述规定系依据《普通高等学校学生管理规定》第54条第5项的规定制定，因此不能违背《普通高等学校学生管理规定》相应条文的立法本意。《普通高等学校学生管理规定》第54条列举了七种可以给予学生开除学籍处分的情形，其中第4项和第5项分别列举了因考试违纪可以开除学籍和因剽窃、抄袭他人研究成果可以开除学生学籍的情形，并对相应的违纪情节作了明确规定；其中第5项所称的"剽窃、抄袭他人研究成果"，系指高等学校学生在毕业论文、学位论文或者公开发表的学术文章、著作，以及所承担科研课题的研究成果中，存在剽窃、抄袭他人研究成果的情形。所谓"情节严重"，系指剽窃、抄袭行为具有非法使用他人研究成果数量多、在全部成果中所占的地位重要、比例大，手段恶劣，或者社会影响大、对学校声誉造成不良影响等情形。甘露作为在校研究生提交课程论文，属于课程考核的一种形式，即使其中存在抄袭行为，也不属于该项规定的情形。因此，暨南大学开除学籍决定援引《暨南大学学生管理暂行规定》第53条第5项和《暨南大学学生违纪处分实施细则》第25条规定，属于适用法律错误，应予撤销。

本案表明，高校等虽然有制定相关管理规定的权力，但相关管理规定必须合法，否则不能作为作出行政决定的依据。如果学校制定的相关管理规定含义不清，应当按照上位法的精神予以解释。

公报案例 丹阳市珥陵镇鸿润超市诉丹阳市场监督管理局不予变更经营范围登记案

【裁判摘要】

为从源头上纠正违法和不当的行政行为，我国行政诉讼法规定，人民法院在审理行政案件中，对行政行为所依据的规章以下规范性文件的合法性具有附带审查的职权。市场经营主体申请变更登记经营范围，市场监管部门依据地方政府文件规定不予办理，人民法院经审查认为该规范性文件相关内容违反上位法规定，存在限制市场公平竞争等违法情形的，该规范性文件不作为认定被诉行政行为合法的依据。市场经营主体起诉要求市场管理部门办理变更法院应予支持。

【基本案情】

2015年2月5日，原告丹阳市珥陵镇鸿润超市向被告丹阳市市场监督管理局提交个体工商户变更登记申请书，申请在原个体工商户营业执照核准的经营范围内增加蔬菜零售项目，并提供了相关变更登记所需材料。2015年2月6日，被告向原告出具了个体工商户变更登记受理通知书。随后，被告对申请材料进行审查，并赴原告经营场所实地调查核实，认定原告经营场所距丹阳市珥陵农贸市场不足200米。被告认为原告的申请不符合丹阳市人民政府《关于转发市商务局〈丹阳市菜市场建设规范〉的通知》中“菜市场周边200米范围内不得设置与菜市场经营类同的农副产品经销网点”的规定，遂于2015年2月16日作出了个体工商户登记驳回通知书，决定对原告的变更申请不予登记。原告不服，诉至法院。

【裁判结果】

撤销被诉行政行为。

【裁判理由】

江苏省丹阳市人民法院一审认为：根据《行政诉讼法》第62条第1款、第3款规定，人民法院审理行政案件，以法律和行政法规、地方性法规为依据，参照规章。《个体工商户条例》第4条规定：“国家对个体工商户实行市场平等准入、公平待遇的原则。申请办理个体工商户登记，申请登记的经营范围不属于法律、行政法规禁止进入的行业的,登记机关应当依法予以登记。”本案中,原告鸿润超市申请变更登记增加的经营项目为蔬菜零售,不属于法律、行政法规禁止进入的行业,被告丹阳市市场监督管理局依法应当予以登记。但被告却适用丹阳市人民政府规范性文件中关于“菜市场周边200米范围内不得设置与菜市场经营类同的农副产品经销网点”的规定,以原告经营场所距珥陵农贸市场不足200米为由,对原告的申请作出不予登记行为。由于丹阳市人民政府的上述规定与商务部《标准化菜市场设置与管理规范》有关场地环境之选址要求“以菜市场外墙为界,直线距离1公里以内,无有毒有害等污染源,无生产或贮存易燃、易爆、有毒等危险品的场所”的规定不一致,与《商务部等13部门关于进一步加强农产品市场体系建设的指导意见》之“积极发展菜市场、便民菜店、平价商店、社区电商直通车等多种零售业态”的指导意见不相符,也违反《个体工商户条例》关于对个体工商户实行的市场平等准入、公平待遇的原则。根据《行政诉讼法》第53条、第64条的规定,人民法院经审查认为地方人民政府制定的规范性文件不合法的,不作为认定行政行为合法的依据。据此,该规范性文件不能作为认定被诉登记行为合法的依据。因此,被告对原告的申请作出不予登记的行政行为缺乏法律依据,依法应予撤销。

本案表明,行政规范性文件也必须遵循法律优位原则,行政规范性文件违法的,不能作为行政行为的依据。

公报案例 博坦公司诉厦门海关行政处罚决定案

【裁判摘要】

一、对海关监管货物的来源负有审查义务的仓储企业法人,明知他人走私货物,虽然一再向走私人表示拒绝为走私货物提供仓储服务,但事实上一直为走私货物提供仓储服务并不向海关报告,其行为违反《中华人民共和国海关法行政处罚实施细则》(以下简称《海关法行政处罚实施细则》)第6条第2款规定,构成共同走私。

二、行政机关为实施法律而根据法律制定的实施细则、条例等行政法规,在相关法律修改后,只要没有被法律、行政法规或者制定机关明令废止,并且不与修改后的法律相抵触,就仍然可以适用。

……

【基本案情】

1997年3月至1998年6月，赫斯特拉号轮等64艘次船舶将未在中国境内办理报关纳税手续的柴油1150156.9吨、毛豆油256569.64吨、毛菜籽油15568.344吨、棕油7171.22吨、精豆油30008.01吨、精棕油5633.231吨、大豆油15945.921吨走私入境后，在原告博坦公司所属的油库卸载、仓储，博坦公司因此收入5797142.97美元，折合人民币47985271元，期间向国家缴纳税款3006505元。据此，被告厦门海关于2004年10月27日作出行政处罚决定，决定没收博坦公司的违法所得44978766元，并处罚款1000万元。

【裁判结果】

维持被诉行政行为。

【裁判理由】

福建省高级人民法院认为：

一、上诉人博坦公司的行为是否属于《海关法行政处罚实施细则》第6条第2款规定的情形，应当看其行为是否同时具备知情不报、为走私人提供方便这两个客观要件。

……

二、1987年颁布实施的《中华人民共和国海关法》(以下简称《海关法》)，对走私犯罪行为的表现形式规定得不够仔细，特别是对走私共犯之间的责任如何承担未作规定，以至实际操作中产生不少问题。为了执行海关法中关于法律责任的规定，根据该法第60条的授权，国务院批准制定和修订了《海关法行政处罚实施细则》，其中第6条第1款规定："对两人或者两人以上共同所为的走私行为，应当区别情节及责任，分别给予处罚。"第2款规定："知情不报并为走私人提供方便的，没收违法所得，可以并处违法所得两倍以下的罚款……"这一条不仅第一次提到共同走私，也是第一次将"知情不报并为走私人提供方便"的行为列为共同走私。1999年12月25日修正的《中华人民共和国刑法》第156条规定："与走私罪犯通谋，为其提供贷款、资金、账号、发票、证明，或者为其提供运输、保管、邮寄或者其他方便的，以走私罪的共犯论处。"为了与修正后的刑法一致，2000年修正的《海关法》第84条规定："伪造、变造、买卖海关单证，与走私人通谋为走私人提供贷款、资金、账号、发票、证明、海关单证，与走私人通谋为走私人提供运输、保管、邮寄或者其他方便，构成犯罪的，依法追究刑事责任；尚不构成犯罪的，由海关没收违法所得，并处罚款。”“通谋”一词，常见于刑事立法中对共犯关系的描述。既是“通谋”，前提必须是明知，而明知包括行为人知道或者应当知道。依照修正后的《海关法》第 84 条规定，如果行为人知道或者应当知道走私人正在从事走私活动，仍然为走私人提供运输、保管、邮寄或者其他方便，就构成“与走私人通谋”，此时首先考虑追究行为人的刑事责任，其次才考虑对不构成犯罪的给予行政处罚。两相比较，《海关法行政处罚实施细则》第 6 条第 2 款规定与修正后的《海关法》第 84 条规定不冲突，只是处罚程度没有修正后的《海关法》第 84 条严厉，可以对本案适用。

三、我国是社会主义法治国家，什么样的行为违法，对违法行为人给予何种处罚，都应当由相关法律、法规来规定，各法律、法规的具体规定之间不必然具有参照适用的效力。《最高人民法院关于审理非法出版物刑事案件具体应用法律若干问题的解释》是对人民法院审理非法出版物刑事案件中存在的法律适用问题进行解释，仅限于人民法院审理此类刑事案件时适用。《国家工商行政管理局关于投机倒把违法违章案件非法所得计算方法问题的通知》亦仅限于工商行政管理机关处理投机倒把违法违章案件时适用；上述两个文件均与认定走私案件的违法所得无关。海关总署政法司的复函既不是法律、法规和规章，也不是海关总署为具体应用法律、法规和规章作出的解释，仅是海关总署内设机构对相关法律问题表达的一种观点，依法不能作为行政案件的审判依据。况且对违法行为人投入的经营费用应否从违法所得中扣除，这三份文件也没有明确、统一的标准，不具有参考价值。《海关法行政处罚实施细则》第 6 条第 2 款只规定对知情不报并为走私人提供方便的人要没收违法所得，没有规定还要将违法行为人投入的经营费用从违法所得中扣除。上诉人博坦公司认为审理本案应当参照前述三份文件，主张其投入的经营费用应当从违法所得中扣除，没有法律依据，理由不能成立。

综上，被上诉人厦门海关作出的 028 号行政处罚决定，符合法律规定，是正确的。

公报案例 益民公司诉河南省周口市政府等行政行为违法案

【裁判摘要】

根据《最高人民法院关于执行〈中华人民共和国行政诉讼法〉若干问题的解释》第58条的规定，被诉具体行政行为违反了法律规定，且损害了相对人信赖利益，但如果撤销该行政行为，将会给公共利益造成重大损失的，应确认被诉具体行政行为违法，并责令被诉行政机关采取相应的补救措施。

【基本案情】

2003年4月26日，周口市计委向亿星公司、益民公司等13家企业发出邀标函，着手组织周口市天然气城市管网项目法人招标，同年5月2日发出的《周口市天然气城市管网项目法人招标方案》（以下简称《招标方案》）称，“受周口市人民政府委托，周口市发展计划委员会组织人员编制了周口市天然气城市管网项目法人招标方案”。该方案规定，投标人中标后，市政府委托周口市建设投资公司介入项目经营（市政府于2003年8月15日作出周政[2003]76号文撤销了该公司，该公司未实际介入项目经营）。该方案及其补充通知中还规定，投标人应“按时将5000万元保证金打入周口指定账户，中标企业的保证金用于周口天然气项目建设”。益民公司在报名后因未能交纳5000万元保证金而没有参加最后的竞标活动。同年5月12日，招标正式举行。招标时，市计委从河南省方圆招标代理有限责任公司专家库中选取了5名专家，另有周口市委副秘书长和市政府副秘书长共7人组成评标委员会。同年6月19日，市计委依据评标结果和考察情况向亿星公司下发了《中标通知书》，确定亿星公司中标。同年6月20日，市政府作出周政（2003）54号《关于河南亿星实业集团有限公司独家经营周口市规划区域内城市管网燃气工程的通知》（以下简称54号文），再次明确由河南亿星实业集团公司独家经营周口市规划区域内城市天然气管网工程。54号文送达后，亿星公司办理了天然气管网的有关项目用地手续，购置了输气管道等管网设施，于2003年11月与中国石油天然气股份有限公司西气东输管道分公司（以下简称中石油公司）签订了“照付不议”用气协议，并开始动工开展管网项目建设。益民公司认为，上述《招标方案》《中标通知书》和54号文违反了法律规定，并侵犯了其依法享有的管道燃气经营权，向河南省高级人民法院提起行政诉讼。

【裁判结果】

确认被诉行政行为违法。

【裁判理由】

终审法院认为,虽然市计委作出《招标方案》、发出《中标通知书》以及市政府作出54号文的行为存在适用法律错误、违反法定程序之情形,且影响了上诉人益民公司的信赖利益,但是如果判决撤销上述行政行为,将使公共利益受到以下损害:一是招标活动须重新开始,如此则周口市"西气东输"工程的进程必然受到延误。二是由于具有经营能力的投标人可能不止亿星公司一家,因此重新招标的结果具有不确定性,如果亿星公司不能中标,则其基于对被诉行政行为的信赖而进行的合法投入将转化为损失,该损失虽然可由政府予以弥补,但最终亦必将转化为公共利益的损失。三是亿星公司如果不能中标,其与中石油公司签订的"照付不议"合同亦将随之作废,周口市利用天然气必须由新的中标人重新与中石油公司谈判,而谈判能否成功是不确定的,在此情况下,周口市民及企业不仅无法及时使用天然气,甚至可能失去"西气东输"工程在周口接口的机会,从而对周口市的经济发展和社会生活造成不利影响。根据《最高人民法院关于执行〈中华人民共和国行政诉讼法〉若干问题的解释》第58条关于"被诉具体行政行为违法,但撤销该具体行政行为将会给国家利益或者公共利益造成重大损失的,人民法院应当作出确认被诉具体行政行为违法的判决,并责令被诉行政机关采取相应的补救措施"之规定,应当判决确认被诉具体行政行为违法,同时责令被上诉人市政府和市计委采取相应的补救措施。由于周地建城(2000)10号文已被周口市建设局予以撤销,该文现在已不构成被诉具体行政行为在法律上的障碍,因此就本案而言,补救措施应当着眼于益民公司利益损失的弥补,以实现公共利益和个体利益的平衡。

本案表明,法律优位原则不具有绝对的优先地位,在适用过程中,要根据案件实际情况与其他法律原则相权衡。

第三章

比例原则及其适用*

【内容提要】

行政裁量权的规范和制约是现代行政法的一项主要任务。实现这一任务的路径不是单一的,有些国家倚重于程序规范,有些国家倚重于实体规范。通过实体规范实现这一任务的方法也不一而足,构建法律原则、制定实体裁量基准是目前常见的方法。而在法律原则中,除了平等原则,英国的合理原则(reasonableness or rationality)和德国的比例原则(Verhältnismäßigkeit,proportionality)等最具影响。

比例原则是源自德国的法律原则。国内目前对于比例原则的研究大致分三个方面:一是比较法的研究,主要着眼于比例原则在国外的发展以及在我国的引入与适用;二是对比例原则内部构成要素或者子原则的研究,主要围绕目的正当性、适当性、必要性和均衡性等要求展开;三是比例原则从行政法原则走向民法、刑法等其他法律部门的研究,主要围绕其他法律部门引入比例原则的可能性以及引入后的适用问题展开;四是对比例原则在行政法审判实践中的应用状况的研究。除了这四个方面之外,笔者以为,比例原则的研究其实还应从第五个方面展开,即探讨比例原则与其他相关原则之间的关系,包括与英国合理原则、行政处罚法中过罚相当原则、成本效益分析原则以及法律优先原则等原则之间的关系。只有处理好比例原则与这些原则之间的关系,才

* 本章主要内容发表于《从合理原则走向统一的比例原则》(《中国法学》2016 年第 3 期)、《行政处罚中比例原则与过罚相当原则的关系之辨》(《交大法学》2017 年第 4 期,与李晴合著)、《合理、诚信抑或比例原则:目的正当性归属之辨》(《中外法学》2021 年第 4 期)等,编入本书时作了修改和调整。

能形成对这一原则的正确认识，也才能更好地适用这一原则。基于此，本章主要研究了比例原则的内部结构以及比例原则与合理原则、过罚相当原则之间的关系问题。

一般认为，比例原则包括适当性、必要性和均衡性三个子原则。不过近年来，国内有学者主张将目的正当性增列为比例原则的第一个子原则或者首先的审查环节。由于目的正当性已为合理原则和诚信原则所包含，此说的提出等于“一女三嫁”，须有个取舍。合理原则源自英国，但包括英国在内的普通法系国家已逐渐舍弃该原则，改而采用比例原则；我国引入比例原则之后，合理原则及其目的正当性要求已是时过境迁。善意或目的正当性自古罗马起就是诚信原则的首要要求。迄今，我国民法、行政法与诉讼法等莫不将善意或目的正当性作为诚信原则的内在要求。于此情形，论者必须提出将目的正当性要求转入比例原则的充分理由，但这一问题却被忽视了。从行政诉讼法之滥用职权与明显不当审查之分工、目的正当性审查之功能属性与适用范围、诚信原则作为滥用职权认定依据的统一性考虑，目的正当性要求应依然固守于诚信原则中。

与比例原则一样，英国的合理原则也是制约和规范行政裁量权的，且早在比例原则之前，被行政法学界引入我国。因此，处理好它们之间的关系应该是适用比例原则时要解决的基本问题。为了探究（德国）比例原则与（英国）合理原则之间的关系，笔者考察了合理原则在英国等英美法系国家的发展情况。考察发现，长期采用合理原则的英国，在涉及人权的案件中，已引入比例原则作为司法审查的依据，成此消彼长之势。根源在于，合理原则立基于禁止越权原则，以确保行政行为的合法性为宗旨，不能完全胜任人权保障的时代使命；而比例原则在确保行政行为合法性的基础上，进一步把人权保障作为其主要目的，对人权的保护更为有力。从当下我国人民法院所担负的基本权利保障任务和采行的积极主动司法政策来看，统一采用比例原则为评价基准更符合我国法治建设和人权保障的需要。

在我国行政处罚领域，比例原则与过罚相当原则之间的关系可从行政处罚的实体裁量和行政处罚的程序裁量两个方面来分析。在行政处罚的实体裁量过程中，可在考量过罚相当原则所包含的违法行为构成要素的基础上，通过比例原则的适当性、必要性和均衡性要求来分析判断过罚是否相当。在行政处罚的程序裁量过程中，比例原则则可在过罚相当原则之外，通过适当性、必要性和均衡性原则的应用，判断程序是否合理、正当，从而有效弥补过罚相当原则在制约处罚程序裁量方面的不足。因此，在行政处罚领域，两者并不是非此即彼的对立关系。

【关键词】

比例原则；目的正当性；合理原则；过罚相当原则。

一、比例原则的历史渊源与基本要求

比例原则滥觞于德国[①]，一般认为，它包括适当性、必要性和均衡性三个子原则。适当性原则要求，行政行为应当能够实现法律目的或者有助于法律目的的实现；必要性原则要求，在能够实现法律目的或者有助于实现法律目的的诸多方案中，应当选择对行政相对人权益侵害最小或者行政成本最低的方案；均衡性原则则进一步要求，即便选择了侵害最小或成本最低的方案，行政行为给行政相对人造成的损害或者支付的行政成本也不得大于所追求或者所维护的公共利益。[②] 不过，这三个子原则不是一蹴而就的，而是有一个逐渐形成和发展的过程。这一过程大致为先提出必要性原则，再提出适当性原则，最后提出均衡性原则。[③]

(一) 比例原则基本内容的逐步形成

必要性原则提出于 1802 年。这一年，德国学者贝格(von Berg)在其出

① 有一种意见认为，比例原则可追溯到英国 1215 年《自由大宪章》(Magna Carta)，其中规定，犯罪与处罚应当平衡，不得因为轻罪而重罚。参见蔡宗珍：《公法上之比例原则初论——以德国法的发展为中心》，载《政大法学评论》1999 年第 62 期；陈新民：《德国公法学基础理论》，法律出版社 2001 年版，第 376 页。

② 我国台湾地区"行政程序法"第 7 条对行政法上比例原则作了经典型表述："行政行为，应依下列原则为之：一、采取之方法应有助于目的之达成。二、有多种同样能达成目的之方法时，应选择对人民权益损害最少者。三、采取之方法所造成之损害不得与所达成目的之利益显失均衡。"

③ 本章关于比例原则之形成、发展的介绍，主要参考了陈新民：《论宪法人民基本权利的限制》，载陈新民：《德国公法学基础理论》，法律出版社 2001 年版。

版的《德国警察法手册》一书中已明确提出，警察权力只能在必要时可以实施。[①] 这被认为是广义比例原则的首次提出。[②] 1882 年的"十字架山案"被看作是"必要性原则"形成的里程碑。在本案判决中，普鲁士高等法院指出，柏林市警察局基于增进社会福祉的理由而限制部分柏林市居民的建筑物高度是没有必要的，且已超出必要限度。[③] 此后，行政法大师奥托·迈耶(Otto Mayer)在 1885 年出版的《德国行政法》中提出，警察权力对人权之侵犯，不可违反比例原则，逾越必要限度即是违法的。在这里，比例原则作为一个法学概念得到使用，但这里的比例原则实际上指的仍是必要原则。[④] 继奥托·迈耶之后，弗莱纳(F. Fleiner)在 1911 年出版的《德国行政法体系》一书中，不仅提出了"警察不可用大炮打麻雀"的名言，还提出对违反警察商业法令的商店的处罚，如果能用其他较温和的手段(如执行罚、警察罚)来处置，就不可使用吊销执照的方式。他认为，最严厉的手段只能在最不得已时方能使用，警察侵犯人权，必须合乎适当的比例，也就是合乎比例原则。[⑤] 陈新民教授评议说，至此，"弗莱纳已对比例原则中的必要性原则作了淋漓透彻之解析"[⑥]。

在必要性原则基础上，进一步提出适当性原则的是耶律纳克(Walter Jellinek)。他在 1913 年出版的《法律、法律适用及目的性衡量》一书中，对警察权力行使的界限问题作了深入探讨。他认为，警察权力的行使不可以有侵害性、不足性、过度性和违反妥当性。这里的过度性，与前述必要性意义基本相同。所谓侵害性，是指公民没有违法行为，却遭到警察的侵犯。所谓违反妥当性，是指行政措施违反行政权力所要追求的目的(如公益)。换言之，假如警察权力的行使偏离了其所要达成的目的，就属于不妥当。所谓不足性，是指行政措施虽然在方向上是妥当的，是可以达成目的的，但在操作

① G. H. v. Berg, Handfuch der Deutschen Policeyrechts. 2. Aufl. Hannover 1802. (1. Aufl. 1799.) S. 89-91; Dazu Jakobs, aaO. S. 97. 转引自陈新民:《德国公法学基础理论》,法律出版社 2001 年版,第 376 页。

② 参见陈新民:《德国公法学基础理论》,法律出版社 2001 年版,第 376 页。

③ 本案对于德国公法发展具有重要意义。它确定了自由主义的民主法治国家的理念,将警察的权力,由扩张性质的促进福祉观念推回法定的防御危害之原处。本案也宣示了,未得法律明白授权,不可以侵犯人民权利,法律保留原则因此树立。参见陈新民:《德国公法学基础理论》,法律出版社 2001 年版,第 376 页。

④ 参见陈新民:《德国公法学基础理论》,法律出版社 2001 年版,第 377 页。

⑤ 同上。

⑥ 同上。

上仍不足以达成行政利益。[①] 如果抛开侵害性，将违反妥当性和不足性结合起来看，就等于要求行政机关所采取的行政措施应当符合所要追求的目的，能够实现目的或者有助于该目的的实现。这就与当前人们所描述的适当性要求基本相同了。此后，必要性原则和适当性原则之理念在德国各邦立法中也逐步得到体现。例如，1931 年 6 月 1 日公布的《普鲁士警察行政法》提出，警察权应选择对人民及社会最少侵害的方式为之。同时，假如有其他较温和的手段也可以达到排除危害之情形时，该法也允许人民可以申请警察采行。[②]

均衡性原则的提出则到了二战结束、1949 年德国《基本法》颁布之后，其标志是 1950 年德国黑森邦(Hessen)《直接强制法》第 4 条的规定和 1958 年的“药房案”。黑森邦《直接强制法》第 4 条规定，行政直接强制只能选择对当事人及公众损害最小的方式进行，且不得与所达成的结果明显不成比例(in offenbarem Mißverhältnis)。这一规定，在 1953 年德国联邦制定的《联邦行政执行法》第 9 条第 2 项得到重述。该条明确规定，强制手段必须与其达成的目的有适当的比例。[③] 这两部法律中的“损害最小的方式不得与所达成的结果明显不成比例”以及“强制手段必须与其达成的目的有适当比例”所包含的思想是适当性与必要性原则所不能包含的。“药房案”被学界公认为是确立均衡性原则的里程碑性案件。在本案判决中，德国联邦宪法法院指出：“如果能证明对择业自由的限制是不可避免的，立法者应当选择对基本权利侵害最小的方式。”“如果对基本权利的限制会造成过度负担和不具有期待可能性(zumutbar)，那么就是违宪的……职业自由的主观条件的设定应当符合比例原则，主观条件不应当与所欲达到的适当执业的目的不成比例。”[④] 这里的最后一句，尤其是其中的“主观条件不应当与所欲达到的适当执业的目的不成比例”，可说是对均衡原则的经典表达。

经由上述学理、立法与司法实践的合作努力，德国学界在进一步补充和归纳的基础上将比例原则系统地表述为适当性、必要性和均衡性三个子原

---

① 参见陈新民：《德国公法学基础理论》，法律出版社 2001 年版，第 378 页。

② 参见该法第 41 条第 2 项。另外，在该法第 55 条关于直接强制的施行细则中，也重申直接强制之作用，以达成必要的警察目的为限。

③ L. Hirschberg, S. 13.

④ BVerfGE 7,377(405-407) -Apotheken-Urteil. 转引自刘权：《目的正当性与比例原则的重构》，载《中国法学》2014 年第 4 期。

则，比例原则的完整理论体系得以形成。例如，1973年德国学者埃贝哈德·格拉比茨（Eberhard Grabeitz）在《联邦宪法法院中的比例原则》一文中认为，广义的比例原则包括适当性原则（Geeignetheit）、必要性原则（Erforderlichkeit）、狭义比例原则（Verhältnismäßigkeit im engeren Sinne）。[①]

我国行政法上的比例原则引自德国，其内容也包含三个子原则，且含义与德国比例原则基本一致。可以说，比例原则的三个子原则说被国内学者普遍接受，基本成为通说。[②]

（二）比例原则之子原则构成的三种新立场

比例原则的三个子原则说通常被称为“三阶理论”或者“三分法”，是关于其内容结构的通说，但对这一理论自始就有不同意见：一种意见为“两个子原则说”，通常被称为“二阶理论”或者“二分法”。这种观点认为，比例原则仅包括必要性原则和均衡性原则两个子原则，不包括适当性原则；另一种意见为“四个子原则说”，通常称为“四阶理论”或“四分法”。这种观点认为比例原则的内容不限于适当性、必要性和均衡性原则，还应当包括目的正当性原则，且目的正当性应当成为比例原则的第一个独立子原则，为醒目起见，也可称这种观点为“目的正当性子原则说”。

“二阶理论”始自1961年，德国学者乐雪（P. Lerche）在该年发表的《逾越限度及宪法——以比例原则及必要性原则对立法者之拘束》一书中即阐扬两个子原则的看法。他认为，必要性原则要求在诸多适合达成目的手段中选择最小侵害的手段，这就意味着，必要性原则在实际运作中已经包含了适当性原则，行政手段的适当性是必要性的前提。简言之，“任何已进入必要性问题讨论的手段，已断无妥当性的问题了”[③]。1981年，希尔希贝格（Lothar Hirschberg）在其专著《比例原则》中也提出了类似的观点。他认为，适

① Eberhard Grabitz, Der Grundsatz der Verhältnismäßigkeit in der Rechtsprechung des Bundesverfassungsgerichts, AöR98, 570 (1973). 转引自刘权：《目的正当性与比例原则的重构》，载《中国法学》2014年第4期。

② 参见黄学贤：《行政法中的比例原则研究》，载《法律科学（西北政法大学学报）》2001年第1期；余凌云：《论行政法上的比例原则》，载《法学家》2002年第2期；郝银钟、席作立：《宪政视角下的比例原则》，载《法商研究》2004年第6期；蒋红珍：《论比例原则——政府规制工具选择的司法评价》，法律出版社2010年版；姜昕：《比例原则研究——一个宪政的视角》，法律出版社2008年版；姜明安主编：《行政法与行政诉讼法》（第五版），北京大学出版社、高等教育出版社2011年版。

③ 转引自陈新民：《德国公法学基础理论》，法律出版社2001年版，第374页。

当性原则无法充分且有效地制止过度侵犯人权的行为,只要进行必要性审查,就自然会进行适当性审查,必要的手段必然是可达成目的的最温和的手段。[①] 除了国外,国内行政法学界也有学者秉持"二阶理论"的。我国台湾地区学者陈新民教授认为,"原广义的比例原则就是讨论手段与目的的限度及过度的问题,所以,比例原则的主要作用即在于制止过度地侵犯人权,乐雪正名'过度禁止',令人耳目一新,可以立即地掌握该原则的主要目的",故比例原则还是以二阶理论为好"。[②] 除了台湾地区,大陆行政法学界也不乏"二阶理论"的主张者。[③] 例如,周佑勇教授就"赞成上述'二阶理论',但在用语上主张仍然采用通常所称之'行政比例'来表达,以用作宪法位阶的'比例原则'在行政法中的具体化"[④]。

不同于"二阶理论","四阶理论"即"目的正当性子原则说",最先在审判实践和立法实践中得到体现。在 1971 年的"石油产品存储义务案"[⑤]中,德国联邦宪法法院指出,以比例原则作为评价有关执业法律规定合宪性的依据,具有目的的正当性、手段的适当性和必要性、相关利益的均衡性四个方面的意义。就目的的正当性,判决指出:"唯有为公共福祉之利益,唯有为解决足以证明立法者之采取行政系属合理且不抵触基本法价值秩序之客观任务,立法者始得限制职业自由。对于基本权利之干涉,立法者应能以适切与合理之公共福祉考量作为论据,而不得为乖违事实之目的滥用立法权力。"[⑥] 1976 年制定的德国《联邦行政程序法》第 40 条也明确规定:"行政机关被授

---

① 参见陈新民:《德国公法学基础理论》,法律出版社 2001 年版,第 374 页。刘权博士在其论文中认为,希尔希贝格坚持三要素说。该文说:"1981 年,德国学者希尔希贝格(Lothar Hirschberg)在其专著《比例原则》中提出,比例原则要求具体案件中的手段具有适当性、最小损害性与狭义合比例性。"刘权博士引注的文献是 Lothar Hirschberg, Der Grundsatz der Verhältnismäßigkeit, Göttingen: Schwartz, 50 (1981),具体参见刘权:《目的正当性与比例原则的重构》,载《中国法学》2014 年第 4 期。笔者不懂德文,无法辨别真伪,特别注释说明。

② 陈新民:《德国公法学基础理论》,法律出版社 2001 年版,第 375 页。

③ 国内行政法学界持这一观点者如胡建淼教授、周佑勇教授等。参见胡建淼:《行政法学》(第四版),法律出版社 2015 年版,第 55 页;周佑勇:《行政法原论》(第三版),北京大学出版社 2018 年版,第 63—64 页。

④ 周佑勇:《行政法基本原则研究》(第二版),法律出版社 2019 年版,第 196—197 页。

⑤ BverGE 30, 292-336.

⑥ 就比例原则其他三方面的要义,判决指出:"……第二,为达成所追求之目的,立法者采取之手段须属合适的,并为必要的。第三,在一方面就干涉之严重程度,以及另方面就干涉所依据理由之重要性与迫切性,为通盘衡量时,尚需遵守合理性之界限。"参见施启扬:《德国联邦宪法法院裁判选辑》(七),台北"司法院"1997 年发行,第 135—136 页。

权依其裁量行为时，裁量活动须符合授权目的，且应遵守法定的裁量界限。”[①]目前，德国学界主张将目的正当性作为比例原则的一项独立子原则的也大有人在。2012 年，斯特芬·德特贝克(Steffen Detterbeck)在其新版的教科书中认为，比例原则的第一阶段应为目的审查(Zweckprüfung)，“法院首先应当查明国家活动的目的……然后再审查这种目的是否合法或违法……如果国家追求一个违法的目的，就会损害权利，这种国家活动也就不再具有合比例性”[②]。同年，英国学者弗兰西斯克·J. 乌尔维纳(Francisco J. Urbina)认为，比例原则本质上包括正当目的、适当性、必要性与狭义比例性四个部分。[③] 原以色列最高法院院长阿哈龙·巴拉克(Aharon Barak)在其著作中同样认为，适当的目的应当是比例原则的应有组成部分。[④] 而今，国内行政法学界也有学者秉持这种观点。例如，谢立斌在介绍德国“药房案”时，就将比例原则的内容结构分为四个方面，第一个为目的正当性。[⑤] 刘权博士则特别撰文提出，“应当完善比例原则的逻辑结构，将目的正当性原则作为比例原则的第一部分，即完整的比例原则应当包括四个部分：目的正当性原则、适当性原则、最小损害性原则和狭义比例原则。目的正当性原则，要求立法者、行政者的公权力行为必须出于正当的目的”[⑥]。

除了上述两种意见，2019 年国内针对“四阶理论”还提出了一种新的修正意见。这种意见认为，比例原则应当纳入目的正当性审查，但不能将其作为一个独立的子原则，而是将其作为一个审查环节充入适当性原则中，即“在确认比例原则需包含对目的论审查的前提下，仅仅保留其作为审查环节的地位”。这种观点类似于两个子原则说处理适当性原则的方法。蒋红珍教授是这种意见的倡导者。[⑦] 她将“目的正当性子原则说”称为“独立位阶

---

① 需注意的是，这里只是要求符合授权目的，但没有明确符合授权目的是比例原则的要求。

② 转引自刘权：《目的正当性与比例原则的重构》，载《中国法学》2014 年第 4 期。

③ 同上。

④ 同上。

⑤ 参见谢立斌：《药店判决》，载《德国宪法案例选释(第 1 辑)：基本权利总论》，法律出版社 2012 年版，第 66 页。

⑥ 刘权：《目的正当性与比例原则的重构》，载《中国法学》2014 年第 4 期。

⑦ 除了蒋红珍教授，许玉镇在界定比例原则内涵时，于适当性子原则中包含了目的正当性。他说：“妥当性原则是权衡目的与手段间的关系，但目的本身并非不受任何限制，目的本身必须符合宪法，具有正当性和合法性，如在专制时代，在纳粹政权下，即使政府行政手段能够达至行政目的，也会因目的本身的不正当性而违反比例原则，手段因目的不正当而不具有可考量性。”参见许玉镇：《比例原则的法理研究》，中国社会科学出版社 2009 年版，第 55 页。

说”,自称其观点为“审查环节说”。从比例原则的“四阶理论”角度来看,“审查环节说”本质上是将目的正当性融入适当性子原则。蒋红珍教授认为,“审查环节说”的意义在于,一旦确认行政行为无法满足“目的正当性”,就应当中断审查,对该行政行为不必扣以“违反比例原则”的帽子,而是将之评价为“不正当目的”。①

比较上述三种新观点可以看出,“二阶理论”总体上并没有减少“三阶理论”的内容,只是认为适当性原则本身就包含在必要性原则中,没有独立出来加以表达的必要,即从表达概念上来看,“在能够实现目的或者有助于实现目的的诸手段中选择最小侵害或者成本最小的手段”这一表述中,已经包含了适当性原则,适当性原则是必要性原则的题中之义;从审查过程来看,如果对立法或者行政行为进行必要性审查,则自然先要进行适当性审查,这是事理之当然;而且在他们看来,与必要性审查相比,适当性审查显得无足轻重。② 从适用效果看,“二阶理论”对于比例原则适用效果的影响并不大。因此,“二阶理论”实质上将适当性原则内涵于必要性原则,是对“三阶理论”的调整。③ 与“二阶理论”不同,“独立位阶说”和“审查环节说”都在“三阶理论”的基础上增加了目的正当性审查,且在整个审查顺序中首当其冲,会对比例原则审查结果产生实质性影响。不过,就“独立位阶说”和“审查环节说”之间的关系看,其区别仅在于,后者不是将目的正当性审查作为独立的审查阶段,而是作为适当性子原则的首先审查环节,故其区别不在于审查内容、顺序与结果,而在于给审查结果所贴的标签:“独立位阶说”将目的不当界定为“不合比例”,而“审查环节说”将其界定为“不正当目的”。这与“二阶理论”与“三阶理论”之间的关系差不多。因此,“二阶理论”和“三阶理论”可归为一类,“独立位阶说”与“审查环节说”可归为一类,后两者皆可划归“四阶理论”之下。

---

① 参见蒋红珍:《目的正当性审查在比例原则中的定位》,载《浙江工商大学学报》2019 年第 2 期。

② 参见陈新民:《德国公法学基础理论》,法律出版社 2001 年版,第 373—374 页。

③ 对此,周佑勇教授的看法不同。他认为“妥当性原则”属于法定原则:“原广义比例原则中的‘妥当性原则’实质是要求行政权力的行使必须符合法定目的。换言之,行政行为的作出应符合其目的的达成,而不得与目的相背离,否则便丧失了其合法性。这表明,它最为明显体现的是行政法定原则的基本内涵。同时,该原则作为一个‘法定性’原则,也不涉及利益的衡量问题,所以也不能成为一个‘均衡性’原则。”参见周佑勇:《行政法基本原则研究》(第二版),法律出版社 2019 年版,第 196—197 页。

由于“四阶理论”(尤其是其中的“独立位阶说”)对比例原则的内容产生了实质性影响,比例原则是否应当包含目的正当性要求就成为必须首先讨论的问题。

二、目的正当性与比例原则

如上所述,“四阶理论”中的“独立位阶说”与“审查环节说”因增加了目的正当性审查,将对比例原则产生实质性影响。尤其是“独立位阶说”,已在国内外形成了一定市场,影响会更大。蒋红珍教授就此指出:“‘四阶论’的提出,不仅改变传统比例原则的规范结构和审查步骤,并且实际上还将产生调整行政法的审查标准甚至是一般原则之关系的后果,需要加以严密论证。”[①]那么,将目的正当性要求纳入比例原则到底妥当还是不妥当?

(一) 目的正当性子原则说面临之论证任务及其理由

1. 目的正当性子原则说面临的论证任务

探讨将目的正当性纳入比例原则并将其列为第一序位的审查内容这一问题时,至少有两个问题需要加以澄清或者予以论证:[②]

第一,为什么要求行政目的具有正当性,或者说,审查行政目的正当与否的必要性何在?有两个值得追问的理由:其一,法学理论通常认为,“法是人的行为的一种秩序”[③]。从严格意义上讲,“人的意志或意思只有外化为行动并对身外之世界(对象)产生影响,它才能成为法律调整(指引、评价、约束或保护)的对象”。[④] 在现行法律责任制度中,并非所有的行政法律责任都与行为目的或动机相关联。其二,在依法行政原则下,主要审查行政行为的合法性和合理性,如果行政行为既符合现行法的规定,又对于人民权利的干预

---

① 蒋红珍:《目的正当性审查在比例原则中的定位》,载《浙江工商大学学报》2019 年第 2 期。

② 除了下文所提到的两个方面的问题,行政目的正当的内涵及其标准也是值得探讨的问题。但基于本章研究目的和研究能力考虑,这一问题暂不列入讨论范围。

③ 〔奥〕凯尔森:《法与国家的一般理论》,沈宗灵译,商务印书馆 2013 年版,第 29 页。

④ 参见张文显主编:《法理学》(第三版),高等教育出版社 2003 年版,第 124 页。

未超过必要限度，即符合“三阶理论”的比例原则，那为什么还要追问其目的的正当性？

第二，如果审查行政目的正当性符合法理，有其可能且必要，为什么要将目的正当性纳入比例原则，而不是将其纳入其他原则，或者将其确立为一个独立的子原则？这一质疑源自两个方面的理由：其一，从论证义务看，即便证明行政目的应当具有正当性，证明司法机关可以或者应当审查行政目的的正当性，也不等于已经证明应当将目的正当性纳入比例原则。其二，在我国行政法基本原则中，合理原则已经包括目的正当性要求，诚信原则中也包括了善意或者目的正当性要求。这种情形下，在比例原则中增添目的正当性要求的依据何在？如何处理扩容后的比例原则与合理原则、诚信原则之间的关系？在规范或制约行政行为中，其实践意义何在？

上述两个问题中，最核心、最关键的是第二个。

2. 目的正当性子原则说的三点论证理由

应该说，“独立位阶说”在一定程度上忽视或者回避了上述问题。目前，论者主张将目的正当性要求归入比例原则的理由有三点：

首先，比例原则赖以存在与发展的政治与法治环境发生了变化，将目的正当性纳入比例原则是积极顺应这一变化的需要。刘权博士认为，传统比例原则是“夜警国家”时期形式法治思想的产物，将目的正当性纳入比例原则是实质法治思想的要求。具体而言，在“夜警国家”时期，国家以干预行政为主，奉行形式法治思想，而干预行政受法律保留原则约束，形式法治则主张严格按照法律规定办事，即“恶法亦法”，其结果是，“国家行政对公民自由的侵犯只能在符合法律目的的情况下，在必要限度内以最小侵害的手段为之……立法目的几乎不会被质疑，行政机关也很难有自己的目的，所以在当时主要适用于警察行政法领域的比例原则，在形式的自由法治国背景下也就没有了目的正当性原则得以产生的制度基础”。[1] 二战后，德国进入实质法治国时代。实质法治不再单纯强调法的形式要素，而是主张形式要素应为实质正义服务；不再仅强调对于法律的绝对服从，而是主张“恶法非法”；“立法机关再也不能任意设定目的，行政机关的目的也不再完全由立法机关

① 参见刘权：《目的正当性与比例原则的重构》，载《中国法学》2014 年第 4 期。

限定，行政机关可以自主设定自己的目的”。[①] 目的正当性审查因此具有重要意义。

其次，从比较法的角度看，西方法治发达国家将目的正当性纳入了比例原则，其经验可鉴。按照刘权博士的看法，目的正当性审查是西方国家的普遍做法，可分为以德国和欧洲法院为代表的“目的正当性一般审查类型”、以加拿大和英国为代表的“目的足够重要性审查类型”和以美国为代表的“目的正当性分类审查类型”。德国的典型案例如 2006 年的 Rasterfahndung 案[②]和 2007 年的 Kontostammdaten 案[③]。在 Rasterfahndung 案中，德国联邦宪法法院认为：“国家对基本权利的侵犯只能在正当的目的下，采用具有适当性、必要性、均衡性的手段。”[④]欧洲法院在 2007 年的 Laval un Partneri Ltd. v. Svenska Byggnadsarbetareförbundet and others 案中指出：“只有是追求与条约不冲突的正当目的，并且可以被公共利益所证立，限制自由才是正当的；如果符合此条件，达到目的的手段还必须适当，并且不能超出必要的限度。”在加拿大和英国类型中，加拿大最高法院在 1986 年的 R. v. Oakes 案[⑤]中确立了四个阶层的欧克斯标准，其中第一个标准是目的足够重要性原则。[⑥] 英国在 1999 年的德弗雷塔斯（de Freitas）案[⑦]中确立了三阶评价标准，其首要标准也是目的足够重要性原则。[⑧] 至于美国，刘权博士认为，其将审查强度分为最小审查、中度审查和严格审查三级。“不管是何种强度的司法审查，其本质都是对政府公权力行使的目的和对政府拟采用的手段与欲

① 参见刘权：《目的正当性与比例原则的重构》，载《中国法学》2014 年第 4 期。

② BVerfGE 115，320—Rasterfahndung.

③ BVerfGE 118，168—Kontostammdaten.

④ BVerfGE 115，320(345)—Rasterfahndung. 在 Kontostammdaten 案中，联邦宪法法院指出：“比例原则要求，侵犯基本权利必须服务于正当目的，实现目的的手段必须具有适当性、必要性与均衡性。” BVerfGE 118，168(193)—Kontostammdaten.

⑤ R. v. Oakes，[1986]1 S. C. R. 103 [Oakes].

⑥ 欧克斯标准的四个标准是：(1) 目的足够重要性原则：对权利限制的目的必须足够重要，该目的至少是紧迫与实质的；(2) 合理关联性原则：对权利限制的手段与所追求的目的间有合理的关联，手段不能是专断的、不公平的或基于非理性考虑的；(3) 损害尽可能少原则：对权利限制所造成的损害应当尽可能的少；(4) 均衡性原则：手段所造成的损害与足够重要的目的所产生的效果成比例。参见刘权：《目的正当性与比例原则的重构》，载《中国法学》2014 年第 4 期。

⑦ Elloy de Freitas v. The Permanent Secretary of Ministry of Agriculture，Fisheries，Lands and Housing and Others [1999] AC 69.

⑧ 三阶评价标准是：(1) 立法目标是否足够重要，以证立对基本权利的限制；(2) 实现立法目的的手段与该目的间有合理的关联；(3) 对权利或自由的限制不能超过所要实现目的的必要限度。参见刘权：《目的正当性与比例原则的重构》，载《中国法学》2014 年第 4 期。

达到的目的之间关系的评价。因此，审查政府公权力行使的目的是美国分类审查的必要元素。"[①]

最后，将目的正当性纳入比例原则具有三个价值：一是可以有效限制目的设定裁量。刘权博士认为，传统的"三阶理论"的比例原则仅是对手段选择裁量的规范，而目的正当性审查是对目的设定裁量的规范，它可以起到有效限制目的设定裁量的作用。在目的设定方面，该不该设定某个目的，如何设定某个目的，立法者、行政者都享有广泛的裁量空间。目的裁量虽有利于立法者、行政者有效地行使职能，实现特定国家任务，但都存在被滥用的可能。二是可以实现实质正义，保障人权。刘权博士认为，实质法治首先是良法之治，将目的正当性纳入比例原则，一方面能有效规范立法者、行政者的行为，提高人大立法与政府立法的质量，预防减少"恶法"的产生，从而能够在事前和事中减少非正义的法律规范的产生；另一方面作为一种重要的司法审查标准，有利于法官否定目的不正当的"恶法"，祛除形式法治过于形式化的弊端，从而更好地保障人权。三是有助于促进民主反思，改善民主质量。刘权博士认为，当代行政机关的立法日益增多，而这些立法普遍存在"民主赤字"的问题。通过审查这些"民主赤字"的行政规范的目的正当性，能有效监督行政当局，改善民主质量。[②]

3. 目的正当性子原则说论证理由的不足

综合上述三个方面内容可以看出，除了第二点从比较法的角度考察西方国家将目的正当性纳入比例原则的实践状况之外，刘权博士在第一点和第二点中着力回答的问题其实是，为什么要对立法或者行政行为提出目的正当性要求。但如前所述，除了这个问题，他还要回答的关键问题是，为什么要将立法目的或者行政目的正当性要求纳入比例原则。两个问题虽然具有一定关联性，但还是两码事。证成立法目的或者行政目的应当具有正当性，不等于证成比例原则应当增加目的正当性要求，更不等于应将其作为第一个子原则。因此，这两点论述还是没有切中要害，而且即便是针对目的正当性要求之必要性的论述，以及从比较法的角度对本题问题的思考，也有一些观点有待进一步斟酌，总括起来有三点：

① 刘权：《目的正当性与比例原则的重构》，载《中国法学》2014 年第 4 期。

② 同上。

首先，将立法目的正当性与行政目的正当性问题混在一起，未加区隔。比例原则既是立法原则，又是行政法原则；目的正当性既是对立法主体的要求，也是对行政主体的要求。这两个方面彼此独立出来没有问题，但将其组合起来却可能造成麻烦。这是因为，立法与行政的任务不同，受法的约束也不同。立法直接受宪法与立法法约束，行政直接受行政法规范的约束，宪法和立法法对行政的约束具有间接性。如此一来，立法和行政的制度环境便不可能相同。就我国而言，宪法强调人民主权、权利保障、权力制约和法治原则，立法法强调科学立法、民主立法和依法立法原则，但二者没有或者鲜少强调合理原则和诚信原则，目的正当性要求便无从着落；行政法则不仅强调法律保留、法律优位等原则，还明确提出了行政合理原则、诚信原则，且目的正当性要求已经在这两个原则中“落了户”。因此，将立法目的正当性与行政目的正当性混在一起不加区别地加以论述，势必会忽视行政目的正当性问题的特殊性，很可能会用立法目的入驻比例原则的正当性替代行政目的入驻比例原则的正当性。事实上，刘权博士文中引述的文献或案例基本上是针对立法目的正当性之合宪审查的，这对于思考立法合宪性审查很重要，但对于研究行政目的正当性制度建设则要打折扣。

其次，比较法研究未考虑制度迁移的法律环境差异，有些看法比较牵强。刘权博士论文中，对其观点提供最有力支持的当属比较法研究这一部分。而这一部分中，最得力的当属德国联邦宪法法院的几个判决。这些判决或者指出：“国家对基本权利的侵犯只能在正当的目的下，采用具有适当性、必要性、均衡性的手段。”①或者指出：“比例原则要求，侵犯基本权利必须服务于正当目的，实现目的的手段必须具有适当性、必要性与均衡性。”②这些判决的确显示了德国联邦宪法法院在立法的合宪性审查中，将目的正当性审查与比例原则紧密连接在一起。但是，这些案例都是针对立法目的正当性审查的，没有看到关于行政目的正当性审查的相关案例。如上所述，立法与行政的任务和制度环境还是有一定差异，由此证明行政目的正当性审查也是德国行政法比例原则的基本要求，证据还不够鲜明、充分。退一步讲，即便清楚地证明德国行政法已将行政目的正当性纳入比例原则，将其作为我国的借鉴还应有一个本土化的论证过程，但作者没有考虑这一过程。

---

① BVerfGE 115，320(345)—Rasterfahndung.

② BVerfGE 118，168(193)—Kontostammdaten.

除了德国和欧洲法院的宪法案例，刘权博士还将加拿大和英国的“目的足够重要性审查”作为加拿大和英国将目的正当性纳入比例原则的依据。加拿大和英国的确已经引进比例原则并将其作为审查行政裁量合理性的依据。但问题在于，“目的足够重要性”与“目的正当性”并不是完全相同的两个概念。“目的足够重要”说白了是指所要做的事情很重要，为此限制人民权利是值得的；[①]而目的正当性是指做事的动机符合法律目的或者符合公共利益，限制人民权利不是为了私益或恶意。如果说加拿大和英国的“目的足够重要性”尚不足为凭，那么将美国“目的正当性分类审查类型”作为论据就更显牵强。据笔者了解，一是美国学界虽然也在讨论比例原则，但司法实践鲜少应用这一原则，他们仍然采用的是前文所述的合理原则；二是美国的三级审查强度是与合理原则联接在一起的，即便可能包含了目的正当性的因素，也与比例原则关联不大。

最后，“目的设定裁量”如何理解，存在不存在？在行政法范围内，“目的设定裁量”可从两个方面来分析，一是行政目的的选择的裁量性；二是目的的正当性判断的裁量性。行政的目的可能具有多样性，有长期目的和近期目的、宏观目的和微观目的，而且一个法律规范或行政行为往往在客观上也可以实现多个目的，一举两得甚至一举多得的现象并不罕见。但就特定行政行为而言，行为目的具有多样性并不等于行政目的选择具有裁量性。行政目的或者为行政行为法所规定（如作出行政处罚决定），或者为行政组织法所规定（如决定兴办一所学校），行政主体作出行政行为时虽有可能夹带私的目的，但法定的目的是确定的，并不具有选择性或裁量性。如果行政目的不具有裁量性，则目的正当性判断更不具有裁量性。目的正当性判断是依据基准对评价对象的评价过程，或者正当或者不正当，非此即彼，没有裁量余地。这就如同依据比例原则评价行政裁量的合理性，结果只能是合理或者不合理，不能说这一评价过程还具有裁量性，从而用比例原则再次加以衡量。其实，在有些情况下，行政目的本身就是行政目的的正当性的判断标准。例如，在很多情形下，尤其在给付行政领域，行政行为都以公共利益为目的，此时，公共利益的认定标准本身也就是行政目的的正当性的判断标准。总之，以目的裁量性为

① 参见〔英〕威廉·韦德、克里斯托弗·福赛：《行政法》（第十版），骆梅英、苏苗罕、周华兰、卢超、王瑞雪译，中国人民大学出版社2018年版，第281页。

由主张将目的正当性纳入比例原则有些牵强。

除了上述三点，“独立位阶说”有关提出行政目的的正当性要求的理由也不是很充分。如从实质法治角度的论述，从实现实质正义和保障人权的论述，从促进民主反思和改善民主质量的论述，过于宏观和抽象，给人似是而非的感觉。

综上可见，单就目前的研究成果来看，“独立位阶说”提出的理由还稍显不足，论证任务还未完成。至于“审查环节说”，论者默认目的正当性入驻比例原则的正当性，只是在这一前提下对“目的正当性子原则说”予以修正，且立论理由比较简单。蒋红珍教授认为，从“比例”一词本身所包含的比较和对比的含义、比例原则对目的与手段关系处理的定位来看，将仅仅违反目的正当性的行政行为视为“违反比例原则”，过度拉伸了比例性解释，故将其作为适当性审查的一个审查环节比较妥当。①

基于上述情形，本章还得从头思考和回答前文提出的两个基本问题。

（二）目的正当性的限定与归入比例原则的不妥当

为什么要求行政目的具有正当性，这是首先要明确的问题。讨论之前，先对本章议题作一个必要的限定和说明。

1. 对本章所论行政目的正当性的一个基本限定

比例原则不仅在公法领域得到应用，在私法领域也得到提倡。② 在公法领域，不仅成为宪法尤其是立法法和行政法的基本原则，也在诉讼法和刑法

---

① 参见蒋红珍：《目的正当性审查在比例原则中的定位》，载《浙江工商大学学报》2019 年第 2 期。

② 相关研究如李璐：《关于比例原则适用于民法的思考》，载《法制与经济》2018 年第 12 期；仇念轩：《关于比例原则在民法上适用及展开研究》，载《法制博览》2018 年第 31 期；孙智：《试论比例原则在民法上的适用及展开》，载《法制博览》2018 年第 30 期；左静玫：《比例原则在民法上的适用》，载《法制博览》2018 年第 29 期；李海平：《比例原则在民法中适用的条件和路径——以民事审判实践为中心》，载《法制与社会发展》2018 年第 5 期；王珂欣、毛梦霞：《比例原则在民法上的适用及展开研究》，载《法制博览》2018 年第 24 期；王静波：《探析比例原则在民法上的适用及展开》，载《法制博览》2018 年第 5 期；郑晓剑：《比例原则在现代民法体系中的地位》，载《法律科学（西北政法大学学报）》2017 年第 6 期；杨翔宇：《论比例原则在民法中的地位》，载《河北法学》2017 年第 12 期；〔德〕诺伯特·赖希：《欧盟民法的比例原则》，金日译，载《财经法学》2016 年第 3 期；郑晓剑：《比例原则在民法上的适用及展开》，载《中国法学》2016 年第 2 期。

领域得到提倡和应用。[①] 不同部门法调整的法律关系及其性质迥然有别，比例原则在各个部门法的适用也会具有差异性。在研究比例原则以及目的正当性问题时，限定其研究对象或者研究范围就非常必要。笔者立足于行政法领域研究行政法的比例原则，因此，这里所要讨论的目的是行政目的，不包括立法等其他目的。此外，行政法规和行政规章都属于立法法的调整对象，是行政主体从事行政活动的依据或参照，故其制定之合法与合理性应归为合宪性审查范围，宜排除在行政法比例原则研究范围之外。这样一来，行政法的比例原则就以行政行为为调整对象，目的正当性的目的也就主要指制定行政规定（规范性文件）和作出行政决定的目的。

有观点认为，行政机关绝对不会自供其不正当的目的，也不会提供表明其行为目的不正当的证据，相对人的主张大多也只是揣测。[②] 同时，一个行政决定背后可能同时存在几个目的，往往是短期目的有助于长期目的、局部目的体现着总体目的，有时还会正当目的中裹挟着不正当的动机，或者不正当的动机中掺杂着正当的目的。[③] 此外，行政机关的主观目的也会随着行政程序的进行而发生变化。一个基本的事实是，在行政程序进行过程中，行政相对人或者第三人的态度、处事方式以及其他因素都会引起行政目的的变化。要么初始目的正当，后来转为不当；要么初始目的不当，后来转为正当。这些现象令人怀疑，审查行政目的正当性是否可能？笔者承认这些现象都是存在的，且给目的正当性判断带来一定困难，但这些现象是目的正当性判断的实践问题，并不意味着目的正当性判断不可能或者不必要，目的解释已

---

① 相关研究如占善刚、张博：《比例原则在民事诉讼中的适用与展开》，载《学习与实践》2019 年第 1 期；付大学：《比例原则视角下税务诉讼“双重前置”之审视》，载《政治与法律》2016 年第 1 期；赵真：《比例原则在反歧视诉讼中的适用——以香港平等机会委员会诉教育署为例》，载《行政法学研究》2012 年第 1 期；杨明、张云鹏：《论预期刑事责任对诉讼负担的影响——兼论刑事诉讼中比例原则的适用》，载《中国刑事法杂志》2008 年第 6 期；张坤世：《比例原则及其在行政诉讼中的适用——由一个具体案例引发的思考》，载《行政法学研究》2002 年第 2 期；田红杰：《比例原则在刑法中的功能、定位与适用范围》，载《中国人民大学学报》2019 年第 4 期；于改之、吕小红：《比例原则的刑法适用及其展开》，载《现代法学》2018 年第 4 期；陈璇：《正当防卫与比例原则——刑法条文合宪性解释的尝试》，载《环球法律评论》2016 年第 6 期；姜涛：《追寻理性的罪刑模式：把比例原则植入刑法理论》，载《法律科学（西北政法大学学报）》2013 年第 1 期。

② 参见〔日〕田村悦一：《自由裁量及其界限》，李哲范译，中国政法大学出版社 2016 年版，第 43 页。

③ 王名扬在介绍法国对权力滥用的审查时说：“行政机关在一个决定中追求几个目的，只要其中有一个目的合法，足以使这个决定成立，行政法院不再考虑其他目的出于权利滥用。但如果权利滥用是这个决定的主要目的时，这个决定将被行政法院撤销。”参见王名扬：《法国行政法》，中国政法大学出版社 1988 年版，第 694—695 页。

经是法律解释的最基本方法之一，长期的法律实践已经证明了这一点。因此，本章的讨论以目的正当性判断具有可能性为前提。下面，在上述限定范围和基础上对提出行政目的正当性的理由以及与此相关的范围与定位问题做一讨论。

2. 提出行政目的正当性要求的正当性

行政目的正当性要求主要源自两个方面：一是行政的规范要求；二是行政的现实要求。前者是法律依据，后者是社会基础。

立法者制定任何法律条文或者规则，都是为了追求特定的政治、经济、文化或者社会目的的，没有目的的立法活动或者法律规则应该是不存在的。正如鲁道夫·冯·耶林所言："目的是全部法律的创造者，每条法律规则的产生都源于一种目的，即一种事实上的动机。"[①]反过来讲，所有的法律条文或法律规则都"怀揣"一个或几个立法目的，且是服务于这些立法目的的。如此说来，法律目的才是立法的价值和意义所在，法律条文或者规则只不过是实现立法目的的工具。在这种情形下，依法行政意味着，行政行为不仅要符合法律条文的字面含义，更要符合法律规则所欲达成的立法目的。反过来讲，如果行政行为仅符合法律条文的字面含义，或者仅符合法律规则设定的行为范式，但背离了它的立法目的，则该行政行为在本质上难以认定为合法。

从现实法律实践来看，如果仅仅按照法律规则办事，不考虑法律目的，往往存在行政行为合法合理却不合情的情况，即行政行为既符合法律规定，行政机关似乎也没有更合理的选择，而且看起来似乎是在严格依法行政，但行为结果却难以令人接受。这里再以"贺宁不服富顺县民政局撤销婚姻登记、罚款案"为例。

"贺宁不服富顺县民政局撤销婚姻登记、罚款案"之案情前文已经有过叙述，但为便于读者，这里再简要叙述一遍。1990 年 8 月 15 日，原告贺宁持婚姻状况证明书等材料与刘克硕到富顺县民政局申请结婚登记。婚姻状况证明和结婚申请书均载明，贺宁的出生日期为 1970 年 1 月 15 日。依据上述证件和证明，被告给二人颁发了结婚证书。1996 年 12 月，贺宁生育一子。

---

① 转引自〔美〕E. 博登海默：《法理学：法律哲学与法律方法》，邓正来译，中国政法大学出版社 2017 年版，第 122 页。

1998年10月，刘克硕因他杀身亡。1999年4月，有人举报，贺宁结婚时未达法定婚龄。1999年4月30日，被告根据贺宁的居民身份证、常住人口登记表查明，贺宁生于1972年1月8日，遂依据《婚姻法》《婚姻登记管理条例》《四川省婚姻登记管理实施细则》的规定，撤销了贺宁、刘克硕的婚姻登记证，宣布该婚姻无效，同时对贺宁欺骗婚姻登记机关、骗取结婚登记的行为罚款200元。

本案涉及的《婚姻法》(1980年)第5条规定："结婚年龄，男不得早于二十二周岁，女不得早于二十周岁……"《婚姻登记管理条例》第25条规定："申请婚姻登记的当事人弄虚作假，骗取婚姻登记的，婚姻登记管理机关应当撤销婚姻登记，对结婚、复婚的当事人宣布其婚姻关系无效并收回结婚证……"1996年1月经四川省人民政府批准、省民政厅发布的《四川省婚姻登记管理实施细则》第31条规定："申请结婚登记、离婚登记、复婚登记或申请出具夫妻关系证明书、解除夫妻关系证明书的当事人弄虚作假，骗取婚姻登记或夫妻关系证明书、解除夫妻关系证明书的，婚姻登记管理机关应撤销婚姻登记，对结婚的宣布结婚无效，收回结婚证……"依据这些法律条文可以看出，本案婚姻登记机关作出的撤销贺宁婚姻登记证书的行政行为是有法律依据且符合法律规定的，而且对当事人"弄虚作假，骗取婚姻登记"应承担的法律责任也只有"撤销婚姻登记，宣布婚姻关系无效"一种。因此，本案行政机关对原告作出的行政行为是合法的。

不过，本案的行政结果却难以令人接受。婚姻家庭是社会的基本细胞，它的稳定、安康直接关系到社会的稳定和和谐。因此，婚姻家庭的稳定和安康应当是婚姻法的立法目的之一。《婚姻法》(1980年)第5条限制男女结婚年龄的目的，除了晚婚晚育外，主要在于保证婚姻缔结者在生理上和心理上都比较成熟，使他们对社会、家庭、婚姻有完全的认知能力，也使他们对社会、家庭和婚姻有一定了解和认识，从而有助于婚姻家庭的稳定性和家庭成员的身心健康。尽管贺宁1990年8月结婚时尚未达到法定的结婚年龄，但到1999年4月撤销结婚登记证书时，她已经27周岁，完全达到法定的结婚年龄了。在这种情形下，婚姻登记机关再以当初登记结婚时未达到法定结婚年龄为由撤销婚姻登记证书就与立法目的背道而驰了。正因如此，《最高人民法院关于适用〈中华人民共和国婚姻法〉若干问题的解释(一)》第8条规定："当事人依据婚姻法第十条规定向人民法院申请宣告婚姻无效的，申请时,法定的无效婚姻情形已经消失的,人民法院不予支持。”可以说,最高人民法院的这一解释,正是基于行政行为合目的性考量的。进一步就本案事实而言,1998年10月,贺宁的丈夫刘克硕已经死亡,婚姻关系在实际上已经不存在。贺宁及其孩子是孤儿寡母。在这种情形下,婚姻登记机关撤销案涉婚姻登记证书等于无的放矢。本案举报人以及婚姻登记机关撤销婚姻登记证书究竟是为了维护婚姻法律秩序,还是别有企图,令人怀疑。很有可能是举报人与行政机关合谋欺凌孤儿寡母。总之,本案被诉的行政行为虽然在形式上符合法律条文的规定,但本质上不符合所依据法律条文的立法目的,貌似合法,实质违法。①

“贺宁案”清楚地表明,在行政法律实践中,往往存在“依法”实现不法目的的现象。有些行政行为披着合法的外衣但裹藏着非法的目的,看起来是在维护法治,实则是在践踏法治。对于这样的行政行为,如果仅从形式上审查,则既合法又合理,即便有些许轻微的违法或者不当情形,也不足以撤销该行政行为。这种情形下,就有必要考察它的行政目的,以背离立法目的或者目的不正当、存有恶意等认定其严重违法而予以相应的处理,如撤销。这也充分地说明,要求行政目的具有正当性或者审查行政目的的正当性具有非常重要的实践意义,它的确是从形式法治走向实质法治的重要法治要求。

3. 目的正当性要求归入比例原则的不妥当

前文指出“四阶理论”或者“独立位阶说”提出的目的正当性入驻比例原则的理由不充分,但这并不等于证明目的正当性入驻比例原则不妥当。探讨目的正当性可否归入比例原则时,一个需要澄清的根本问题是,行政目的正当性究竟属于合法性判断还是合理性判断,即行政目的不当属于行政违法还是行政不当。学界在讨论滥用职权与明显不当的区隔时,对此没有深究。意义在于,如果属于合法性判断,将其归为比例原则的子原则就不具有妥当性。从以下几点来看,行政目的正当性属于合法性判断而非合理性判断,即行政目的违反法律目的或者不正当本质上属于违法而非不当。

首先,前文已经指出,行政目的的设定与评价并不具有裁量性。行政目

① 本案一审法院判决维持被诉行政行为,但二审法院认为:“上诉人贺宁与刘克硕申请结婚登记时未达法定婚龄,其行为虽违反了《婚姻法》有关规定,但贺宁与刘克硕领取结婚证至被上诉人撤销其婚姻登记已逾8年之久,且刘克硕已于1998年10月死亡。根据我国《行政处罚法》第29条第1款及有关法律关于相对人死亡不再给予处罚的规定,被上诉人不宜再对贺宁、刘克硕进行处罚。”遂判决撤销被告作出的行政行为。

的是法律规定的，经由目的解释揭示的法律目的是确定的，行政主体并没有自行设定行政目的或对法定目的进行取舍的自由；即便是行政目的正当性的判断，也不过是用法定目的对行政目的的评价，或者符合法定目的或者不符合法定目的，也没有裁量余地。

其次，行政诉讼法在一定程度上已经隐性地将行政目的不当定性为违法。这集中体现在行政目的不当对于裁量不当行政行为的作用效果上。行政的不当目的或恶意总是要通过违法的行政行为或裁量不当的行政行为体现出来。单纯内心的不当目的或恶意在法律上不产生效果；即便行政主体是出于恶意，但行政行为在客观效果上歪打正着、合法合理，法律也在所不问。因此，在行政法上产生法律效果的不当目的或恶意总是与违法或不合理的行政行为交融在一起。不过，当行政行为外观形态违法时，不论其主观目的如何，都属于违法的行政行为，主观上的不法被客观上的违法所吸收。如此一来，目的不当与裁量不当相交集的行政行为就成为彰显目的不当法律属性的焦点。现行行政诉讼法将滥用职权与明显不当分置后，对于裁量性行政行为而言，如果行政行为仅裁量不当而目的正当，则只有当该裁量不当达到明显程度时才构成“违法”，即构成明显不当；如果行政行为既裁量不当又目的不当，则裁量不当即便一般也构成违法，即构成滥用职权。这里发挥决定性作用的是目的不当。换言之，是目的不当的违法属性导致仅仅一般不当的行政行为转化为违法的行政行为。因此，可以说，滥用职权与明显不当的分置其实已经宣示了目的不当的违法性。

最后，行政目的不当本质上可界定为法律解释错误。行政执法的过程本身也属于法律解释和适用的过程。在这一过程中，一方面要承认：“目的是全部法律的创造者，每条法律规则的产生都源于一种目的，即一种事实上的动机。”[①]另一方面要坚守：“规范目的是一切解释的重要目标……任何解释都应当有助于实现规范内容所追求的规范目的。”[②]因此，在执法过程中，行政主体不仅要解释法律的含义，更要确定法律的目的，从而使行政目的与法律目的或公共利益保持一致。行政目的不符合法律目的或不符公共利益，哪怕是故意的曲解法律、以权谋私、借机泄愤，在法律评价上也应当或可

---

① 〔美〕E. 博登海默：《法理学：法律哲学与法律方法》，邓正来译，中国政法大学出版社 2017 年版，第 122 页。

② 〔德〕伯恩·魏德士：《法理学》，丁小春、吴越译，法律出版社 2003 年版，第 321 页。

以将其界定为法律目的的解释错误，也就是法律解释错误。法律解释错误自然属于违法的范畴。

既然行政目的不当的设定与判断不具有裁量性且其本质上属于违法，就不能将其归入对裁量性行政行为合理性进行评价的比例原则。

（三）目的正当性在诚信原则中的固有地位

如果行政目的正当性要求是必要的，则接着要回答的问题是：将这一要求归为比例原则的一个子原则是否妥当？如前所述，目的正当性早已是诚信原则的一项基本要求，或者说诚信原则已经包含“善意”或者目的正当性要求。此外，在我国行政法学者的论述中，行政合理原则中也包含目的正当性。因此，在讨论目的正当性原则在整个法律原则体系中的关联地位时，必须考虑它与诚信原则、行政合理原则之间的关系，并在此基础上加以权衡酌量。为此，这里先讨论目的正当性原则与诚信原则之间的关系。

1. 行政诚信原则中行政目的正当性的学理主张

诚信原则是我国行政法基本原则之一。2004 年国务院印发的《纲要》将诚实信用与合法行政、合理行政、程序正当、高效便民并列为依法行政的五大原则之一。《纲要》虽然没有明确将目的正当性作为诚实信用原则的内在要求之一[①]，但在行政法学界的学术观点中，目的正当性则是诚实信用原则的内在要求。例如，周佑勇教授于 2014 年 1 月撰文认为，从法治的视域看，政府诚信是作为法律范畴的诚信原则所要求的“善意”“真诚”“守信”在行政管理活动中的体现，可以具体化为“行政目的正当”“信息真实可靠”和“信赖保护”三个方面的基本要求。其中，“行政目的正当”指行政机关在行政管理过程中，必须出以公心、不徇私情、不谋私利，处处以追求公共利益为目的。

---

① 《纲要》在论及依法行政的指导思想和目标时规定：“行政管理做到公开、公平、公正、便民、高效、诚信。”就“诚实守信”的内在要求指出：“诚实守信。行政机关公布的信息应当全面、准确、真实。非因法定事由并经法定程序，行政机关不得撤销、变更已经生效的行政决定；因国家利益、公共利益或者其他法定事由需要撤回或者变更行政决定的，应当依照法定权限和程序进行，并对行政管理相对人因此而受到的财产损失依法予以补偿。”值得注意的是，《纲要》对“合理行政”作了如下表述：“合理行政。行政机关实施行政管理，应当遵循公平、公正的原则。要平等对待行政管理相对人，不偏私、不歧视。行使自由裁量权应当符合法律目的，排除不相关因素的干扰；所采取的措施和手段应当必要、适当；行政机关实施行政管理可以采用多种方式实现行政目的的，应当避免采用损害当事人权益的方式。”其中的“行使自由裁量权应当符合法律目的，排除不相关因素的干扰”源自英国合理原则。

既不得假借公共利益之名，谋取个人或单位私利，也不得出于“恶意”或“敌意”，假借公共利益之名任意侵犯公民的合法权益；否则，就是目的不正当，构成违反诚信原则的滥用职权行为，引发公众对政府信誉的怀疑。[①] 再如，闫尔宝教授于 2008 年出版的《行政法诚实信用原则研究》一书中认为，诚信原则对行政机关提出的首要要求是，“行政职权的运用须以维护公共利益作为基本出发点和最终归宿”，而这也是基于诚信原则善意真诚要求对于行政机关及其工作人员提出的[②]，此外，诚信原则还要求行政机关行使行政职权时须顾及行政相对人的利益。他认为，在行政法律关系中，公共利益和私人权益并非水火不容，在多数情况下二者其实相辅相成，对相对人权益的维护也是公共利益的实现。基于此，“按照善意真诚的诚信要求，行政机关在行使行政职权时要时刻注意维护相对人的利益，顾及相对人的愿望和要求”。[③]

不论是周佑勇教授还是闫尔宝教授，将目的正当性作为诚信原则的基本要求并不是他们的发明创造，而是顺应了各个部门法之诚信原则对目的正当性的普遍性要求。[④]

2. 各个部门法诚信原则对目的正当性的普遍要求

放眼整个法律领域，没有哪个部门法的诚信原则是不要求“善意”或者目的正当性的。

(1)“善意”或“目的正当性”是诚信原则对行政法律主体的要求

在行政法律关系中，诚信首先是对行政主体及其工作人员的要求，但不限于行政主体及其工作人员，它同时也是对行政相对人和行政第三人等行

---

① 周佑勇教授所讲“信息真实可靠”指行政机关在行政管理过程中，必须开诚布公、不说谎、不作假，确保所提供的信息全面、准确、真实。如果提供虚假信息，使行政相对人陷入一种错误的状态，进而损害公众或者相对人的合法权益，将构成违反诚信原则的欺诈行为。“对信赖之保护”指行政机关在行政管理过程中，必须信守信用、言行一致，不失言、不随意改变决定，注重保护相对人的信赖利益。如果政府违反了先前的承诺，随意改变已经生效的决定，辜负了相对人的信赖，使其预期利益丧失或者受损，则要承担相应的补偿或者赔偿责任。参见周佑勇：《论政府诚信的法治化构建》，载《江海学刊》2014 年第 1 期。

② 参见闫尔宝：《行政法诚实信用原则研究》，人民出版社 2008 年版，第 85 页。

③ 同上书，第 87—88 页。除了所述两点外，闫尔宝教授认为，诚信原则还要求“行政机关应保证意思表示的真实、准确、全面”“行政机关应恪守信用，保护相对人的正当信赖”“行政机关应及时行使行政职权，超过合理限期行使职权构成违法行政”“行政机关行使职权应注意平衡公益和私益，保证行政决定的公平合理”等。参见闫尔宝：《行政法诚实信用原则研究》，人民出版社 2008 年版，第 90—96 页。

④ 目前在有关诚信原则的指导案例和公报案例中，鲜见有以行政主体目的不当认定其违反诚信原则的，可见的是以行政相对人目的不当认定其违反诚信原则。

政参与人的基本要求。闫尔宝教授认为,诚信原则对行政相对人提出的要求包括“相对人行使权利、履行义务应怀有善良动机,不得谋取非法利益”[①],即“在与行政机关进行法律交往过程中,相对人同样须在善良动机的指引下行使权利,履行义务,不得为了谋取个人私利而恶意行事”[②]。这种看法在行政审判实践中得到普遍体现。指导案例113号“迈克尔·杰弗里·乔丹与国家工商行政管理总局商标评审委员会、乔丹体育股份有限公司‘乔丹’商标争议行政纠纷案”[③]和公报案例“陆红霞诉南通市发展和改革委员会政府信息公开答复案”[④]是这方面的典型。“乔丹案”之裁判理由指出:“乔丹公司恶意申请注册争议商标,损害再审申请人的在先姓名权,明显有悖于诚实信用原则。”“陆红霞案”一、二审法院均指出,陆红霞“申请公开的内容繁多、形式各异”,是“借此表达自己不满情绪,通过重复、大量提起信息公开的方式给有关部门施压,从而达到实现拆迁补偿安置利益最大化目的”,其目的不当,有悖诚信原则。[⑤] 此后,在众多类似案件中,最高人民法院和一些高级人民法院都表达了同样的观点,例如“邱爱东、汤俩伟诉福建省福州市人民政府申请政府信息公开案”[⑥]“徐立业诉南宁市人民政府政府信息公

---

① 除此之外,诚信原则对行政相对人的要求还有:“相对人应保证其意思表示的真实准确”“相对人应言而有信,不得出尔反尔,反复无常”“相对人应及时提出权益主张”等。参见闫尔宝:《行政法诚实信用原则研究》,人民出版社2008年版,第96—101页。

② 闫尔宝:《行政法诚实信用原则研究》,人民出版社2008年版,第96页。

③ 最高人民法院审判委员会讨论通过,2019年12月24日发布。

④ 本案刊载于《最高人民法院公报》2015年第11期。相关研究文献有:耿宝建、周觅:《政府信息公开领域起诉权的滥用和限制——兼谈陆红霞诉南通市发改委政府信息公开案的价值》,载《行政法学研究》2016年第3期;沈岿:《信息公开申请和诉讼滥用的司法应对——评“陆红霞诉南通市发改委案”》,载《法制与社会发展》2016年第5期;章剑生:《行政诉讼中滥用诉权的判定——陆红霞诉南通市发展和改革委员会政府信息公开答复案评释》,载《交大法学》2017年第2期。

⑤ 最高人民法院将本案选为公报案例刊载时,在其裁判摘要中指出:“公民必须在现行法律框架内申请获取政府信息,并符合法律规定的条件、程序和方式,符合立法宗旨,能够实现立法目的。如果公民提起政府信息公开申请违背了《政府信息公开条例》的立法本意且不具有善意,就会构成知情权的滥用。当事人反复多次提起琐碎的、轻率的、相同的或者类似的诉讼请求,或者明知无正当理由而反复提起诉讼,人民法院应对其起诉严格依法审查,对于缺乏诉的利益、目的不当、有悖诚信的起诉行为……”

⑥ 最高人民法院(2019)最高法行申6738号行政裁定书。本案法院认为:“……综上,如果公民提起的政府信息公开申请,违背了《政府信息公开条例》的立法本意且不具有善意,就会构成知情权的滥用。当事人反复多次提起琐碎、轻率、相同或者类似的诉讼请求,或者明知无正当理由而反复提起诉讼,人民法院应对其起诉严格依法审查,对于缺乏诉的利益、目的不当、有悖诚信的起诉行为,因违背了诉权行使的必要性,丧失了权利行使的正当性,应认定为构成滥用诉权行为。”

开案”[①]“嘉善双赢轴承厂诉嘉善县干窑镇人民政府政府信息公开案”[②]“李君诉营口市人民政府、辽宁省人民政府政府信息公开案”[③]“田荣辉、田锁民、田卫东、张军利、王秋利与西安市国土资源局长安分局政府信息公开案”[④]等。在这些案例中,各级法院基本把“缺乏诉的利益、目的不当、有悖诚信”作为标准化、规范化表述。

(2)“善意”或“目的正当性”是诚信原则对民事主体的要求

我国民事立法表述诚信原则时并未明确提出“善意”或“目的正当性”要求。《民法典》第7条仅规定:“民事主体从事民事活动,应当遵循诚信原则,秉持诚实,恪守承诺。”[⑤]不过,我国民法学界在解释诚信原则以及人民法院在民事审判实践中适用诚信原则时均明确将“善意”或“目的正当性”作为诚信原则的重要内在要求。例如,崔建远教授指出:“诚信原则是指民事主体在从事民事活动时,应诚实守信,以善意的方式履行其义务,不得滥用权利及规避法律或合同规定的义务。同时,诚信原则要求维持当事人之间的利益以及当事人与社会利益之间的平衡。”[⑥]指导案例30号“兰建军、杭州小拇指汽车维修科技股份有限公司诉天津市小拇指汽车维修服务有限公司等侵

---

① 广西壮族自治区高级人民法院(2018)桂行终977号行政判决书。本案法院认为:“本案上诉人徐立业基于上述滥用知情权和申请复议权所引发的纠纷,继而提起的相关诉讼因明显缺乏诉的利益、目的不当、有悖诚信,违背了诉权行使的必要性,因而也就失去了权利行使的正当性,属于严重滥用诉权行为。”

② 浙江省高级人民法院(2018)浙行申219号行政裁定书。本案法院认为:“轴承厂多次以类似方式行使诉权,不具有诉的利益,且目的不当,超越了权利行使的界限,亦有违诚实信用原则,已构成诉讼权利的滥用。”

③ 辽宁省高级人民法院(2018)辽行终352号行政裁定书、(2018)辽行终354号行政裁定书。本案法院认为:“李君提起的相关诉讼因明显缺乏诉的利益、目的不当、有悖诚信,违背了诉权行使的必要性,已失去权利行使的正当性。”

④ 陕西省高级人民法院(2017)陕行申119号行政裁定书。本案法院认为:“原审裁定认定田荣辉等人提起的相关诉讼因缺乏诉的利益,且目的不当、有悖诉讼诚实信用原则,违背了诉权行使的必要性,存在滥用获取政府信息权和滥用诉权行为,事实清楚,依法有据,裁定驳回田荣辉等人的起诉并无不当。”

⑤ 1986年《民法通则》第4条规定:“民事活动应当遵循自愿、公平、等价有偿、诚实信用原则。”2017年《民法总则》第7条规定:“民事主体从事民事活动,应当遵循诚信原则,秉持诚实,恪守承诺。”此外,《民法典》第509条第1、2款规定:“当事人应当按照约定全面履行自己的义务。当事人应当遵循诚信原则,根据合同的性质、目的和交易习惯履行通知、协助、保密等义务。”第558条规定:“债权债务终止后,当事人应当遵循诚信等原则,根据交易习惯履行通知、协助、保密、旧物回收等义务。”这些规定都未对诚信原则之内容作具体说明。

⑥ 崔建远主编:《新合同法原理与案例评释》(上),吉林大学出版社1999年版,第27页。另参见曹明睿:《新合同法的诚信原则》,载《河南师范大学学报(哲学社会科学版)》2000年第1期。

害商标权及不正当竞争纠纷案”[①]和指导案例 15 号“徐工集团工程机械股份有限公司诉成都川交工贸有限责任公司等买卖合同纠纷案”[②]也都把善意作为诚信原则的核心内容。在指导案例 30 号“兰建军案”中，法院指出，天津小拇指公司“主观上明显具有‘搭便车’及攀附他人商誉的意图”，“违反了诚实信用原则，具有不正当性”。在指导案例 15 号“徐工案”中，法院指出，本案“三个公司虽在工商登记部门登记为彼此独立的企业法人，但实际上相互之间界线模糊、人格混同，其中川交工贸公司承担所有关联公司的债务却无力清偿，又使其他关联公司逃避巨额债务，严重损害了债权人的利益。上述行为违背了法人制度设立的宗旨，违背了诚实信用原则”[③]。

（3）“善意”或“目的正当性”是诚信原则对诉讼当事人的要求

除了行政法和民法领域，“善意”或“目的正当性”也是我国民事诉讼法和行政诉讼法诚信原则的基本要求。《中华人民共和国民事诉讼法》（以下简称《民事诉讼法》）第 13 条第 1 款规定：“民事诉讼应当遵循诚实信用原则。”这一规定虽然也未明确“善意”或者“目的正当性”要求，但在民事审判实践中同样得到体现。[④] 指导案例 82 号“王碎永诉深圳歌力思服饰股份有限公司、杭州银泰世纪百货有限公司侵害商标权纠纷案”[⑤]之裁判理由明确指出：“民事诉讼活动同样应当遵循诚实信用原则……它又要求当事人在不损害他人和社会公共利益的前提下，善意、审慎地行使自己的权利。任何违背法律目的和精神，以损害他人正当权益为目的，恶意取得并行使权利、扰乱市场正当竞争秩序的行为均属于权利滥用，其相关权利主张不应得到法律的保护和支持。”行政诉讼法虽未明文规定诚信原则，但行政审判实践也坚持这一原则，并将“善意”和“目的正当性”作为行政诉讼诚信原则的一项重要内容。前文介绍的“陆红霞案”之裁判理由指出：“诚实信用原则要求当事人实施诉讼行为、行使诉讼权利必须遵守伦理道德，诚实守诺，并在不损

---

① 最高人民法院审判委员会讨论通过，2014 年 6 月 26 日发布。

② 最高人民法院审判委员会讨论通过，2013 年 1 月 31 日发布。

③ 除此之外，《民法典》还规定了大量禁止恶意行为和保护善意行为的规定。第 154 条规定：“行为人与相对人恶意串通，损害他人合法权益的民事法律行为无效。”第 164 条第 2 款规定：“代理人和相对人恶意串通，损害被代理人合法权益的，代理人和相对人应当承担连带责任。”如此等等。

④ 诉讼法诚信原则对当事人提出的要求主要有：第一，真实陈述的义务；第二，促进诉讼的义务；第三，禁止以欺骗方法形成不正当诉讼状态；第四，禁反言，即遵守禁反言原则；第五，不得滥用诉讼上权能。参见张卫平：《民事诉讼中的诚实信用原则》，载《法律科学（西北政法大学学报）》2012 年第 6 期；任重：《民事诉讼诚实信用原则的实施——德国的认知与实践》，载《法学家》2014 年第 4 期。

⑤ 最高人民法院审判委员会讨论通过，2017 年 3 月 6 日发布。

害对方合法利益和公共利益的前提下维护自身利益。骚扰、泄愤、盲目、重复、琐碎性质的起诉显然不符合诚实信用原则的要求。”[①]

可见,“善意”或“目的正当性”要求是整个法律领域之诚信原则的共同要求。

3. 目的正当性作为诚信原则之基本要求根深蒂固

目的正当性作为诚信原则的内在要求可谓根深蒂固。诚信原则滥觞于罗马法,而罗马法之诚信原则滋生于罗马哲学与伦理文化。[②] 当诚信原则在古罗马文化土壤中生根发芽时,目的正当性要求的因子就已经开始融入诚信原则,成为诚信原则的一个重要组成部分。首先,这体现在对罗马诚信思想产生影响的斯多亚学派(也称斯多葛学派)的博爱(Fraternity)思想中。斯多亚学派主张,众生都是神的儿子,人人都是兄弟,有共同的本性,人们应当爱所有的人。如果只“关心自己的公民们的利益,对于外邦人则不关心,就会破坏人类的共同联系……破坏由神明建立的人们之间的联系”[③]。基于同样的逻辑,诚实的美德要求善待陌生人,就连外邦人也不例外。只有这样,才能“把人们联系起来……每个人像自己爱他人那样地为他人所爱,许多人由此变成一个人”[④]。正是以这样的思想为基础,罗马才发展起了万民法。[⑤] 其次,这体现在罗马伦理文化的“善良家父”概念中。这一概念意味着,每个人都应当以公正善良之心待人处世,都应该与人为善,处他人之事如处自己之事。[⑥] 受上述哲学与伦理文化的影响,罗马法诚信原则自始与“善意”密不可分,“善意”甚至成为诚实信用的首要要求,其他内容如诚实、守信、信任等都是这一要求的衍生。

我国诚信原则不仅受到欧洲法文化的影响,也立足于我国传统文化之中。诚信扎根于儒家思想文化中。在《论语》中,诚信不仅是对普通民众的

---

① 本案选为公报案例后,最高人民法院撰写的裁判摘要指出:“当事人反复多次提起琐碎的、轻率的、相同的或者类似的诉讼请求,或者明知无正当理由而反复提起诉讼,人民法院应对其起诉严格依法审查,对于缺乏诉的利益、目的不当、有悖诚信的起诉行为,因违背了诉权行使的必要性,丧失了权利行使的正当性,应认定构成滥用诉权行为。”

② 参见徐国栋:《客观诚信与主观诚信的对立统一问题——以罗马法为中心》,载《中国社会科学》2001年第6期;炎白:《“善良家父”与“诚实信用”》,载《比较法研究》2001年第1期。

③ 〔古罗马〕西塞罗:《论义务》,王焕生译,中国政法大学出版社1999年版,第269页。

④ 同上书,第56—57页。

⑤ 参见徐国栋:《客观诚信与主观诚信的对立统一问题——以罗马法为中心》,载《中国社会科学》2001年第6期。

⑥ 参见炎白:《“善良家父”与“诚实信用”》,载《比较法研究》2001年第1期。

要求，[①]更是对统治阶级或者官僚的要求。《论语》记载："子曰：'道千乘之国，敬事而信，节用而爱人，使民以时。'"(《论语·学而》)"子贡问政，子曰：'足食，足兵，民信之矣。'子贡又问：'必不得已而去，于斯三者何先？'曰：'去兵。'子贡曰：'必不得已而去，于斯二者何先？'曰：'去食。自古皆有死，民无信不立。'"(《论语·颜渊》)"子曰：上好礼，则民莫敢不敬；上好义，则民莫敢不服；上好信，则民莫敢不用情。夫如是，则四方之民襁负其子而至矣。"(《论语·子路》)[②]此后，司马光也有类似阐述。他在《资治通鉴》中说："夫信者，人君之大宝也。国保于民，民保于信；非信无以使民，非民无以守国。""上不信下，下不信上，上下离心，以至于败。"这些都反映了儒家思想对统治阶级之守信的重视和要求。儒家思想中包含类似罗马法"善意"的思想，如"我不欲人之加诸我也，吾亦欲无加诸人。"(《论语·公冶长》)"夫仁者，己欲立而立人，己欲达而达人。能近取譬，可谓仁之方也已。"(《论语·雍也》)"己所不欲，勿施于人。"(《论语·颜渊》)"仁者爱人，有礼者敬人。爱人者，人恒爱之；敬人者，人恒敬之。"(《孟子·离娄下》)应该说，这与罗马法律思想中"善意"思想有相似之处。[③]

综上可见，"善意"或者"目的正当性"其实已经包含在诚信原则之中，不仅融于行政法、行政诉讼法诚信原则中，而且融于民法、民事诉讼诚信原则中；不仅在当今法律之诚信原则中如此，在古罗马法之诚信原则中也如此，可谓源远流长、根深蒂固。那么，现在将目的正当性要求纳入比例原则的话，就面临一个问题，哪些"目的不正当"划归诚信原则调整，哪些"目的不正

---

① 《论语》记载："曾子曰：'吾日三省吾身：为人谋而不忠乎？与朋友交而不信乎？传不习乎？'"(《论语·学而》)"子曰：'弟子入则孝，出则弟，谨而信，泛爱众，而亲仁。行有余力，则以学文。'"(《论语·学而》)"子夏曰：'贤贤易色；事父母，能竭其力；事君，能致其身；与朋友交，言而有信；虽曰未学，吾必谓之学矣。'"(《论语·学而》)"子曰：'君子不重则不威，学则不固。主忠信，无友不如己者，过则勿惮改。'"(《论语·学而》)"子曰：'人而无信，不知其可也。大车无輗，小车无軏，其何以行之哉？'"(《论语·为政》)"子曰：'言忠信，行笃敬，虽蛮貊之邦，行矣。'"(《论语·卫灵公》)"子曰：'始吾于人也，听其言而信其行；今吾于人也，听其言而观其行。于予与改是。'"(《论语·公冶长》)子曰："老者安之，朋友信之，少者怀之。"(《论语·公冶长》)如此等等。

② 这句话则强调了政府诚信对于民心向背的重要性。

③ 细究的话，我国儒家文献的这些思想与罗马法中的"善意"有一定差异。善意指在相互交往中，设身处地为对方设想，尽可能善尽注意、关照义务，保护对方利益；但儒家上述思想不具有这种意蕴，且属于"仁"的范畴，不属于"信"的内容。不过在总体上，"儒家思想中蕴含着丰富的'诚信'因子，深受儒家思想浸润的中国古代社会生活处处体现着'诚信'的处世之道，其价值追求与以古罗马为起源的现代民法的诚实信用原则有着惊人的暗合之处"。参见柴荣、柴英：《论儒家思想与民法"诚实信用原则"之暗合》，载《上海师范大学学报(哲学社会科学版)》2008 年第 2 期。

当”划归比例原则调整？或者说，目的正当性要求入驻比例原则有没有现实必要？是否有助于更好地解决现实问题？不过，回答这一问题之前，我们还是进一步考察一下它与行政合理原则之间的关系。

（四）目的正当性要求与行政合理原则

1. 目的正当性要求在我国行政合理原则中的体现

在我国，目的正当性也是行政合理原则的首要要求。这可从两个方面得到证明。

第一，在我国行政法学文献和教科书中，行政合理原则早已包含目的正当性要求，并将其作为判断行政裁量合理性的一项标准。早在1983年，龚祥瑞先生就提到合理原则并对合理标准作了如下描述：“不适当的动机、不相关的考虑（莫须有的罪名），反之，不考虑相关的因素也是不合理的。”[①]受此影响，1988年后，合理原则在我国行政法学教科书中开始频繁出现并始终将“目的正当性”作为其首要要求。[②] 例如，1989年罗豪才与应松年教授主编的《行政法学》提出三项合理性判断标准，其中第一项是“行政行为的动因应符合法律的要求”；[③]叶必丰教授2008年所著《行政法与行政诉讼法》认为，“严重不合理”的考查因素包括“不道德的动机、不相关的考虑、背离法律本来的目的以及专横武断和反复无常”；[④]等等。

第二，在我国官方政策文件中，也将目的正当性置于行政合理原则之中。例如，《纲要》在明确“依法行政的基本要求”时就“合理行政”指出：“——合理行政。行政机关实施行政管理应当遵循公平、公正的原则。要平等对待行政管理相对人，不偏私、不歧视。行使自由裁量权应当符合法律目

---

① 龚祥瑞：《比较宪法与行政法》，法律出版社2003年版，第453页。除了龚祥瑞的文献，1987年之前，我国行政法学教材中鲜见关于合理性原则的介绍或将这一原则作为我国行政法基本原则的论述，如张尚鷟主编《行政法基本知识讲话》（群众出版社1986年版）、姜明安编著《行政法学》（山西人民出版社1985年版）、张焕光等著《行政法基本知识》（山西人民出版社1986年版）以及应松年、朱维究编著《行政法学总论》（工人出版社1985年版）等。

② 参见应松年主编：《行政法学教程》，中国政法大学出版社1988年版，第42页。在这本教材中，行政合理原则与行政合法原则并列为行政法的基本原则。不过，它所阐述的合理原则与英国合理原则在合理标准方面大不相同。

③ 三项要素是：“第一，行政行为的动因应符合法律的要求；第二，行政行为应建立在正当考虑的基础上；第三，行政行为的内容应符合情理。”参见罗豪才、应松年主编：《行政法学》，中国政法大学出版社1989年版，第43—44页。

④ 参见叶必丰：《行政法与行政诉讼法》（第三版），武汉大学出版社2008年版，第78页。

的，排除不相关因素的干扰；所采取的措施和手段应当必要、适当；行政机关实施行政管理可以采用多种方式实现行政目的的，应当避免采用损害当事人权益的方式。”在这里，《纲要》明确地将“行使自由裁量权应当符合法律目的，排除不相关因素的干扰”作为行政裁量合理的一项基本指标。

众所周知，不论是比例原则还是行政合理原则，都是规范行政裁量权的法律原则，为行政裁量合理性提供评价依据。考虑到合理原则与比例原则在功能上的共同性，行政合理原则的目的正当性要求似乎可以为比例原则的目的正当性要求提供依据。那么，该如何分析和看待上述合理原则中的目的正当性要求呢？

2. 目的正当性要求在英国合理原则中的地位

溯本求源，国内行政法学关于合理原则的思想源于英国合理原则。探究目的正当性在合理原则中的地位必须考察它在英国合理原则中的地位。

英国合理原则至少在 16 世纪就已确立。1598 年的卢克案[①]被视为源头。本案中，下水道管理委员会为修整河岸征收费用，把所有费用都摊派给邻近土地的所有人，而不是所有受益者。依法律规定，委员会享有征收费用的裁量权。法官科克(Coke)在判词中写道：“尽管委员会授权委员们自由裁量，但他们的活动应受限制并应遵循合理规则和法律原则。因为自由裁量权是一门识别真假、是非、虚实、公平与虚伪的科学，而不应按照他们自己的意愿和私人感情行事。”[②]此后，在 1609 年、1614 年、1647 年、1666 年的系列案件中，英国法官都阐述了类似的思想。[③] 到了 18 世纪这一思想仍然得到传承。在 1773 年的 Leader v. Maxon 案中，韦平铺路委员会为了使街道某地段路面倾斜，他们把街道另一端的地面提升了 6 英尺，因而遮蔽了原告的门窗。法院认为：“委员们粗暴地超越了他们的权限，对他们的权力应有合理的解释。他们的自由裁量权不应是专横的，且必须受到合理原则和法律的限制。”[④]进入 20 世纪，合理原则一直得到坚持。典型案例如 1905 年、

---

① (1598) 5 Co. Rep. 99b.

② 转引自〔英〕威廉·韦德：《行政法》，徐炳等译，中国大百科全书出版社 1997 年版，第 64 页。

③ See Keighley's Case (1609) 10 Co. Rep. 139a. Hetley v. Boyer (1614) Cro. Jac. 336 (Coke CJ). Cf. 4 Co. Inst. 41; Estwick v. City of London (1647) Style 42; R. v. Commissioners of Fens (1666) 2 Keb. 43. 转引自〔英〕威廉·韦德：《行政法》，徐炳等译，中国大百科全书出版社 1997 年版，第 64—65 页。

④ Leader v. Maxon (1773) 2 W. Bl. 924. 转引自〔英〕威廉·韦德：《行政法》，徐炳等译，中国大百科全书出版社 1997 年版，第 65 页。

1911 年、1925 年的系列案件。[①] 在这些判例中,合理原则得到进一步重申。例如,在 1925 年的 Roberts v. Hopwood 案中,伦伯里大法官指出,“自由裁量权并不是授予一个人想怎么做就怎么做的权力,他必须在行使其权力时做他不愿去做而他应该去做的事情。换句话说,他必须通过使用他的判断找到合理原则所指明的路线,并照此行事。他必须做事合理”[②]。

然而,英国人虽然长期坚持行政裁量应当遵循合理原则,但判断合理与否的标准却始终不是很明确,或者说始终众说纷纭、莫衷一是。正如格林(Greene)法官所指出的:“是的,自由裁量权必须合理地行使。现在它意味着什么呢? 熟悉法定自由裁量权行使中所使用术语的律师们经常在一个相当笼统的意义上使用‘不合理’一词。”[③]直到 1948 年的韦德内斯伯里案[④],合理原则的内涵才得到经典性阐述。在这个案件中,格林法官解释性地指出,不合理“通常是指不应当做的事。例如,一个被授予裁量权的个人必须正确地指示其自己依法办事,他必须让自己注意他应当考虑的因素,他必须拒绝考虑与他必须考虑事情无关的因素。如果他没有遵从这些规则,那么他将被认为或经常被认为是不合理的行为。同样,有些事情如此荒谬,以致具有一般理智的都不认为行政机关在正当地行使权力”[⑤]。韦德内斯伯里案对于英国合理原则的阐述得到普通法系国家的普遍认可,英国合理原则也因此被称为“韦德内斯伯里原则”“韦德内斯伯里不合理性”“韦德内斯伯里理由”。[⑥] 可以看出,“韦德内斯伯里原则”包括两个因素,一是认定行政裁量不合理的情形,即“相关考虑”和“不相关考虑”;二是决定行政裁量不合理的程度(也称“审查强度”),即“相当特殊和独特的(极端)不合理”,只有达到这种

---

① See Westminster Corporation v. L & N W Railway [1905] AC 426; Williams v. Giddy [1911] AC 381; Roberts v. Hopwood [1925] AC 578. 转引自〔英〕威廉·韦德:《行政法》,徐炳等译,中国大百科全书出版社 1997 年版,第 65—66 页。

② 〔英〕威廉·韦德:《行政法》,徐炳等译,中国大百科全书出版社 1997 年版,第 66 页。

③ 同上书,第 78 页。另参见〔英〕彼得·莱兰、戈登·安东尼:《英国行政法教科书》(第五版),杨伟东译,北京大学出版社 2007 年版,第 358 页。

④ Associated Provincial Picture House v. Wednesbury Corporation (1948) 1 KB 223.

⑤ 〔英〕威廉·韦德:《行政法》,徐炳等译,中国大百科全书出版社 1997 年版,第 78 页。另参见〔英〕彼得·莱兰、戈登·安东尼:《英国行政法教科书》(第五版),杨伟东译,北京大学出版社 2007 年版,第 358 页。两本书的翻译略有差别,如后者将第二种情形表述为:“同样,不合理亦指此行政行为如此荒谬以至于任何一个有理性之人均未曾想象此行为是其授权范围内。”

⑥ 参见〔英〕威廉·韦德:《行政法》,徐炳等译,中国大百科全书出版社 1997 年版,第 67 页。

程度时司法权方才出手干预。①

值得注意的是,“韦德内斯伯里原则”与国内行政法学界所阐述的行政合理原则既有相同之处,也存在一定差异。相同之处在于,二者均将“相关考虑”和“不相关考虑”作为衡量行政合理性的标准;不同之处在于,国内学者强调目的正当性,而“韦德内斯伯里原则”没有提及目的正当性。那么,英国人在评价行政裁量权的合理性时是不是根本就不考虑行政目的的正当性,国内学者所讲目的正当性是否为无中生有、无本之木呢?

其实也不然。英国著名行政法学家威廉·韦德指出,合理原则“涵盖了防止权力被滥用的数项规则。首先,这些规则包括要求作出决定者考虑所有相关因素而将所有不相关因素排除出考虑范畴的规则。其次,包括要求权力应出于正当的目的而不能出于不正当的目的而行使的规则”②。他还说:“三个多世纪以来,人们接受授予公共当局的自由裁量权不是绝对无限制的,即使在它显而易见的范围内,也要受到一般法律的限制,这一点已被人们公认。这些限制以各种不同的方式表示出来,比如说自由裁量权必须是合理的,必须善意地行使,只应就相关因素作出分析,不能存在各种贪污、受贿行为,决定不应是独断的、变幻无常的,所有这些可概括为自由裁量权必须以授权法所指出的方式来行使。正如格里菲斯法官所说:‘毫无疑问,议会不会给予任何法定机构恶意行事的权力,或让其滥用权力。当法院说如果某一机关恶意行事,它将进行干预,那它只不过是说该权力未在议会授予的法定权限内行使。’”③彼得·莱兰教授在分析“韦德内斯伯里原则”时也指出,目的不正当、相关与不相关考虑、恶意具有很多相似性,但并不完全相同,它们构成了不同类型的不合理情形。“判例法已确立的规则是,所有这些因素共同构成了一般性的不合理,而且当事人可以这些因素中的一种因素或综合多种因素为由向法院提出诉讼。”④这种观点在一系列案例中也得

① 参见〔英〕彼得·莱兰、戈登·安东尼:《英国行政法教科书》(第五版),杨伟东译,北京大学出版社2007年版,第359—360页。

② 〔英〕威廉·韦德、克里斯托弗·福赛:《行政法》(第十版),骆梅英、苏苗罕、周华兰、卢超、王瑞雪译,中国人民大学出版社2018年版,第268页。威廉·韦德还指出:“合理原则成为一个概括性极强的大标题,其所涵盖的不仅仅是单纯的荒诞或者反复无常的情形,还囊括了非法的动机和目的、被统称为‘不相关的考虑’的一系列错误。”

③ 〔英〕威廉·韦德:《行政法》,徐炳等译,中国大百科全书出版社1997年版,第62页。

④ 〔英〕彼得·莱兰、戈登·安东尼:《英国行政法教科书》(第五版),杨伟东译,北京大学出版社2007年版,第359页。

到印证。在1959年的一起案件中,兰德勋爵说道:"'裁量权'必然意味着在履行公职时应秉持善意;任何一项立法都有一个其运行其中的背景;任何与立法的路线或者目的明显背离的行为都应如同欺骗或者腐败行为一样遭到反对。"①在1982年的一起案件中,格里菲斯(Griffiths)法官也指出:"毫无疑问,议会在任何时候都不能被认为会授予某个法定机构恶意行为或者滥用职权的权力。当法院说如果某特定机构恶意实施行为,其将予以干涉的时候,这仅仅是相应权力并未在议会授予的法定权限范围内行使的另一种表达方式。"②

从上述表述可以看出:第一,在英国,"善意"或者"目的正当性"也是对行政裁量权的要求,"恶意"或者"目的不正当"是认定滥用裁量权的标准之一。第二,"善意"或者"目的正当性"要求是独立的审查标准,与韦德内斯伯里原则相并列,而非后者的内在因素。两者是并列、选择关系,而不是一体化的前后递进关系,善意和目的正当性并非相关考虑或者不相关考虑标准的前提。裁量行为只要符合其中任何一个标准,都构成撤销的理由。

其实,在英国规范行政裁量权的武器库中,除了善意或目的正当性、韦德内斯伯里原则之相关考虑与不相关考虑要求之外,还有其他一些武器。早在1905年的Westminster Corporation案中,麦克诺顿法官就指出:"这一点是确定的,即被授予法定权力的公共机构,例如那些被授权的自治机关,必须注意不超越或滥用权力。它必须保持在所赋予的权力范围之内。它必须遵循诚信原则,并且必须合理行事。后一个原则如不能称为第一原则的话,那也是第二层次的原则。"③在Robers v. Hopwood案中,萨姆纳勋爵认为:"'认为合适'一词包含既诚实又合理的必要的含义,并且认为所接受的恶意含义是广义的,它足以包含二者。"④在这两个案件中,诚实信用原则也成为判断裁量合理性的法律原则。

---

① Roncarelli v. Duplessis (1959) 16 DLR (2d) 689 at 705. 转引自〔英〕威廉·韦德、克里斯托弗·福赛:《行政法》(第十版),骆梅英、苏苗罕、周华兰、卢超、王瑞雪译,中国人民大学出版社2018年版,第276页。

② R. v. Commission for Racial Epuality ex p. Hillingdon LBC [1982] QB 276. 转引自〔英〕威廉·韦德、克里斯托弗·福赛:《行政法》(第十版),骆梅英、苏苗罕、周华兰、卢超、王瑞雪译,中国人民大学出版社2018年版,第276页。

③ See Westminster Corporation v. L & N W Railway [1905] AC 426 at 430. 转引自〔英〕威廉·韦德:《行政法》,徐炳等译,中国大百科全书出版社1997年版,第65页。

④ Roberts v. Hopwood [1925] AC 578. 转引自〔英〕威廉·韦德:《行政法》,徐炳等译,中国大百科全书出版社1997年版,第65页。

英国行政合理原则的这种情形在其他普通法系国家也同样存在。例如,美国学者认为行政裁量权滥用的情形有:(1)不正当的目的;(2)错误的和不相干的原因;(3)错误的法律或事实依据;(4)不作为或迟延;(5)背离了既定的判例和习惯。日本行政法认为,裁量权不当行使主要有:(1)事实的误认;(2)目的的违反和动机不正;(3)违反比例原则和平等原则。[①]

3. 目的正当性与我国行政合理原则

上述对英国行政法合理原则的追述表明,我国行政法学界提出的合理原则与英国合理原则惊人地相似,前文提出的我国行政合理原则是从英国借鉴而来的判断是正确的。既然它们导源于英国合理原则,则其要素之间关系也应当与其保持一致。其中,“不相关的考虑,反之,不考虑相关的因素”是韦德内斯伯里合理原则的核心内容。“不适当的动机”与“相关考虑”或者“不相关考虑”两个标准应当相并列并成选择关系。

从功能主义角度考虑,任何一个国家,其规范行政裁量权的制度和机制都不是单一的。有些国家倚重于程序规范,即通过程序公开、程序参与制度来加强对行政裁量权的制约;有些国家倚重于实体规范。在实体规范中,有些国家通过制定实体裁量基准来制约裁量权,有些国家通过构建法律原则来规范裁量权。而在法律原则中,往往也不是单纯依靠一个法律原则,而是通过构建多个法律原则来解决问题,以增加法律原则调整对象的针对性。就我国而言,制约行政裁量权的机制便是多元的,既倚重于程序机制,也倚重于实体制度;在实体制度中,一方面制定裁量基准,另一方面也构建相关法律原则。而在法律原则中,我们也不是单纯地依赖于某一个法律原则,而是依赖于平等原则、合理原则、比例原则等。《纲要》的规定,正是这一法政策的体现,尽管表述得不是很全面、很完善。

上述分析表明,虽然我国行政法学界提出了目的正当性要求,我国依法行政之国家政策文件也已经将目的正当性作为衡量行政裁量合理性的主要标准,但这不能成为将其列为比例原则之首要子原则的理由,反而在一定程度上表明,目的正当性应当独立于比例原则。至少可以说明,将目的正当性与比例原则相并列是可能的。尤其需要注意的是,当今世界各国的发展趋

---

① 参见〔日〕南博方:《日本行政法》,杨建顺、周作彩译,中国人民大学出版社1988年版,第37—38页。转引自胡建淼:《行政法学》(第三版),法律出版社2010年版,第448页。

势是，基于比例原则缜密的逻辑以及对基本权利保障所具有的优势，不仅在成文法国家得到普遍采用，即便印度、南非、加拿大等曾经采用合理原则的国家也已舍弃行政合理原则，改而采用比例原则，甚至连英国也在涉及人权案件中采用了比例原则，比例原则逐渐一统天下。这种情形下，我国就没有必要继续抱残守缺。对此，本章下一题“比例原则与英国合理原则”中将要全面展开论述。[①] 如果我国行政法将来放弃了合理原则，改而统一采用比例原则，则目的正当性入驻合理原则的问题也就不存在了。

(五) 目的正当性要求固守诚信原则的理由

目的正当性要求在整个法律原则体系中的地位，不仅取决于各个原则的内在要求及其历史渊源，更取决于各自的功能、作用或者所要解决的问题。比例原则和目的正当性都与行政裁量权之规范有一定关联，因此，对其功能和分工的考察应主要着眼于这一角度。

1. 滥用职权与明显不当审查依据的分工需要

在我国现行行政诉讼制度中，与行政裁量权相关的是对滥用职权和明显不当行为的撤销制度。其中，滥用职权是1989年《行政诉讼法》规定的，2014年《行政诉讼法》修订时增加了明显不当。二者与证据不足、适用法律错误、违反法定程序、超越职权一道成为撤销行政行为的基本依据或前提。[②]

滥用职权虽然在1989年《行政诉讼法》中就成为撤销行政行为的重要情由，但长期以来缺乏法律上的严格界定，学界也未形成统一认识。[③] 相关观点大致可分为“主观判断说”“客观判断说”和“主客观结合说”三种。“主观判断说”主张从主观态度进行判断，即行政机关行使职权背离立法目的，就构成滥用职权。[④] “客观判断说”则不问主观动机，只强调客观行为，即只要

① 也可参见杨登峰：《从合理原则走向统一的比例原则》，载《中国法学》2016年第3期。

② 2014年《行政诉讼法》第70条规定：“行政行为有下列情形之一的，人民法院判决撤销或者部分撤销，并可以判决被告重新作出行政行为：(一) 主要证据不足的；(二) 适用法律、法规错误的；(三) 违反法定程序的；(四) 超越职权的；(五) 滥用职权的；(六) 明显不当的。”

③ 参见何海波：《论行政行为“明显不当”》，载《法学研究》2016年第3期。

④ 参见罗豪才、应松年主编：《行政诉讼法学》，中国政法大学出版社1990年版，第250页。应松年教授在2002主编的教材中仍然坚持这一观点。他认为，行政机关实施的行为未超越职权且表面合法，但违反了法律、法规赋予该权力的目的，即构成滥用职权。参见应松年主编：《行政诉讼法学》，中国政法大学出版社2002年版，第208—209页。

存在不平等对待、不相关考虑、违反比例原则等情形,就构成滥用职权。[①]"主客观结合说"可以说是"主观判断说"与"客观判断说"的结合,这种学说认为,目的不当、武断专横或者不平等对待、不相关考虑、不成比例等都构成滥用职权。[②]

学界之所以对滥用职权形成不同意见,原因在于1989年《行政诉讼法》仅对不合理或不适当行政设定了"滥用职权"一个审查依据,但不合理或不适当的行政有主客观两个方面的形态。为了应对这一现实,学界便试图将主客观两方面的形态悉数装进"滥用职权"一个篮子里,以尽可能全面地对不合理或不适当的行政现象予以法的制约。[③] 结果是,不论在学术界还是在司法实践中,"滥用职权"这个概念便被"滥用"了。[④] 在当时,出现这种"滥用"状况不仅在所难免,而且有一定积极作用。何海波教授就认为,这"在当时有利于克服法院对行政行为合理性问题审查依据不足的问题,符合司法审查的实际需要"[⑤]。

不过,当行政诉讼法在滥用职权之外增列明显不当作为撤销行政行为的新要件之后,就需要在二者之间划分一条界线。为此,学术界进而提出了滥用职权与明显不当的"主客观分工说"。"主客观分工说"主张,滥用职权按照"主观判断说"来界定,明显不当按照"客观判断说"来划分。例如,何海波教授提出:"在行政诉讼法增加'明显不当'的审查根据后,司法审查配备了更强大的武器。在此情况下,对行政裁量合理性的审查,一般可以放在'明显不当'的标准下进行;'滥用职权'则可以回归原位,限于行政机关违背法律目的、恶意行使权力的情形。也就是说,在新的审查根据体系下,滥用

---

① 此说秉持者如薛刚凌教授。参见胡建淼主编:《行政诉讼法学》,高等教育出版社2003年版,第214页。

② 参见胡建淼:《有关行政滥用职权的内涵及其表现的学理探讨》,载《法学研究》1992年第3期;关保英:《论行政滥用职权》,载《中国法学》2005年第2期;姜明安主编:《行政法与行政诉讼法》,北京大学出版社、高等教育出版社2011年版,第525页。

③ 如朱新力教授认为,"基于自由裁量权内容的多维性,仅以违反法定目的或仅以结果显失公正为滥用职权的全部内容显然失之过窄。"参见朱新力:《行政滥用职权的新定义》,载《法学研究》1994年第3期。

④ 参见周佑勇:《司法审查中的滥用职权标准——以最高人民法院公报案例为观察对象》,载《法学研究》2020年第1期;朱思懿:《"滥用职权"的行政法释义建构》,载《政治与法律》2017年第5期;施立栋:《被滥用的"滥用职权"——行政判决中滥用职权审查标准的语义扩张及其成因》,载《政治与法律》2015年第1期;余凌云:《对行政机关滥用职权的司法审查——从若干判案看法院审理的偏好与问题》,载《中国法学》2008年第1期。

⑤ 何海波:《论行政行为"明显不当"》,载《法学研究》2016年第3期。

职权应当包含主观恶意。”[①]周佑勇教授也主张：“为确保各项审查标准在体系上的逻辑融洽与分工上的明确，‘滥用职权’仅应理解为主观方面的审查标准，主要适用于审查行政机关具有主观恶性的行政行为，而‘明显不当’主要适用于审查客观不当的行政行为，如未考虑相关因素或违反一般法律原则等情形。”[②]总之，在“主客观分工说”之下，明显不当与滥用职权应有不同的要件、适用不同的依据，目的正当性应成为认定“滥用职权”的核心要件。

从文义看，比例原则是对行政行为之目的与手段关系的客观性要求，诚信规范则正好是对行政主体内在动机的主观性要求。在滥用职权独步天下时，将目的正当性置于比例原则之中并将其作为判断滥用职权的法律依据尚可说得过去，但在滥用职权与明显不当并行不悖时，再将目的正当性置于比例原则之下并将其作为单一的评价依据就不再妥当。

2. 诚信原则作为滥用职权认定依据的统一性使然

将目的正当性作为认定权利(力)滥用的核心要件，将诚信原则作为认定滥用权利(力)的规范依据，是各个部门法的共同做法，在实践中得到长久、广泛应用。

不论是目的正当性要求、滥用权利(力)之禁止，还是诚信原则，均起源于民法。[③] 以目的不当为要件，以诚信原则为规范依据认定滥用权利首先是民法学界普遍惯常做法。1900 年《德国民法典》于第 226 条和第 242 条分别规定了目的正当性要求和诚信原则。[④] 王泽鉴教授认为，德国民法上的权利滥用不仅指以第 226 条为出发点的恶意权利行使，也指以第 242 条为出发点

① 何海波：《论行政行为“明显不当”》，载《法学研究》2016 年第 3 期。何海波教授还指出：“为维护司法审查根据之间的和谐，明显不当根据的适用范围最好限于针对行政行为处理方式问题的裁量；滥用职权根据则回归原位，限于行政机关违背法律目的、恶意行使权力的情形。”

② 周佑勇：《司法审查中的滥用职权标准——以最高人民法院公报案例为观察对象》，载《法学研究》2020 年第 1 期。

③ 禁止权利滥用的观念始于古罗马法，在近代欧洲民法典中得到确认。古罗马法规定行使权利不许以损害他人为目的，尤其在相邻关系中，如果行使所有权有害于邻人，就会被认为违法。参见〔意〕彼得罗·彭梵得：《罗马法教科书》，黄风译，中国政法大学出版社 1992 年版，第 244—245 页。

④ 《德国民法典》第 226 条规定：“权利的行使不得以损害他人为目的。”第 242 条规定：“债务人有义务依诚实和信用，并参照交易习惯，履行给付。”参见《德国民法典》，郑冲、贾红梅译，法律出版社 1999 年版，第 49 页。

的违反诚信行为，阐明了德国民法之权利滥用与诚信原则之间的关系。[①] 1907 年《瑞士民法典》第 2 条同时规定了诚信原则与禁止权利滥用原则。该条第 1 款规定："任何人在行使权利或履行义务时都必须遵守诚信原则"；第 2 款规定："明显滥用权利者不受法律保护"。与此相似，1947 年《日本民法典》第 1 条第 2 项规定："行使权利履行义务时，应当恪守信义，诚实实行。"第 3 项规定："禁止滥用权利。"经此规定，民法诚信原则与权利滥用禁止原则之间的逻辑关系便昭然若揭，即"行使权利如违反诚实信用原则即为权利之滥用"。[②]

我国民法典的相关立法方式既不同于德国，也不同于瑞士和日本，其总则虽然规定了诚信原则，但未同时规定"权利滥用禁止原则"，而是将其置于分则中。[③] 即便如此，将目的正当性作为认定权利（力）滥用的核心要件，将诚信原则作为认定滥用权利（力）的规范依据，也是我国民法界的基本看法。指导案例 82 号"王碎永诉深圳歌力思服饰股份有限公司、杭州银泰世纪百货有限公司侵害商标权纠纷案"[④]和指导案例 15 号"徐工集团工程机械股份有限公司诉成都川交工贸有限责任公司等买卖合同纠纷案"[⑤]可谓这一思想的集中体现。指导案例 15 号之审判法院指出："任何违背法律目的和精神，以损害他人正当权益为目的，恶意取得并行使权利、扰乱市场正当竞争秩序的行为均属于权利滥用。"该案"裁判要点"指出："当事人违反诚实信用原则，损害他人合法权益，扰乱市场正当竞争秩序，恶意取得、行使商标权并主张他人侵权的，人民法院应当以构成权利滥用为由，判决对其诉讼请求不予支持。"指导案例 15 号之裁判理由指出，当事人"行为违背了法人制度设立的宗旨，违背了诚实信用原则，其行为本质和危害结果与《公司法》第 20 条第 3 款规定的情形相当"。而所谓与《公司法》第 20 条第 3 款规定的情形相当，即指构成了"滥用公司法人独立地位和股东有

---

① 参见王泽鉴：《诚实信用与权利滥用——我国台湾地区"最高法院"九一年台上字第七五四号判决评析》，载《北方法学》2013 年第 6 期。

② 参见〔日〕宫野耕毅：《诚实信用原则与禁止权利滥用法理的功能》，傅静坤译，载《外国法译评》1995 年第 2 期。

③ 我国《民法典》第 7 条规定："民事主体从事民事活动，应当遵循诚信原则，秉持诚实，恪守承诺。"第 132 条规定："民事主体不得滥用民事权利损害国家利益、社会公共利益或者他人合法权益。"

④ 最高人民法院审判委员会讨论通过，2017 年 3 月 6 日发布。

⑤ 最高人民法院审判委员会讨论通过，2013 年 1 月 31 日发布。

限责任”,也就是构成权利滥用。[①]

指导案例 82 号不仅阐述了民法上权利滥用的规范逻辑,也阐述了民事诉讼法上诉权滥用的规范逻辑:“民事诉讼活动同样应当遵循诚实信用原则……任何违背法律目的和精神,以损害他人正当权益为目的,恶意取得并行使权利、扰乱市场正当竞争秩序的行为均属于权利滥用,其相关权利主张不应得到法律的保护和支持。”在我国行政审判实践中,对行政相对人权利滥用和诉权滥用的认定也是以诚实信用原则为规范依据的。前述公报案例“陆红霞案”在指出原告违反立法目的滥用知情权的同时进一步指出:“当事人反复多次提起琐碎的、轻率的、相同的或者类似的诉讼请求,或者明知无正当理由而反复提起诉讼,人民法院应对其起诉严格依法审查,对于缺乏诉的利益、目的不当、有悖诚信的起诉行为,因违背了诉权行使的必要性,丧失了权利行使的正当性,应认定构成滥用诉权行为。”这种观点在最高人民法院和地方高级人民法院作出的系列案件中都有明确体现。[②]

与此形成对照的是,我国法院已将比例原则而非诚信原则作为认定“明显不当”的法律依据。[③] 公报案例“陈超诉济南市城市公共客运管理服务中心客运管理行政处罚案”[④]为典型。该案裁判理由指出:“行政处罚应当遵循比例原则,做到罚当其过。处罚结果应当与违法行为的事实、性质、情节以及社会危害程度相当,以达到制止违法行为不再发生的目的……在上述事

---

① 《公司法》第 20 条第 3 款规定:“公司股东滥用公司法人独立地位和股东有限责任,逃避债务,严重损害公司债权人利益的,应当对公司债务承担连带责任。”《民法典》第 83 条规定:“营利法人的出资人不得滥用出资人权利损害法人或者其他出资人的利益;滥用出资人权利造成法人或者其他出资人损失的,应当依法承担民事责任。营利法人的出资人不得滥用法人独立地位和出资人有限责任损害法人债权人的利益;滥用法人独立地位和出资人有限责任,逃避债务,严重损害法人债权人的利益的,应当对法人债务承担连带责任。”

② 相关案例如:“邱爱东、汤俩伟诉福建省福州市人民政府政府信息公开案”,参见最高人民法院(2019)最高法行申 6738 号行政裁定书;“徐立业诉南宁市人民政府政府信息公开案”,参见广西壮族自治区高级人民法院(2018)桂行终 976 号和(2018)桂行终 977 号行政判决书;“嘉善双赢轴承厂诉嘉善县干窑镇人民政府政府信息公开案”,参见浙江省高级人民法院(2018)浙行申 219 号行政裁定书;“武伟诉卢氏县人民政府行政决定案”,参见河南省高级人民法院(2018)豫行终 3051 号行政判决书。

③ 以“比例原则”为关键词检索,在行政法领域,迄今仅有两个案例明确适用了比例原则:“陈超诉济南市城市公共客运管理服务中心客运管理行政处罚案”(作为典型案例刊载于《最高人民法院公报》2018 年第 2 期);“杨政权诉山东省肥城市房产管理局案”(最高人民法院 2014 年政府信息公开十大案例之四)。后者与滥用权利无关。

④ 参见董妍:《基本原则在行政裁判中的适用:以网约车行政诉讼为视角》,载《人民司法(案例)》2018 年第 2 期。

实尚不明确以及该行为社会危害性较小的情况下，将该行为的后果全部归于被上诉人，并对其个人作出较重处罚，有违比例原则，构成明显不当。”

可见，不论是民法、诉讼法还是行政法，权利滥用都以目的不当为构成要件，以诚信原则为法规范依据。在这种法制环境下，将行政目的正当性要求置于行政诚信原则中才能够与其他部门法的相关概念保持一致，避免法律概念适用和解释上的混淆。

以上所论充分说明，行政目的正当性应当固守诚信原则，而非客串到比例原则中。

三、比例原则与英国合理原则

上面两题讨论比例原则的内部结构问题，本题和下一题开始讨论比例原则的外部关系问题，即比例原则与其他相近或者相关法律原则之间的关系问题。下面首先讨论比例原则与合理原则之间的关系问题。

（一）选择合理原则还是比例原则，是个问题

前文已经表明，除了平等原则，英国的合理原则（reasonableness or rationality）和德国的比例原则（Verhältnismäßigkeit，proportionality）也是规范行政裁量权的两个基本原则，在我国行政法教学和研究中影响最大。因此，德国比例原则与英国合理原则之间的关系是首先要研究的。早在 20 世纪 80 年代，我国行政法学界就已经将这两个原则分别介绍进国内。

我国学界首先介绍的是英国合理原则。如前所述，早在 1983 年，龚祥瑞先生在其《比较宪法与行政法》一书中提到了这一原则，并对合理性标准作了如下描述：“不适当的动机、不相关的考虑（莫须有的罪名），反之，不考虑相关的因素也是不合理的。”[①]受此影响，1988 年后，行政合理原则在我国行

① 龚祥瑞：《比较宪法与行政法》，法律出版社 2003 年版，第 453 页。除了龚祥瑞的文献，1987 年之前，我国行政法学教材中鲜见关于合理性原则的介绍或将这一原则作为我国行政法基本原则的论述，如张尚鷟主编《行政法基本知识讲话》（群众出版社 1986 年版）、姜明安编著《行政法学》（山西人民出版社 1985 年版）、张焕光等著《行政法基本知识》（山西人民出版社 1986 年版）以及应松年、朱维究编著《行政法学总论》（工人出版社 1985 年版）等。

政法学教科书中开始出现。[①] 1989 年罗豪才与应松年教授主编的《行政法学》将合理性原则与合法性原则并列为我国行政法的两大基本原则，并提出三项合理性判断标准："第一，行政行为的动因应符合法律的要求；第二，行政行为应建立在正当考虑的基础上；第三，行政行为的内容应符合情理。"[②] 迄今，这一原则仍得到学界认可，如叶必丰教授 2008 年所著《行政法与行政诉讼法》一书将"严重不合理原则"作为行政法的一项基本原则，而"严重不合理"的考查因素包括"不道德的动机、不相关的考虑、背离法律本来的目的以及专横武断和反复无常"。[③] 总体上，虽然内容有所变化，国内学者所述合理原则与英国合理原则一脉相承，特别是在叶必丰教授使用"严重不合理"这一程度性描述概念的情形下。

就在行政合理原则引入国内几年后，比例原则开始进入我国公法学视野并得到引介。早期的文献如 1988 年青柳幸一、华夏所著《基本人权的侵犯与比例原则》[④]一文。进入 21 世纪后，国内介绍和研究比例原则的文献更是纷至沓来。[⑤] 后来，许多行政法教科书便将这一原则列为我国行政法的基本原则之一。[⑥] 迄今为止，国内对比例原则的界定与德国的比例原则基本相同。其下包括适当性、必要性和平衡性三个子原则，是评价裁量行政行为合理与否的三个步骤。所谓适当性，即采取的行政措施应当有助于或能够实现法的目的；所谓必要性，即在可实现法律目的的诸措施中，行政机关所采取的措施应对利害关系人权益侵害最小；所谓平衡性，即行政措施所谋求的公共利益不得小于给利害关系人所造成的损害。

既然合理原则和比例原则都是规范和制约行政裁量权的实体法律原则，当两个原则先后被引介并作为我国行政法的基本原则时，必须在理论上

---

① 参见应松年主编：《行政法学教程》，中国政法大学出版社 1988 年版，第 42 页。在这本教材中，行政合理原则与行政合法原则并列为行政法的基本原则。不过，它所阐述的合理原则与英国合理原则在合理标准方面大不相同。

② 罗豪才、应松年主编：《行政法学》，中国政法大学出版社 1989 年版，第 43—44 页。

③ 参见叶必丰：《行政法与行政诉讼法》，武汉大学出版社 2008 年版，第 78 页。

④ 载于《比较法研究》1988 年第 1 期。

⑤ 如杨临宏：《行政法中的比例原则研究》，载《法制与社会发展》2001 年第 6 期；黄学贤：《行政法中的比例原则研究》，载《法律科学（西北政法大学学报）》2001 年第 1 期；余凌云：《论行政法上的比例原则》，载《法学家》2002 年第 2 期。

⑥ 如罗豪才、湛中乐主编：《行政法学》，北京大学出版社 2012 年版，第 33—34 页；应松年主编：《行政法与行政诉讼法》，中国政法大学出版社 2012 年版，第 47—48 页；姜明安、余凌云编著：《行政法学》，科学出版社 2010 年版，第 89—90 页；余凌云：《行政法讲义》（第三版），清华大学出版社 2019 年，第 83—89 页；周佑勇：《行政法原论》（第三版），北京大学出版社 2018 年版，第 63—64 页。

解决如下问题:我们应选择其一,还是合二为一,抑或是让二者并立?如果选择其一,该选哪一个?如果合二为一,该如何取舍与衔接?如果让二者并立,彼此的适用范围该如何分割?

考查目前我国行政法学界的做法,大致有两种取向:一是用比例原则替代合理原则,不再提合理原则;①二是将比例原则与合理原则加以组合。组合方式有二:一是在保留英国合理原则基本内容的同时,把比例原则、平等原则的内容"注入"合理原则之中,作为合理原则的扩展或延伸部分;②二是把比例原则、英国合理原则以及平等原则并列为规范裁量权的分原则,然后将这些原则总称为合理原则。③ 不论哪一种组合,其结果都使合理原则名下包含英国合理原则和德国的比例原则两种成分,而不再是原初意义上的合理原则。然而,不论是择一模式还是组合模式,都在理论上未予适切的论证。④

理论研究的不足,导致法律实践的迷惘,表现之一是相关法律文本对这些原则的表述莫衷一是。例如,《湖南省行政程序规定》(2008 年)、《山东省行政程序规定》(2011 年)、《汕头市行政程序规定》(2011 年)和《江苏省行政程序规定》(2015 年)的相关条款规定,行政机关行使裁量权应当符合立法目的和原则,采取的措施应当必要、适当;行政机关实施行政管理可以采用多种措施实现行政目的的,应当选择有利于最大程度地保护公民、法人或者其他组织权益的措施。⑤《西安市行政程序规定》(2013 年)第 9 条则规定:"行政机关实施行政管理可以采用多种措施实现行政目的的,应当选择对公民、法人或者其他组织权益损害最小的措施。"而《纲要》就"合理行政"的要求

---

① 如应松年主编:《行政法与行政诉讼法》,中国政法大学出版社 2012 年版,第 46 页以下。

② 参见罗豪才、湛中乐主编:《行政法学》,北京大学出版社 2012 年版,第 31—34 页。

③ 参见叶必丰:《行政法与行政诉讼法》,武汉大学出版社 2008 年版,第 75—81 页。

④ 国内将合理原则与比例原则一起比较研究的论文有:赵娟:《合理性原则与比例原则的比较研究——一个以判例为基础的思考》,载《南京大学学报(哲学·人文科学·社会科学)》2002 年第 1 期;周云帆:《行政法中的合理原则与比例原则》,载《四川师范大学学报(社会科学版)》2002 年第 3 期;何景春:《行政比例与合理性原则的比较研究》,载《行政法学研究》2004 年第 2 期;孙国平:《英国行政法中的合理性原则与比例原则在劳动法上之适用——兼谈我国的相关实践》,载《环球法律评论》2011 年第 6 期。这些研究看起来应该是对两个原则的比较与取舍性研究,但实际上对本章所提问题基本上没有触及。

⑤ 参见《湖南省行政程序规定》第 4 条、《山东省行政程序规定》第 5 条、《汕头市行政程序规定》第 4 条、《江苏省行政程序规定》第 5 条。《山东省行政程序规定》第 5 条的规定略有差异:"……行政机关行使行政裁量权应当符合立法目的的,采取的措施和手段应当必要、适当;实施行政管理可以采取多种方式实现行政目的的,应当选择最有利于保护公民、法人和其他组织合法权益的方式……"

是："行使自由裁量权应当符合法律目的，排除不相关因素的干扰；所采取的措施和手段应当必要、适当；行政机关实施行政管理可以采用多种方式实现行政目的的，应当避免采用损害当事人权益的方式。"[①]

可以看出，上述5个"规定"似乎采用的是比例原则，而"实施纲要"似乎采用的是合理原则与比例原则的组合。但不论是比例原则，还是比例原则与合理原则的组合，与我们所了解的英国的合理原则与德国的比例原则都不尽相同，"拆解""拼合"痕迹明显，"拆解""拼合"依据却不得而知。

把目光进一步转向司法实务，追问法院在行政诉讼中所采用的审查标准，问题依然模糊不清。截至2016年年初，笔者写作这一部分之前，断断续续搜集了27起以行政处罚决定明显不当为由的变更判决。[②] 其中，1起案件以行政决定没有履行可能为由认定明显不当；[③]1起案件以合理原则之"没有考虑该当考虑的因素"为由认定明显不当；[④]3起案件以比例原则之必要性原则为由认定明显不当；[⑤]5起案件以违反平等原则为由认定明显

---

① 这里删去了其中有关平等原则的表述。

② 比之于我国浩如烟海的行政案件数量，27个案件可谓沧海一粟。不过，这些案件还是能够说明一些问题。这源于两个方面的原因：其一，这些案件的收集是随机的；其二，我国法院以明显不当作出的变更判决总体不多。此外要说明的是，在我国行政法中，"滥用职权"概念也与裁量权有关，但在司法中的应用比较混乱。有学者对《人民法院案例选》第1—58辑中收录的行政案例统计发现，其中行政行为被撤销的(含部分撤销)有297个，引用过"滥用职权"的仅为8%，单独引用的只有3%。在这3%中，大多引用"滥用职权"的案件与行政裁量无关，如有的判决认为，"以行政处罚代替刑法处罚，是一种滥用职权的行为"。参见何海波：《实质法治：寻求行政判决的合法性》，法律出版社2009年版，第193页；沈岿：《公法变迁与合法性》，法律出版社2010年版，第252—253页。在此仅以认定行政行为"明显不当"的判决作为分析对象。

③ 贵州隆福房地产开发有限公司诉贵阳市城市规划管理局行政处罚案(贵阳市中级人民法院(2001)筑法行初字第4号行政判决书，贵州省高级人民法院(2001)黔高行终字第24号判决书)。本案中，贵阳市城市规划管理局以贵州隆福房地产开发有限公司违反建设工程规划许可为由，要求其15日内将已建成的工程拆除并按照规划许可重建。法院认为，要求原告15日内完成这一工程，事实上不可能，遂以明显不当为由予以撤销。

④ 谢振杰诉淅川县公安局行政处罚案(河南省淅川县人民法院(1998)淅行初字第34号行政判决书)。本案法院认为："被告淅川县公安局在处理该案时，未考虑全案的客观情节及因果关系，且在原告谢振杰不具备从重处罚条件的情况下给予原告拘留十五日的行政处罚，显失公正。"

⑤ 3起案件为：刘保彦诉上海市劳动教养管理委员会劳动教养决定案(虞城县人民法院(2009)虞行初字第122号行政判决书)，刘森诉三河市公安局劳教委劳动教养决定案(北大法意网：http://www.lawyee.net/Case/Case_Hot_Display.asp? RID=201706)，沈永乐诉上海市劳动教养管理委员会劳动教养决定案(江苏省兴化市人民法院(2012)泰兴初字第7号行政判决书)。在刘保彦案中，法院认为：根据原告的违法情节，依照治安管理处罚法的规定，对原告应予治安处罚，公安机关对原告刑事拘留30天，已足以达到惩罚教育原告的目的。劳动教养1年，显失公正。

不当;[①]2 起案件同时以平等原则、比例原则和合理原则为由认定明显不当。[②] 剩余的 15 起案件均仅简单认为,相对人情节轻微,行政处罚太重,明显不当,没有其他说理过程,约占据整个考查案件的 55.5%。[③] 按理,案情不同,可能采用的审查手段或审查标准不同,故上述情形或许无可厚非。但是,在不同的审查方法或审查标准可能会导致不同审查结果的时候,于什么情形下适用怎样的审查手段或审查标准应该有所说明,不应率性而为、信手拈来。可上述案件的说理过程都非常简单,均未谈及何以采用这一原则而非其他原则,原则选择之任性不可否认。

观察合理原则和比例原则在国外的发展情况,可以发现,英国以及其他

---

① 5 起案件为:宫彬诉泰安市公安局泰山区分局金融行政处罚案(山东省泰安市泰山区人民法院(2001)泰山法行初字第 3 号行政判决书,泰安市中级人民法院(2001)泰行终字第 12 号行政判决书),杨梅生诉湘西土家族苗族自治州安全生产监督管理局行政处罚案(湖南省湘西土家族苗族自治州中级人民法院(2005)州行终字第 2 号行政判决书),吴玉奇诉庆元县公安局、姚庆火行政处罚案(浙江省丽水市中级人民法院(2001)丽中行终字第 1 号行政判决书),张丽萍诉沈阳市公安局东陵分局行政处罚案(沈阳市中级人民法院(2005)沈行终字第 80 号行政判决书),安吉县大丰液化气有限公司诉安吉县工商行政管理局行政处罚案(浙江省湖州市中级人民法院(2007)湖行终字第 13 号行政判决书)。

② 2 起案件为:周某诉温州市公安局鹿城区分局行政处罚与强制戒毒案(北大法意网:http://www.lawyee.net/Case/Case_Hot_Display.asp? RID=201707),王丽萍诉中牟县交通局行政赔偿纠纷案(《最高人民法院公报》2003 年第 3 期)。在周某案中,法院认为,被告针对毒品的特性,原告吸毒成瘾程度、戒除毒瘾难度进行判断,且在对其他同案人员作相应判断时也坚持了统一标准,没考虑其他不应考虑的因素,其行政自由裁量没有超过合理的程度。

③ 这些案件包括:杨小娥诉平舆县公安局公安行政处罚案(河南省正阳县人民法院(2009)正行初字第 18 号行政判决书),崔秀喜诉临颍县工商行政管理局行政处罚案(河南省临颍县人民法院(2010)临行初字第 13 号行政判决书,漯河市中级人民法院(2011)漯行终字第 12 号行政裁定书),任秀菊诉获嘉县卫生局行政处罚案(河南省获嘉县人民法院(2003)获行初字第 12 号行政判决书),何喜忠诉青岛市公安局崂山分局行政处罚案(青岛市崂山区人民法院(2004)崂行初字第 3 号行政判决书,青岛市中级人民法院(2004)青行终字第 108 号行政判决书),赵卫强诉濮阳市公安局华龙第一分局公安行政处罚案(河南省濮阳市华龙区人民法院(2011)华法行初字第 25 号行政判决书),亢得山诉遂平县公安局行政处罚案(河南省驻马店市中级人民法院(2010)驻法行终字第 19 号行政判决书),王永全诉上海市公安局闵行分局行政处罚案(上海市闵行区人民法院(2000)闵行初字第 6 号行政判决书),郭金玉诉南雄市公安局治安处罚案(广东省韶关市中级人民法院(2000)韶行终字第 9 号行政判决书),北京金洋天蓝科技发展有限公司诉北京市工商行政管理局行政处罚案(北京市第一中级人民法院(2006)一中行终字第 668 号行政判决书),黄诚诉泸溪县交通规费征稽所行政处罚案(湖南省湘西土家族苗族自治州中级人民法院(1999)州行初字第 1 号行政判决书),冯毛妮诉温县公安局行政处罚案(温县人民法院(2008)温行初字第 21 号行政判决书,焦作市中级人民法院(2009)焦行终字第 39 号行政判决书),于进华诉青岛市公安局市北分局治安行政处罚案(山东省青岛市中级人民法院(2009)青行终字第 126 号行政判决书),杨云诉昆明市公安局官渡分局行政处罚案(云南省昆明市中级人民法院(1998)昆法行初字第 2 号行政判决书),冯付林诉上海市劳教委劳动教养决定案(夏邑县人民法院(2011)夏行初字第 2 号行政裁判书),泸县粮食局服务部诉四川省泸县人民政府税收财务物价大检查办公室行政处罚案(北大法意网:http://www.lawyee.net/Case/Case_Display.asp? ChannelID=2010103&RID=5375)。

一度应用合理原则的国家,如加拿大、南非、澳大利亚、新西兰以及印度等,于 21 世纪初在一定程度或范围放弃了该原则,改而应用比例原则。[①] 美国虽然尚未引入比例原则,但其行政法学界也在讨论之中。[②] 与合理原则在英语国家的退缩相对应,比例原则则不断从德国向欧洲乃至其他各洲的众多国家推广,呈现出以比例原则替代合理原则的趋势。面对这种"世界格局",我们不禁要问:合理原则受冷落的原因何在?比之于比例原则,适用合理原则的法律效果有何不同,差异多大?对本章所面临的选择问题而言,这些问题的回答应是必需的。

虽然英国不是最早在一定范围以比例原则替代合理原则的国家,但考虑到我国行政法起初引介的基本是英国的合理原则,其他英语国家的"合理原则"也是对英国合理原则的继承和发展,下面主要对合理原则与比例原则在英国的兴衰、更替及其根源作一探讨和分析,借此求得解决本章问题的基本依据。

(二)人权保障之使命,合理原则难以胜任

1. 英国确立合理原则的初衷并非为了保障人权

合理原则发端于 16 世纪末的英国。[③] 之后,这一原则不断得到补充和发展[④],最终在 1948 年的韦德内斯伯里案[⑤]中得到较为完整的阐述。在该案中,格林法官解释性地指出,不合理"通常是指不应当做的事。例如,一个被授予裁量权的个人必须正确地指示其自己依法办事,他必须让自己注意他应当考虑的因素,他必须拒绝考虑与他必须考虑事情无关的因素。如果他

---

① See R. v. Oakes, [1986] 1 S. C. R. 103, 135-42; S. v. Zuma & Others 1995 (2) SA 642 (CC) (S. Afr.); Kartinyeri v. Commonwealth (1998) 152 A. L. R. 540 (Austl.); Ministry of Transp. v. Noort, [1992] 3 N. Z. L. R. 260, 282-85 (C. A.); S. R. Bommai v. Union of India (1994) 3 SCC 1 (India).

② See E. Thomas Sullivan, Richard S. Frase, *Proportionality Principle in American Law: Controlling Excessive Covernment Actions*, Oxford University Press, 2008.

③ 1598 年,柯克(Coke)在 Rooke's Case. (1598) 5 Co. Rep. 99b. 中声称,合理行政是行政当局的一种义务,裁量权必须受到理性和法律的约束,不能任由行政官员依其喜好而为。在 Keighley's Case, (1609) 10 Co. Rep. 139a. 中,这一原则得到重述。See H. W. R. Wade, C. F. Forsyth, *Administrative Law*, 10th edition, Oxford University Press, 2009, pp. 293-294.

④ See Leader v. Moxom [1773] 2 W. BI. 924. Westminster Corporation v. L & NW Railway [1905] AC 426 at 430. Roberts v. Hopwood [1925] AC 578.

⑤ Associated Provincial Picture Houses v. Wednesbury [1948] 1 K. B. 223 (C. A.).

没有遵从这些规则,那么他将被认为或经常被认为是不合理的行为。同样,如果行政当局的决定是如此荒唐,以至任何有理智者都不可想象,那是行政当局的职责所在,则该行政决定就是不合理的”[①]。经此论述,英国的合理原则大致包含审查内容和审查强度两个方面的内容。其中,“必须全面考虑该当考虑的相关因素”和“必须将不相关因素排除在考虑范围之外”等可以说是审查内容;“如果行政当局的决定是如此荒唐,以至任何有理智者都不可想象,那是行政当局的职责所在,则该行政决定就是不合理的”应该说是审查强度。将此与国内学者对合理原则的表述比较可知,国内行政法学界对合理原则的界定和介绍基本上是以韦德内斯伯里合理原则的审查内容为基础的,但大多忽视了其中不可或缺的要素——审查强度。

从审查内容看,合理原则属于英国行政法之禁止越权原则(ultra vires)的组成部分。[②] 就两者之间的内在机理,韦德指出:“在要求合理地、善意地和正当地行使法定权力时,法院仍在众所周知的禁止越权原则的范围内工作。这一推论既不困难也不神秘。无须证明,议会不可能授权行政当局去做不合理的行为。因此,不合理的行为必然是越权的和无效的。”[③]这种看法也是系列案件中为其他法官所持有的。例如,在韦德内斯伯里案中,格林爵士即指出,当某一行为被质疑为不合理时,“法院唯一的任务是弄清该地方政府的行为是否超越了议会授予它的权力的范围,从而违反了法律”[④]。在这里,人权保障未被明确列为考量的因素,虽然不能全然排除,其目的完全是为了维护其既有的议会主权制度。

就审查强度而言,“韦德内斯伯里合理原则”实际上是一个高标准。这个高标准是针对法院的,它给法院干预行政裁量权设置了高门槛,给行政机

---

① 〔英〕威廉・韦德:《行政法》,楚建译,中国大百科全书出版社 1997 年版,第 78 页。另参见〔英〕彼得・莱兰、戈登・安东尼:《英国行政法教科书》(第五版),杨伟东译,北京大学出版社 2007 年版,第 358 页。两书翻译略有差别。译文原文是:“A person entrusted with a discretion must, so to speak, direct himself properly in law. He must call his own attention to the matters which he is bound to consider. He must exclude from his consideration matters which are irrelevant to what he has to consider. If he does not obey those rules, he may truly be said, and often is said, to be acting ‘unreasonably’.”Associated Provincial Picture House v. Wednesbury Corporation [1948] 1 K.B. 223(C.A.).

② 禁止越权原则源于宪法上的法治原则,要求政府必须服从法律,不得超越法律授予的权限。

③ H.W.R. Wade, C.F. Forsyth, *Administrative Law*, 10th edition, Oxford University Press, 2009, pp. 389-390.

④ Associated Provincial Picture Houses v. Wednesbury [1948] 1 K.B. 223, 234 (C.A.).

关“逃避”司法审查保留了通道。该案的判词即对此予以特别强调:“当行政决定是如此的不合理以至于任何有理性的当局都不可能做出该决定时,法院才可以干预。但是,要证明行政决定不合理到这种程度,则需要压倒一切的优势证据才行”[①]。从这一判词来看,该审查标准之“高”体现在两个方面:一是不合理的程度,即只有行政决定达到“失去理智般的荒唐”时,法院才肯加以干预;二是对不合理的证明程度,即“需要压倒一切的优势证据”时,法院才能加以干预。但是,在英国司法审查体制下,法院要以“压倒一切的优势证据”证明行政当局的决定“失去理智般的荒唐”,实非易事。

英国当时的司法审查方式通常为书面审查,法院很少提供相互盘问或对证人交叉盘问的机会。他们认为,“反对原告探知行政当局的精神活动过程”是普通法的一个原则。尽管这是模糊的,但在实践中得到了有力支持。如此一来,法官可发现的错误被限制在案卷材料所能反映的范围或者书面证据所能证明的范围内。然而,普通法并不要求行政当局为其行政决定之合理性提供事实依据,被告没有提供书面证据证明行政决定合理性的义务,也就不可能在司法审查过程中提供全面充分的证据。[②] 与之相反,原告所承担的举证负担却很重。它们假定,行政当局的行政决定是合理的;原告若认为行政决定不合理,就要承担证明行政决定不合理的责任。[③] 但是,原告的举证能力相对有限。这种情况下,要以“压倒一切的优势证据”证明行政决定“失去理智般的荒唐”,谈何容易!被告往往会在司法审查的法槌下溜之大吉。据统计,在1990年之前,英国法院虽经常依据韦德内斯伯里合理原则作为审查依据,但依据这一标准认定裁量性行政决定不合理的案例却寥寥无几。[④]

据研究,合理原则为司法审查设置高门槛并非偶然,它是英国司法克制主义的选择。英国司法克制主义同样植根于或服务于议会主权制度。在英

---

① Associated Provincial Picture Houses v. Wednesbury [1948] 1 K. B. 223, 234 (C. A.).

② See Michael Taggart, Proportionality, Deference, Wednesbury, *N. Z. L. Rev*, No. 3, 2008.

③ Ibid.

④ 在1990年之前,认定行政行为极其不合理的案例主要有:Backhouse v. Lambeth London Borough Council, 111 SOL. J. 802 (1972) (Q. B. D.); West Glamorgan County Council v. Rafferty [1987] 1 W. L. R. 457 (C. A. (Civ.)); R. v. London Borough of Hackney, ex parte Evenbray (1987) L. G. R 210 (Q. B. D.) . See Margit Cohn, Legal Transplant Chronicles: The Evolution of Unreasonableness and Proportionality Review of the Administration in the United Kingdom, *Am. J. Comp. L.* , Vol. 58, No. 3, 2010.

国古典议会主权体制下，政治或政策问题属于立法机关和行政机关，法律解释问题属于司法机关。虽然司法机关有权对行政行为进行审查，但仅允许审查行政行为的合法性而非行政行为的正确性和适当性，不允许"法院把脚伸进行政机关的鞋子里"。而立法机关授权行政机关处理的裁量性事项，通常具有一定的政治性或政策性，因而司法机关应对行政当局的裁量决定予以足够尊重，保持最大克制。结果是，法律问题和裁量问题被截然分开。法院对法律文本和普通法规则的含义享有绝对的解释权。法院如屈从于其他主体对法律文本或普通法规则的解释，不仅不妥当，而且是失职。[①] 但是，如果适用法律正确，对相关因素的权衡则是行政当局的事，法院不应以司法审查为幌子对事实、政策、价值权衡等问题进行二次评价；否则，便是对行政权的不当干预。总之，他们认为，"裁量权就如油炸面圈中间的空洞，里边充填的是政策和政治问题，对此法院不应介入"[②]。在这种司法克制主义政策下，韦德内斯伯里案确立如此严苛的不合理认定标准就不难理解。有些学者也因此宣称："韦德内斯伯里合理原则是司法克制主义的象征。"[③]

总之，合理原则主要立基于法治原则并体现司法克制政策，与其议会主权制度一脉相承，人权保障并非其直接的目的。

2. 人权保障，20 世纪末英国司法面临的新课题

合理原则未将人权保障明确列为考量因素不足为怪。在英国传统司法政策中，人权保障并未占据重要地位。英国人权保障的任务更多地依赖于民主选举制度。有学者对 1998 年《人权法案》通过之前英国人权及其保障机制作了如下分析："英国宪法不包含一个'权利和自由法案'，即一个全面列举个人权利的法律文件，也没有一个对国家施以尊重个人权利的绝对义务的宪法的普遍原理。正如赖特(Wright)勋爵在二战期间的著作中所言，在英国宪法下'没有被保证的或者绝对的权利'，'对英国人自由的保护是在民众的较强的判断力和发展了的有代表性的和负责任的政府体制下实现的'。由于个人权利的保护受行政责任和议会审查的政治机制的影响，英国的人权保护主要依赖于自我纠正的民主政治这一观念。通过每隔一段时间定期

① See Michael Taggart, Proportionality, Deference, Wednesbury, *N. Z. L. Rev.*, No. 3, 2008.

② Ibid.

③ Ibid.

的选举要求政治决策者去寻求和获得全体选民的同意，选民体制发挥着检查和监督滥用权力的作用。”[①]可见，人权保障在当时尚不属于英国行政法的直接任务，合理原则也就不可能将其纳入考量的范围并作为服务的主要目的。

不过，随着英国加入《欧洲人权公约》和制定《人权法案》，行政法的任务逐渐发生变化。早在1950年，英国就加入了《欧洲人权公约》，该公约赋予成员国家保障人权的职责。虽然在英国二元论宪法学说下，英国政府签订的国际条约不会自动施行，《欧洲人权公约》条款必须通过议会制定的法案转化为国内法后才能得到法院的实施，但这不意味着《欧洲人权公约》对英国的人权保障机制不产生丝毫影响。欧洲人权法院（ECHR）成立后，英国法院要接受欧洲人权法院的监督，个人权利受到缔约成员国的侵害，可以向欧洲人权法院提起针对该成员国的诉讼。因此，英国法院对案件的审理一定程度上须符合欧洲人权法院的要求，而欧洲人权法院适用的审查标准是比例原则。当然，欧洲人权法院的诉讼程序复杂、缓慢而昂贵，即使请求者获得了有利的裁决，裁决只适用于个体请求者，并不约束英国法院的判例，裁决的影响力比较有限。[②] 这种状况下，法院虽担负一定的人权保障职责，但压力不大。

然而，1998年英国议会制定《人权法案》并于2000年付诸实施后，情形随之不同。《人权法案》确定了《欧洲人权公约》的有关条款和规约，称之为“公约权利”，并明确规定：行政机关和司法机关只要实施违反公约权利的行为，都属于违法行为；任何人只要发现某公共机构违反了或意图违反某项公约权利，可直接根据该法案提出诉讼；法院解释法律、法规时，应尽可能地与公约权利保持一致。[③] 经由《人权法案》，不仅《欧洲人权公约》的相关人权规则转化为英国国内法，对英国政府和法院发生直接约束力，而且使法院与议会和行政机关的角色发生了很大变化。有人说：“从历史的角度讲，法院一直寻求贯彻议会的意愿，但是在人权领域，议会将会贯彻法院的意愿。”[④]还

① 李树忠：《1998年〈人权法案〉及其对英国宪法的影响》，载《比较法研究》2004年第4期。

② 同上。

③ 参见《英国人权法案》第3条、第6条、第7条；李树忠：《1998年〈人权法案〉及其对英国宪法的影响》，载《比较法研究》2004年第4期。

④ 582 Parl. Deb., H. L. (5th ser.) (1997) 1275. 转引自李树忠：《1998年〈人权法案〉及其对英国宪法的影响》，载《比较法研究》2004年第4期。

有人说，“《人权法案》体现了基于宪法的从行政部门到法院的潜在和重大的权力再分配”；《人权法案》指引法院“只要有可能”，就要以与公约权利相一致的方式去解释所有的立法。[①] 总而言之，《人权法案》的实施，不仅使英国法院担负起艰巨的人权保障的责任，也使英国法院在人权保障方面能够放开手脚，有所作为。但问题是，源自禁止越权原则且服务于司法克制主义的合理原则能够胜任这一新的时代使命吗？

3. 为保障人权，英国合理原则让位于比例原则

英国加入《欧洲人权公约》后，为适应人权保障的时代需要，也曾有过改造合理原则以适应人权保障需要的努力，司法政策由“克制主义”转向“能动主义”，主要表现为从合理原则内分化出严格审查标准（anxious scrutiny or strict scrutiny），从而使这一原则的审查强度多级化。这一变化以 1987 年的 Bugdaycay 案[②]为标志。

在 Bugdaycay 案中，当事人向英国政府提出政治避难的申请，但遭到拒绝。法院认为，英国政府没有考虑到，申请人一旦被遣返到肯尼亚，肯尼亚会将其驱逐到乌干达，而这会置申请人于直接的危险之中。由于没有其他更理想的审查依据可供使用，法院仍然依据的是韦德内斯伯里合理原则。为了支持原告的请求，英国上议院作了如下阐述：“个人的生命权是最基本的人权。当被诉的行政决定有可能置申请人的生命于危险之中时，法院必须对行政决定的根据进行最严格的审查。”[③]1996 年，严格审查标准在 Parte Smith 案[④]中得到进一步阐述。该案审查的是军队制定的开除同性恋士兵的决定。法院引用了 Bugdaycay 案的严格审查标准，并指出：“行政决定对人权的干预越大，行政当局承担的证明责任应越重。”[⑤]

可以看出，严格审查标准只是将韦德内斯伯里合理原则“固定”的审查标准改为“可变”的，即根据案件的不同性质或背景设置不同的审查强度。这体现在两个方面：第一，它以是否涉及人权为标准，将裁量性行政决定的司法审查标准分为涉及人权的和不涉及人权的两类。涉及人权的审查强度

---

① 参见李树忠：《1998 年〈人权法案〉及其对英国宪法的影响》，载《比较法研究》2004 年第 4 期。

② Bugdaycay v. Secretary of State for the Home Department [1987] A. C. 514 (H. L.).

③ Ibid.

④ R. v. Ministry of Defence, ex Parte Smith (1996) Q. B. 517 (C. A.).

⑤ Ibid.

严于不涉及人权的审查强度;第二,它把行政决定对人权的干预程度作为设定审查强度的一个考量因素,行政决定对人权的干预越大,司法机关对该行政决定的审查强度越大。由于严格审查标准仍以韦德内斯伯里合理原则的名义出现,不是一个独立的原则,因此这一标准也就为韦德内斯伯里合理原则所吸收,后者也因此被称为"可变的韦德内斯伯里合理原则"或"相对的韦德内斯伯里合理原则"。本质上,严格审查标准降低了人权案件中司法审查的门槛,提高了行政当局逃避司法审查的难度。

但是,即便采用最严格的审查标准,合理原则也不能满足欧洲人权法院的要求。在 2000 年的 Smith & Grady 案[①]中,欧洲人权法院认为,英国法院在 Parte Smith 案中所采用的严格审查标准仍然不能达到《欧洲人权公约》所要求的保护标准。[②]《人权法案》实施后,人权保障任务更为艰巨,英国最终不得不在涉及人权的案件中放弃合理原则,改用比例原则。

2001 年的 Daly 案[③]是这一转变的标志。该案撤销了一所监狱的如下规定:狱警可在罪犯不在场的情况下,检查罪犯的信件。法院认为这是对罪犯普通法权利的不成比例或不正当的侵犯。判词中,法官 Lord Steyn 引用了 1999 年的 De Freitas 案[④],并把该案采用的三级比例原则作为论证依据。Daly 案之后,在一系列案件中,比例原则均得到适用。[⑤] 有好几个法律条款

---

① Smith & Grady v. United Kingdom (2000) 29 EHRR 493, paras 137-139 (ECtHR).

② 参见〔英〕彼得·莱兰、戈登·安东尼:《英国行政法教科书》(第五版),杨伟东译,北京大学出版社 2007 年版,第 373 页。

③ R. (Daly) v. Secretary of State for the Home Department [2001] 2 A. C. 532, 547 (H. L.).

④ De Freitas v Permanent Secretary of the Ministry of Agriculture, Fisheries, Lands & Housing [1999] 1 AC 69 (PC). 本案起初发生在安提瓜和巴布达岛,由于属于英联邦的成员国,案件上诉至英国枢密院。枢密院判决时引用了加拿大最高法院的著名判例 R. v. Oakes [1986] 1 SCR 103 (SCC). Oakes 适用了三级标准的比例原则。有人也把 De Freitas 案视为英国最早采用比例原则的案例。

⑤ 相关案例如:R (Alconbury Developments Ltd) v. Secretary of State for the Environment, Transport and the Regions [2003] 2 A. C. 295; R. (ProLife Alliance) v. British Broadcasting Corporation [2004] 1 A. C. 185, 253 (H. L.); A v. Secretary of State for the Home Department [2005] 2 A. C. 68; Kay v. Lambeth London Borough Council [2006] 2 A. C. 465; Huang v. Secretary of State for the Home Department [2007] 2 A. C. 167; AS (Somalia) v. Entry Clearance Officer (Adis Ababa) [2009] H. R. L. R. 27. See Margit Cohn, Legal Transplant Chronicles: The Evolution of Unreasonableness and Proportionality Review of the Administration in the United Kingdom, *Am. J. Comp. L.*, Vol. 58, No. 3, 2010.

和行政决定都因不符合比例原则、违反人权法案被撤销。[①] 至此，英国行政法形成了土生的合理原则与舶来的比例原则携手共治的格局：但凡涉及人权的案件，比例原则是司法审查过程中不可不用的分析工具；但对不涉及人权的案件，法院依然坚持适用传统的合理原则作为审查的依据。那么，比之于合理原则，比例原则保障人权的功能优势何在呢？

4. 较之于合理原则，比例原则的人权保障优势

比之于合理原则，比例原则的功能优势主要体现在所考量的因素或证成方法上。合理原则主要考量行政措施是否符合法的目的，只要行为动机符合法的目的，就基本满足要求。它虽然还要求"考虑该当考虑的因素"和"排除对不相关因素的考虑"，但这两项要求与目的正当性要求基本相同或相似。[②] 比例原则则不仅要求行政措施能够实现法律目的或至少有助于实现法律目的，更要求为实现法律目的采取的行政措施对人权的损害须最小，须得失平衡；它不但把人权保障明确作为评价行政行为正当性的一个主要因素，而且为这一评价提供了两个具体标准。不难想见，符合法律目的的行政行为往往不是单一的，不同的行政行为对人权的侵害常常会轻重不一；法律所维护的公共利益也不是唯一的，并不是所有的公共利益在任何情形下都大于个人利益。如此一来，一个对个人权利损害更大的行政措施，或者一个为实现小于个人权益的公共利益而采取的行政措施，如果符合法律目的，虽然是合理的，但肯定是不成比例的。

除了审查内容的差别，证据制度也是不可忽视的重要差异。前文已经讲到，合理原则之事实合理性的举证责任由原告承担，即原告不仅要证明他的合法权利受到行政措施的侵害，还要设法证明行政决定的侵害不合理。比例原则则不然，它要求行政机关承担主要证明责任。只要原告证明了他的合法权利已经受到行政措施的侵犯，行政机关就得证明其行政措施是否合法，是否合乎比例。这种举证责任的分配，提高了行政机关通过司法审查的难度，迫使行政机关在行使裁量权时更加广泛地搜集证据，更加审慎地衡

---

① For example, A v. Secretary of State for the Home Department [2005] 2 A. C. 68. See Margit Cohn, Legal Transplant Chronicles: The Evolution of Unreasonableness and Proportionality Review of the Administration in the United Kingdom, *Am. J. Comp. L.*, Vol. 58, No. 3, 2010.

② 对此本章第三部分有进一步论述。

量各种因素，对行政当局不当地侵害公民权利无疑是一个有力的阻滞。[①]

综上可见，英国在人权保障领域以比例原则替代合理原则的根本原因在于，合理原则不能胜任人权保障这一新的时代任务。这一结论说明，如果我国的司法机关也承担着积极地保护人权的重要任务，我国人权与西方人权之间的差异对比例原则的适用效果不会产生影响，则对干涉人权的行政行为的审查，最好采用比例原则而不是合理原则。但是，英国法院仅在涉及人权的案件中适用比例原则，在不涉及人权的其他案件中仍适用合理原则。这是否意味着，在不涉及人权的案件中，合理原则的适用更具优势？我们是否也应该照葫芦画瓢，将两个原则在不同范围分别适用？这也是需要论说清楚的。

（三）其他案件之适用，合理原则亦无优势

可以比较的是，在德国、欧盟等适用比例原则的国家和地区，案件不论是否涉及人权，均统一适用比例原则。基于这种情形，前文所提问题便可转换为：对于不涉及人权的案件，适用比例原则与合理原则所得结果是否相同？要回答这个问题，还须进一步说明合理原则与比例原则相关内容之间的关系。下面从合理原则的合目的性要求与审查强度两个方面来分析。

1. 关于目的正当性要求

在本章第二部分“目的正当性与比例原则”中，我们对合理原则的考察发现，受英国合理原则的影响，我国学者将目的正当性作为合理原则的首要要求。例如，早在1983年，龚祥瑞先生就提出，不合理是指“不适当的动机、不相关的考虑（莫须有的罪名），反之，不考虑相关的因素也是不合理的”[②]。1989年，罗豪才与应松年教授提出，合理原则的内容包括：“第一，行政行为的动因应符合法律的要求；第二，行政行为应建立在正当考虑的基础上；第三，行政行为的内容应符合情理。”[③] 2008年，叶必丰教授认为“严重不合理”的考查因素包括“不道德的动机、不相关的考虑、背离法律本来的目的以及

---

① See R v Shayler [2003] 1 AC 247 at [45] and [59]; Marcic v Thames Water Utilities [2004] 2 AC 42 at [37]; Michael Taggart, Proportionality, Deference, Wednesbury, *N. Z. L. Rev.*, No. 3, 2008; Paul Craig, Proportionality, Rationality and Review, *N. Z. L. Rev.*, No. 2, 2010.

② 龚祥瑞：《比较宪法与行政法》，法律出版社2003年版，第453页。

③ 罗豪才、应松年主编：《行政法学》，中国政法大学出版社1989年版，第43—44页。

专横武断和反复无常”。[①] 如此一来，与“三阶理论”的比例原则相比，合理原则的要求较比例原则多了“目的正当性”要求，从而可能显得更合理、更有优势。

但是，如同英国一样，我国制约和规范行政裁量权的法律原则并不只是比例原则。除了比例原则，还有平等原则、诚信原则等，而诚信原则中包含目的正当性要求。当我们将这些原则有机地组合起来适用的时候，就完全可以覆盖合理原则的考量因素。司法机关可以将比例原则与诚信原则组合应用，实现对行政目的正当性的审查，达到异途同归的效用。

2. 关于审查强度

在评价合理原则与在比例原则不涉及人权领域适用效果时，还须比较两个原则的审查强度。这是因为，即便审查内容相同，若审查强度不同，审查结果也会不同。前文介绍表明，英国在涉及人权的案件中适用比例原则后，在无关人权的行政案件中仍然适用高标准的韦德内斯伯里合理原则，审查强度较低。那么，比例原则的审查强度有无级差，是否随案件不同而有变化？答案是肯定的。有人指出：“比例原则作为一个触角纵深的审查基准，代表公法法官兵器库中最强劲的武器。但是，这依赖于法院在何种严厉的程度上适用这一标准，以及在何种深度上法官意欲干涉政府当局的选择。”[②] 这就说明，比例原则的审查强度也有差异性。

德国比例原则多级的审查强度是经由联邦宪法法院一系列案例形成的，但联邦行政法院及州的各级行政法院均继受了这些标准，广泛地适用于行政法领域。[③] 按照这些判例，比例原则的审查强度可分为“明显性审查”“可支持性审查”和“强力的审查”三级。按照明显性审查标准，只有当法律规范或行政行为显而易见地、毫无异议地违反比例原则时，法院方可认定违反比例原则。在这一标准下，法院仅对明显错误予以指摘，对行政措施的适当性、必要性以及均衡性不进行实质性审查。可支持性审查标准要求，立法

---

① 参见叶必丰：《行政法与行政诉讼法》，武汉大学出版社 2008 年版，第 78 页。

② Takis Tridimas, Proportionality in Community Law: Searching for the Appropriate Standard of Scrutiny, in Evelyn Ellis, eds., *The Principle of Proportionality in the Laws of Europe*, Hart Publishing, 1999, p. 69. 转引自蒋红珍、王茜：《比例原则审查强度的类型化操作——以欧盟法判决为解读文本》，载《政法论坛》2009 年第 1 期。

③ 参见许宗力：《订定命令的裁量与司法审查》，载翁岳生教授祝寿论文集编辑委员会编：《当代公法理论：翁岳生教授六秩诞辰祝寿论文集》，月旦出版社 1993 年版，第 313 页；何永红：《基本权利限制的宪法审查：以审查基准及其类型化为焦点》，法律出版社 2009 年版，第 26—27 页。

或行政行为必须合乎事理，必须能使法院具体理解从而加以支持。它允许法院对立法或行政机关的评价进行实质审查，而不只是指摘明显性错误。强力审查标准的审查力度最大。在这一标准下，法院需对立法或行政行为进行具体、详细、深入的审查，立法或行政当局的决定必须立基于“充分的真实性”或者“相当的可靠性”。如果法院无法确信决定是正确的，则立法或行政机关须承担举证责任。[①]

上述三级审查标准各自适用于不同的情形。明显性审查标准主要适用于关涉经济政策、外交政策的案件。联邦宪法法院在“磨坊结构法案”判决中宣示：“立法者在经济政策事务之判断上的预测是否合理从而得以支持，联邦宪法法院只有当可以明白地确认措施不适合时，才能加以否认。”[②]可支持性审查标准主要适用于涉及复杂社会事实的经济或财税政策或法律的案件。强力审查标准主要适用于干预或限制人权的案件，人权范围不仅涉及生命、人身自由、婚姻、家庭以及人类最基本的生存需求领域，还涉及政治平等权、言论自由、通信自由、结社自由、组织政党自由乃至选举权、被选举权等。如果审查对象既是一项经济政策又关涉个人基本权利，而且该经济政策严重影响到相关基本权利的核心内容，就仍适用强力审查标准，而非前两个。[③]

欧盟法院适用比例原则的审查强度与德国相似。欧盟法的审查强度可分为迁就的、严格的两级，分别适用于裁量性政策抉择、干预人权的行政措施以及行政处罚三类行政活动。迁就的审查标准即明显的审查标准，主要适用于行政机关作出的政策性决定。在所权衡的因素复杂多变时，尤其如此。[④]“迁就”意味着，法院对行政当局的政策性抉择抱持尊重、迁就或谨慎的态度。法官不能因为自己认为选择其他决策效果可能更好，就用自己的判断代替行政当局的判断。“明显”意味着，除非行政当局的政策性抉择明显不成比例，否则法官不能推翻行政当局的决定。因此，明显审查标准要求法院保持最大克制，给司法干预行政设置了高门槛。严格审查标准适用于

① 参见何永红：《基本权利限制的宪法审查：以审查基准及其类型化为焦点》，法律出版社 2009 年版，第 26—35 页。

② BverfGE 39, 210(230).

③ 参见何永红：《基本权利限制的宪法审查：以审查基准及其类型化为焦点》，法律出版社 2009 年版，第 27—36 页。

④ See Paul Craig, Proportionality, Rationality and Review, *N. Z. L. Rev.*, No. 2, 2010.

干预人权的行政措施以及行政处罚和财政性征收决定。如果行政措施限制了人民的权利，法院要对这种限制的适当性和必要性进行较为深入的审查；行政干预仅在具有"重大理由"或者"社会迫切需要"时方为正当。[①] 与德国相似，对于那些既是政策性的又限制了人权的行政决定，如果该政策性决定损及人权保障的核心利益，法院就会进行严格审查。对行政处罚或者行政征收决定适用严格审查标准的原因在于，在本质上，行政处罚和行政征收也属于干预人权的行政措施，且撤销这两类行政决定不会危及此类行政决定所依赖的政策的统一性。[②]

比较可见，不论德国还是欧盟，对不涉及人权的行政行为的审查力度远低于涉及人权的行政案件，所适用的明显性审查标准或迁就的审查标准与英国韦德内斯伯里合理原则的审查强度没有多少差别。

综上可见，对于不涉及人权的裁量性行政行为，由于不直接关涉相对人或利害关系人的权益，不论是采用比例原则还是合理原则来审查，其结果都差不多。考虑到应用比例原则进行推理的逻辑缜密性，即便是对不涉及人权的裁量性行政行为而言，适用比例原则审查的结果较合理原则审查的结果也更加符合法治的要求，从而更加合理。这就说明，英国人之所以在不涉及人权的行政领域继续适用其合理原则作为审查标准，可能更多是因为习惯或者传统，而不是因为合理原则有什么特别的优势。

（四）比例原则的普遍应用，本章的选择

既然在保障人权和其他行政领域，比例原则均较合理原则更具优势，那似乎可以立即推出在我国完全以比例原则替代合理原则的结论了。但是，上述比例原则的适用优势仅是从国外实践经验和规范层面考证分析得出的结论，我国应否以比例原则替代合理原则，关键还取决于我国人权保障的任务、人权思想的内容以及司法审查政策等因素。换言之，它取决于我国人权思想的内容与西方人权思想之间的差异是否会对比例原则的适用产生负面

---

① See case C-353/99 P Council v Hautala [2001] ECR I-9565; Case C-353/01 P Mattila v Council and Commission [2004] ECR I-1073; Case C-64/05 P Sweden v Commission [2007] ECR I-11389 at [66]; Case T-2/03 Verein fur Konsumenten information v Commission [2005] ECR II-1121 at [69]; Cases C-402/05 and C-415/05 P Kadi and Al Barakaat International Foundation v Council and Commission [2008] ECR 1-6351 at [285].

② Case C-500/99 P Conserve Italia Soc Coop arl v Commission [2002] ECR I-867. See Paul Craig, Proportionality, Rationality and Review, *N. Z. L. Rev.*, No. 2, 2010.

影响,我国人民法院是否承担着积极地保护人权的宪法任务从而应秉持积极地干预行政的司法政策。

1. 人权保障是我国的国际义务和宪法任务

作为正在建设之中的社会主义民主法治国家,保障和发展人权应是我国目前国家政治和法治建设的重要内容。这源于两个方面的理由:

首先,它是世界人权发展的要求。1948 年的《世界人权宣言》向全世界宣布了人权的普遍性,呼吁各国"通过国家的和国际的渐进措施,使这些权利和自由在各会员国本身人民及在其管辖下领土的人民中得到普遍和有效地承认和遵行"。1991 年我国发表了第一份人权白皮书,开始接受国际社会公认的人权概念和制度框架;1998 年我国签署了《公民权利与政治权利国际公约》;2001 年我国又加入了《经济、社会和文化权利国际条约》,并先后于 2003 年和 2010 年向联合国提交了国家履约报告。2009 年和 2012 年制定的《国家人权行动计划》明确将"认真履行国际人权条约义务"作为国家人权行动的目标之一。这就意味着,人权保障已是我国承担的国际义务,情形与 20 世纪末的英国有些相似。

其次,它是我国宪法赋予国家的任务。在《人权法案》制定之前,由于没有成文的宪法,英国的人权内容以及国家所承担的保障任务并不清晰。与英国的情形有所不同,我国历次宪法则都对公民基本权利作了具体、明确规定。2004 年《宪法修正案》更是将"国家尊重和保障人权"写进了宪法。为切实落实宪法设定的任务,国务院于 2009 年和 2012 年先后制定和实施了两个《国家人权行动计划》(第一个为 2009 年至 2010 年,第二个为 2012 年至 2015 年)。两个《国家人权行动计划》均详细地列举和解释了我国人权的内容,制定了详细的人权保障的行动计划,使我国人权保障行动有了基本目标、具体措施和时间表。这些说明,我国人权保障的宪法任务更加明确、具体。

可见,对我们国家而言,人权保障既是一项国际义务,更是一项宪法任务。

2. 我国人权思想的特殊性不会影响比例原则的适用

当然,我们负有人权保障的国际义务和宪法义务,不等于说我国的人权思想与西方人权思想完全相同。国内学者基于《经济、社会与文化权利国际公约》与《公民权利与政治权利国际公约》对人权的分类,将中西人权思想的差异概括为以下几点：

第一，人权内容不同。西方的人权观念来自于基督教文化，这种文化强调个人在上帝面前的独立人格，因此将人权视为个人权利，主要为公民权利和政治权利，从个人与政府对抗的角度来理解人权的意义。而中国属于东方文化，将人视为处于社会关系中的人，从社会和谐的角度来理解人权的意义，认为人权不仅包括个人权利，也包括集体权利。

第二，不同人权的价值序位不同。西方国家在经济上已经进入发达阶段，中产阶级成为社会的主体，满足中产阶级个人的自由和政治需求成为西方国家人权发展战略的重点。而我国仍然是发展中国家，经济发展还处于较低的水平，只有在保障民族经济可持续发展的前提下，其他各项人权的保障才会有实现的基础。因此，我国坚持经济和社会权利优先于公民权利和政治权利，并认为只有实现了最基本的权利，其他的权利才可以得到保障。从加入人权讨论开始，我国就声称：对于任何国家或者民族，生存权利是所有人权中最重要的权利。没有生存权利，其他的权利都谈不上。

第三，对人权实现路径的看法不同。西方发达国家因其人权外交的霸权主义特性，有意或者无意地否认人权实现方式的多样性、多元化，过度强调权利实现方法的“同一性”与“一元论”。我国人权思想则强调人权实现的社会性和历史性，认为人权的实现是一个历史的发展过程，受各国国情的制约与影响，各国不同发展阶段的经济、文化和社会条件不同，实现人权的步骤与方式也必然不同。①

上述评述是中肯的，但我们应注意以下几点：

首先，比例原则虽然以保护人权为目的，但它不是保护某种特定人权的原理。不论是对公民权利和政治权利还是经济权利和社会权利，也不论个体权利还是集体权利，比例原则所提供的论证方法都是一样的，都是可以适用的，所发挥的保护功能都是相同的。我国虽注重维护民族的生存权、发展权，但不否认个人的公民权利与政治权利。个人的自由权、平等权等权利仍然是我国人权思想的重要内容。

---

① 参见常健：《中西人权观之差异》，载《时事报告》2012 年第 7 期；〔比〕邓肯・弗里曼、古斯塔夫・盖拉茨：《欧洲与中国的人权观差异》，朱鸣译，载《欧洲研究》2011 年第 2 期；谭吉华、黄丽萍、谭文翰：《论人权全球化及中国的对策》，载《湖南师范大学社会科学学报》2011 年第 1 期。

其次,比例原则本质上是一种价值权衡,对特定人权的价值没有固定的排位。在注重个体之公民权利与政治权利的西方国家,可以适当提高这两种权利的权重,但这并不意味着在其他国家应当赋予这些权利同样的权重。因此,适用这一原则与我国强调民族的生存权、发展权等集体性人权的优先性并不矛盾。比例原则非但不阻止民族生存权与发展权的发展,反而可为这种权利的发展提供更理想的论证工具。

最后,比例原则并没有对司法审查提供一个实体性的标准,而是提供了一种历史性的分析方法。作为方法,比例原则承认公共利益实现方式的多样性,承认各种人权内容及其实现程度的非固定性,主张根据不同国情和时空环境来认识人权的内容及其实现的程度,而这正是我国人权思想所主张的。

总之,中西方人权思想之间存在的差异并不妨碍比例原则在我国的适用。

3. 我国人民法院应积极承担和履行人权保障职责

国家负有人权保障的义务,并不等于司法机关就负有积极履行保障人权的任务。前述英国历史表明,能动的司法政策是决定司法机关是否承担人权保障义务以及比例原则应用与否的一个重要因素。因此,考查我国人民法院秉持的司法政策也是本章的必要内容。

司法能动是美英国家的法学概念。究其特征,“能动主义并不那么顺从其他政治决策者,因为他们对法官自身的民主性质和能力有更深的感受,而对政府其他部门则表现出更多的怀疑。当案件初步证据显示公民个人的权利遭到了侵害时,能动主义很可能倾向于对此进行不同程度的‘严格审查’,让政府就其行为的正当性承担举证责任,而不是倾向于传统的根深蒂固观点,即首先假定立法和行政行为的合宪性”[①]。可见,司法能动的根本特征在于司法机关在较大程度上主张以自己的判断矫正或替代行政机关之判断。反之,就是司法克制。

那么,我国人民法院的司法政策应该是能动的还是克制的? 近年,我国

① 〔美〕克里斯托弗·沃尔夫:《司法能动主义——自由的保障还是安全的威胁?》(修订版),黄金荣译,中国政法大学出版社 2004 年版,第 5—6 页。

提出了与司法能动相近的“能动司法”概念。[①] 2007年，时任总书记胡锦涛指出：“政法工作是党和国家工作的重要组成部分，必须在党和国家工作大局下开展，为党和国家工作大局服务。”[②]在这一思想指引下，2009年，时任最高人民法院院长的王胜俊提出要“能动司法”，并指出：“能动司法，就是要发挥司法的主观能动性，积极主动地为党和国家工作大局服务，为经济社会发展服务。能动司法是服务性、主动性、高效性司法。”[③]借着这一命题，国内诸多专家学者进一步对能动司法作了阐述。江必新教授认为：“中国法院主张的能动司法，强调人民法院要积极主动地为大局服务，为人民司法。”[④]公丕祥教授认为：“人民法院必须把司法审判工作放在党和国家工作大局中加以谋划和推进，积极主动地为党和国家工作大局服务。”[⑤]夏锦文教授认为：“我国的能动司法无疑已经超越了司法裁判意义，而更多的具有了一种政治功能的能动主义司法。换言之，其核心在于人民法院如何更好地服务党和国家，服务经济社会发展。”[⑥]从这些论述看，“能动司法”还在于强调“积极主动”性，与司法能动有所相似。[⑦] 不过，有待进一步追问的是，我们“党和国家的根本大局”是什么？

对我国的根本大局，在不同层面或不同视角思考，或许见仁见智，但在我国宪法框架下，终究摆脱不了两点：一是加强法治，二是保障人权。从加强法治的角度看，必须完善司法机关对行政行为的审查制度，有效遏制行政

---

① 2009年以前，我国学界已对司法能动展开研究。当时的研究是在“司法能动”概念下进行的，主要从司法裁判方法角度探讨法官应否能动以及如何能动的问题，与西方司法能动主义相似。如周汉华教授认为：“司法能动性是司法机关在处理具体争议时，除了考虑法律规则以外，还要考虑具体案件的事实、法律原则、案件的社会影响、道德、伦理、政策等因素，在综合平衡的基础上作出最后的决定。”参见周汉华：《论建立独立、开放与能动的司法制度》，载《法学研究》1999年第5期。

② 2007年12月25日胡锦涛总书记在与全国政法工作会议代表和全国大法官、大检察官座谈时的讲话：《立足中国特色社会主义事业发展全局，扎扎实实开创我国政法工作新局面》，载《人民日报》2007年12月26日第1版。

③ 王胜俊2009年8月28日在江苏高院调研座谈会上的讲话：《坚持能动司法，切实服务大局》，转引自夏锦文：《当下能动司法亟待处理的六大关系及解决思路》，载《法律适用》2010年第10期。

④ 江必新：《能动司法：依据、空间和限度——关于能动司法的若干思考和体会》，载《人民司法》2010年第1期。

⑤ 公丕祥：《坚持司法能动，依法服务大局——对江苏法院金融危机司法应对工作的初步总结与思考》，载《法律适用》2009年第11期。

⑥ 夏锦文：《当下能动司法亟待处理的六大关系及解决思路》，载《法律适用》2010年第10期。

⑦ 关于我国能动司法的深入讨论还可参见顾卫东：《能动司法若干问题研究》，载《中国法学》2010年第4期。

机关滥用职权的现象;从保障人权的角度看,必须强化司法机关保障人权的职能,充分发挥司法机关法律救济的功能。总之,切实保障人权,遏制不当侵害人权的行政现象,才是我国行政司法所担负的恒久任务和所服务的根本大局。党的十八届四中全会通过的《决定》再次把“加强人权司法保障”作为推进依法治国的基本策略之一,足以说明这一点。从这个角度看,不论我们是否应用“司法能动”或“能动司法”这一概念,我国的司法政策终将是能动的,尤其在人权保障领域。人民法院必须积极承担保障公民基本权利的宪法任务。

综合以上考查可以看出,在我国当下“国情”下,至少在行政法领域,以比例原则替代合理原则,将其作为审查所有裁量性行政行为的统一基准更“合理”,更符合“比例”。还需说明的是,我们提出统一适用比例原则,只是说不再使用源自英国的合理原则,而不是说要排斥平等原则等其他原则的适用。平等原则等仍应为衡量裁量行政行为合理性的重要依据。不过,各个原则应当各得其所。单就平等原则而言,它只能适用于本质相同的两个案件之间,必须以本质相同的先例为前提和参照。如果是对新型案件的第一次审查,或者是要对不同案件作不同的处理,则只能适用比例原则。

四、比例原则与过罚相当原则之辨

(一) 比例原则与过罚相当原则的问题所在

在与其他法律原则的关系方面,还不得不考虑行政处罚法中的“过罚相当”原则。《行政处罚法》第 5 条第 2 款规定:“设定和实施行政处罚必须以事实为依据,与违法行为的事实、性质、情节以及社会危害程度相当。”立法者将这一规定视为“‘过罚相当’原则在我国法律的具体表述”[①],也被认为是行

① 全国人大常委会法制工作委员会国家法、行政法室编著:《〈中华人民共和国行政处罚法〉释义》,法律出版社 1996 年版,第 8—9 页。

政处罚裁量权行使的法定原则。[①] 那么，作为行政法基本原则的比例原则和作为《行政处罚法》法定原则的过罚相当原则，其关系究竟如何呢？

在行政处罚各种立法中，对于过罚相当原则与比例原则的规定，大致可分四种情形。第一种是仅规定过罚相当原则，不规定比例原则，如《行政处罚法》第5条第2款、《消防行政处罚裁量导则》(2010年)第5条、《青海省规范行政处罚裁量权办法》(2012年)第3条第5项的规定。[②] 第二种是仅规定比例原则的若干内容，不规定过罚相当原则，如《广州市国家税务局规范税务行政处罚裁量权实施办法》(2014年)第5条仅规定了比例原则中的均衡性原则[③]，《辽宁省地方税务局税务行政处罚裁量权实施办法(试行)》(2013年)第6条仅规定了比例原则中的均衡性原则和必要性原则[④]，《鞍山市地方税务局规范税务行政处罚裁量权实施办法(试行)》(2011年)第5条第3项仅规定了比例原则的适当性、必要性和均衡性原则，并将之阐述为"合理适当原则"。[⑤] 第

① 立法者认为"行政机关在实施行政处罚时也有一定的自由裁量权，所以过罚相当应当主要适用于行政处罚的实施"，也就是说过罚相当原则是行政处罚裁量权行使的法定原则。参见全国人大常委会法制工作委员会国家法、行政法室编著：《〈中华人民共和国行政处罚法〉讲话》，法律出版社1996年版，第17页；全国人大常委会法制工作委员会国家法、行政法室编著：《〈中华人民共和国行政处罚法〉释义》，法律出版社1996年版，第9页。

② 此外，其他行政处罚立法也仅规定过罚相当原则，如国家质量监督检验检疫总局《质量监督检验检疫行政处罚裁量权适用规则》第4条、国家食品药品监督管理局《药品和医疗器械行政处罚裁量适用规则》第4条、财政部《财政部门行使行政处罚裁量权指导规范》第5条第2、3项、《吉林省规范行政处罚裁量权办法》第5条第2项、《广西税务行政处罚裁量权适用规则》第4条第2款、《重庆市地方税务局规范税务行政处罚裁量权基准制度(试行)》第5条第3项、《云南省地方税务机关规范行政处罚裁量权暂行办法》第4条、《安徽省国税系统规范行政处罚裁量权实施办法》第5条第2项、《大连市地方税务局税务行政处罚裁量权》第3条第1款、《重庆市国家税务局规范税务行政处罚裁量权基准制度(试行)》第4条。

③ 《广州市国家税务局规范税务行政处罚裁量权实施办法》第5条规定："国税机关行使税务行政处罚裁量权应当遵循合法、合理原则，依照法定权力、条件、范围、幅度和程序进行，综合考虑情节与事实，做出的处罚决定应当与所保护的法定利益相一致。"

④ 《辽宁省地方税务局税务行政处罚裁量权实施办法(试行)》第6条规定："各级地税机关行使行政处罚裁量权要全面考虑违法行为的事实、性质、情节、危害后果等事实和法律因素，排除不相关因素的干扰，维护当事人合法权益，努力实现法律效果与社会效果的统一。可以采取多种方式实现行政目的的，应当选择对当事人权益损害最小的方式，对当事人造成的损害不得与所保护的法定利益显失均衡。"

⑤ 《鞍山市地方税务局规范税务行政处罚裁量权实施办法(试行)》第5条规定："行使税务行政处罚裁量权应当遵循以下原则……(三) 合理适当原则。税务机关行使行政裁量权时，不仅应当遵循法律规定，而且应当符合立法目的和法律原则。要全面考虑相关事实因素和法律因素，排除不相关因素的干扰。要求行政管理相对人履行法定义务的，应当给予行政管理相对人合理的期限。采取的行政措施和手段要适当、适度，尽力避免或者减少对行政管理相对人权益的损害，实现法律效果与社会效果的统一。可以采取多种方式实现行政目的的，应当选择对行政管理相对人权益损害最小的方式，对行政管理相对人造成的损害不得与所保护的法定利益显失均衡……"

三种是同时规定过罚相当原则和比例原则，两个原则相并列，如《江苏省国家税务局规范税务行政处罚裁量权实施办法》(2012 年)第 5 条同时规定了比例原则中的适当性原则、过罚相当原则①，北京市国家税务局和北京市地方税务局发布的《税务行政处罚裁量权实施办法》(2014 年)第 5 条同时规定过罚相当原则和比例原则中的必要性原则。② 第四种是同时规定过罚相当原则和比例原则，过罚相当是比例原则适用的结果，如《深圳市国家税务局规范税务行政处罚裁量权实施办法》(2015 年)第 9 条规定："……所采取的措施和手段应当必要、适当，可以采用多种方式实现行政目的的，应当避免采用损害当事人权益的方式，做到过罚相当。"《湖南省国税系统规范税务行政处罚裁量权实施办法》(2011 年)第 8 条规定："行使税务行政处罚裁量权，应当遵循合理性原则。税务行政处罚应当公平、公正、公开，处罚应当符合法律目的；所采取的措施和手段应当必要、适当，可以采用多种方式实现行政目的的，应选择对个人和社会造成最小损害的措施，做到过罚相当。"这两个条款均表明，须依赖比例原则的适当性、必要性来实现过罚相当。可见，比例原则与过罚相当原则的关系在行政处罚立法中莫衷一是。

那么，在行政处罚司法中，比例原则和过罚相当原则的关系是否清晰呢？答案也是否定的。有的案件将过罚相当原则等同于比例原则。如在"苏州鼎盛公司不服苏州市工商局商标侵权行政处罚案"③中，江苏省高级人民法院认为："工商行政机关依法对行政相对人的商标侵权行为实施行政处罚时，应遵循过罚相当原则行使自由裁量权；也就是说，在保证行政管理目标实现的同时，兼顾保护行政相对人的合法权益，行政处罚以达到行政执法目的和目标为限，并尽可能使相对人的权益遭受最小的损害。"这一判决显然认为过罚相当原则就是比例原则。有的案件则将过罚相当原则作为比例原则的法定依据。如在"邬学勋诉舟山市市场监督管理局金塘分局处罚案"④中，法院认为："根据《行政处罚法》规定，设定和实施行政处罚必须与违

---

① 《江苏省国家税务局规范税务行政处罚裁量权实施办法》第 5 条规定："实施税务行政处罚应当遵循合理性原则，符合立法宗旨和逻辑理性。处罚决定应当全面考虑相关因素，与税务行政相对人违法行为的性质、情节以及危害后果相当。对不同性质、情节及危害后果的税收违法行为，应当区别情况作出不同的处罚决定。不得滥用或者怠于行使自由裁量权。"

② 《税务行政处罚裁量权实施办法》第 5 条规定："税务机关行使税务行政处罚裁量权，应当遵循合法、合理、公正、公开、处罚与教育相结合、过罚相当和最小损害原则。"

③ 参见《最高人民法院公报》2013 年第 10 期。

④ 参见浙江省舟山市定海区人民法院(2015)舟定行初字第 7 号行政判决书。

法行为的事实、性质、情节以及社会危害程度相当……行政裁量权的适用应依据法律并合乎理性,既要保证行政管理目标的实现,又要兼顾保护相对人的权益,达到行政执法目的和目标为限,又尽可能使相对人的权益遭受最小的侵害,使得行政管理目标和相对人的权益在恰当、合理的基点上达到平衡。"还有的案件将过罚相当原则中提及的违法行为考量因素作为比例原则适用时应当考虑的因素。如在"郭建军不服诸暨市国土资源局土地行政处罚案"[①]中,法院认为:"被上诉人应首先考虑违法行为的事实、性质、情节以及社会危害程度,从更有利于行政相对人的利益保护角度选择处置方式,在该条件不能符合时,再选择更严厉的处罚措施,否则属于行政处罚不符合比例原则。"可见,在行政处罚裁判中,比例原则与过罚相当原则的关系依然不清晰,且与前文提及的行政处罚立法中的定位不一致,使比例原则与过罚相当原则的关系更加扑朔迷离。

除上述立法与司法实践外,国内行政法学界对于过罚相当原则与比例原则的关系虽然关注不多,但仍有着不同的理解。一种观点认为,过罚相当原则是比例原则在行政处罚领域的体现。如余凌云教授认为,过罚相当原则"已经出现了合比例性思想的某些制度因素"[②]。胡建淼、蒋红珍教授认为,过罚相当原则"是我国现行行政单行法对比例原则的立法肯定"[③]。李洪雷教授认为:"比例原则在我国的一些法律中有体现,例如《行政处罚法》第4条第2款规定:'设定和实施行政处罚必须以事实为依据,与违法行为的事实、性质、情节以及社会危害程度相当'。"[④]另一种观点认为,过罚相当原则与比例原则是包含关系。这其中又可分为两种不同的意见。一种意见认为,比例原则包含过罚相当原则。如胡建淼教授认为:"比例原则作为公法原则被广泛应用并有丰富含义,而作为行政法上的比例原则,其主要内容是指:1. 最小损害原则。行政主体作出行政行为有多种决定可以选择时,应当选择牺牲行政相对人利益最小而最接近实施行政目的的行为。2. 罪罚相当原则。如果相对人违反行政管理而应当被处罚时,行政主体所决定的处罚应当与被处罚人的违法行为相当。"[⑤]湛中乐教授认为:"比例原则的运用一

① 参见浙江省绍兴市中级人民法院(2008)绍中行终字第37号判决书。

② 余凌云:《论行政法上的比例原则》,载《法学家》2002年第2期。

③ 胡建淼、蒋红珍:《论最小侵害原则在行政强制法中的适用》,载《法学家》2006年第3期。

④ 李洪雷:《行政法释义学:行政法学理的更新》,中国人民大学出版社2014年版,第85页。

⑤ 胡建淼:《行政法学》(第四版),法律出版社2015年版,第54页。

方面不限于行政处罚领域，另一方面它在行政处罚领域中的体现不仅包括过罚相当原则，还包括对处罚种类和幅度、对与相对人违法行为相关的各种主、客观因素、以及对相对人权益的全面衡量，以求采取最为适当的处罚方式和处罚幅度。而过罚相当原则主要还是侧重于对违法行为本身和相应的处罚种类与幅度两方面的考虑。”[①]而相反的意见则认为，过罚相当原则包含了比例原则的内容，如翟翌博士认为，过罚相当原则“包含必要性子原则的内容，而且也只是局限于行政处罚领域”[②]；胡敏洁教授认为，过罚相当原则条款中“含有‘合比例’的因素，与狭义比例原则相契合”[③]。由此可知，学界对于比例原则和过罚相当原则的关系众说纷纭，但没有形成足够有说服力的研究成果。

通过以上对行政处罚立法、行政处罚司法和学理的梳理可以看出，过罚相当原则与比例原则的关系处于混乱状态。这种混乱状态或者会造成比例原则和过罚相当原则在行政处罚中适用的恣意：尤其是当适用者直接适用过罚相当原则时，“相当性”具有极大的裁量空间，若没有进一步的规范，适用者很容易根据主观情感直接判断过罚相当性；或者会导致适用的手足无措：当面临行政处罚裁量时，究竟适用法定的过罚相当原则还是判例与学理中形成的比例原则，由于缺少相应的研究，适用者将难以迅速地做出选择。因此，厘清比例原则与过罚相当原则是当前行政法研究的迫切需要。这不仅有利于规范比例原则和过罚相当原则在行政处罚中的适用，还可以促进对于行政裁量权的原则规制的研究，促进行政法基本原则与行政法中成文的或者约定俗成的一般原则的体系化。

本题所要解决的即是比例原则与过罚相当原则的关系问题。当然，本题的讨论仅限于行政处罚的实施，即行政处罚裁量权的适用。需要说明的是，学界就裁量有“要件裁量”和“效果裁量”之分。如王贵松教授认为，从法适用的角度，裁量包括要件裁量和效果裁量，效果裁量中包含决定裁量、选择裁量、时期裁量和程序裁量。[④] 考虑到对于行政裁量是否包括“要件裁量”

---

① 湛中乐：《行政法上的比例原则及其司法运用——汇丰实业发展有限公司诉哈尔滨市规划局案的法律分析》，载《行政法学研究》2003 年第 1 期。

② 翟翌：《比例原则的中国宪法规范基础新论——以宪法第 33 条为中心》，载《新疆社会科学》2012 年第 5 期。

③ 胡敏洁：《比例原则》，载胡建淼主编：《论公法原则》，浙江大学出版社 2005 年版，第 556 页。

④ 参见王贵松：《行政裁量的内在构造》，载《法学家》2009 年第 2 期。

尚无定论，为便于讨论，笔者将行政裁量限于“效果裁量”，即是否作为（决定裁量）、何种和多少作为（选择裁量）、时间选择（时期裁量）、程序选择（程序裁量），大致可分“实体裁量”和“程序裁量”两个方面。为此，本题对比例原则和过罚相当原则关系的讨论也从“处罚实体裁量”和“处罚程序裁量”两个方面来进行。

（二）处罚实体裁量中比例原则是过罚相当的分析工具

1. 过罚相当原则本身无法提供相当性的判断标准

过罚相当原则是《行政处罚法》的法定原则。《行政处罚法》第 5 条第 2 款规定：“设定和实施行政处罚必须以事实为依据，与违法行为的事实、性质、情节以及社会危害程度相当。”根据该规定，过罚相当原则用于平衡违法行为与处罚行为之间的种类与幅度的关系。因此，过罚相当原则仅用于处罚实体裁量。

在判断处罚实体裁量时，过罚相当原则仅列举了行政处罚的考量因素，即“违法行为的事实、性质、情节以及社会危害程度”，但并未明确“相当”的判断标准。过罚相当原则适用于司法实践中时，“过罚相当性”判断标准的缺失显得非常明显。例如，在“北京金洋天蓝科技发展有限公司不服北京市工商行政管理局行政处罚案”①中，法院认为：“金洋天蓝公司已经纠正其违法行为，且逾期的期限未超过 30 日。但是北京市工商局认定该公司逾期的期限超过 60 日，并据此给予金洋天蓝公司最高额的处罚，不符合过罚相当的原则，处罚显失公正。”在该案中，法院仅以处罚行为未考虑违法行为人的纠错态度和违法时间为由，认定违反过罚相当原则。在“江苏宏兴化学有限公司诉涟水县公安局处罚案”②中，法院认为：“被告涟水县公安局依据《易制毒化学品管理条例》第四十条第（四）项、第（六）项、第（八）项及《易制毒化学品购销和运输管理办法》第三十一条第（一）项的规定，对原告宏兴公司的违法行为均作出最高限罚款处罚。而原、被告庭审中对原告宏兴公司以前没有因同样或同类违法行为被处罚过的事实陈述一致，被告涟水县公安局也没有证据能够证明原告宏兴公司的违法行为具有从重处罚的情节，因此，被告

① 参见北京市第一中级人民法院（2016）一中行终字第 668 号行政判决书。
② 参见江苏省涟水县人民法院（2013）涟行初字第 6 号行政判决书。

涟水县公安局没有在法律法规规定的自由裁量幅度内根据原告宏兴公司违法行为的事实、性质、情节及社会危害程度，合理地确定罚款数额，对原告宏兴公司的违法行为均作出最高限罚款处罚，违反《中华人民共和国行政处罚法》规定的过罚相当原则，显失公正，应予变更。”在这个案件中，法院仅因行政处罚行为未考虑重犯从重处罚情节而违反过罚相当原则。以上案件中，法院仅列举违法行为的相关考虑因素，但没有分析行政处罚行为与违法行为不相当的原因。

导致过罚相当性缺乏分析的原因就在于“过罚相当性”的判断标准不明确。换言之，过罚相当原则本身没有也无法提供过罚相当性判断的标准。从缘起上看，过罚相当原则借鉴于刑法。诚如立法机关的解释：“‘过罚相当’原则是刑法理论在行政处罚中的应用。”[①]当时的立法参与者曾指出：“行政处罚的‘过罚相当’原则，与刑罚中的‘罪罚相当’原则，精神实质是一致的。”[②]但是，这一渊源关系仍然不能为过罚相当原则提供有价值的判断线索。这是因为，“罪罚相当”原则自身也是没有明确的判断标准的。[③] 这种情形下，过罚相当原则缺乏分析的工具也就不足为怪了。

2. 比例原则可以为过罚相当原则提供相当性的分析工具

比例原则“从依法治国原则和基本权利的基本要求和实质精神出发，以实质性规则特有的伸缩性和广泛适用性，解决法治国原则运用中的大量实际问题，使成文法制度难以避免的法律漏洞得到弥补、缺陷得到克服，使得法治国原则更有普遍意义，能够在社会生活中得到更深刻广泛的应用”[④]。以上观点从价值层面、规范层面和技术层面分别揭示了比例原则的属性。比例原则的价值源于依法治国原则和基本权利的基本要求和实质精神。比例原则的规范性体现在比例原则是一种实质性规则，具有伸缩性和广泛适用性。而比例原则的技术性在于比例原则可以解决法治国原则运用中的大量实际问题，弥补法律漏洞，克服法律缺陷。笔者十分认同从价值、规范和

---

① 全国人大常委会法制工作委员会国家法、行政法室编著：《〈中华人民共和国行政处罚法〉释义》，法律出版社 1996 年版，第 9 页。

② 张春生主编：《中华人民共和国行政处罚法释解》，中国社会出版社 1996 年版，第 7 页。

③ 目前国内的刑法教科书大都没有明确罪罚相当原则的判断标准。参见陈兴良：《规范刑法学》(教学版)，中国人民大学出版社 2015 年版，第 20—21 页；张明楷：《刑法学教程》，北京大学出版社 2007 年版，第 20—22 页。

④ 于安编著：《德国行政法》，清华大学出版社 1999 年版，第 31—32 页。

技术三个层面对比例原则进行评价。具体而言：

在价值层面，比例原则最终指向法律规范的所属价值。有学者从比例原则的起源作出论述，认为“比例原则源于法治国原则，它是基于基本权利自身本质的需要，作为表述公民对抗国家的一般自由诉求的基本权利，只有当为了保护公共利益时，才能被公权力合比例地予以限制”①。这意味着比例原则产生本身就在于平衡公共利益和基本权利两种基本价值。有学者从比例原则的内部结构展开分析并指出：“表面上，比例原则所审查的是目的与手段的关系，但这种审查实际上需要以法律后果或可预期的明确法律结果为基础；通过结果印证目的、手段是否有助于达到该效果或手段是否超出达到该结果所需的程度。”②这意味着，比例原则审查的关键在于均衡性审查，即此手段所损害的相对人利益与此手段所要达到的目的（即所保护的公共利益）是否均衡，而均衡性审查的实质就是价值衡量。因此，无论从比例原则的起源还是比例原则的内部结构上看，比例原则最终均指向价值衡量，总是把公民基本权利限制的正当性作为一个重要的判断指数。

在规范层面，比例原则是逻辑完整的规则性原则。法律规范包含法律原则和法律规则。正如拉伦茨所言，法律原则“无例外地须被具体化”且需要“区分不同的具体化阶段”。③ 这意味着，法律原则仍有高低位阶之分。法律原则中位于最高位阶的是作为一般法律思想具体化的基本原则，包括法治国原则、社会国原则、尊重人性尊严的原则以及自主决定与个人负责的原则等；之后是作为基本原则具体化的一般原则，如行政法中的行政合法性原则和行政合理性原则等；再后是作为一般原则具体化的具体原则，如行政合法性原则所包括的法律保留原则和法律优先原则，行政合理性原则所包括的比例原则和平等原则。以上层级关系粗略地体现了法律原则的具体化过程，位阶越高的法律原则越接近法律理念，位阶越低的法律原则越接近法律规则。因此，法律原则大致可以分为理念性原则和规则性原则。可以看出，比例原则属于规则性原则。一般认为，比例原则包含适当性、必要性和均衡性三个子原则。适当性、必要性和均衡性三个子原则是合比例原则的三个

---

① BVerfGE 19，342（348F.）。转引自〔德〕安德烈亚斯·冯·阿尔诺：《欧洲基本权利保护的理论与方法——以比例原则为例》，刘权译，载《比较法研究》2014年第1期。

② 翟翌：《比例原则的正当性拷问及其“比例技术”的重新定位——基于“无人有义务做不可能之事”的正义原则》，载《法学论坛》2012年第6期。

③ 参见〔德〕卡尔·拉伦茨：《法学方法论》，陈爱娥译，商务印书馆2003年版，第348页。

构成要件,即若某行政措施同时符合三个子原则,那么该手段便符合比例原则,具有正当性和合理性。因此,比例原则是一个包涵构成要件和法律效果的规则性原则,对于行政行为更具有指导性。

在技术层面,比例原则是一种正当性的衡量方法。比例原则最基础的功能在于为手段的选择提供技术性方法。当面临两种手段时,适用者应做出决断,而选择何种手段,需要方法支持。而比例原则为手段的选择提供了论证方法。有学者认为,比例原则不是作为证实的原则,只能作为否证的原则。[①] 以侵害性行政行为为例,首先须证明手段的适当性,若选择的手段不符合立法目的,则该手段不具有正当性;其次须证明手段的必要性,若还存在其他对相对人权益侵害更小的手段,则该手段就不具有正当性;最后还须证明手段的均衡性,若该手段给相对人造成的损害大于所维护的公共利益,则该手段仍不符合比例原则,不具有正当性。一个行政措施只有经过这三个过程,才具有正当性,缺一不可。这就说明,比例原则对于衡量行政措施或手段的正当性更具有操作性。

通过对比例原则的价值、规范和实施方面的剖析可以看出,比例原则是基于价值衡量的一种具有相对成熟操作方法的规则性原则,正好可以弥补过罚相当原则的不足。从价值层面讲,过罚相当原则是对违法行为和行政处罚行为的相当性判断,而这种判断的背后实为违法行为者的私人权利和行政处罚行为所保障的公共利益之间的衡量,也是价值衡量的过程。而从规范和技术层面讲,过罚相当原则如果过于趋向于理念性,缺乏操作性,通过规则进行相当性判断就不大可能。既然比例原则作为规则性原则,同时拥有整套的判断方法,便可运用比例原则进行过罚相当性判断,以弥补过罚相当原则判断方法的不足。具体而言,对于行政处罚是否过罚相当可从三个方面分三个步骤进行判断:一是适当性,二是必要性,三是均衡性。在进行适当性和必要性判断时,应首先考量《行政处罚法》第 5 条第 2 款规定的“违法行为的事实、性质、情节以及社会危害程度”,并基于以上要素的考量选取能够实现法律目的的行政处罚行为,然后在多种能实现法律目的的措施中,选择对当事人损害最小的措施。在进行均衡性判断时,主要衡量处罚行为所侵害的相对人权益与所维护的公共利益是否平衡,如果得失相当或

① 参见徐梦秋:《公平的类别与公平中的比例》,载《中国社会科学》2001 年第 1 期。

者得大于失，则为均衡；否则，则为不均衡。若所实施的行为处罚同时满足上面三个方面，即为过罚相当；反之，则为过罚不当。如能这样，便可使行政处罚因地而异，因人而异，但又不失公正合理。

3. 比例原则用于过罚相当性判断具有规范体系上的自洽性

上文仅从功能上证成了比例原则可以用于过罚相当性判断。而从规范上，比例原则用于过罚相当性判断也符合行政法的现有规范体系。

第一，过罚相当原则是行政合理性原则在行政处罚法中的具体适用。关于过罚相当原则与行政合理性原则的关系，学界略有阐释。一种观点认为："（过罚相当原则）是行政法上适当、合理原则在行政处罚中的体现。"[①]"'过罚相当'原则是行政法基本原则'合理性'原则在行政处罚领域的自然延伸、具体体现。"[②]另一种观点认为，行政合法性原则和行政合理性原则在行政处罚领域又引申出处罚法定原则、处罚与违法相一致原则、责任自负原则、一事不再罚原则、教育与处罚相结合原则。处罚与违法相一致原则要求相对人实施了违反行政法规范的行为，就应受到行政处罚，而不能逃避行政处罚；所受处罚的轻重应与违法行为的情节、性质、事实与社会危害程度相一致，而不能避重就轻[③]，也就是过罚相当原则。也就是说，该种观点认为过罚相当原则是行政合理性原则的体现之一。这些观点都有一定道理，但须进一步深入揭示和分析。

笔者认为，过罚相当原则就是行政合理性原则在行政处罚中的具体体现，这是由行政法基本原则体系和行政处罚法原则体系决定的。从行政法基本原则体系上看，行政法基本原则包括行政合法性原则和行政合理性原则。而行政合法性原则包括法律优先和法律保留原则，行政合理性原则包括实体公正原则（如比例原则、平等原则）和正当程序原则。《行政处罚法》第 4 条规定了处罚法定原则，第 5 条规定了处罚公正、公开原则，第 6 条规定了处罚与教育相结合原则，第 7 条规定了相对人救济权利保障原则。处罚法定原则是行政合法性原则在行政处罚法中的延伸；处罚与教育相结合原则、相对人救济权利保障原则是行政处罚的特有原则，行政合理性原则则体现为处罚公正、公开原则；其中处罚公开是针对处罚程序而言，对应的主要是

---

① 应松年、刘莘：《行政处罚立法探讨》，载《中国法学》1994 年第 5 期。

② 应松年、刘莘主编：《行政处罚法理论与实务》，中国社会出版社 1996 年版，第 31 页。

③ 参见叶必丰：《行政法与行政诉讼法》（第三版），武汉大学出版社 2008 年版，第 257 页。

程序正当原则。此外，处罚公正主要是针对处罚实体内容而言，对应的主要是实体正当原则。过罚相当原则是处罚公正原则的具体阐述。因此，过罚相当原则与合理性原则中的实体公正原则相对应。

第二，比例原则是判断行政合理的原则之一。早在20世纪80年代末，龚祥瑞教授便将合理性原则与合法性原则相提并论。① 1989年，罗豪才教授主编的《行政法学》在探讨行政法基本原则时，提出行政法治包含合法性原则和合理性原则两个基本要求。② 多部行政法教材也继受了这一基本区分，如胡建淼教授认为，"我国行政法的基本原则应当是：行政合法性原则与行政合理性原则"③；叶必丰教授"将行政法的基本原则概括为合法性原则和合理性原则"④。行政合理性原则是我国行政法的基本原则，是我国行政法学界的主流观点。关于行政合理性原则的内容，学界看法不一，如有学者认为，"行政合理性原则包括平等原则和比例原则"⑤；有学者认为，行政合理性原则包括行政公开原则、行政公正原则、比例原则、信赖保护原则、尊重和保障人权原则；⑥有学者认为，行政合理性原则由"比例原则、平等原则与正当原则"所组成；⑦还有学者认为，行政合理性原则"包括平等对待、比例原则和严重不合理原则"⑧。尽管大家看法有所不同，但比例原则通常都被纳入行政合理性原则之中。因此，胡建淼教授直截了当地提道："比例原则是介于国家权力与公民自由之间的一种目的与手段的考量，可以成为行政合理性原则的一个下位原则。"⑨

既然比例原则是判断行政合理性的标准之一，而过罚相当原则是行政合理性原则在行政处罚中的具体适用，在行政处罚中将比例原则作为过罚相当原则的衡量标准之一，就不违背行政法的现有规范体系。

综上所述，可归结出两点：第一，在行政处罚实体裁量中，比例原则是过罚相当性的分析工具。这可从"苏州鼎盛公司不服苏州市工商局商标侵权

① 参见龚祥瑞：《行政合理性原则》，载《法学杂志》1987年第2期。
② 参见罗豪才主编：《行政法学》，中国政法大学出版社1989年版，第34—35页。
③ 胡建淼：《行政法学》（第四版），法律出版社2015年版，第44页。
④ 叶必丰：《行政法与行政诉讼法》（第三版），武汉大学出版社2008年版，第67页。
⑤ 张树义主编：《行政法与行政诉讼法》（第二版），高等教育出版社2007年版，第34页。
⑥ 参见罗豪才、湛中乐主编：《行政法学》（第四版），北京大学出版社2012年版，第31～35页。
⑦ 参见胡建淼：《行政法学》（第四版），法律出版社2015年版，第54页。
⑧ 叶必丰：《行政法与行政诉讼法》（第三版），武汉大学出版社2008年版，第72页。
⑨ 胡建淼：《行政法学》（第四版），法律出版社2015年版，第54页。

行政处罚案”得以验证。该案法院认为:“被上诉人苏州工商局在对上诉人鼎盛公司进行行政处罚时,责令其停止侵权行为即足以达到保护注册商标专用权以及保障消费者和相关公众利益的执法目的,但苏州工商局未考虑鼎盛公司上述主观上无过错,侵权性质、行为和情节显著轻微,尚未造成实际危害后果等因素,同时对鼎盛公司并处 50 万元罚款,使行政处罚的结果与违法行为的社会危害程度之间明显不适当,其行政处罚缺乏妥当性和必要性,应当认定属于显失公正的行政处罚。”在这里,法院通过适用比例原则的适当性和必要性,更为清晰、更为令人信服地分析了苏州市工商局的行政处罚行为的不当性。

第二,在行政处罚实体裁量中,过罚相当原则为比例原则在行政处罚中的适用提供了成文法依据。在中国,比例原则虽然在学理上得到充分关注和认可,但全国人大及其常委会制定的法律并未规定比例原则,从而缺乏“法律依据”。这种情形下,过罚相当原则无疑为比例原则在行政处罚中的适用提供了法律依据,使比例原则的司法适用具有了正当性。这也可从鼎盛公司案得到说明。在这个案件中,法院对适用比例原则的法律依据作了说明。该案判决指出:“工商行政机关依法对行政相对人的商标侵权行为实施行政处罚时,应遵循过罚相当原则行使自由裁量权;也就是说,在保证行政管理目标实现的同时,兼顾保护行政相对人的合法权益,行政处罚以达到行政执法目的和目标为限,并尽可能使相对人的权益遭受最小的损害。”在这里,法院借助过罚相当原则,巧妙地将比例原则植入《行政处罚法》第 5 条第 2 款之中。

(三) 处罚程序裁量中比例原则是程序正当的判断标准

1. 行政处罚程序存在裁量空间

上文已经提及程序裁量和实体裁量组成效果裁量。就程序裁量,郑春燕教授认为:“所谓的程序裁量,即在法律法规没有特别规定的情况下,行政机关及其他承担行政任务的主体有权选择作出行政行为的程序种类与形式,自主确定行政过程的内容。”[①]这些论述为我们认识程序裁量提供了理论基础。但是,程序裁量的情形其实不限于“法律法规没有特别规定的情况

① 郑春燕:《服务理念下的程序裁量及其规制》,载《法学研究》2009 年第 3 期。

下”这一种情形。在我们看来,程序裁量的情形主要有三类:

第一,法律规定的程序要素如手段、时限、空间、顺序等具有可选择性时的裁量。如同实体法律规范一样,法律对程序及其要素,如手段、时限、空间、行为顺序的规定,总是具有很大的可选择性,从而具有很大的裁量空间。例如,《行政处罚法》第51条规定:“违法事实确凿并有法定依据,对公民处以二百元以下、对法人或者其他组织处以三千元以下罚款或者警告的行政处罚的,可以当场作出行政处罚决定。法律另有规定的,从其规定。”既然为“可以”当场作出行政处罚决定,则行政机关可以当场作出,也可以不当场作出。再如,《行政处罚法》第64条规定,行政机关应当在举行听证的七日前,通知当事人及有关人员听证的时间、地点。按照这一规定,如果当事人要求听证的,行政机关应予听证,无选择余地。但通知举行听证的时间以及听证的地点则可有多种选择,由行政机关裁量。

第二,法律对程序的规定不明确时的裁量。《行政处罚法》第63条规定:“行政机关拟作出下列行政处罚决定,应当告知当事人有要求听证的权利,当事人要求听证的,行政机关应当组织听证:(一)较大数额罚款;(二)没收较大数额违法所得、没收较大价值非法财物;(三)降低资质等级、吊销许可证件;(四)责令停产停业、责令关闭、限制从业;(五)其他较重的行政处罚;(六)法律、法规、规章规定的其他情形。”这一条明确了行政机关在作出较大数额罚款等行政处罚决定时要赋予当事人听证的权利,但第5项之“其他较重的行政处罚”的规定使得听证程序的适用范围变得不太确定。

第三,在法律对该有的程序没有作出规定时的裁量。这类案例不能从立法中找到,只能以相关案例来说明。此类案例如“兰州常德物资开发部诉兰州市人民政府收回土地使用权批复案”①“宋莉莉诉宿迁市建设局房屋拆迁补偿安置裁决案”②“张成银诉徐州市人民政府房屋登记行政复议决定案”③“彭淑华诉浙江省宁波市北仑区人民政府工商行政复议案”④“赵博诉平

① 参见《兰州常德物资开发部不服兰州市人民政府收回土地使用权批复案》,载《最高人民法院公报》2000年第4期。

② 本案载于《最高人民法院公报》2004年第8期。

③ 本案载于《最高人民法院公报》2005年第3期。

④ 参见最高人民法院行政审判庭编:《中国行政审判指导案例》(第1卷),中国法制出版社2010年版,第99—104页。

邑县人民政府土地行政复议案”[①]“陈刚诉句容市规划局、句容市城市管理局城建行政命令案”[②]。就“宋莉莉案”来说，法院指出：“尽管《国务院城市房屋拆迁管理条例》和《江苏省城市房屋拆迁管理条例》对行政拆迁程序没有明确的规定，行政机关在裁决时也应充分保障当事人的合法权利，允许双方当事人对争议问题进行申辩和陈述，但宿迁市建设局在裁决宋莉莉与万兴公司的拆迁纠纷时，未允许宋莉莉对争议问题予以陈述和申辩，有失公正，仅根据万兴公司的申请及万兴公司单方委托的评估公司的评估结果作为行政裁决的依据，违反了《江苏省城市房屋拆迁管理条例》的规定。”这一判决，自然是一个裁量的过程。

综上可见，程序裁量在行政过程中无处不在，无时不在。下面的问题是，对于程序裁量可否依据比例原则加以制约或规范。

2. 以比例原则约束处罚程序裁量具有适当性

如前所述，比例原则本质上是从手段与目的的统一性以及个人权益与公共利益的均衡性来分析和评价行政行为或行政措施的正当性、合理性。从这个角度来看，则比例原则对于行政处罚程序也应当具有可适用性。这不论从行政处罚程序所具有的工具价值还是从行政处罚程序所具有的内在价值分析都是成立的。

首先，行政处罚程序本身就是作为作出行政处罚实体内容的一种工具或者手段而存在的。这不仅仅是行政处罚程序的功能所在，也是其他行政程序的功能所在。关于程序法对于实体法的工具性，程序工具主义有深刻地揭示。程序工具主义认为，法律程序只是用以实现某种外在目的的手段或工具，也只有在能实现上述目的时才具有存在的意义和价值。这种外在目的首先是程序所为之服务的实体法。从国内学者的研究和介绍来看，边沁是程序工具主义的典型代表。他依据“功利主义原理”提出，立法者制定法律的主要目标在于对破坏“最大多数人幸福”的人实施惩罚和进行威胁，即有效地进行社会控制。为此，首先必须制定实体法，通过对社会成员明确的令行禁止和惩罚来控制社会关系。但实体法自身不能保证它的实施，立法者必须在实体法之外颁布一种实现或者维护实体法的次级或依附性法

① 参见最高人民法院行政审判庭编：《中国行政审判案例》(第3卷)，中国法制出版社2013年版，第118—121页。

② 同上书，第128—132页。

律。这种附属性法律就是程序法,它只能通过确保实体法的有效实施来间接完成社会控制的任务。实体法唯一正当的目的是最大限度地增加大多数社会成员的幸福,而程序法唯一正当的目的是最大限度地实现实体法。因此,相对于实体法而言,法律程序只是工具性的,它除了作为实现实体法的手段而有价值外,本身并没有任何意义。评价程序法的唯一标准就是最大限度地实现实体法的目的。[①] 应该说,程序工具主义对于程序工具性的揭示是深刻而有一定道理的。

其次,行政处罚程序的一些次级程序是为实现和维护基本程序的内在价值而存在的。承认程序的工具性,并不等于否定程序的内在价值,也不等于完全赞同程序工具主义。在反对程序工具主义的过程中,程序本位主义对于程序内在价值的肯定是值得认可的。程序本位主义认为,法律程序本身具备一些独立于实体法等外在目的的内在价值,而不只是作为实现某种外在目的的手段的有用性。萨默斯(Summers)的相关论述可视为这种学说的典型代表。他认为,法律程序可能具有两个方面的价值,即维护实体法的价值和程序内在的价值。相比而言,后者更重要,它是程序理论的核心和基石。程序的内在价值具有三个特点,或者具有这三个特点的价值可视为程序的内在价值:第一,这种价值能够通过法律程序得以实现;第二,这种价值是在法律程序运作过程中实现的,而不是在最终结果中实现的;第三,这种价值能够使法律程序更易为人们所接受而不论对程序结果是否产生影响以及产生怎样的影响。按照这个标准,在萨默斯看来,程序的内在价值主要包括参与性统治、程序正当性、程序和平性、人道性、尊重个人的尊严和隐私、协同性(意见一致性)、程序公平性、程序合法性、程序理性、及时性和终结性。[②] 可以看出,萨默斯不仅强调法律程序可以实现一个好的结果,更为重要的是通过程序的进行可以展示和实现程序法自身所包含的其他价值。[③] 不过,即便是承认程序具有内在价值,仍然可以看出程序与程序内在价值之间实际上仍然是目的与手段的关系,即程序及其构成要素本身是手段,而程序的内在价值是目的。

在承认"行政程序法与行政实体法"以及"行政程序与行政程序内在价

---

① 参见雷磊:《法律程序为什么重要?——反思现代社会中程序与法治的关系》,载《中外法学》2014年第2期。

② 同上。

③ 同上。

值”之间的这种手段与目的关系的同时，我们还可以发现，这两种关系运作的背后必然存在着行政程序成本与行政程序所取得的效益之间的关系。深而言之，我们可以把行政程序法所欲维护的行政实体法或者所欲追求的行政程序内在价值视为一种“行政效益”，把维护特定行政实体法或追求特定行政程序内在价值而花费在行政程序中的时间、人力、财力等视为一种“行政成本”。与此同时，我们还可以进一步将这种“行政成本”转化为比例原则所考量的“个人权益”，将“行政效益”视为比例原则所考量的“公共利益”。此时，比例原则所考虑的手段与目的之间的关系、个人利益与公共利益之间的关系就都具备了。从这个意义上讲，比例原则不但可以适用于行政处罚程序，而且必须适用于行政处罚程序，从而将行政处罚程序置于比例原则的约束下，以消除行政处罚程序的任意性。

3. 比例原则已作为处罚程序裁量妥当的判断依据

比例原则不仅从理论上看可用于行政程序裁量的规范，在司法审判实践中，国内外的法院其实也已经将其作为评判程序裁量合理性的依据。国内的两个典型案例是“王丽萍诉中牟县交通局行政赔偿纠纷案”[①]和“陈宁诉庄河市公安局行政赔偿纠纷案”[②]。国外的典型案例之一是美国法院判决的 Mathews v. Eldridge 案[③]。

(1)“王丽萍诉中牟县交通局行政赔偿纠纷案”

王丽萍是开封市金属回收公司下岗工人，在中牟县东漳乡小店村开办了一个养猪场。2001 年 9 月 27 日上午，王丽萍借用小店村村民张军明、王老虎、王书田的小四轮拖拉机，装载 31 头生猪，到开封贸易实业公司所设的收猪点销售。中途，遇被告县交通局的工作人员查车。检查后，县交通局的工作人员以没有交纳养路费为由，作出扣押张军明、王老虎、王书田 3 人车辆的决定。当时王丽萍恳求，等将生猪送达销售点后再行扣押。但被告工作人员不予理会，随后将 3 辆四轮拖拉机的拖斗卸下，驾驶四轮主车离去。卸

---

① 河南省中牟县人民法院(2002)中行初字第 31 号行政判决书。本案载于《最高人民法院公报》2003 年第 3 期，另参见最高人民法院行政审判庭编:《中国行政审判指导案例》(第 1 卷)，中国法制出版社 2010 年版，第 89 页。

② 辽宁省庄河市人民法院(2002)庄行赔字第 1 号行政判决书，辽宁省大连市中级人民法院(2002)大行终字第 98 号行政判决书。本案载于《最高人民法院公报》2003 年第 3 期，另参见最高人民法院行政审判庭编:《中国行政审判指导案例》(第 1 卷)，中国法制出版社 2010 年版，第 94 页。

③ 424 U. S. 319 (1976).

下的两轮拖斗失去车头支撑后，成45度角倾斜，致拖斗内生猪相互挤压，再加天气闷热，当场死亡2头。王丽萍在当地村民的帮助下，才将剩下的29头生猪转移到另行雇佣的四轮车上。当剩余的29头生猪运抵开封时，又死亡13头。同年11月22日，王丽萍向县交通局申请赔偿，遭县交通局拒绝，遂提起行政诉讼，请求判令县交通局赔偿生猪死亡损失10500元、交通费损失1700元。

《河南省公路管理条例》(1995年)第53条第2款规定："不按规定缴纳或逃缴、拒缴公路养路费的，交通行政主管部门可以暂扣车辆，待其接受处理后，立即放行车辆。"按照这一规定并结合案件事实来看的话，本案有两个裁量点：第一，是否采取扣押的强制措施，这是实体裁量的范畴；第二，如果扣押，在检查的地点扣还是在销售点扣，这是程序裁量的范畴。两个扣押地点都可以实现扣押的目的，但相比之下，在销售点扣给利害关系人王丽萍造成的损失或者不便要小得多。因此，本案法院认为："被告在行使职权时未考虑按照常理应当考虑的因素，作出了不合理的具体行政行为，属滥用职权。"[①]最高人民法院行政审判庭在本案选列为典型案例时，将本案的裁判要旨概括为："行政机关实施行政行为追求的行政目的与法律保护的权益存在冲突时，应当采取对相对人权益造成最少损害的执法措施。行政机关在执法过程中单纯追求执法效果，采取明显超过必要限度的执法方式对相对人权益造成较大损害的，属滥用职权，并应予赔偿。"这一要旨完全体现了比例原则的分析逻辑。

(2)"陈宁诉庄河市公安局行政赔偿纠纷案"

2001年12月24日8时40分左右，原告丈夫韩勇驾驶的红旗牌出租轿车在庄河市栗子房镇林坨附近发生交通事故。庄河市公安局交通警察大队接到报警后，立即出警，赶到事故现场。在事故现场初步查明，韩勇驾驶的红旗牌轿车已被撞变形，韩勇被夹在驾驶座位中，生死不明，需要立即抢救。为了尽快救出韩勇，警方先后采用了撬杠等方法，都不能打开驾驶室车门，最后在周围群众的帮助下，采用气焊切割的方法将韩勇从车中救出送往医院。虽然在用气焊切割车门时采取了安全防范措施，但仍导致轿车失火。由于火势较大，事先准备的消防器材无法将火扑灭，扩大了汽车的损失。事

① 最高人民法院行政审判庭编：《中国行政审判指导案例》(第1卷)，中国法制出版社2010年版，第90页。

后，原告陈宁要求庄河市公安局赔偿被烧毁的汽车损失，庄河市公安局于2002年4月16日作出庄公行不赔字(2002)第1号不予赔偿决定。陈宁不服，提出行政诉讼，请求行政赔偿。

就本案案情来看，采用怎样的救助方法以及救助方法的采用顺序都属于行政裁量的范围，相关法律没有也不可能对此作出具体的羁束性规定。而审理法院也是根据这一性质并依据比例原则来分析的。他们认为："在其他方法都无法打开已经严重变形的车门时，采取破损车门的措施保护人民生命安全并不违法。虽然气焊割门的措施后来导致轿车的毁损，但由于当时情况紧急，无法采取其他更安全有效的措施抢救韩勇，因此交通警察在施救过程中虽然造成轿车毁损，但该行为不具有违法性。"[①]同时，审理法院认定，陈宁认为交通警察实施的紧急救助行为不当的理由不能成立，并判决驳回其诉讼请求。

(3) 美国法院判决的 Mathews v. Eldridge 案

Mathews v. Eldridge 案涉及的是在法律没有规定听证程序的情形下，行政机关要不要补充听证的裁量问题，属于在法律没有规定的情形下是否依据正当程序原则赋予相对人特定程序权利的裁量范畴。

该案的当事人 Eldridge 先生身患残疾，一直接受残疾人社会保障金资助。管理部门根据 Eldridge 填写的调查问卷以及他的医生出具的报告，初步认为他已经康复，不再符合受领残疾人社会保障金的条件，遂决定月底停发他的残疾社会保障金，同时告知他，如果不服，可依法提请"复查"(reconsideration)。复查程序将是全面的正式听证程序，若复查成功，停发的保障金将如数补发。尽管如此，Eldridge 认为，在没有给予他听证机会的情形下直接停发保障金是违法的，遂以在终止前未听证违反正当程序原则为由提起诉讼。

法院审理后认为，在本案情形下，正式听证没有必要，并为此提出了判断程序正当与否的三个标准：第一，必须考虑行政行为所影响的个人利益的重要性；第二，必须考虑法定程序可能错误地剥夺个人权益的危险性，以及适用更复杂的程序或适用正式听证程序减小这种危险的可能性；第三，必须考虑适用法定程序与适用更复杂程序或正式听证程序的行政成本差异。这

① 最高人民法院行政审判庭编：《中国行政审判指导案例》(第1卷)，中国法制出版社2010年版，第95页。

里虽然没有明确使用比例原则这一概念，但其分析的逻辑与比例原则的分析逻辑是一致的。

以上三个案例虽然并不是应用比例原则规范行政处罚程序裁量的案例，但既然比例原则已经应用于这些案件，将比例原则应用于行政处罚程序裁量在实践上也应该是没有问题的。

综上所述，比例原则是制约行政裁量的统一基准。过罚相当原则是行政处罚法的法定原则。过罚相当原则虽为成文法规定的原则，但仅适用于处罚实体裁量，且本身缺乏相当性的判断标准。与过罚相当原则不同，比例原则具有价值的统一性、规范构造的规则化和分析方法的明确性，这使得比例原则在行政处罚实体裁量中可以成为过罚相当性的分析工具。而在处罚程序裁量中，过罚相当原则无法发挥作用，比例原则则可成为程序正当的判断标准之一。一言以蔽之，在行政处罚实体裁量时，在综合考虑过罚相当原则包含的违法行为之考量因素的基础上，比例原则的适当性、必要性和均衡性可以成为相当性的分析工具。在行政处罚程序裁量中，比例原则也通过以上三个规则的应用判断程序是否正当。

五、有关比例原则之适用的研读案例

法院适用比例原则判决的案例并不少见。有些案例在其裁判理由或者裁判摘要中明确提出了“比例原则”的概念，如“陈超诉济南市城市公共客运管理服务中心客运管理行政处罚案”[①]的“裁判摘要”指出：“随着‘互联网＋’与传统行业的融合发展，客运市场上出现了‘网约车’现象，该形式在很多城市和部分人群中确有实际需求且已客观存在。但这种客运行为与传统出租汽车客运经营一样，同样关系到公民生命财产的安全，关系到政府对公共服务领域的有序管理，应当在法律、法规的框架内依法、有序进行。对于此类问题形成的诉讼，法院应当坚持以事实为根据，以法律为准绳，结合涉案行为的社会危害性、行政处罚程序的正当性和行政处罚的比例原则等问题进

① 参见董妍：《基本原则在行政裁判中的适用：以网约车行政诉讼为视角》，载《人民司法（案例）》2018年第2期。

行综合考量判断。”有些案例则只是在裁判理由中隐性地适用了比例原则，但不明确提出“比例原则”这一概念。下面五个案例即是这方面的例子。

公报案例　刘云务诉山西省太原市公安局交通警察支队晋源一大队道路交通管理行政强制案[①]

【基本案情】

2001年7月，刘云务通过分期付款的方式在山西省威廉汽车租赁有限公司购买了一辆东风运输汽车。刘云务依约付清车款后，车辆仍登记挂靠在该公司名下。2006年12月12日，刘云务雇用的司机任治荣驾驶该车行驶至太原市和平路西峪乡路口时，晋源交警一大队的执勤民警以该车未经年审为由将该车扣留并于当日存入存车场。2006年12月14日，刘云务携带该车审验日期为2006年12月13日的行驶证去处理该起违法行为。晋源交警一大队执勤民警在核实过程中发现该车的发动机号码和车架号码看不到，遂以该车涉嫌套牌及发动机号码和车架号码无法查对为由对该车继续扣留，并口头告知刘云务提供其他合法有效手续。刘云务虽多次托人交涉并提供相关材料，但晋源交警一大队一直以其不能提供车辆合法来历证明为由扣留该车。刘云务不服，提起行政诉讼，请求法院撤销晋源交警一大队的扣留行为并返还该车。在法院审理期间，双方当事人在法院组织下对该车车架号码的焊接处进行了切割查验，切割后显示的该车车架号码为GAGJBDK0110××××2219，而刘云务提供的该车行驶证载明的车架号码为LGAGJBDK0110××××2219。

【裁判结果】

最高人民法院最后判决：确认被诉扣留行为违法，并责令被告在判决生效后30日内将扣押车辆返还再审申请人。

【裁判理由】

最高人民法院审理后，针对被告既不调查核实车辆相关来历证明又长期扣留涉案车辆是否构成滥用职权的问题进行了如下分析：

在涉案车辆发动机缸体未打刻发动机号码且车架号码被钢板铆钉遮盖无法目视确认的情况下，刘云务让所雇用的司机驾驶车辆上路具有过错，晋

① 本案载于《最高人民法院公报》2017年第2期。

源交警一大队认为涉嫌套牌依法有权扣留车辆，刘云务应承担相应责任。但扣留车辆属于暂时性的行政强制措施，不能将扣留行为作为代替实体处理的手段。晋源交警一大队扣留车辆后，应依照《中华人民共和国道路交通安全法》第96条第2款和《道路交通安全违法行为处理程序规定》第15条的规定，分别作出相应处理：如认为刘云务已经提供相应的合法证明，则应及时返还机动车；如对刘云务所提供的机动车来历证明仍有疑问，则应尽快调查核实；如认为刘云务需要补办相应手续，也应依法明确告知补办手续的具体方式方法并依法提供必要的协助。刘云务先后提供的车辆行驶证和相关年审手续、购车手续、山西省威廉汽车租赁有限公司出具的说明、山西吕梁东风汽车技术服务站出具的三份证明，已经能够证明涉案车辆在生产厂家指定的维修站更换发动机缸体及用钢板铆钉加固车架的事实。在此情况下，晋源交警一大队既不返还机动车，又不及时主动调查核实车辆相关来历证明，也不要求刘云务提供相应担保并解除扣留措施，以便车辆能够返回维修站整改或者返回原登记的车辆管理所在相应部位重新打刻号码并履行相应手续，而是反复要求刘云务提供客观上已无法提供的其他合法来历证明，滥用了法律法规赋予的职权。

行政机关进行社会管理的过程，也是服务社会公众和保护公民权利的过程。建设服务型政府，要求行政机关既要严格执法以维护社会管理秩序，也要兼顾相对人实际情况。对虽有过错但已作出合理说明的相对人，如果可以采用多种方式实现行政目的，则在足以实现行政目的的前提下，应尽量减少对相对人权益的损害。实施行政管理不能仅考虑行政机关单方管理需要，而应以既有利于查明事实，又不额外加重相对人负担为原则。实施扣留等暂时性控制措施，应以制止违法行为、防止证据损毁、便于查清事实等为限，不能长期扣留而不处理，给当事人造成不必要的损失。因此，晋源交警一大队扣留涉案车辆后，既不积极调查核实车辆相关来历证明，又长期扣留涉案车辆不予处理，构成滥用职权。

本案法院虽未明确提及比例原则，但其分析方法完全是按照比例原则进行的。

公报案例　陈宁诉庄河市公安局行政赔偿纠纷案

【基本案情】

2001年12月24日，原告丈夫韩勇驾驶的红旗牌出租轿车在庄河市栗子房镇林坨附近发生交通事故。庄河市公安局交通警察大队接到报警后，立即出警，赶到事故现场。在事故现场初步查明，韩勇驾驶的红旗牌轿车已被撞变形，韩勇被夹在驾驶座位中，生死不明，需要立即抢救。为了尽快救出韩勇，警方先后采用了撬杠等方法，都不能打开驾驶室车门，最后采用了气焊切割的方法，在周围群众的帮助下，将韩勇从车中救出送往医院。虽然在气焊切割车门时采取了安全防范措施，但切割时仍造成轿车失火。因火势较大，事先准备的消防器材无法将火扑灭，扩大了汽车的损失。事后，原告陈宁要求庄河市公安局赔偿抢险警察气焊切割时造成车辆被烧毁的损失，庄河市公安局于2002年4月16日作出不予赔偿决定。陈宁不服，遂提出诉讼，请求行政赔偿。

【裁判结果】

本案经两审审理，最终法院驳回了原告的诉讼请求。

【裁判理由】

二审法院大连市中级人民法院认为：根据《中华人民共和国国家赔偿法》（以下简称《国家赔偿法》）第2条第1款的规定，国家机关及其工作人员违法行使职权，是给予国家赔偿的必要前提。本案中，警方是在司机韩勇被夹在发生事故的轿车驾驶室里生死不明，需要紧急抢救的情况下，决定实施强行打开驾驶室车门措施的。由于当时其他方法都不能打开已经变形的车门，为及时抢救出韩勇而采取气焊切割车门的方法，实属情况紧急，迫不得已。因为若不及时打开车门，就无法对生死不明的韩勇实施紧急救护；尽早打开车门救出韩勇，就有可能挽救其生命。气焊切割车门的方法虽然会破损车门，甚至造成汽车的毁损，但及时抢救韩勇的生命比破损车门或者造成汽车的毁损更为重要。因此，警方当时强行打开车门抢救韩勇的决定，具有充分的合理性，而且在采取措施之前，警方已经尽可能地采取相应的防范措施。此外，由于事故现场客观条件的限制，无法准确判断司机韩勇的生死状况，因此不能以事后证实的结果为理由，认定警方对韩勇的救助行为没有实际的意义，上诉人陈宁认为警方实施的紧急抢险行为不当的理由亦不成立。上诉人陈宁要求警方对在不得已情况下的紧急救助行为所造成的损失给予行政赔偿,没有法律依据。[①]

可以看出,虽然本案没有明确使用“比例原则”这一概念,但他们是按照比例原则的要求和逻辑进行分析和判断的。

公报案例 黄金成等25人诉成都市武侯区房管局划分物业管理区域行政纠纷案[②]

【基本案情】

自1998年起,金雁房产有限责任公司以“中央花园”项目名称,在成都市武侯区晋阳街道办事处辖区内的草金公路以北、清水河以南,开发建设了“中央花园清水河片区”商品房楼群,共有楼房207幢5726套(户)。按开发先后顺序和规格,该片区可分为一期、二期、三期、精装版一区、二区、沿河别墅、临河别墅等楼群。其中,一期楼群属沙堰社区居委会管辖,其他楼群属金雁社区居委会管辖。不同楼群之间,由围墙、道路等分割为相对独立的院落;院落之间,有一些市政公共通道。该小区由于建设年代较早,公共配套设施有其自身特点。其中,部分供电设备为小区自管,不属市政公共供电配套设施;该小区内其他一些共用设施、设备及物业管理用房,尚未作出权属界定。1999年6月,“中央花园清水河片区”成立了第一届业主委员会。2002年7月,该业主委员会任期届满,未换届选举。2003年10月28日,被告武侯区房管局与晋阳街道办事处共同向武侯区政府办公室提交了《关于划分中央花园清水河小区物业管理区域的情况报告》。该报告根据中央花园清水河小区物业管理区域的现状和存在的问题,提出将该小区划分为A、B、C、D、E共五个物业管理区域的意见。同年11月14日,武侯区房管局将划分物业管理区域的方案在相关区域公示,征求业主意见。同年11月24日,武侯区房管局向“中央花园清水河片区”的业主发出通知,公布了最终确定的校区划分方案。原告不服,提起诉讼。

---

① 《最高人民法院公报》就本案撰写的裁判要旨指出:《国家赔偿法》第2条第1款规定,国家机关或者国家机关工作人员违法行使职权侵害公民、法人和其他组织的合法权益造成损害的,受害人可以取得国家赔偿。违法行使职权,是给予国家赔偿的必要前提。行政机关为了履行职责,为保证当事人的生命财产安全,采取了紧急抢险行为,虽然给当事人造成了一定的物质损害,但如果没有违反法律的规定,且采取行为方式并无不当,当事人不能依照国家赔偿法取得国家赔偿。

② 本案载于《最高人民法院公报》2005年第6期。

【裁判结果】

二审法院成都市中级人民法院判决撤销被诉行政行为。

【裁判理由】

法院认为:《物业管理条例》第 9 条第 2 款规定:“物业管理区域的划分应当考虑物业的共用设施设备、建筑物规模、社区建设等因素。具体办法由省、自治区、直辖市制定。”被上诉人武侯区房管局考虑到“中央花园清水河片区”的建筑规模较大、分属两个社区等实际情况,为便于管理,对该片区进行物业管理区域的划分,该行为并无不当。但是,根据《物业管理条例》第 9 条第 2 款的规定,武侯区房管局在划分物业管理区域时,应当考虑物业的共用设施设备、建筑物规模、社区建设等因素。在本案诉讼中,武侯区房管局没有以证据证明,其在对“中央花园清水河片区”进行物业管理区域的划分时,考虑了除物业管理用房以外的其他共用设施设备等因素。而在划分物业管理区域时如不考虑共用设施设备的权属、使用与维护等因素,就可能会对物业业主的合法权益造成损害。因此,武侯区房管局作出的划分“中央花园清水河片区”物业管理区域的通知,不符合《物业管理条例》第 9 条第 2 款的规定。

可以看出,上述判决理由虽然是根据《物业管理条例》第 9 条第 2 款的规定展开的,但也是符合合理原则分析方法的,至少有合理原则的影子。

公报案例　王丽萍诉中牟县交通局行政赔偿纠纷案

【基本案情】

王丽萍是开封市金属回收公司下岗工人,在中牟县东漳乡小店村开办了一个养猪场。2001 年 9 月 27 日上午,王丽萍借用小店村村民张俊明、王老虎、王书田的小四轮拖拉机,装载 31 头生猪到开封贸易实业公司所设的收猪点销售。中途,中牟县交通局的工作人员拦车进行检查,并以没有缴纳养路费为由,对张俊明、王老虎、王书田 3 人作出暂扣车辆的决定。然后,中牟县交通局的工作人员将装生猪的 3 辆两轮拖斗摘下放在仓寨乡黑寨村村南,驾驶 3 台小四轮主车离去。卸下的两轮拖斗车失去车头支撑后成 45 度角倾斜。拖斗内的生猪站立不住,往一侧挤压,2 头生猪当场因挤压受热死亡。王丽萍在仓寨乡党庄村马书杰的帮助下,将剩下的 29 头生猪转移到收猪车上。29 头生猪运抵开封时，又死亡 13 头。王丽萍将 13 头死猪以每头 30 元的价格卖给了开封市个体工商户刘毅。同年 11 月 22 日，王丽萍向中牟县交通局申请赔偿。中牟县交通局拒绝赔偿。王丽萍遂提起行政诉讼，请求判令中牟县交通局赔偿生猪死亡损失 10500 元、交通费 1700 元。

【裁判结果】

判决中牟县交通局赔偿王丽萍经济损失 10500 元，承担诉讼费 430 元。

【裁判理由】

中牟县法院认为，行政赔偿是一种国家赔偿，只有符合行政赔偿责任的构成要件，国家才对行政侵权行为造成的损害承担赔偿责任。行政赔偿侵权责任的构成要件包括：第一，侵权行为主体，是指谁实施的行为有可能引起行政赔偿责任。按照国家赔偿法规定，行政赔偿的侵权行为主体必须是行政机关及其工作人员，包括其委托代理人。第二，行政违法行为，是指什么性质的行为有可能导致国家承担赔偿责任。行政机关及其工作人员只有在违法行使行政职权时侵犯行政相对人合法权益的，国家才承担赔偿责任，行政机关工作人员违法实施的与行使职权无关的侵犯行为，国家不承担赔偿责任。本案中，中牟县交通局实施的强制措施属于滥用职权，应当认定为行政行为违法。第三，实际损害的发生。第四，侵权行为与实际损害结果之间存在因果关系。总体上，本案符合以上四个要件。因此，中牟县交通局应当承担赔偿责任。中牟县法院遂判决中牟县交通局赔偿王丽萍经济损失 10500 元，承担诉讼费 430 元。

其中，就中牟县交通局的暂扣强制措施是否违法，法院作了如下分析：准备暂扣的小四轮拖拉机，正处在为王丽萍运送生猪的途中。无论暂扣车辆的决定是否合法，中牟县交通局的工作人员在执行这个决定时，都应该知道：在炎热的天气下，运输途中的生猪不宜受到挤压，更不宜在路上久留。不管这生猪归谁所有，只有及时妥善处置后再行扣车，才能保证不因扣车而使该财产遭受损失。然而，中牟县交通局不考虑财产的安全，甚至对王丽萍请求将生猪运抵目的地后再行扣押也置之不理，把两轮拖斗卸下后就驾主车离去。中牟县交通局工作人员在执行暂扣车辆决定时的这种行政行为，不符合合理、适当的要求，是滥用职权。依照《最高人民法院关于执行〈中华人民共和国行政诉讼法〉若干问题的解释》第 57 条第 2 款第 2 项的规定，应当认定为违法。

很明显，本案的裁判逻辑也是按照比例原则展开的。

公报案例　定安城东建筑装修工程公司与海南省定安县人民政府、第三人中国农业银行定安支行收回国有土地使用权及撤销土地证案[①]

【基本案情】

1994年9月10日，定安县建设委员会（以下简称县建委）就定城人民北路东横街排水和路面建设工程与城东公司签订《工程承包合同》。后因县建委拖欠城东公司工程款80.472万元，县政府同意在该县塔岭工业开发区划出10亩土地作为补偿。1995年10月27日，县政府根据城东公司递交的《关于给人民北路东横街续建工程重新调整补偿用地问题的请示》，作出定府函〔1995〕117号《关于重新调整城东建筑装修工程公司补偿用地的批复》，决定在见龙路旁以每亩8万元的价格重新调整10亩土地给城东公司。同年12月8日，定安县土地管理局（以下简称县土地局）给城东公司颁发第14号《建设用地规划许可证》。同月27日，县政府作出定府〔1995〕299号《关于出让国有土地使用权给定安城东建筑装修工程公司的决定》，将位于塔岭开发区东北侧的6706平方米土地，以总价款80.472万元，出让给城东公司作为建设用地。随后城东公司与县土地局签订《国有土地使用权出让合同》。1995年12月28日，城东公司就出让所得6706平方米土地申请登记发证，但其填报申请土地登记时未写明土地用途，县土地局在审核过程中亦未在《地籍调查表》《土地登记审批表》等文书上载明土地用途。1996年1月22日，县政府根据城东公司的申请和县土地局的审核，在城东公司缴纳土地登记费后，给该公司颁发了定安国用（96）字第6号《国有土地使用证》（以下简称第6号国土证）。此后，城东公司在该宗土地上开办了水泥预制厂。2001年11月9日，城东公司以该宗土地作为抵押物向定安支行贷款，并在定安县建设与国土环境资源局（原县土地局）办理抵押登记。2004年1月4日，县政府以城东公司土地闲置为由，在《海南日报》发布公告，拟无偿收回城东公司第6号国土证项下的土地使用权，但县政府并未实施无偿收地行为。2007年11月5日，县政府为落实塔岭规划新区城市规划用地的需要，作出定府

① 最高人民法院（2012）行提字第26号行政判决书。本案载于《最高人民法院公报》2015年第2期。

〔2007〕112号《关于有偿收回国有土地使用权的通知》(以下简称112号通知),决定按原登记成本价80.6072万元有偿收回城东公司第6号国土证项下的土地使用权,并于11月8日送达城东公司。同年12月6日,县建设局(原定安县建设与国土环境资源局拆分为建设局、国土环境资源局)以海南省政府2007年1月27日已批准将城东公司受让的6706平方米综合公建用地调整为行政办公用地为由,决定撤销第14号《建设用地规划许可证》。同年12月7日,定安县国土环境资源局(以下简称县国土资源局)就有偿收回城东公司国有土地使用权事宜通知该公司和定安支行于12月11日举行听证会,城东公司没有参加听证。同年12月14日,县政府以城东公司申请土地登记发证未填写土地用途、县土地局在审核过程中亦未在《地籍调查登记表》《土地登记审批表》等有关文书上载明土地用途导致错误登记发证为由,告知城东公司拟撤销第6号国土证。同年12月29日,县政府作出定府〔2007〕150号《关于撤销定安国用(96)字第6号的决定》(以下简称150号撤证决定),撤销第6号国土证。城东公司不服该决定,向原海南省海南中级人民法院(现更名为海南省第一中级人民法院)提起行政诉讼。

【争议焦点】

第一,被诉112号通知中收回土地使用权决定的合法性问题;第二,被诉112号通知中行政补偿决定的合法性问题;第三,150号撤证决定的合法性问题。

【裁判结果】

认定112号通知中收地决定行为违反法定程序,被诉150号撤证决定滥用职权,依法确认违法;112号通知中行政补偿决定适用法律错误、违反法定程序,并显失公正,责令定安县人民政府自本判决送达之日起15日内一次性向定安城东建筑装修工程公司支付收回土地使用权补偿款135万元及同期银行贷款利息。

【裁判理由】

(一)关于被诉112号通知中收回土地使用权决定的合法性问题。根据《土地管理法》第58条第1款规定,县政府有偿收回涉案土地使用权,具有法定职权。但县政府在作出被诉112号通知之前,未听取当事人的陈述和申辩意见,事后通知城东公司和定安支行举行听证,违反"先听取意见后作决定"的基本程序规则。《纲要》明确要求,行政机关实施行政管理要"程序正当",

“除涉及国家秘密和依法受到保护的商业秘密、个人隐私的外，应当公开，注意听取公民、法人和其他组织的意见；要严格遵循法定程序，依法保障行政管理相对人、利害关系人的知情权、参与权和救济权。”县政府作出112号通知前，未听取当事人意见，违反正当程序原则，本应依法撤销，但考虑到县政府办公楼已经建成并投入使用，撤销112号通知中有偿收回涉案土地使用权决定已无实际意义，且可能会损害公共利益。依据《最高人民法院关于执行〈中华人民共和国行政诉讼法〉若干问题的解释》第58条规定，应当依法判决确认该行政行为违法。

（二）关于112号通知中行政补偿内容的合法性问题。根据《土地管理法》第58条第2款规定，因公共利益需要使用土地收回国有土地使用权的，对土地使用权人应当给予适当补偿。县政府根据省政府批准的总体规划要求为建设县政府办公楼需要使用涉案土地，收回城东公司的土地使用权，应当依法给予“适当补偿”。“适当补偿”应当是公平合理的补偿，即按照被收回土地的性质、用途、区位等，以作出收地决定之日的市场评估价予以补偿。县政府按土地原成本价予以补偿于法无据。城东公司以收地决定违法，涉案土地使用权至今仍属于其享有为由，主张应以最终判决时的市场评估价予以补偿，其理由不能成立。本案收地决定属于违反程序，判决确认收地决定违法并未否定其法律效力。根据《中华人民共和国物权法》第28条规定，涉案土地使用权自收地决定生效之日已经发生物权转移的效力。考虑到涉案土地登记资料中“土地用途”栏系空白，结合当地土地交易市场情况，对涉案土地以使用年限最长、市场价值最高的“住宅用地”用途进行评估，有利于维护行政相对人的合法权益。鉴于县政府收回土地使用权行为违法，补偿价格明显不公，且收地决定作出后涉案土地升值较大，而当事人因不能以转让土地使用权方式及时偿还银行贷款，存在贷款利息损失，县政府在支付补偿款的同时，还应当支付自决定收回土地使用权之日起至实际支付全部补偿款之日的同期银行贷款利息。

（三）关于150号撤证决定的合法性问题。县政府作出112号通知后，并未要求城东公司持有关证明文件到土地管理部门申请注销土地登记，而是以该公司持有的《国有土地使用证》未按《土地登记规则》第11条规定载明土地用途，土地管理部门也未按《土地登记规则》第十四条规定全面审核并填写土地登记审批表，造成错误登记发证为由，作出150号撤证决定。当初未填写土地用途，并非城东公司的原因所致，本可以补正方式解决，县政府却以此为由撤销城东公司合法持有的《国有土地使用证》，属于滥用行政职权，依法应予撤销。考虑到涉案土地已经收回并建成办公楼投入使用，根据《最高人民法院关于执行〈中华人民共和国行政诉讼法〉若干问题的解释》第五十八条规定，亦应依法确认该行政行为违法。

本案判决之(一)和(二)适用了正当程序原则，(三)适用了比例原则，虽然不是很明显。

— 第四章 —

正当程序原则及其适用*

【内容提要】

关于正当程序原则，我们在第一章讨论行政法定原则时已经有所涉及。就程序的法定性及其范围，笔者提出，义务性程序遵循程序法定原则，权利性程序则遵循正当程序原则。据此，正当程序原则所提供的程序主要是权利性程序。正当程序原则及其所供给的权利性程序的首要功能在于保障人民享有的自由与权利。

就程序正当的重要性，英国著名行政法学者威廉·韦德作了这样的评述："程序不是次要的东西。随着政府权力持续不断地急剧增长，只有依靠程序公正，权力才可能变得让人能容忍……美国最高法院一位法官曾说：'程序公正与规范是自由不可或缺的内容。苛严的实体法如果公正地、不偏不倚地适用是可以忍受的。'①他进一步说，宁可生活在用普通法程序适用的俄国法律之下也不愿生活在俄国程序法适用的普通法之下。他的一位同事说，'自由的历史很大程度上是遵守程序保障的历史'②。"③威廉·道格拉斯说："正是程序决定了法治与恣意的人治之间的基本区别。"④

---

* 本章部分内容发表于《法无规定时正当程序原则之适用》(《法律科学(西北政法大学学报)》2018年第1期)、《指导案例6号的未竟之业》(《法治现代化研究》2017年第3期)，编入本书时作了较大修改和调整。

① Shanghnessy v. United States, 345 US 206 (1953) (Jackson J).

② Voinet v. Barrell (1885) 55 LJQB 39 at 41 (Lord Esher MR). 一案中，Lord Mansfield 说到过"自然正义与平等"。

③ 〔英〕威廉·韦德：《行政法》，徐炳等译，中国大百科全书出版社1997年版，第93—94页。

④ 转引自季卫东：《法治秩序的建构》，中国政法大学出版社1999年版，第3页。

认识正当程序的价值，还必须正确看待它与行政效率之间的关系。就此，威廉·韦德作了如下论述："法律工作者是注重程序的人，行政官员往往把法律工作者发明的程序限制看成效率的障碍，这是自然而然的事。确实，自然正义规则限制了行政活动的自由，遵循这些规则须花费一定的时间与金钱。但如果减少了政府机器的摩擦，时间与金钱似乎用得其所。正因为他们主要是维持公正的原则，可减少苦怨，所以可以说自然正义原则促进效率而不是阻碍效率。只要法院不让它们恣意肆行，使之在任何情况下都与良好行政要求的准则一致，他们就应被视为不仅是公民的保障也是官员的保障。不怀偏见并适当地考虑了受影响的那些人们的意见而作出的决定，将不仅更可接受而且质量也会更高。正义与效率并行不悖，只要法律不要过分苛刻。"①

正当程序原则源自英美国家，在我国行政法学理和行政法实践中都得到广泛认可。从我国学界的相关论述及相关法律的规定来看，正当程序原则对于行政程序提出的基本要求包括中立性、参与性与公开性三个方面，也可称为禁止偏私原则、公平听证原则和行政公开原则。其中，公平听证原则赋予当事人知的权利、陈述与申辩的权利、公平对待的权利。目前，这三个子原则已经具体化为事前告知、回避、听证(听取对方意见)、(信息)公开、说明理由、事后送达、救济权利告示等几个方面的制度。

就正当程序原则的适用而言，有两个基本问题需要解决：一是如何划定正当程序原则的适用范围，即正当程序原则主要保护哪些权益或者适用于哪些行政领域；二是正当程序与法定程序之间的关系，即当成文法规定的程序与正当程序原则所要求的程序之间发生龃龉的时候如何处理。

国内对于正当程序原则的适用范围很少讨论，不论在理论上还是在实践中，这一问题还不是很清晰，有待进一步研究。英美国家正当程序原则所保护的核心权益是自由权，社会权虽已纳入保护范围，但保护程度或者说保护情形较为有限：首先，授益行政决定的撤回(废止)、撤销、吊销或变更，与侵益性行政行为一样，受正当程序原则保护；其次，

---

① 〔英〕威廉·韦德：《行政法》，徐炳等译，中国大百科全书出版社1997年版，第95页。

申请人对行政机关作出肯定性授益决定已形成合法期待时，对其申请的驳回受正当程序原则保护。除此之外，即便是对申请人所提申请予以驳回，也不受正当程序原则保护；对申请的肯定性回应更不用说，除非涉及第三人重大利益。

就正当程序与法定程序(成文法规定的程序)之间的关系，国内外行政法学界均承认，正当程序原则对于成文法规定的程序具有解释和补充功能，即当成文法对行政程序的规定不明确，或者没有规定行政程序，或者所规定的程序不符合正当程序原则的要求时，须按照正当程序原则的要求解释和补充相关程序。正当程序原则对于成文法所规定程序的解释和补充功能，其实是行政法原则对于行政法规则的解释、补充功能的一个体现。

用正当程序原则对成文法规定的程序进行解释和补充时，所面对的较为棘手和复杂的问题是，在怎样的情形下补充哪些程序，补充到怎样的程度？对此，美国人在 Mathews v. Eldridge 案中提出了值得借鉴的判断方法：第一，必须考虑行政行为所影响的个人利益的重要性；第二，必须考虑法定程序可能错误地剥夺个人权益的危险性，以及适用更复杂的程序或适用正式听证程序减小这种危险的可能性；第三，必须考虑适用法定程序与适用更复杂程序或正式听证程序的行政成本差异。

不过，上述方法不仅面临程序价值独立论的质疑，也有“未审先定”之嫌疑。总之，对于正当程序原则的适用范围和适用条件等问题的研究还远远不够，仍需努力。

【关键词】

正当程序；渊源与内涵；适用范围；裁量标准。

一、正当程序原则的渊源与我国的引入

在行政法基本原则中，除了下一章要讲的诚信原则，正当程序原则应该是最古老的。我们有必要了解这个古老的原则是如何发展的，特别是有必

要了解它是如何步入当代中国人的行政法治生活的。

(一) 正当程序原则的英国法渊源

一般认为,正当程序原则源于英国的自然公正原则。自然公正(natural justice)也被翻译为自然正义,可以追溯到英国十三世纪初期的《自由大宪章》(Magna Charta)。当时,英国国王约翰在位。他统治专横,由于对法战争和对教皇的斗争均告失败,引起英国贵族强烈不满。1215 年 6 月 15 日,在英国贵族胁迫下,英王约翰签署了《自由大宪章》。该文件用拉丁文写成,共 63 条。其中,第 39 条规定:"任何自由民,未经其同等贵族之依法裁判或经国法判决,皆不得被逮捕、监禁、没收财产、剥夺法律保护权、流放或加以任何其他伤害。"[①]这可以说是自然公正原则的最早规定。后来,金雀花王朝的第七位英格兰国王爱德华三世(1327 年—1377 年在位)在位期间,于 1354 年颁布了《自由律》。《自由律》第三章也规定:"任何人不论其财产或身份如何,不得未经正当法律程序,加以逮捕、监禁、剥夺继承权或处以死刑。"[②]

自然公正概念的核心是"公正"。有人甚至认为,英国古老的自然公正概念就是目前广为人知的公正原则(doctrine of fairness)。[③] 在近代英国法律实践中,这个概念通常表示处理纠纷的一般原则和最起码标准,其具体内容可分为两个方面:(1) 任何人不能做自己案件的法官(nemo judex in parte sua);(2) 公正地听取各方的意见(audi alteranm partem)。根据第一个原则,如果法官与判决结果有任何法律上或金钱上的利害关系,或者法官有偏袒的可能性或迹象,那么该法官就不得审理此案。根据第二个原则,法官应给予所有当事人平等的申辩机会,认真听取各方意见,平等对待,公正判断。[④]

自然公正的"自然"表明了它与自然法之间存在的紧密联系。在中世

---

① 李龙:《宪法基础理论》,武汉大学出版社 1999 年版,第 3 页。其中的"国法"与后来爱德华三世时期颁布的《自由律》以及美国宪法中的"正当法律程序"的含义是相同的。在美国宪法早期,一些州宪法和法学文献中,仍然使用"国法"或者"国家的法律"的概念。参见〔美〕伯纳德·施瓦茨:《美国法律史》,王军等译,中国政法大学出版社 1990 年版,第 117 页。

② 刘庆瑞:《比较宪法》,三民书局 1987 年版,第 58 页。有人将该条款翻译为:"未经法律的正当程序进行答辩,对任何财产和身份拥有者一律不得剥夺其土地或住所,不得逮捕或监禁,不得剥夺其继承权和生命。"参见〔英〕丹宁勋爵:《法律的正当程序》,李克强等译,法律出版社 1999 年版,第 1 页。

③ 参见张越编著:《英国行政法》,中国政法大学出版社 2004 年版,第 490 页。

④ 参见《牛津法律大辞典》,光明日报出版社 1988 年版,第 628—629 页。

纪，英国的自然公正概念常常与自然法、衡平法、最高法和其他类似概念相通，它们被看成事物不可移易的一部分，因此在理论上即便是立法机关也不得与之相悖。这种理念一直延续至 17 世纪，甚至在 18 世纪仍然有所体现。1610 年的“博汉姆大夫案”是这一理念的集中体现。在这个案件中，剑桥大学一名叫博汉姆的外科医生未经医师协会许可便擅自在伦敦市开业，医师协会据此给予其罚款与监禁。医师协会所依据的法律规定，罚款一半交国王，一半归协会。这样，医师协会便在裁决中存在经济利益，成为自己案件的法官。首席法官柯克（Coke）不同意医师协会的裁决。他指出，如果议会制定的法律让某人作自己案件的法官，从而触犯普通法的理性，法院可以宣布该法无效。[①] 随后在 1614 年的 Day v. Savadge 案中，霍巴特（Hobart）说，如果与自然公正相冲突，例如使一个人成为他自己案件的法官，那么即使议会的法律也是无效的，因为自然法是不可改变的。1710 年，首席法官霍特也曾发表过类似的观点。他说，如果议会的法律命令同一个人既作当事人又作法官，那就是无效的，这远非过激之词，而是非常合乎情理且千真万确的。[②] 他还说，议会的法律不能使通奸合法，虽然它能使离婚与再婚合法化。然而，进入近代以后，随着英国议会主权理论的兴起，自然公正原则约束议会立法的思想就逐渐淡出历史的舞台。[③]

当自然公正原则失去对议会立法的约束力后，它主要成为约束法官审判行为的原则。但随着历史的发展，这一原则的适用范围在其他方面逐渐得到扩展。自然公正原则首先在行政活动中得到应用。在 18 世纪和 19 世纪，英国地方政府的绝大部分行政权力，如高速公路管理、济贫法实施管理、酒业许可管理等，均由地方治安官掌握。这些地方治安官的许多决定因偏袒而被法院宣布无效。例如，1705 年，王座法院因为一位地方治安官的参与而撤销了一项高速公路命令，因为这位治安官也是高速公路的勘测员，其行为处于争议之中。[④] 1730 年，某地方治安法官作出迁移一名贫民的命令，仅因为作出该命令的地方治安法官中有一位是该贫民居住地的居民和纳税

---

① 8 Co. Rep. 113b at 118a.

② City of London v. Wood [1701] 12 Mod. 669.

③ 参见〔英〕威廉·韦德：《行政法》，徐炳等译，中国大百科全书出版社 1997 年版，第 98—99 页。

④ Foxham Tithing Case (1705) 2 Salk. 607.

人,法院撤销了该命令。[①] 到了20世纪,自然公正原则依然是英国行政法的基本原则之一。不过,在第二次世界大战后的很长一段时期,司法热衷于限制行政权力、保护个人自由,显示出明显的司法能动主义特征,被批评有悖公共利益,再加上战时紧急状态下行政机关被赋予大量的行政裁量权,自由裁量行为又被认为是纯行政行为而不受程序正当原则支配,于是司法开始变得比较沉默和消极,自然公正原则在英国行政法中一度销声匿迹。直到1963年,上议院在处理"理奇诉鲍德温"一案中认为,由于政府在作出解雇警察局长的决定之前,并没有听取被解雇人的个人意见,因此这种解雇决定是非法的。[②] 这个判决标志着英国司法政策的重大变迁,表明自然公正原则重新回归到行政法领域。"不久法院作出了一系列判决,使行政法恢复了元气并重新建立了与过去的联系。自然正义原则获得了适当的适用,它给行政正当程序规则提供了广阔的基础。"[③]

在英国行政法领域,正当程序原则要求行政机关在行使权力时保持最低限度的公正,也同样包括公平听证和避免偏私两项规则。避免偏私要求行政行为必须由没有利益牵连的人作出;公平听证原则要求行政机关在作出不利于公民的行政决定时必须听取对方的意见,公民享有为自己辩护的权利。其中,后者主要又包含三项具体内容:一是公民有在合理时间以前得到通知的权利;二是公民有了解行政机关的论点和根据的权利;三是公民有为自己辩护的权利。一句话,公民有获得公平听证的权利,尽管听证不一定像法院开庭审理一样正式和复杂。如果行政机关在作出对于当事人有重要影响的行政决定时违反公平听证的原则,则该行政决定会被法院认定为无效的决定;即使是对当事人影响较小的行政决定,也会被认为是可撤销的决定。[④]

(二) 正当程序原则在美国的发展

除了英国,对正当程序原则产生重大影响的当属美国。基于英美两国之间的渊源关系,早在17、18世纪,"国法"和正当法律程序概念就逐渐由英国传到美洲,被视为保障人权的重要制度。当然,美国对正当程序原则的重

---

① Greant Charte v. Kennington (1730) 2 Str. 1173.

② Ridge v. Baldwin, 1Q. B.

③ 〔英〕威廉·韦德:《行政法》,徐炳等译,中国大百科全书出版社1997年版,第21页。

④ 参见周佑勇:《行政法的正当程序原则》,载《中国社会科学》2004年第4期。

大发展是在 1776 年宣布独立之后。

美国独立之后，于 1787 年 9 月 17 日在费城召开了制宪会议，美国宪法获得代表批准。1789 年，美国《联邦宪法》正式生效。1789 年 9 月 25 日，美国国会提出 10 条宪法修正案。1791 年 12 月 15 日，各州批准了该修正案。这 10 条修正案，被称为美国宪法的“权利法案”，其中第 5 条规定：“非经大陪审官提起诉讼，人民不得被判死罪或其他大名誉罪，唯发生于陆海军中或发生于战时或公共危险时期服现役之民团中案件，不在此限；受同一犯罪处分者，不得令其遭受两次有关生命或身体上的危险；在任何刑事案件中不得强迫任何人证明自己的犯罪；未经正当法律手续不得剥夺任何人的生命、自由或财产；凡私有财产，非有适当赔偿，不得收为公用。”此后，于 1866 年 6 月 13 日提出、1868 年 7 月 9 日批准的美国《宪法第十四修正案》进一步规定：“凡出生或归化于合众国并受其管辖之人，皆为合众国及其所居之州的居民。无论何州，不得制定或施行剥夺合众国公民之特权或特免的法律；亦不得于未经正当法律手续前使任何人丧失其生命、自由或财产，并不得不予该州管辖区内之任何人以法律上的同等保护。”受美国联邦宪法的影响，美国多数州宪法也作了类似规定，正当法律程序遂成为美国联邦和各州共同遵守的普遍原则。

美国的正当程序原则起初仅“适用于法院的诉讼过程和程序，从来不能涉及一项立法机关的法案”①。然而，这并不意味着美国国会的立法权力不受限制。美国人认为，尽管在宪法中可能没有规定任何限制，立法机关仍被禁止提出抑善扬恶的法案，提出破坏共和国自由伟大原则和有关社会契约伟大原则的法案。对立法权的这些实质性限制是由美国社会和政府的性质所决定的，植根于更广泛和更牢固的自然权利和社会契约的基础之上，并不完全依靠包含在宪法中的那些否定词语。后来，随着自然法思想的衰落，自然权利与社会契约不能继续作为对政府权力进行实质性限制的依据。这种情形下，美国宪法的核心便从自然法思想转向正当程序等明示性条款，正当程序从程序性原则转而兼具实体性，成为制约立法权的宪法依据。他们认为，不论是从实体法还是程序法的观点看，个人的权利都是由正当程序保

① 〔美〕伯纳德·施瓦茨：《美国法律史》，王军等译，中国政法大学出版社 1990 年版，第 55 页。

护的。[①]

正当程序原则从司法程序原则向立法实体原则的转化首先在南北战争前几个州的法院判决中得到体现。其中,1856年的怀尼哈默诉人民案是典型。怀尼哈默案起因于一项纽约州法律,该法律禁止出售非医用烈性酒,并禁止在住所之外的任何地方储存非用于销售的酒类。这部法律还规定,立即全部销毁违反其规定而保存的酒类;如有违反,以轻罪论处。纽约州法院认为:“该法的实施,消灭和破坏了这个州的公民拥有烈性酒的财产权。”这与正当程序条款的精神不符。本案判决中,法院明确赋予正当程序原则实质性含义:规定销毁已经为其所有者拥有的财产,是对财产权的剥夺,即使在形式上符合法律的正当程序,也超出了政府的权限范围。此案所涉及的这项法律,尽管没有程序上的瑕疵,也肯定违反了“宪法规定的精神。宪法已经明确地表示要保护个人的权利,使其不受专断权力的损害”。美国人认为,怀尼哈默案开创了一个新时代,它的特殊而重要的意义在于,用实质性正当程序代替了自然法。换言之,它用实质性正当程序原则代替了以前的自然法的方法,从而成为用实质性正当性原则制止政府行使专断权力的典范。[②]

1868年,美国《宪法第十四修正案》通过后,实体正当程序原则在理论上得到进一步阐发。在这一发展过程中,库利出版的《宪法性限制》一书发挥了重要作用。在这本书中,库利基于第十四修正案全面阐述了宪法对于州政府权力的限制。他将正当程序与天赋权利理论相提并论,认为天赋权利理论来源于保护财产权的自然法。这意味着,正当程序本身就是对财产权的重要的实质性的保护,它的保护伞中包括所有对政府干预财产权的行为所作的来自宪法的明示的和默示的限制。施瓦茨认为,库利的伟大贡献在于,他使怀尼哈默案的观点得到了广泛的传播,是第一位把正当程序作为一种实质性的限制进行广义分析的教科书作者。库利依靠自己一个人的努力,运用第十四修正案的正当程序条款,为美国公法的实质性发展开辟了道路,并将宪法保护的重点从人身权转移到财产权上。[③]

不过,理论上的进步不等于实体正当程序原则在司法实践中的适用一

---

① 参见〔美〕伯纳德·施瓦茨:《美国法律史》,王军等译,中国政法大学出版社1990年版,第56页。

② 同上书,第56—57页。

③ 同上书,第116—118页。

帆风顺，第十四修正案通过后的屠宰场案和格兰格案可以说明这一点。屠宰场案判决于 1873 年。案件涉及的法律授予一家公司在新奥尔良屠宰牲畜的垄断性权利，从而把上千名屠夫从屠宰行业中排挤了出来。但该案判决认为，第十四修正案只保护黑人刚刚获得的自由。根据这一观点，正当程序原则不能用来反对各州对财产权的限制。美国学界认为，屠宰场案的判决在之后的十多年里，极大地限制了第十四修正案及其正当程序条款的适用范围。[①] 格兰格案判决于 1877 年。本案法院严格遵循了屠宰场案的处理方法，判定正当程序条款没有使立法机关确定税率的权力从属于司法审查："人们要想制止国会滥用职权，只能寄希望于投票选举，而不能求助于法院。"[②]

然而，屠宰场案和格兰格案的影响是短暂的，并未根本改变实体正当程序司法适用的大趋势。即便在屠宰场案中，以费尔德和布雷德利为代表的 4 名法官对于本案判决也提出了不同意见。他们认为，垄断法违反了正当程序，"一种禁止广大公民选择一种合法职业或继续从事一种过去选定的合法职业的法律，乃是未经正当的法律程序，就剥夺了他们的自由权和财产权"[③]。格兰格案判决后不到 10 年，屠宰场案所持观点就被放弃了。法院认为，立法权不是征用权，税率确定得合理与否显然是须按照正当法律程序进行司法调查的问题。该判决所确定的规则是，正当程序条款允许法院对确定税率的立法的实质进行复审，至少决定某项特定税率是不是过低了，以致成为征用性的。这种观点也得到州法院的提倡。19 世纪末 20 世纪初，纽约州法院就宣布，由正当程序保护的自由权，意味着一个人有权按照自己的意愿选择生活、工作的地点和方式，限制其选择的法律违反了正当程序条款。[④]

经由上述案件，不论是美国联邦政府还是州政府，所有的政府活动都必须通过实质性正当程序的审查，已成共识。正当程序从程序性到实质性的发展得以完成。正当程序原则经由美国联邦和州宪法的规定，并借由二战后美国在国际上的影响力，对其他国家的法治发展产生了重大影响，并为越来越多的法治国家所认可和接受。就连欧洲大陆特别是欧盟也接受了正当程序原则。1977 年，欧洲议会的部长委员会根据成员国法律和实践的情况

---

① 参见〔美〕伯纳德·施瓦茨：《美国法律史》，王军等译，中国政法大学出版社 1990 年版，第 118 页。

② 同上书，第 119 页。

③ 同上。

④ 同上书，第 119—120 页。

在行政法领域提出了建议，要求成员国必须遵守5项原则，这5项原则是：(1) 受审判的权利(辩论、论据)；(2) 在行政行为之前获得有关信息；(3) 在行政程序中的协助与代理；(4) 在行政程序中或在合理时间内应请求陈述理由；(5) 指明救济及所给的时间限制。可以看出，这些原则基本上都是正当程序原则所要求的。

(三) 正当程序原则在我国的引入

我国引入正当程序原则是改革开放之后的事。在"知网"上以"正当程序"为"篇名"之检索词进行检索，可以看出，我国研究正当程序的论文最早始于1997年，且这一时期的文献不是行政法学，而是刑事诉讼法学和宪法学。相关文献如陈瑞华教授发表的《正当程序与控制犯罪的平衡——从刑事司法的国际标准看修正后的刑事诉讼法》(《中国律师》1997年第2期)、潘佳铭发表的《美国宪法"正当程序原则"及其人权纪录》(《西南师范大学学报(哲学社会科学版)》1997年第6期)、徐政与何以贵发表的《我国刑事错案追究的确定性及正当程序问题初探》(《新时代论坛》)、陈卫东与李洪江发表的《正当程序的简易化与简易程序的正当化》(《法学研究》1998年第2期)、黄永忠发表的《论审判正当程序及其评价标准研究》(《法制现代化研究》1998年辑刊)、占善刚发表的《美国民事没收与正当程序的冲突与衡平》(《法商研究(中南政法学院学报)》1999年第3期)、郑成良与杨云彪发表的《关于正当程序的合法性与合理性思考——兼及中国宪政制度的反思》(《法制与社会发展》1999年第3期)、黄雁明发表的《商事仲裁中正当程序问题反思——兼评中国国际经贸仲裁委员会新规则》(《国际经济法论丛》2000年辑刊)、李龙与徐亚文发表的《正当程序与宪法权威》(《武汉大学学报(人文社会科学版)》2000年第5期)等。[①] 直到2000年之后，才有了关于行政正当程序的研究文献。相关文献如朱峰的《从刘燕文诉北大案看行政正当程序的评判标准》(《政治与法律》2000年第10期)、汪栋的《宪政与行政法治——现代正当程序法治模式的确立》(《甘肃政法学院学报》2003年第3期)、郭相宏与赵肖筠的《美国"正当程序"对我国行政程序法的启示》(《山西高等学校社会科学学报》2003年第8期)、金伟峰的《从"法定程序"走向"正当程序"——以行政

① 宪法学方面的论文还如汪进元:《论宪法的正当程序原则》(《法学研究》2001年第2期)等。

程序为例》(《河南省政法管理干部学院学报》2003 年第 5 期)、周佑勇的《行政法的正当程序原则》(《中国社会科学》2004 年第 4 期)等。相较而言,我国行政法学对正当程序原则的研究稍微比较晚。

时至今日,正当程序原则已不再仅仅是学理上的倡导,而是在官方文件中得到明确规定和在司法实践中得到频繁适用。我国官方文件对正当程序原则的全面规定是在 2004 年国务院印发的《纲要》中。《纲要》在“依法行政的基本要求”中规定:“——程序正当。行政机关实施行政管理,除涉及国家秘密和依法受到保护的商业秘密、个人隐私的外,应当公开,注意听取公民、法人和其他组织的意见;要严格遵循法定程序,依法保障行政管理相对人、利害关系人的知情权、参与权和救济权。行政机关工作人员履行职责,与行政管理相对人存在利害关系时,应当回避。”我国司法实践中对正当程序原则的适用则始于 1999 年的“田永诉北京科技大学拒绝颁发毕业证、学位证案”(本案于 2014 年被最高人民法院遴选为第 38 号指导案例)。[①]

田永于 1994 年 9 月考取北京科技大学,取得本科生学籍。1996 年 2 月 29 日,田永在电磁学课程的补考过程中,随身携带写有电磁学公式的纸条,考试中去上厕所时纸条掉出,被监考教师发现。监考教师虽未发现田永有偷看纸条的行为,但还是按照考场纪律,当即停止了田永的考试。被告北京科技大学根据原国家教委关于严肃考场纪律的指示精神,于 1994 年制定了校发(94)第 068 号《关于严格考试管理的紧急通知》(以下简称第 068 号通知)。该通知规定,凡考试作弊的学生一律按退学处理,取消学籍。被告据此于 1996 年 3 月 5 日认定田永的行为属作弊行为,并作出退学处理决定。同年 4 月 10 日,被告填发了学籍变动通知,但退学处理决定和变更学籍的通知未直接向田永宣布、送达,也未给田永办理退学手续,田永继续以该校大

---

① 最高人民法院就本指导案例概括的裁判要点为:第一,高等学校对受教育者因违反校规、校纪而拒绝颁发学历证书、学位证书,受教育者不服的,可以依法提起行政诉讼。第二,高等学校依据违背国家法律、行政法规或规章的校规、校纪,对受教育者作出退学处理等决定的,人民法院不予支持。第三,高等学校对因违反校规、校纪的受教育者作出影响其基本权利的决定时,应当允许其申辩并在决定作出后及时送达,否则视为违反法定程序。相关研究文献有:饶亚东、石磊:《〈田永诉北京科技大学拒绝颁发毕业证、学位证案〉的理解与参照——受教育者因学校拒发毕业证、学位证可提起行政诉讼》,载《人民司法》2016 年第 20 期;何海波:《通过判决发展法律——评田永案件中行政法原则的运用》,载罗豪才主编:《行政法论丛》(第 3 卷),法律出版社 2000 年版;杨登峰:《对未送达行政行为作出撤销判决还是确认未生效——基于第 38 号指导案例及相关案例的思考》,载《政治与法律》2016 年第 3 期;伏创宇:《高校校规合法性审查的逻辑与路径——以最高人民法院的两则指导案例为切入点》,载《法学家》2015 年第 6 期。

学生的身份参加正常学习及学校组织的活动。1996 年 9 月，被告为田永补办了学生证，之后每学年均收取田永交纳的教育费，并为田永进行注册、发放大学生补助津贴，安排田永参加了大学生毕业实习设计，由田永的论文指导教师领取了学校发放的毕业设计结业费。田永还以该校大学生的名义参加考试，先后取得了大学英语四级、计算机应用水平测试 BASIC 语言成绩合格证书。被告对田永在该校的四年学习中成绩全部合格，通过毕业实习、毕业设计及论文答辩，获得优秀毕业论文及毕业总成绩为全班第九名的事实无争议。

1998 年 6 月，田永所在院系向被告报送田永所在班级授予学士学位表时，被告有关部门以田永已按退学处理、不具备北京科技大学学籍为由，拒绝为其颁发毕业证书，进而未向教育行政部门呈报其毕业派遣资格表。田永所在院系认为田永符合大学毕业和授予学士学位的条件，但由于当时田永因毕业问题正在与学校交涉，故暂时未在授予学位表中签字，待学籍问题解决后再签。被告因此未将田永列入授予学士学位资格的名单交该校学位评定委员会审核。因被告的部分教师为田永一事向原国家教委申诉，国家教委高校学生司于 1998 年 5 月 18 日致函被告，认为被告对田永违反考场纪律一事处理过重，建议复查。同年 6 月 10 日，被告复查后，仍然坚持原结论。田永认为自己符合大学毕业生的法定条件，北京科技大学拒绝给其颁发毕业证、学位证是违法的，遂向北京市海淀区人民法院提起行政诉讼。

北京市海淀区人民法院于 1999 年 2 月 14 日作出(1998)海行初字第 00142 号行政判决：(1) 北京科技大学在本判决生效之日起 30 日内向田永颁发大学本科毕业证书；(2) 北京科技大学在本判决生效之日起 60 日内组织本校有关院、系及学位评定委员会对田永的学士学位资格进行审核；(3) 北京科技大学于本判决生效后 30 日内履行向当地教育行政部门上报有关田永毕业派遣的有关手续的职责；(4) 驳回田永的其他诉讼请求。一审判决作出后，北京科技大学提出上诉，北京市第一中级人民法院于 1999 年 4 月 26 日作出(1999)一中行终字第 73 号行政判决：驳回上诉，维持原判。

法院生效裁判认为，高等学校与受教育者之间属于教育行政管理关系，受教育者对高等学校涉及受教育者基本权利的管理行为不服的，有权提起行政诉讼，高等学校是行政诉讼的适格被告。高等学校依法具有相应的教育自主权，有权制定校纪、校规，并有权对在校学生进行教学管理和违纪处分，但是其制定的校纪、校规和据此进行的教学管理和违纪处分，必须符合法律、法规和规章的规定，必须尊重和保护当事人的合法权益。[①] 本案原告在补考中随身携带纸条的行为属于违反考场纪律的行为，被告可以按照有关法律、法规、规章及学校的有关规定处理，但其对原告作出退学处理决定所依据的该校制定的第068号通知，与《普通高等学校学生管理规定》第29条规定的法定退学条件相抵触，故被告所作退学处理决定违法。除此之外，判决书尤其就被告的程序问题提出以下意见：退学处理决定涉及原告的受教育权利，为充分保障当事人权益，从正当程序原则出发，被告应将此决定向当事人宣布、送达，允许当事人提出申辩意见。而被告既未依此原则处理，也未实际给原告办理注销学籍、迁移户籍、档案等手续。被告于1996年9月为原告补办学生证并注册的事实行为，应视为被告改变了对原告所作的按退学处理的决定，恢复了原告的学籍。被告又安排原告修满四年学业，参加考核、实习、毕业设计并通过论文答辩等。上述一系列行为虽系被告及其所属院系的部分教师具体实施，但因他们均属职务行为，故被告应承担上述行为所产生的法律后果。

这里要说明的是，上述裁判理由是2014年发布的指导案例38号所阐述的，为了凸显这个案件的法理，对案件裁判理由作了适当的"调整"，增加了"从正当程序原则出发"这样的表述。实际上，"田永案"当初的生效判决书并没有明确使用"正当程序原则"这一概念，但的确体现了正当程序原则的理念或者精神。1999年第4期《最高人民法院公报》公布的本案判决书的裁判理由是：

> 按退学处理，涉及被处理者的受教育权利，从充分保障当事人权益的原则出发，作出处理决定的单位应当将该处理决定直接向被处理者本人宣布、送达，允许被处理者本人提出申辩意见。北京科技大学没有照此原则办理，忽视当事人的申辩权利，这样的行政管理行为不具有合

---

① 1999年第4期《最高人民法院公报》公布的本案判决书就此作出的说明是：国家教育委员会1990年1月20日发布的《普通高等学校学生管理规定》第12条规定："凡擅自缺考或考试作弊者，该课程成绩以零分计，不准正常补考，如确实有悔改表现的，经教务部门批准，在毕业前可给一次补考机会。考试作弊的，应予以纪律处分。"同时，第29条规定应予退学的十种情形中，没有不遵守考场纪律或者考试作弊应予退学的规定。北京科技大学的第068号通知，不仅扩大了认定"考试作弊"的范围，而且对"考试作弊"的处理方法明显重于《普通高等学校学生管理规定》第12条的规定，也与第29条规定的退学条件相抵触，应属无效。

> 法性。北京科技大学实际上从未给田永办理过注销学籍以及迁移户籍、档案等手续。特别是田永丢失学生证以后，该校又在1996年9月为其补办学生证并注册，这一事实应视为该校自动撤销了原对田永作出的按退学处理的决定。此后发生的田永在该校修满四年学业，参加该校安排的考核、实习、毕业设计，其论文答辩也获得通过等事实，均证明按退学处理的决定在法律上从未发生过应有的效力，田永仍具有北京科技大学的学籍。

可以看出，尽管判决书没有明确提出“正当程序原则”的概念，但无疑贯彻了正当程序原则的理念和精神，将其视为正当程序原则在我国司法实践中适用的第一案不无道理。[①]“田永案”之后，随之而来的是“刘燕文诉北京大学学位评定委员会案”。

1992年9月，刘燕文在获得北大的硕士学位和毕业证书后，继续留在北大无线电电子学系攻读博士学位，主攻方向为电子物理，其导师是以吴氏理论著称于世的光电阴极专家、中国科学院院士吴全德。由于实验仪器未能准时到位，刘燕文的论文推迟了半年才答辩。对刘燕文的博士论文——《超短脉冲激光驱动的大电流密度的光电阴极的研究》——的审查经过了三道程序：其一是博士论文答辩委员会的审查（当时7位委员全票通过）；其二是北大学位评定委员会电子学系分会的审查（当时13位委员中12票赞成，1票反对）；其三是北大学位评定委员会的审查（北大学位评定委员会委员共计21位，对刘文进行审查时到场16位委员，6票赞成，7票反对，3票弃权）。根据1996年1月24日北大学位评定委员会的审查结果，决定不授予刘燕文博士学位，只授予其博士结业证书，而非毕业证书，并且这一决定结果未正式、书面通知刘燕文。刘燕文为此曾多次向系、校有关部门询问未获得学位的原因，也曾向国家教育部反映情况，均未得到答复。1997年，刘燕文向法院起诉，法院以“尚无此法律条文”为由不予受理。1999年7月，刘燕文从报上看到有关“田永案”的报道后，带着报纸来到海淀法院，院方终于受理了他的诉讼，至此他得以与北大对簿公堂。

本案第一次开庭时，刘燕文单独面对北大两位诉讼代理人（北大研究生

---

① 相关评述也可参见何海波：《实质法治：寻求行政判决的合法性》，法律出版社2020年版，第104—110页。

院常务副院长周其凤和法学院行政法学副教授湛中乐)，第二次开庭时，何海波与何兵两位北大法学院行政法学博士生作为其代理人出庭，从而形成“学子告母校，学生辩先生”的局面。

综合两次开庭，主要对以下问题展开调查与辩论：第一，本案是否已过诉讼时效？对此，被告辩称，校学位评定委员会的行政行为是 1996 年 1 月 24 日作出的，现在已经是 1999 年 11 月，因此已经过了诉讼时效。原告辩称，自 1996 年知道该行政行为后，多次找校方、法院寻求救济，直到 1999 年 10 月校方才给予一个“研究结果”，因此适用民事诉讼法之诉讼时效中断的规定，本案在诉讼时效之内。第二，校学位评定委员会对博士论文的审查应为程序性审查，还是实质审查？被告辩称，校学位评定委员会的行政行为经过了国务院教育部的授权，并且委员的组成、表决程序等方面都符合法律的规定，是合法的行政行为。由于校学位评定委员会对于各院系分会的提议，有权否决，有权通过，也有权要求其重新审查，因此这种审查属于实质性审查。原告认为，校学位评定委员会的人员组成及其人员的知识结构决定了其审查不可能是实质性审查，而应当是程序性审查。因此，在答辩委员会和学位委员会电子学系分会通过对原告博士论文的评定并且建议校学位评定委员会颁发博士学位的情况下，校学位评定委员会只要通过程序性审查，就应当给原告颁发博士学位。第三，校学位评定委员会的行政行为是否违法，包括其行政行为的作出是否遵循了正当程序以及决定是否有法律依据？被告辩称，校学位评定委员会在人员组成、无记名投票等过程中都遵守了有关法律的规定，符合法律的正当程序。原告认为，被告在拒绝给原告颁发博士学位证书之后，又拒绝给予原告申辩、申诉的机会，也未充分地告知原告拒绝给其颁发博士学位证书的理由，该行政行为违反了法律的正当程序原则。对于法律依据，被告辩称，校学位评定委员会的行政行为是有法律依据的，根据《中华人民共和国学位条例》的有关规定，学位的授予必须经过校学位评定委员会委员的过半数同意，而原告刘燕文的博士论文未获得校学位评定委员会委员的半数通过：在 16 位投票委员中，只有 6 票赞成，未达到半数，因此作出对其拒绝授予博士学位的决定是于法有据的。原告认为，批准的决定与不批准的决定都应当以过半数的票数通过才属有效。校学位评定委员会共有 21 名委员，对原告论文的反对票只有 7 票，远未达到全体成员(21 位委员)的半数，甚至没有达到出席人员(16 位)的半数，因而不能作出不批准的决定。因此，被告作出对原告拒绝授予博士学位的决定于法无据。第四，颁发毕业证书与颁发博士学位证书是否关联？被告辩称，根据北大的有关规定，只有在博士论文获得通过的情况下，方能获得博士毕业证书，即“二者是同时的”。原告的博士论文未获通过，所以不予颁发毕业证书。原告认为，北京大学的规定既不符合国家把学历证书和学位证书分开的立法精神，也不符合国家教育行政管理部门规章(《研究生学籍管理规定》第33条对颁发学历证书的条件的具体规定)，《北京大学研究生学籍管理实施细则》在行政法上属于规章以下的规范性文件，其违反了法律和规章，法院不应适用。

最终，第二次开庭经过三个多小时的听审和简短的休庭评议，法院当庭给出最终结论：对于诉讼时效问题，由于北大一直未书面通知原告最终决议，对于原告的申诉也一直未将结果通知原告，而原告一直在向被告反映其要求，并等待被告的回音，因此本案并未超出诉讼时效。对于博士毕业证问题，按照《研究生学籍管理规定》第33条规定：“研究生按培养计划的规定，完成课程学习和必修环节，成绩合格，完成毕业(学位)论文并通过答辩，德体合格，准予毕业并发给毕业证书。”刘燕文按培养计划的规定，已完成课程学习和必修环节，成绩合格，完成了博士论文并通过了答辩，北大理应发给其毕业证书。对于博士学位问题，北大学位评定委员会当时到场16位委员，6票赞成，7票反对，3票弃权，赞成票与反对票均未过半数，故学位委员会未形成有效决议。就学位委员会的决定程序，法院在概括原被告双方有关正当程序原则的辩论意见后，在判决书中阐述道：

> 校学位委员会作出不予授予学位的决定，涉及学位申请者能否获得相应学位证书的权利，校学位委员会在作出否定决议前应当告知学位申请者，听取学位申请者的申辩意见；在作出不批准授予博士学位的决定后，从充分保障学位申请者的合法权益原则出发，校学位委员会应将此决定向本人送达或宣布。本案被告校学位委员会在作出不批准授予原告刘燕文博士学位的决定前，未听取刘燕文的申辩意见；在作出决定之后，也未将决定向刘燕文实际送达，影响了刘燕文向有关部门提出申诉或提出诉讼之权利的行使，该决定应予撤销。①

将上述判决理由与原告代理人的辩论意见进行比对可以看出，本案法院判决书基本接受了原告代理人的意见。作为本案原告代理人的何海波就

---

① 北京市海淀区人民法院(1999)海行初字第103号行政判决书。本案判决内容为：(1) 责令北大在两个月内颁发给原告博士毕业证书；(2) 责令北大在三个月内对是否授予刘燕文博士学位予以重新审查；(3) 本案的诉讼费用由被告承担。

此评述说:"这段话在文字上参考了《最高人民法院公报》田永案一审判决的相关文字,但表达更明晰。尽管法院没有明确地说运用正当程序原则处理,也没有更多的分析论证,但显而易见的是,法官开始有意识地把正当程序原则引入判决。从田永案件到刘燕文案件,案件类型相似,审理法院相同,判决措辞相近。然而,从法官几乎无意识地写下一句话,到有意识地运用正当程序,法律的发展又迈出了一小步。虽然由于情势逆转,刘燕文案件的一审判决后来又被推翻,但上级法院并没有否定该原则的运用。[①] 从法律上讲,海淀法院一审判决关于正当程序的论断仍然屹立。"[②]

继"田永案"和"刘燕文案"对正当程序原则的隐性应用之后,又发生两起类似的"兰州常德物资开发部诉兰州市人民政府收回土地使用权批复案"[③]和"宋莉莉诉宿迁市建设局房屋拆迁副厂安置裁决案"[④]。到了 2004 年,在"张成银诉徐州市人民政府房屋登记行政复议决定案"[⑤]中,江苏省高级人民法院最终在判决书中直接明白地适用了正当程序原则。

---

① 北京市第一中级人民法院于 2000 年 4 月 30 裁定撤销原判,发回重审,但其理由不是实体性的,而是被告所提的"(刘燕文起诉超过)诉讼时效问题,原审法院未能查清"。海淀法院经过重审,以超出法定起诉期限为由,驳回刘燕文的起诉。二审法院维持了海淀法院的重审判决。参见北京市第一中级人民法院(2000)一中行终字第 43 号行政裁定书;北京市海淀区人民法院(2000)海行初字第 157 号行政裁定书;北京市第一中级人民法院(2001)一中行终字第 50 号行政裁定书。

② 何海波:《实质法治:寻求行政判决的合法性》,法律出版社 2020 年版,第 112—113 页。

③ 本案载于《最高人民法院公报》2000 年第 4 期。本案终审判决就行政程序认为:"上诉人常德开发部不具有法律规定的应予收回土地使用权的情形。被上诉人市政府的兰政地字(1997)第 42 号批复中,对收回常德开发部土地使用权所适用的法律依据,只笼统提到'根据《土地管理法》和《甘肃省实施土地管理法办法》的有关规定',未引出适用的具体条文,违反了法定程序。""在被上诉人市政府收回上诉人常德开发部的土地使用权之前,市政府的土地管理部门事实上已经将同一宗土地使用权又出让给华欧公司。兰政地字(1997)第 43 号批复的内容,涉及华欧公司和常德开发部双方的利益,市政府至今未给常德开发部送达兰政地字(1997)第 43 号批复。这些具体行政行为,都违反了法定程序。"

④ 本案载于《最高人民法院公报》2004 年第 8 期。本案一审判决指出:"被告宿迁市建设局根据第三人万兴公司的申请,有权依照《国务院城市房屋拆迁管理条例》的规定,对原告宋莉莉与万兴公司之间的拆迁纠纷作出行政裁决。尽管《国务院城市房屋拆迁管理条例》和《江苏省城市房屋拆迁管理条例》对行政拆迁程序没有明确的规定,但行政机关在裁决时(应当)充分保障当事人的合法权利,允许双方当事人对争议问题进行申辩和陈述。但宿迁市建设局在裁决宋莉莉与万兴公司的拆迁纠纷时,未允许宋莉莉对争议问题予以陈述和申辩,有失公正,仅根据万兴公司的申请及万兴公司单方委托的评估公司的评估结果作为行政裁决的依据,违反了《江苏省城市房屋拆迁管理条例》的规定。此外,该裁决虽然确定了以产权调换的方式对宋莉莉需要拆迁的房产予以补偿,但未将调换给宋莉莉房屋的具体位置、楼层、房屋价格等内容予以明确表述,致使拆迁补偿的裁决内容无法执行。综上,该行政裁决程序上违反法律规定、内容上不具有执行效力,应重新予以裁决。"

⑤ 本案载于《最高人民法院公报》2005 年第 3 期。相关评述参见刘雪鹂:《正当程序在行政复议第三人程序裁量的适用——基于"张成银案"的思考》,载章剑生主编:《公法研究:第 16 卷》(2016 年·秋),浙江大学出版社 2017 年版。

"张成银案"的时间跨度比较大。曹春义、曹春芳系兄妹关系,其父早逝,一直随其母曹陈氏居住在徐州市民安巷31号,该住处原为3间东草房和1间南草房。1954年,张成银与曹春义结婚后迁入民安巷31号居住。1961年左右,曹春芳出嫁,搬出民安巷31号。1986年1月30日,曹陈氏去世。在曹陈氏与儿媳张成银及其家庭成员共同居住生活期间,民安巷31号的原住处经翻建和新建,先后形成了砖木结构、砖混结构的房屋计7间。其中,砖混结构的3间东屋是1981年12月以张成银的名字办理的第2268号建筑工程施工执照,在原3间东草房的基础上翻建而成。1988年5月31日,张成银向徐州市房产管理机关提出为其办理民安巷31号的上述7间房屋产权和土地使用权登记的书面申请。徐州市鼓楼区房地产登记发证办公室根据张成银提交的申请材料,经调查后于1988年9月28日为张成银填发了鼓房字第1741号房屋所有权证。此后,民安巷31号的房屋又历经1991年的新建、1994年的扩建、1997年的赠与和1998年的新建,徐州市房产管理机关经公告征询无产权异议后,为张成银办理了产权登记,颁发了房屋所有权证。徐州市土地管理局亦于1996年12月3日向张成银颁发了国有土地使用证。2002年,张成银位于民安巷31号的房屋被依法拆迁。2003年10月28日,曹春芳向徐州市人民政府申请行政复议,请求撤销1988年将民安巷31号房屋产权和土地使用权确权登记给张成银的具体行政行为。徐州市人民政府于2004年4月29日作出了徐政行决[2004]24号行政复议决定:确认徐州市房地产管理局(被申请人徐州市房产管理局前身)将民安巷31号房屋产权及国有土地使用权确权给张成银的具体行政行为违法。张成银不服该行政复议决定,提起行政诉讼,请求撤销该复议决定。

本案二审之江苏省高级人民法院就复议程序判决如下:

> 行政复议法虽然没有明确规定行政复议机关必须通知第三人参加复议,但根据正当程序的要求,行政机关在可能作出对他人不利的行政决定时,应当专门听取利害关系人的意见。本案中,复议机关审查的对象是颁发鼓房字第1741号房屋所有权证的行为,复议的决定结果与现持证人张成银有着直接的利害关系,故复议机关在行政复议时应正式通知张成银参加复议。本案中,徐州市人民政府虽声明曾采取了电话的方式口头通知张成银参加行政复议,但无法予以证明,而利害关系人持有异议的,应认定其没有采取适当的方式正式通知当事人参加行政

复议，故徐州市人民政府认定张成银自动放弃参加行政复议的理由欠妥。在此情形下，徐州市人民政府未听取利害关系人的意见即作出于其不利的行政复议决定，构成严重违反法定程序。

"张成银案"第一次明白无误地将"正当程序"作为判断行政行为之程序合法性的依据，这在我国行政法治史上是破天荒的，无疑是在"田永案"基础上再次迈出的关键一步。此后，在"益民公司诉河南省周口市政府等行政行为违法案"[①]"陆廷佐诉上海市闸北区房屋土地管理局房屋拆迁行政裁决纠纷案"[②]"彭淑华诉浙江省宁波市北仑区人民政府工商行政复议案"[③]"赵博诉平邑县人民政府土地行政复议案"[④]"陈刚诉句容市规划局、句容市城市管理局城建行政命令案"[⑤]"定安城东建筑装修工程公司与海南省定安县人民政府、第三人中国农业银行定安支行收回国有土地使用权及撤销土地证案"[⑥]等系列案件中，正当程序原则一直被各级人民法院作为判断行政行为是否违反法定程序的依据，正当程序原则作为行政法基本原则的地位在司法实践中基本确立。

二、正当程序原则的内涵与要求

（一）正当程序原则的一般含义

英国著名行政法学者威廉·韦德说："在最广泛的意义上，自然正义之意味着'自然的是非观'，甚至在严格法律意义上现在也常与'公正'等同。"他进

① 本案载于《最高人民法院公报》2005年第8期。相关研究文献如王贵松：《依法行政原则对信赖利益的保护——益民公司诉河南省周口市政府等行政行为违法案分析》，载《交大法学》2015年第1期。

② 本案载于《最高人民法院公报》2007年第8期。

③ 参见最高人民法院行政审判庭编：《中国行政审判指导案例》（第1卷），中国法制出版社2010年版，第99—104页。

④ 参见最高人民法院行政审判庭编：《中国行政审判案例》（第3卷），中国法制出版社2013年版，第118—121页。

⑤ 同上书，第128—132页。

⑥ 本案载于《最高人民法院公报》2015年第2期。

一步指出:“在行政法上自然正义是一个界定完好的概念,它包括公正程序的两项根本规则;一个人不能在自己的案件中作法官;人们的抗辩必须公正地听取。在法院和法定裁判所可以理所当然地认为这些原则必须得到遵守。但它们是如此的普遍,如此之‘自然’,以至于不限于司法权。他们同样适用于行政权,有时也用于合同创设的权力。正是在适用于普通的行政权的过程中,公共机构往往忽视它们,比如警察当局在解除一名警察时或大臣在批准住房规划时。近些年来随着法院发展出自己的规则,随着行政权的扩大,这类案件大量增加。自然正义成了行政法最活跃的部分之一。”[①]威廉·韦德还指出,自然正义规则本质上不过是越权原则的一个分支,应在规范自由裁量权的制度中找到安身之地。因此,违反自然正义就得划分为各种错误程序或滥用权力的情形之一,即超越了议会意向的隐含条件之一。就像公共机构有相机行事的权力并不允许它不合情理地或者恶意地行事一样,自然正义也不允许无视公正程序的基本原则。正如赛尔伯恩(Selborne)勋爵所说的:“如果作出了有违基本正义的事情,那就不是法律意义之内的决定。”[②]他们认为,触犯自然正义原则的决定是超越决策机构权力的决定,这早已成为法律定则。[③] 拉塞尔勋爵曾说过:“除非有相反的明示,否则就意味着,议会绝不会通过法律授权行政机关违反自然正义原则而行使权力。事实上,议会通过立法要求行政机关在具体的程序上遵守自然正义原则。”[④]因此,违反自然正义就会使行政决定无效,就像其他越权情况一样。[⑤]

我国的正当程序原理源自英美,但对其内涵或要求,不同学者从不同角度作了解读。季卫东教授针对所有法律程序提出,现代程序应坚持四项基本原则,即正当过程、中立性、条件优势、合理化。其中,“程序的正当过程的最低标准是:公民的权利义务将因为决定而受到影响时,在决定之前他必须有行使陈述权和知情权的公正的机会。为此需要设立一系列关于议论答辩和推理证明的规则和义务”[⑥]。“中立性的原则是程序的基础。不得不承认,在社会现实中完全的中立性并非总能达成,其判断标准也并不是十分清

① 〔英〕威廉·韦德:《行政法》,徐炳等译,中国大百科全书出版社 1997 年版,第 95 页。

② Spackman v. Plumstead District Board of Works (1885) 10 App Cas 229 at 240.

③ A.-G. v. Ryan [1980] AC 718.

④ Fairmount Investments Ltd. v. Secretary of State for the Enviroment [1976] 1 WLR 1255 at 1263.

⑤ 参见〔英〕威廉·韦德:《行政法》,徐炳等译,中国大百科全书出版社 1997 年版,第 95—96 页。

⑥ 季卫东:《法治秩序的建构》,中国政法大学出版社 1999 年版,第 24 页。

楚……但是不能否认,在中立性的判断方面有些最基本的因素是可以取得共识的。例如,双方在程序中应有同等的发言机会,任何主张和判断都必须以事实为根据、以法律为准绳进行严格的理由论证,同一条件下不允许出现不同的结果,等等。中立性的原则需要通过一系列的制度来保证。例如,决定者的资格认定、人身保障以及回避制度、分权制衡、公开听证等。""条件优势是程序尤其是审判程序的基本活动方式,它意味着决定按照'如果甲,那么乙'的思维形态进行……总之,条件优势的原则可以使程序的形式具有更大的容量。条件优势的原则表明,关于程序的规定不宜过多采取'必须如何'的句式,而应采取'如果……那么''否则……就要'这样的句式,以使决定者既可以得到具体的指示也能够进行自由的裁量。""合理化的原则要求把理性和经验结合起来,是程序效率的保障,它要求程序的安排能使阻碍和浪费最小化、效果和支持最大化。同时,合理化也意味着要对决定的动机和根据给予一个最适当的理由说明,使之得到社会承认。在社会变革时期,很难确立一个为人民所普遍接受的思想目标,也很难提出一套肯定行之有效的法律命题;但是司法机关和行政机关在日常工作中又必须不断作出决定。对于这种场合,程序及其合理化原则具有重要的意义。它使决定者可以从经验中寻找调整利害关系和解决矛盾纠纷的适当方法,并使之得到合理发展。在一定程度上可以说,新的社会秩序正是由这种程序性活动而逐步形成的。"①

就我国行政法上的正当程序原则,周佑勇教授认为,正当程序作为行政法的一项基本原则,从根本上承载了现代行政程序的基本价值追求——程序正义,是确保程序正义在行政权力运行中得以实现的重要保障。具体而言,行政法上的正当程序原则,提出了行政权力运行必须符合的最低限度的程序公正标准。这个公正标准,可从正当程序所包括的三项最低要求——程序中立性、程序参与性和程序公开性,推导出避免偏私、行政参与和行政公开三项基本内容。"避免偏私原则,即要求行政主体在行政程序进行过程中应当在参与者各方之间保持一种超然和不偏不倚的态度和地位,不得受各种利益或偏私的影响。它是程序中立性这一最低限度的程序正义要求在行政程序中的具体体现……具体而言,行政程序中的'避免偏私'原则具有如下要求:第一,没有利益牵连。它要求行政主体及其行政人员和行政人员

① 季卫东:《法治秩序的建构》,中国政法大学出版社1999年版,第23—25页。

的亲属，与所作的行政行为没有个人利益上的联系。这里的个人利益，通常是指财产利益或金钱利益，但也不仅限于此，还包括‘其他足以影响行政决定的非财产因素，例如感情利益和精神利益在内’①。第二，没有个人偏见。个人偏见不同于个人利益，它主要指个人情感受到某种预设的观点或偏好的支配，‘构成个人偏见的要件是不正当地偏向一方或对另一方怀有敌意’②。没有个人偏见规则要求行政主体应给予当事人同等的机会，不偏袒任何一方当事人。”“参与原则是指受行政权力运行结果影响的利害关系人有权参与行政权力的运行过程，表达自己的意见，并对行政权力运行结果的形成发挥有效作用。参与原则是现代社会中民主参与理论发达的产物……行政参与的核心是公平听证，即‘被听取意见的权利’。这种权利意味着，行政主体负有听取当事人意见的义务。行政主体在作出对当事人的不利决定时，必须听取当事人的意见，不能片面认定事实，剥夺对方辩护的权利。”“行政公开即行政的公开化，是指行政主体在行使行政权力的过程中，应当依法将行政权力运行的依据、过程和结果向行政相对人和社会公众公开，以使其知悉并有效参与和监督行政权力的运行……行政公开化的内容应当是全方位的，不仅行政权力的整个运行过程要公开(行政行为公开)，而且行政权力行使主体自身的有关情况也要公开(行政主体公开)。”③

2004 年《纲要》在“依法行政的基本要求”中规定：“——程序正当。行政机关实施行政管理，除涉及国家秘密和依法受到保护的商业秘密、个人隐私的外，应当公开，注意听取公民、法人和其他组织意见；要严格遵循法定程序，依法保障行政管理相对人、利害关系人的知情权、参与权和救济权。行政机关工作人员履行职责，与行政管理相对人存在利害关系时，应当回避。”这一规定从国家政策的层面对正当程序原则的基本内涵或基本要求作了规定。

综合英美国家与我国行政法学界看法以及《纲要》的规定，笔者以为，当代正当程序所追求的正当性应符合“裁决主体的中立性”“裁决依据的客观性”与“裁决过程的公开性”三个基本标准。这三个标准分别由禁止偏私、公平听证、信息公开三项基本原则或者制度来保障或者实现。这里的“裁决主

① 王名扬：《英国行政法》，中国政法大学出版社 1988 年版，第 154 页。

② 〔美〕伯纳德·施瓦茨：《行政法》，徐炳译，群众出版社 1986 年版，第 283 页。

③ 周佑勇：《行政法的正当程序原则》，载《中国社会科学》2004 年第 4 期。

体的中立性”与“禁止偏私原则”以及“裁决过程的公开性”与“信息公开原则”之间的联系容易理解，但需要对“裁决依据的客观性”与“公平听证”之间的关系作必要的解释和说明。“裁决依据的客观性”主要指行政程序应保障或促进行政决定或决策建立在相对客观的事实基础之上。不论是司法裁决还是行政规定或决定，总是以一定的客观事实为背景或条件，实体公正的决定必须建立在相对客观的事实基础之上；否则，就根本谈不上实体公正。相应的，公正的程序必须保障或促进相关客观事实的查明；否则，就根本谈不上程序公正。英美国家以及我国行政法学界所主张的“认真听取对方的意见”或者“利害关系人参与原则”，从形态上看，的确是在保障或实现利害关系人的参与权和表达权，但参与本身并不是最终的目的，参与的最终目的或者功能其实主要在于查明案件的相关事实，将各方的立场和利益带入程序之中，防止枉法裁决，正所谓“兼听则明，偏信则暗”。[①] 因此，听证制度或者参与制度其实在于保障和实现“裁决依据的客观性”，而“裁决依据的客观性”则是衡量程序正当与否的一个实质性标杆。

上述这些基本要求、基本原则或基本制度主要是通过以下具体制度加以保障的：

第一，事前告知，即行政主体在作出不利于行政相对人的行政行为前，应当先行告诉行政相对人或利害关系人可能作出的行政行为的相关事项。例如，《行政处罚法》第 44 条规定：“行政机关在作出行政处罚决定之前，应当告知当事人拟作出的行政处罚内容及事实、理由、依据，并告知当事人依法享有的陈述、申辩、要求听证等权利。”

---

① 当然，“听取对方意见”这一程序所能发挥的功能不仅在于“兼听则明”。古埃及这首诗可以为证：

假如你是领袖，
就应平心聆听诉求；
切勿阻止他，
将满腹冤屈洗净。
比起求得胜诉，
不幸的人更渴望倾其肺腑。
若禁止别人陈请，
人们会问：“为何拒不聆听？”
并非一切诉求皆得认同，
善意聆听却可抚慰心痛。

——Ptahhotep 之教诲（埃及第六王朝，公元前 2300—前 2150 年）

转引自〔美〕杰瑞·L. 马肖：《行政国的正当程序》，沈岿译，高等教育出版社 2005 年版，“扉页”。从这首诗可以看出，“听取对方意见”所具有的功能是多方面的。

第二，回避，即当行政工作人员与行政相对人、利害关系人或者行政事务之间存在这样或那样的关系，会影响对行政事务的公正、公平处理，或者会使人对其公务行为的公正、公平性产生怀疑时，便不得参与该行政事务的处理。例如，《公务员法》第70条规定，行政机关工作人员执行公务时，与本人有利害关系的，或者与本人有夫妻关系、直系血亲关系、三代以内旁系血亲关系以及近姻亲关系的亲属有利害关系的，或者有其他可能影响公正执行公务的情形的，行政机关工作人员应当自行申请回避，公民、法人和其他组织也可以提出回避申请。除此之外，在一些地方政府制定的"行政程序规定"中也有同样规定。

第三，听取对方意见或者听证，即行政主体作出不利于行政相对人或者利害关系人的行政决定前，应当充分听取他们的陈述和申辩，必要时要举行正式的听证程序。例如，《行政处罚法》第7条第1款规定："公民、法人或者其他组织对行政机关所给予的行政处罚，享有陈述权、申辩权；对行政处罚不服的，有权依法申请行政复议或者提起行政诉讼。"第63条规定，行政机关作出较大数额罚款、没收较大数额违法所得或较大价值非法财物、降低资质等级、吊销许可证件等行政处罚决定之前，应当告知当事人有要求举行听证的权利；当事人要求听证的，行政机关应当组织听证。《行政许可法》第7条规定，公民、法人或者其他组织对行政机关实施行政许可，享有陈述权、申辩权。第47条规定，行政许可直接涉及申请人与他人之间重大利益关系的，行政机关在作出行政许可决定前，应当告知申请人、利害关系人享有要求听证的权利。

第四，说明理由，即行政主体在作出不利于行政相对人或利害关系人的行政决定时，应当说明作出该行政行为的事实根据、法律依据和裁量根据。例如，《行政处罚法》第59条规定，行政机关作出的行政处罚决定书应当载明"违反法律、法规、规章的事实和证据"以及"行政处罚的种类和依据"等。《行政许可法》第38条第2款规定："行政机关依法作出不予行政许可的书面决定的，应当说明理由，并告知申请人享有依法申请行政复议或者提起行政诉讼的权利。"

第五，事后送达，即作出行政行为后要及时将行政决定文书送达行政相对人和利害关系人。对此，相关法律也作了规定。例如，《行政处罚法》第61条第1款规定："行政处罚决定书应当在宣告后当场交付当事人；当事人不在场的，行政机关应当在七日内依照《中华人民共和国民事诉讼法》的有关规定，将行政处罚决定书送达当事人。”《行政许可法》第44条规定：“行政机关作出准予行政许可的决定，应当自作出决定之日起十日内向申请人颁发、送达行政许可证件，或者加贴标签、加盖检验、检测、检疫印章。”

第六，救济权利告示，即在送达行政行为时应当告知当事人不服该行政行为时，寻求法律救济的途径与期限等事项，以便当事人更好地行使救济权利。例如，《行政处罚法》第52条和第59条规定，行政机关作出的行政处罚决定书应当载明“申请行政复议、提起行政诉讼的途径和期限”。

第七，信息公开。目前，这在我国就是为《政府信息公开条例》所建立的制度。

以上七个方面的具体制度是正当程序原则的主要内容，但不是全部内容。譬如，周佑勇教授在谈到反对偏私原则时提到，贯彻“避免偏私”原则要通过“回避制度、禁止单方接触制度、职能分离制度等”来实现。[①] 这里的禁止单方接触制度和职能分离制度也属于落实正当程序原则的重要制度。

（二）禁止偏私原则

上文述明，禁止偏私原则、公正听证原则和信息公开原则是正当程序原则的三项基本要求。但就这三个子原则而言，其各自的内在含义和要求还须进一步阐明，尤其是其中的禁止偏私原则和公平听证原则。这里就这两个子原则的相关问题作进一步交代，尤其是其在英国的发展情况。

禁止偏私原则的简洁表述为Nemo judge in re sua，其原初意思是，任何人不能在自己案件中充任法官。换言之，任何法官都不能裁决他会偏袒或被人合理地怀疑会偏袒一方当事人的任何案件。在禁止偏私原则的理解与适用上，关键的问题在于，如何认定一个人是“在自己的案件中充任法官”，或者说，如何判断“他会偏袒或者被人合理地怀疑他会偏袒”，界定的标准是什么，考量的因素有哪些。这又可以从两个层面来追问：第一，可能影响中立的情形或因素有哪些？第二，相关情形或因素对中立影响到什么程度方构成偏私？

我国公务员法对行政法上的回避制度作了规定，分任职回避和公务回

---

① 参见周佑勇：《行政法基本原则研究》（第二版），法律出版社2019年版，第225页。

避两种情形。就任职回避,《公务员法》第 74 条第 1 款规定:“公务员之间有夫妻关系、直系血亲关系、三代以内旁系血亲关系以及近姻亲关系的,不得在同一机关担任双方直接隶属于同一领导人员的职位或者有直接上下级领导关系的职位工作,也不得在其中一方担任领导职务的机关从事组织、人事、纪检、监察、审计和财务工作。”就公务回避,该法第 76 条规定:“公务员执行公务时,有下列情形之一的,应当回避:(一) 涉及本人利害关系的;(二) 涉及与本人有本法第七十四条第一款所列亲属关系人员的利害关系的;(三) 其他可能影响公正执行公务的。”任职回避主要是行政组织法上的制度,公务回避则主要是行政行为法上的制度。上述回避情形中,血亲和姻亲关系相对比较好把握,难以把握和需要认真研究的是公务回避中“涉及本人利害关系的”和“其他可能影响公正执行公务的”两种情形的界定。

总体上,国内研究文献和相关案例对上述两个基本问题均鲜有涉及,下面主要介绍一下英国的相关判例以资借鉴。

1. 构成偏私的考量因素

从相关判例来看,英国法院认定的影响中立的情形或因素主要有:第一,直接的金钱利益,如果裁决之人与案件有金钱利益,无论此种利益多小,都足以构成对禁止偏私原则的违反;第二,与程序有关的组织的成员;第三,法官或裁判人员先前表达过有偏见的言论;第四,是当事人一方的朋友或先前双方曾有过交往;第五,与当事人有姻亲关系;等等。上述影响中立的情形或因素还可因以下原因被排除:第一,当事人知道裁判人员所存在的利益,但仍同意程序继续进行;第二,法律特别允许;第三,现有所有裁判人员均可能受到同一利益的影响,而案件的审理必须进行。[①] 下面列举一些案例来说明。

(1) 直接的金钱利益

总体来看,任何直接的金钱利害关系,无论多么微小,都是认定存在偏私的依据,而且得到了严格的执行。[②] 早在 1705 年,王座法庭就撤销了一项关于高速公路的命令,理由是,作出该命令的地方治安法官中,有一位是案

---

① 参见〔英〕彼得·莱兰、戈登·安东尼:《英国行政法教科书》(第五版),杨伟东译,北京大学出版社 2007 年版,第 435 页。

② 参见〔英〕威廉·韦德:《行政法》,徐炳等译,中国大百科全书出版社 1997 年版,第 107 页。

涉高速公路的勘测员，其行为处于争议之中。[①] 1730 年，地方当局命令迁走一位贫民，法院撤销了这一命令，理由是，其中一位地方治安法官是该贫民所在教区的居民与纳税人。[②] 还有 1841 年的一个案件。该案中，有 3 位治安法官是一家公司的合伙人，在该公司拥有部分权益；后这个公司的部分财产要被征收，3 位治安法官参与了该征收决定。这一征收决定终因违反禁止偏私原则被撤销。[③] 首席法官顿曼勋爵说："有 3 个有利害关系的地方治安法官参与了决定，这足以表明决定的结果是命令。而我将不探寻具体问题是什么，也不问大部分人是如何构成的，也不问如果有利害关系牵连的那 3 位地方治安法官退离结果又可能如何。法庭的组成是不合适的，这便使决定无效。"[④]下面再介绍几个稍晚一些的案例便于我们细加体会。

首先是 1852 年的 Dimes v. Grand Junction Canal Proprietors 案([1852]3 HLC 759)。这个案件是有关因"直接的金钱利益"而被认定违反禁止偏私原则的典型判例。在这个案件中，大交汇运河经营公司与当地一家土地所有人 Dimes，因为邻接运河的一块土地发生了纠纷。双方的官司一直从 1831 年打到 1852 年，持续了二十多年，在科顿汉姆(Cottenham)勋爵确认大交汇运河公司胜诉时达到顶峰。之后，Dimes 发现，科顿汉姆勋爵持有大交汇经营公司数千英镑的股份，是该公司的股东之一。如此一来，科顿汉姆勋爵便与诉讼当事人之一的大交汇经营公司存在直接的金钱利益，没有资格担任本案的法官，上议院便撤销了其作出的判决。判决之所以被撤销，原因并不在于是否真正存在偏私，而在于是否存在导致理性人产生此种怀疑的可能性。坎贝尔(Campbell)勋爵说："谁也不能认为科顿汉姆勋爵哪怕在最微弱的程度上受到他在这方面的利益的影响，但是，各位勋爵阁下，最为重要的是，任何人不得在自己的案件中充任法官的原则必须奉为神圣……而且当下级法庭得知这个高级终审法院因该案与英国枢密院院长有利害关系而判定他的决定与法律相违背从而被撤销时，这对下级法院将产生十分有益的影响，这将教育所有下级法院当心不仅在他们的判决中不要

① Faxham Tithing Case (1705) 2 Salk. 607.

② Great Charte v. Kennington 2 Str. 1173.

③ R. v. Cheltenham Commissioners (1841) 1 QB 467.

④ 〔英〕威廉·韦德：《行政法》，徐炳等译，中国大百科全书出版社 1997 年版，第 106 页。

受个人利害关系的影响，而且要避免在这种影响下从事审判工作的迹象。”[①]

Dimes 案之后，在 1857 年的 R v. Cambrige Recorder（[1857] 8 E & B 637）案中，法院重申了 Dimes 案的立场，即任何金钱利益足以导致裁判人员丧失审判资格。不过，在 R v. Mulvihill（[1990] 1 WLR 438）案中，法院判决认为，如果金钱利益十分疏远，有理性之人对此不会产生存在偏私的任何怀疑，则决定者仍有参加裁判的资格，无须回避。这就是说，在英国，金钱利益不论大小，只要存在就构成偏私；但金钱利益的“远近”具有一定的裁量性，若不会或不至于被人怀疑会导致偏私，就不构成偏私。

（2）与程序有关的组织的成员

1924 年的 R v. Sussex Justices，ex p McCarthy（[1924]1 KB 256）案则将回避因素从“直接金钱利益”引向“与程序有关的组织的成员”等其他因素。本案中，McCarthy 因危险驾驶造成一起摩托车事故，不仅被请求承担赔偿责任，而且被追究刑事责任。参加刑事审判的治安法官的书记官受雇于一个律师事务所，而这家律师事务所正是对 McCarthy 提起民事诉讼原告的代理方。在治安法官对案件进行合议时，这名书记官已不再为治安法官工作，最后治安法官认定 McCarthy 有罪。McCarthy 申请司法审查，要求撤销这一判决。尽管结果表明，治安法官事实上自始至终并未征求书记官的意见，而且书记官小心谨慎地避免说出任何带偏见的话，但法院判决仍认定，这名书记官的出现足以让法院发出调卷令，遂撤销该治安法官作出的有罪判决。[②] 本案首席法官赫华特（Hewart）勋爵指出：“问题不在于在本案中书记官是否说了他不当说的话或者提出了他不当提出的评判意见，问题在于他在案件民事方面是否与该案有某种瓜葛，以致他不适合在刑事方面作法官们的书记官。对这个问题的答案不取决于他事实上做了什么，而取决于他可能会做什么。凡是能引起人们怀疑司法过程有不当干预的事一概不能做。”[③]

在 R v. Barnsley Metropolitan Borough Council，ex p Hook（[1976] 3

---

① 3 HLC at 793. 本案案情参见〔英〕威廉·韦德：《行政法》，徐炳等译，中国大百科全书出版社 1997 年版，第 103—104 页。

② 参见〔英〕彼得·莱兰、戈登·安东尼：《英国行政法教科书》（第五版），杨伟东译，北京大学出版社 2007 年版，第 435 页。

③ 转引自〔英〕威廉·韦德：《行政法》，徐炳等译，中国大百科全书出版社 1997 年版，第 104—105 页。

AII ER 452)案中,上述立场得到再次体现。Harry Hook 是一名街道小商贩,从事买卖 6 年。一天晚上,因公共厕所关门,他在其摊位附近的小巷小便,被 Barnsley 都市自治委员会的两名工作人员看到并向市场管理员作了举报。市场管理员认为这一事件十分恶劣,遂吊销了 Harry Hook 的许可证,取消其在该市场从事买卖活动的资格。市场管理员不仅参与了为 Harrey Hook 举行的听证会,还滞留于听证委员会的合议。在上诉法院审理时,丹宁勋爵判决指出,该决定不能成立。他认为,追诉人员出席听证委员会的合议违反了自然公正原则。[①] 类似的案件还如 R(McNally)v. Secretary of State for Education and Metropolitan Borough of Bury ([2001] EWCA Civ 332; [2001] ELR 773)案。在这个案件中,McNally 被指责与一名学生有不正当的身体接触,被停止了所有教学工作。在该校举行违纪听证会时,地方教育局长要求参加听证会并参加听证委员会的合议,但学校校长仅同意他参加听证会,不同意他参加听证会后的合议,理由是,完全可以认为该教育局局长是追究 McNally 责任的成员之一。Dyson 法官认为,McNally 可以合理地认为地方教育局局长就是追究其责任队伍中的组成人员之一,因此地方教育局局长出席并参与委员会的最终合议,违反自然公正原则。[②]

对于职业上的这种关系何以构成偏私,在认定上也存在较大的不确定性。这一点在 R. v. Camborne Justices, ex p Pearce([1955] 1 QB 563)案中可以看出来。在这个案件中,某郡议会根据《食品与药物法》的规定起诉某商人。参与案件审理的书记官是该郡议会的成员。但法院认为,这不违反禁止偏私原则。因为,指示这次控诉的是该郡议会的卫生委员会,而他不是该委员会的成员。威廉·韦德认为,英国"上诉法院既反对动辄以偏私为借口非难司法决定的趋势,也反对表面上秉公办案比事实上秉公办案更为重要的错误倾向"。[③]

(3) 个人既有的成见

英国有一系列案件表明,"法官或裁判人员先前表达过有偏见的言论"

① 参见〔英〕彼得·莱兰、戈登·安东尼:《英国行政法教科书》(第五版),杨伟东译,北京大学出版社 2007 年版,第 445 页。

② 参见〔英〕彼得·莱兰、戈登·安东尼:《英国行政法教科书》(第五版),杨伟东译,北京大学出版社 2007 年版,第 445 页。类似的案件比较多,如在 R. v. Altrincham Justices, ex p Pennington ([1975] QB 549)案中,一个治安法官是一个地方当局教育委员会的成员,他参与审理了一桩对该地方当局的学校卖蔬菜时缺斤少两的控告案,结果判决也被撤销了。

③ 〔英〕威廉·韦德:《行政法》,徐炳等译,中国大百科全书出版社 1997 年版,第 105 页。

是构成偏私的重要情形。在 R v. Halifax Justices, ex p Robinson ([1912] 76 JP 233)案中,一名治安法官参与了一项拒绝颁发行政许可证申请的决定。该治安法官属于某禁酒协会的成员,他事后声称,如果投了赞成票就成了他职业的叛徒。法院认为,这清楚地表明,从一开始该治安法官便对颁发销售酒的行政许可证持有成见,该拒绝颁发行政许可证的申请遂被撤销。[①]

R v. Kent Police Authority, ex p Godden ([1971] 3 AII ER 20)案也生动地说明了这一点。Godden 是 Kent 警察局的总督察,1969 年被调任负责行政事务,声称受到上级不公正对待。为此,Kent 警察局成立调查组进行调查,调查结论为申诉不成立。1970 年 7 月,在 Godden 办公室发现了色情材料,但 Godden 声称不知道这些材料。随后,Kent 警察局任命总医疗官调查此事。总医疗官的调查结论是,Godden 已经精神错乱,无法继续履行警察职责,但 Godden 自己去医院做的检查结论是正常。接下来的第二年,Kent 警察局再次让那位总医疗官确定 Godden 是否永久性丧失能力,并据其诊断意见确定终止 Godden 的工作。在上诉程序中,丹宁勋爵判决指出,Kent 警察局作出 Godden 强制退休的决定属司法性质的决定,因此负有公正行为的义务。由于总医疗官事前已形成成见,不可能对该问题作出公正的判断,因此在检查或者确定 Godden 的健康问题时,他应当回避。[②]

在 R v. Inner West London Coroner, ex p Dallaglio ([1994] 4 AII ER 139)案中,法院再次表达了关于"法官或裁判人员先前表达过有偏见的言论"可以构成偏私的意见。1989 年 8 月 20 日,伦敦泰晤士河上发生了一起惨案,一艘名为 Marchioness 的游览船与一艘挖泥船相撞后沉没。当时船上正在举行个人生日聚会,其中有 51 名乘客溺水身亡。这一事件被称为 Marchioness 惨案。在这个案件中,一名验尸官拒绝继续对 Marchioness 惨案进行调查,他在接受记者采访时曾明确称死者的亲属"精神错乱"。常任上诉法官 Simon-Brown 认为:"对一名司法官员而言,对他人发表如此言论,说明他是不可信的。因为毫无疑问,精神错乱的用语表明存在着偏私的表象。"在这种情况下,不能忽视偏私存在的现实可能性,因此法官准予死者亲属提

---

① 〔英〕威廉·韦德:《行政法》,徐炳等译,中国大百科全书出版社 1997 年版,第 122 页。

② 参见〔英〕彼得·莱兰、戈登·安东尼:《英国行政法教科书》(第五版),杨伟东译,北京大学出版社 2007 年版,第 447 页。在威廉·韦德的《行政法》(徐炳等译,中国大百科全书出版社 1997 年版)一书中,本案标注为 R. v. Kent Police Authority, ex p Godden [1971] 2 QB 662,参见该书第 109 页。

出的上诉，遂将这一问题交由一名新的验尸官来决定是否继续对事故进行调查。[①]

在 Locabail (UK) Ltd v. Bayfield Properties Ltd ([2000] QB 451 (CA)) 案中，上诉法院支持了 Timmins v. Gormley 案（Locabail (UK) Ltd 案之五个案件之一）的上诉请求，并判令重新审理，理由是，审理案件的法官在审判工作之余出版的法律著作中，针对保险公司在个人伤害案件中发挥的作用问题上，曾表达出强烈的倾向于投保人和反对保险公司的观点。该案判决认为，对法官而言，发表论文、出版著作本身没有错，但对“他已经作出裁判或将作出裁判的问题”使用“毫不限制的语言”完全是错误的。[②] 在 Hoekstra v. HM Advocate ([2001] AC 216)案中，法院认定 McCluskey 勋爵在报纸上发表的一篇文章中对《欧洲人权公约》所表达的非常明显的批评观点，客观上破坏了上诉的公正性。

不过，要想准确把握这一因素是比较困难的。英国的其他判例表明，审批许可证的治安法官并不仅因为他是个禁酒主张者这一事实而丧失审判资格。只要审判公正，法官在法官席上表现出他对某些相关事项持有强烈观点，或负责性商店许可的委员会的某成员先前发表过不允许开设任何性商店的观点等，都不能使他丧失审判资格。在 R. v. London Council, re Empire theatre([1894] 71 LT 638)案中，法院指出：“先入之见——尽管法官有任何先入之见是不幸的——不构成这类偏见，甚至表达过这些见解也无所谓，因为这并不意味着他就会忽视证据。”[③]早在 R. v. Deal Justices ([1881] 45 LT 439)案中，法院认为，不能仅仅因为地方治安官向动物保护协会捐过款就使其丧失审理他人起诉该协会的案件的资格。[④] 在 R v. Reading BC, ex p Quietlynn Ltd ([1986] 85 LGR 387)案中，Quietlynn 有限公司向 Reading 自治市委员会申请出售性用品商店的许可证。由 Reading 自治市委员会三名委员组成的审查小组审查后驳回了 Quietlynn 有限公司的申请，而该审查小组中的两名成员曾是之前支持 Reading 自治市委员会声明不赞同性用品商店的多数委员会的委员之一。同时，这两名委员中，其中一名委

---

① 参见〔英〕彼得·莱兰、戈登·安东尼：《英国行政法教科书》（第五版），杨伟东译，北京大学出版社 2007 年版，第 438 页。

② 同上书，第 439—440 页。

③ 〔英〕威廉·韦德：《行政法》，徐炳等译，中国大百科全书出版社 1997 年版，第 122—123 页。

④ R. v. Deal Justices (1881) 45 LT 439.

员公开主张应当禁止开设性用品商店。Kennedy 法官判决指出,任命曾对是否应总体发放此类许可证发表观点的人担任审查小组的成员,不构成违法。虽然 Reading 自治市委员会不任命这类成员担任审查组委员可能更好,但“有见识的旁观者”不会认为对他的任命是错误的。[①]

(4) 亲属关系

个人友谊或恩怨以及家庭关系(亲属关系也如此)是构成明显偏见的又一情形。R. v. Handley ([1921] 61 DLR 656)案和 White v. Kuzych ([1951] AC 585)案是因个人友谊或恩怨关系构成偏私的例子,R. v. Rand ([1866] LR 1 QB 230)案是因家庭或亲属关系而构成偏私的例子。[②] 在 Cottle v. Cottle ([1939] 2 AII ER 535)案中,治安法官是一位当事人的母亲的朋友,而这个当事人又让人们知道法官会偏向她这一边时,治安法官被取消了裁决资格。[③]

2. 考量因素的影响程度

除了影响中立的因素,如何看待相关因素影响中立的程度,是理解和适用反对偏私原则时必须考量的第二个方面。这里的关键问题是,禁止偏私原则是否意味着,一旦出现影响中立的因素,则不论程度大小和关系亲疏,一律认定为构成偏私,还是要视情形,区别对待。对此,英国人提出或采用过不同的标准,这些标准包括:第一,现实可能标准;第二,合理怀疑标准;第三,真正危险标准。这些标准形成逐步发展、更替与回归的过程。

“现实可能标准”意味着,应通过分析各种情况,以确定当事人所提出的利益冲突是否真正有可能对程序产生某种实际影响。如果真正有可能对程序产生某种实际影响,便构成偏私;否则,便不构成偏私。如果将这一标准应用到上述 McCarthy 案,由于书记官不可能认识到这一关联的存在,也不可能参与治安法官对案件的合议,不存在影响中立的现实可能,则治安法官的裁决应当不构成偏私,不违反中立原则。“合理怀疑标准”比“现实可能标准”的要求更高或更严格,它意味着,“只要有理性之人对因存在利益冲突可

---

① 参见〔英〕彼得·莱兰、戈登·安东尼:《英国行政法教科书》(第五版),杨伟东译,北京大学出版社 2007 年版,第 447 页。

② 参见〔英〕威廉·韦德:《行政法》,徐炳等译,中国大百科全书出版社 1997 年版,第 123 页。

③ 同上。

能产生偏私存有怀疑，那么就足以达到这一标准的要求”。[①] 鉴于两个标准各自所具有的合理性，英国有人提出，可以根据案件的不同情况适用不同的标准，某些情况或某些领域可以比其他情况或领域要求采用更高的标准。此外，也有将现实可能标准和合理怀疑标准加以统合的想法和努力。Metropolitan Properties Ltd v. Lannon ([1968] 3 AII ER 304)案是这方面的例子。

这个案件涉及亲属关系。小 Lannon 是一名事务律师，与父亲同住在名为“Regency 寓所”的小区里，该寓所为内河集团公司(Freshwater Group)所有。同时，小 Lannon 还担任租金评估委员会的主席，该委员会必须解决另一小区住房租户的租金争议，而这些住房为隶属于内河集团公司的都市财产有限公司所有。该委员会最终确定的租金甚至比租户要求的标准还要低。都市财产有限公司对租金评估委员会的决定提出异议，理由是，小 Lannon 曾参与内河集团公司处理其父亲承租房屋租金的争议，就在听证前 6 天时还向内河集团公司致函帮助其父亲。虽然没有证据证明存在直接的金钱利益，但都市财产有限公司认为，小 Lannon 在欲使其父亲的房租降低方面仍然存在着利害关系。都市财产有限公司的理由是否成立，关键在于选择合理怀疑标准和现实可能标准。对此，丹宁勋爵似乎主张将两项标准合二为一。他指出：“不是要审查小 Lannon 先生是否有真正可能事实是以牺牲一方利益而作出对另一方有利的决定，法院所要审查的是可能给其他人形成的印象。即使小 Lannon 先生可能事实上十分公平，但如果有正常理性者认为在此情况下，他现实可能是偏私的，那么他即不应当参加租金评估委员会的评估。”[②]后来，在 Hannam v. Bradford City Council ([1970]2 AII ER 690)案中，法院认可了丹宁勋爵提出的现实可能偏私标准。[③]

“真正危险标准”是对“合理怀疑标准”的摒弃，是对现实可能标准的发展。这一标准意味着，要从现实可能角度，而不是从可能性角度，来判断治安法官或者某裁判所成员是否存在有偏私的真正危险。如果存在造成偏私的真正危险，则构成偏私；否则，便不构成偏私。R v. Gough([1993] 2 AII ER 462)案标志着这一标准的定型化。在 Gough 案中，陪审团作出被告有罪

---

① 参见〔英〕彼得・莱兰、戈登・安东尼：《英国行政法教科书》(第五版)，杨伟东译，北京大学出版社 2007 年版，第 436 页。

② 同上书，第 436—437 页。

③ 同上书，第 437 页。

的认定后，其中一名成员突然意识到她所住的房子与被告的兄弟相邻。上议院判决认定，经对所有相关情况的分析，应当适用的正确标准是，是否存在上诉人未获公正审判的“真正危险”。Goff 勋爵指出：“为保证法院按照可能存在偏私而不是有偏私的可能性作出判断，本案宁愿使用真正危险标准，而不是现实可能标准。”Goff 勋爵进一步指出，真正危险标准等同于分析当事人所提出的存在偏私的主张是否有导致不公正的真正危险。他认为，在适用这一标准时，不必根据有理性之人的角度，因为在此情况下，法院就是有理性之人的象征；不必关注被认为有偏私者的实际心理状况，因为偏私是深藏于内心的，不可能通过明显的心理状况表现出来。这就是说，法院应当审查所有必要材料，以确定当事人所提出的偏私情形是否有造成不公正的危险。①

“真正危险标准”在后来的 R v. Inner West London Coroner, ex p Dallaglio ([1994] 4 AII ER 139)案和 R v. Secretary of State for the Environment, ex p Kirkstall Valley Campaign Ltd ([1996] 3 All ER 304)案中均得到承认和应用。在后一个案件中，法院确认，如果某人对决定的作出有个人或金钱利益，从而有产生偏私的“真正危险”，则此人就应当回避。本案的基本事实是，负责向一家超市发放规划许可证的城市开发公司的主席拥有一块土地。一家橄榄球俱乐部曾向他表示，如果给予这家超市规划许可证，它将把橄榄球俱乐部迁到其土地上。此外，这家橄榄球俱乐部的其他成员也与城市开发公司有联系。Sedley 法官判决指出，如果某人与其作出的决定有个人或金钱利益，存在影响决定公正性的真正危险，那么此人就不得参与该决定的作出。他认为，这一原则在公法上有普遍适用力，不限于司法性或准司法性机关或程序。换言之，在公法上对所有的机关应当统一适用 Gough 案确立的标准。需要说明的是，在本案中，上诉人最后败诉了。因为在决定向超市发放规划许可证时，这家橄榄球俱乐部已对城市开发公司主席的土地失去了兴趣。②

21 世纪之初，真正危险标准还得到一定程度的坚持。在 Locabail (UK) Ltd v. Bayfield Properties Ltd ([2000] QB 451 (CA))案中，对如何认定法

① 参见〔英〕彼得·莱兰、戈登·安东尼：《英国行政法教科书》(第五版)，杨伟东译，北京大学出版社 2007 年版，第 437—438 页。

② 同上书，第 438—439 页。

官的偏私问题，上诉法院进行了重新讨论，并提供了指导原则。该指导原则仍然建立在真正危险或真正有偏私可能性的标准之上。上诉法院指出，就真正危险标准而言，不可能对其可能适用的各种情形加以一一列举。不过，如果以法官的宗教、种族、民族出身、性别、年龄、所处的阶层、性取向等为由申请回避，则不能成立；同样，以社会或教育背景、先前的政治关系、在其他机关的身份如共济会等为由申请回避，也不能成立。相反，对所审理的案件有关的事物曾发表过强烈的观点，或者与案件当事人有密切的个人关系，可能足以构成真正危险或真正有偏私可能性。总的原则是，各项回避申请，必须根据个案的具体事实和情况而定。

不过，随后的几个案件体现出，英国开始放弃真正危险标准，重新回归合理怀疑标准。在 Re Medicaments and Related Classes of Goods (No. 2) ([2001] 1 WLR 700 (CA))案中，英国法院开始根据已生效的《人权法案》规定以及欧洲人权法院对这一问题(《欧洲人权公约》第 6 条的规定)的判例法，重新考虑和分析 Gough 案所确立的真正危险标准。在这个案件中，上诉法院支持了上诉请求，指出限制商业行为法庭(Restrictive Practices Court)应自行回避，因为其中一名法官存在明显的偏私，没有能力客观、中立地审理案件。在分析过程中，上诉法院某种程度上偏离了 Gough 案确立的真正危险标准，而越来越接近有限理性之人标准，即法院应综合分析可能导致偏私的各种情况。英国学界认为，真正危险标准仅要求法院判断是否实际存在偏私，且给法官施加了相当大的义务，要求其在自行回避前判断是否事实上存在偏私。而采用公众中有理性之人是否可能认为存在对偏私的合理怀疑标准，可能更为容易。[①] 在 Porter v. Magill ([2001] UKHL 67; [2002] 2 AC 357)案中，Hope 勋爵删除了“真正危险”的用语，努力与欧洲人权法院、多数英联邦法院和苏格兰法院适用的标准保持一致。Hope 勋爵指出：“问题是，公平的、有见识的旁观者在考虑了案件的事实后，是否认定裁判机关有偏私的现实可能性。”这一术语似乎又回到了起初的“现实可能”标准。

回顾英国司法实践，可以看出，其偏私认定标准大致经历了“现实可能标准”→“合理怀疑标准”→“真正危险标准”→“合理怀疑标准”→“现实可能标准”的循环过程。这一循环反映了英国认定偏私的司法政策之“较为严

① 参见〔英〕彼得·莱兰、戈登·安东尼：《英国行政法教科书》(第五版)，杨伟东译，北京大学出版社 2007 年版，第 440 页。

格”→“宽松”→“严格”→“宽松”→“较为严格”的过程，同时也反映出英国对当事人程序权利的保护程度之“较高”→“高”→“较底”→“高”→“较高”的变化过程。

（三）公平听证原则

公平听证是自然公正原则的又一个子原则，它要求公平和认真地听取双方的意见。英国学者彼得·莱兰与戈登·安东尼认为，公平听取双方意见始终是公正和合法预期法律发展的源泉，而且与反对偏私原则相比，法院对这一要求的适用更为困难。公平听取双方意见规则几乎可以涵盖公正程序的所有问题，甚至可以把反对偏私原则本身也包含其中，因为本质上，公平听取意见必须是无偏私的。① 威廉·韦德也指出："对公正程序而言，听取两面意见是根本，即：听取另一方之词，这是自然正义诸原则中更为深远的原则，因为它凡事可以涵盖公正程序或正当程序的每个问题。它的含义可以详细发挥。它也甚为广大，足以把反对偏见的原则包含在内，因为公平的听证必定是无偏见的听证，但为尊重传统的两分法，这两个原则已分别处理。"②

本质上，公平听证是正当程序原则赋予利害关系人的一项程序性权利。理解和适用这一原则须明确三个方面的基本问题：第一，听证的权利要素，即听证作为一种程序性权利，包括哪些程序要素。第二，听证的启动条件，即在什么条件下，可以启动听证程序。换言之，在什么情形下行政机关有听证的义务，利害关系人有听证的权利。第三，听证的举行程序，即听证作为一种程序，如何展开。

我国《行政处罚法》第 63 条就听证的适用条件作了规定，第 64 条就听证的举行程序作了规定。听证的举行程序如下：

> 听证应当依照以下程序组织：
>
> （一）当事人要求听证的，应当在行政机关告知后五日内提出；
>
> （二）行政机关应当在举行听证的七日前，通知当事人及有关人员听证的时间、地点；

① 参见〔英〕彼得·莱兰、戈登·安东尼：《英国行政法教科书》（第五版），杨伟东译，北京大学出版社 2007 年版，第 411 页。

② 〔英〕威廉·韦德：《行政法》，徐炳等译，中国大百科全书出版社 1997 年版，第 131 页。

（三）除涉及国家秘密、商业秘密或者个人隐私依法予以保密外，听证公开举行；

（四）听证由行政机关指定的非本案调查人员主持；当事人认为主持人与本案有直接利害关系的，有权申请回避；

（五）当事人可以亲自参加听证，也可以委托一至二人代理；

（六）当事人及其代理人无正当理由拒不出席听证或者未经许可中途退出听证的，视为放弃听证权利，行政机关终止听证；

（七）举行听证时，调查人员提出当事人违法的事实、证据和行政处罚建议，当事人进行申辩和质证；

（八）听证应当制作笔录。笔录应当交当事人或者其代理人核对无误后签字或者盖章。当事人或者其代理人拒绝签字或者盖章的，由听证主持人在笔录中注明。

这一规定虽然基本明确了听证的举行程序，但对于公平听证的权利要素和启动条件的理解和把握却不能局限于这一条的规定。下面结合英国行政法学者对公平听证原则的阐述就其基本内容作一介绍。

总体上，公平听证原则赋予利害关系人以下三项权利：第一，知的权利；第二，申辩与陈述的权利；第三，平等对待的权利。[①] 对于行政主体而言，这些权利则是义务。

1. 知的权利

知的权利是公平听证原则赋予行政利害关系人的首要权利，也是保证听证程序得以有效进行的制度保障，贯穿整个行政程序的全过程。知的权利也是一个权利束，包括几个方面。丹宁勋爵曾说："如果被听取意见的权利要成为有价值的真正的权利，它必须包括让被控诉人了解针对他而提出的案情的权利。他必须知道提出了什么证据，有些什么损害他的说法；然后他必须得到纠正或驳斥这些说法的公平机会。"[②]丹宁勋爵的表述揭示了知

---

① 美国学者施瓦茨认为，行政法上的正当程序所规定的典型权利有："1. 得到通知（通知应系统地阐述该案所涉及的主题和问题）的权利；2. 提出证据（包括证言和书证）和论据的权利；3. 通过反询问和其他正当手段驳斥对其不利的证据的权利；4. 请律师陪同的权利；5. 要求只根据审讯档案中记载的证据判决的权利；6. 取得全部档案（包括证言和辩词、书证以及在诉讼中记录在案的其他文件的副本）的权利。"参见〔美〕伯纳德·施瓦茨：《行政法》，徐炳译，群众出版社 1986 年版，第 174—175 页。

② Kanda v. Government of Malaya [1962] AC 322.

的权利的重要性和多元性，但知的权利内容还不限于他列举的几个方面。从国内外的相关案例和相关立法来看，知的权利大致包括以下内容：第一，知晓对方的意见；第二，知晓对方的证据，尤其是对自己不利的证据；第三，知晓案件的相关事实；第四，知晓自己享有的程序权利；第五，知晓裁决的理由；第六，知晓裁决的结果。

就这些权利，我国《行政处罚法》第44条、第59条和第62条的规定已经有一定体现，尽管还不全面。第44条规定："行政机关在作出行政处罚决定之前，应当告知当事人拟作出的行政处罚内容及事实、理由、依据，并告知当事人依法享有的陈述、申辩、要求听证等权利。"第59条规定："行政机关依照本法第五十七条的规定给予行政处罚，应当制作行政处罚决定书。行政处罚决定书应当载明下列事项：……（二）违反法律、法规、规章的事实和证据；（三）行政处罚的种类和依据……（六）作出行政处罚决定的行政机关名称和作出决定的日期……"第62条规定："行政机关及其执法人员在作出行政处罚决定之前，未依照本法第四十四条、第四十五条的规定向当事人告知拟作出的行政处罚内容及事实、理由、依据，或者拒绝听取当事人的陈述、申辩，不得作出行政处罚决定；当事人明确放弃陈述或者申辩权利的除外。"这些规定基本反映了我国现行立法对于公平听证原则的落实和体现。

在英国，知的权利是公平听证原则的首要要求，是公平听证原则的基础。在R v. Governors of Dunraven School, ex p B（[2000] ELR 156 (CA)）案中，B因参与偷窃一名老师的手提包而被校方开除。在校方作出此决定时，曾收集到另一名学生D有关B在偷窃事件中所起作用的证言，但校方并未告知B。法院判决认定，公共机关不告知B该不利证据，违背了公平听证原则。在R v. Solihull Metropolitan Council Housing Benefits Review Board, ex p Simpson（[1994] 92 LGR 719）案中，Sedley法官指出，说明理由可以让决定者用心思考究竟如何作出决定，是良好公共行政的基本要求，而非单纯地例行工作或者给律师提供挑错的机会。[①] 在R v. Chief Constable of North Wales Police, ex p Evans（[1982] 3 AII ER 141）案中，一名试用警察被解雇，Brightman勋爵指出："北威尔士警察局局长在作出对被处理者

① Padfield v. Minister of Agriculture（[1968] AC 997）案是英国关于说明理由的里程碑性案例。在这个案件中，法院判决认定，农业大臣没有说明理由致使法院推定认为他作出的行政决定没有充分的根据。

有不利影响的决定时有公正行为的义务，但疏于履行。因为他没有把这些根据推测而来的不利因素告知被处理人，对此被处理者根本没有机会作出任何解释。”在 Fairmount Investments v. Secretary of State for the Enviro-ment ([1976] 2 AII ER 865)案中，环境大臣颁发了强制购买令。环境部的调查官在例行查看现场时，对地基的安全性提出了质疑。但在随后的公开调查过程中，调查并未提出地基的安全性问题，使利害关系人知晓这一情况。其结果，异议者没有机会对地基不安全的认定提出异议。法院因此判决认定强制购买令侵犯了当事人的公正听证权。[①] 在 Padfield v. Minister of Agriculture ([1968] AC 997)案中，法院判决认定农业大臣没有明确说明理由致使法院推定认为他作出的决定没有充分的根据。在 Errington v. Minister of Health ([1935] 1 KB 249)案中，卫生大臣在一方当事人(房屋所有人)不在场的情况下，采纳了另一方当事人(Jarrow 公司)的证据，致使在房屋所有人没有对该证据发表意见的情况下，就形成了处理意见。上诉法院认为这违反了公平听证原则。

在知的权利中，知晓裁决理由的权利(或者说明理由的义务)是否为一般性权利(或者一般性义务)，英国法律界的认识不一。[②] 在 R v. Civil Service Appeal Board, ex p Cunningham ([1992] ICR 816)案、R v. Secretary of State for Home Department, ex p Doody ([1994] 1 AC 531)案以及 R v. Higher Education Funding Council, ex p Institute of Dental Surgery ([1994] 1 WLR 241)案中，首席大法官 Bingham 勋爵总结出十一项指导说明理由的原则，可供我们参考：

> 第一，目前普通法不承认公共机关有说明理由的一般义务；
>
> 第二，不过，一旦立法授予的决定权影响个人权益，法院愿意适用必要的附加程序保护机制，以确保公正的实现；
>
> 第三，在没有明确地说明理由要求的情况下，个人提出公共机关应当说明理由主张时，有义务证明公共机关适用的程序是不公正的；
>
> 第四，要求公共机关更为公开，已成为“显而易见的发展趋势”；
>
> 第五，在确定公共机关是否需要说明理由时，需要考虑的相关因素

---

① 以上三个案例参见〔英〕彼得·莱兰、戈登·安东尼:《英国行政法教科书》(第五版)，杨伟东译，北京大学出版社 2007 年版，第 419—420 页。

② 同上书，第 426—429 页。

包括:(1) 当事人是否享有上诉权;(2) 查明此错误所需要的有效方式的重要性,是否要求法院进行干预;

第六,被诉公共机关所行使的职能是否具有司法性;

第七,具有以下两种情形时,公共机关应当说明理由:(1) 不说明理由无法实现公正;(2) 决定显得异常;

第八,说明理由可以促使决定者集中于理性,表明它是基于公正解决问题的,从而可以证明它是如何作出认定的;否则,就说明程序存在着可由法院进行干预的缺陷;

第九,以下因素降低说明理由的要求:(1) 说明理由给决定者造成过度的负担;(2) 存在多样性的情况下,要求决定者表现出全体一致的形象;(3) 要求决定者说明有时无法用语言表达的价值判断;(4) 招致当事人吹毛求疵地要求提供先前不可能提出的异议理由。

第十,即使公正要求说明理由,但公共利益因素可能高于要求说明理由的考虑;

第十一,如果要求说明理由会阻碍特定决定者的工作,则不必说明理由,甚至不必提供简短的理由。①

总体而言,行政机关在什么情形下需要说明理由,说明到什么程度,仍然是一个难题。英国常任上诉法官 Sedley 指出,虽然普通法要求说明理由,但仍处于不断发展之中,距离达到能"为行政决定"提供"符合原则性要求的框架"的程度还有一定差距。英国学界也承认,"从公民个人角度分析,要求公共机关充分说明,似乎合理正当。尤其在他或她希望提出上诉或申请司法审查时更是如此。但是,从决定者和那些要求得到资助的人角度分析,要求决定者对日常的行政事务提供最基本理由之外的理由,可能是一项繁重的负担。事实上,增加行政官员说明理由的工作量,可能会导致行政程序运作的迟缓"②。

2. 申辩与陈述的权利

与知的权利紧密相连的是申辩与陈述的权利,或者说是对所知悉的各

① 参见〔英〕彼得·莱兰、戈登·安东尼:《英国行政法教科书》(第五版),杨伟东译,北京大学出版社 2007 年版,第 429 页。

② 同上书,第 430 页。

种信息发表意见的权利。就申辩和陈述权利的“自然性”和重要性，威廉·韦德引述如下故事加以阐述：

> 根据一条如诗如画的司法格言，人类历史上第一次审讯是在伊甸园赐予的：“我记得一个十分博学的人在一个这样的场合说过，甚至上帝本人在召唤亚当作出辩护之后才通过其判决。‘亚当’，上帝说，‘你在哪里？你难道没有偷食我戒令你不得食用的那颗树上的果子吗？’”①

英国行政法学者彼得·莱兰与戈登·安东尼认为：“公平听证的关键要求之一，是享有事先知悉另一方当事人意见的权利。要求给程序的当事人提供发表自己的意见的机会，并允许对公共机关提出的可能对自己不利的主张进行反驳或消除错误。”②

申辩和陈述权利，包括对于案件事实的申辩和陈述、对于证据的申辩和陈述、对于法律依据及其解释的申辩和陈述，这些在原则上没有大的疑问。关于利害关系人享有的申辩和陈述权利的案例也是数不胜数，我国的相关案例也不胜枚举。这里需要关注和讨论的是，申辩和陈述权是否包含对于证人的“交叉询问权”。在我国，鲜见有相关的案例和相关的讨论。在英国，一般而言，双方当事人都享有交叉询问证人的权利。例如，在 Errington v. Wilson (1995 SLT 1193)案中，食品管理部门以申诉人生产的几炉奶酪添加李斯特防腐液为由决定予以扣押，并移交治安法官处理。治安法官拒绝申诉人对食品管理部门的证人进行交叉询问。鉴于专家意见不一以及此程序的性质，法院判决认定治安法官违反自然公正原则。在 R v. Criminal Injuries Compensation Board, ex p Cobb([1995] COD 126)案中，法院判决认定，刑事伤害赔偿委员会应准予 Cobb 提出的延期审查主张，以便让关键证人出席，进行交叉询问。但是，也有例外。在 R v. Commission for Racial Equality, ex p Cottrell & Rothon ([1980] 3 AII ER265)案中，Corttrell 和 Rothon 房地产经纪公司进行了口头和书面答辩，但在听证时种族平等委员会没有让证人出面支持对该公司歧视的指控，该公司也未能对证人进行交叉询问，随后种族平等委员会向 Corttrell 和 Rothon 房地产经纪公司发出不

---

① 〔英〕威廉·韦德：《行政法》，徐炳等译，中国大百科全书出版社 1997 年版，第 135 页。

② 〔英〕彼得·莱兰、戈登·安东尼：《英国行政法教科书》(第五版)，杨伟东译，北京大学出版社 2007 年版，第 418 页。

得种族歧视的通知。Lane勋爵判决指出，在本案中，不必对证人进行交叉询问的方式。

3. 平等对待的权利

平等对待的权利在一定程度上融合于知的权利、陈述与申辩权利之中，即行政主体应当公平地保障各方当事人知的权利、陈述与申辩权利，切实保护他们的知情权、参与权和表达权。不过，除了这样一些抽象性的权利之外，还有一些更为重要的平等权利，其中值得关注的有听证机会的平等和听证能力的平等。听证机会的平等通过禁止单方接触原则加以保障和实现，即行政当局不得单独会见或接触一方当事人；听证能力的平等即参与听证的各方当事人都应当具有进行有效表达的能力，这通过法律代理权加以保障和实现。

有关禁止单方接触的典型案例是 Errington v. Minister of Health ([1935] 1KB 249)案。本案卫生当局已经就相关事项举行了听证会，但是接到报告后，卫生当局努力劝说 Jarrow 公司接受一个花费较小的规划。Jarrow 公司不接受并要求卫生大臣接见一个代表团。大臣答复说，鉴于它们是在履行准司法职能，不应接见只代表一方意见的代表团。不过，他还是安排该部的一个官员与主持调查的视察员去视察并在现场与 Jarrow 公司会谈。这次会晤之后，Jarrow 向卫生当局进一步提交了证据和意见。最后，卫生大臣批准了命令。但反对者非难和抨击这一决定并获得成功，其非难和抨击的理由是，公开调查会结束之后与卫生部的交易违背了正当程序原则。因为，在听证阶段，双方已经交流了意见，对证据发表了质证意见。在听证之后，卫生当局背着一方当事人听取另一方当事人的意见，是不公正的。[①]

就行政程序中当事人拥有的法律代理权，在英国存在争议。英国学界认为，尽管在一些情况下代理制度的存在可能有助于实现当事人的能力平衡，但如果法律代理是每一起案件当事人的必要权利，或者说，法律代理是公平听证原则对每起案件提出的必要程序要求的话，难免会导致诉讼程序的形式化和案件的久拖不决。此外，当事人为法律代理支付代理费，会提高程序成本，延缓程序进程，由此造成的损失可能远大于因此带来的好处。总体而言，在英国，如果行政程序具有司法性，或者行政行为可能导致个人失

① 参见〔英〕威廉·韦德：《行政法》，徐炳等译，中国大百科全书出版社1997年版，第147页。

去生计或导致其他严重不利后果，法院倾向于认定法律代理是强制性要求。[①]

丹宁勋爵在 Pett v. Greyhound Racing Association ([1968] 2 AII ER 545)案和 Enderby Town FC v. FA ([1971] 1 AII ER 215)案中发表的观点可以反映英国人对于法律代理制度的基本观点。在 Pett 案中，法院认为 Pett 有权让事务律师作为自己的代理人。丹宁勋爵指出：

> 并非每个人都有为自己作辩护的能力。当事人可能无法抓住对自己有利的主张，或者不能指出对方的要害之处；他可能语无伦次，焦虑紧张，毫无章法，或者愚笨无能；(在法庭上)……既不会向证人发问，也不会对证人进行交叉询问。要实现公正，就应当有人帮他发表意见。而且，有谁能比受过训练的律师更能胜任这一任务？因此，本席应当认为，在一个人的声誉或者生计攸关之时，他不仅有权去亲自发表意见，而且有权通过律师或事务律师代为发表意见。

在 Enderby 案中，Enderby 要求认定足球协会禁止律师代理听证的决定无效。丹宁勋爵指出，对非正式性质的程序而言，不采用法律代理制度可能有益。在不可能出现法律问题争议时，尤其如此，上诉法院不准备坚持当事人必须有人代理，也不准备认定禁止法律代理的规则无效。丹宁勋爵指出，这一规则对案件的双方当事人都适用，如果类似足球协会这样的机构作出的决定违法，那么俱乐部可以向法院提出诉讼。[②]

英国的上述情况，对思考我们的这一问题应该具有一定借鉴意义。

三、正当程序原则的适用范围

适用正当程序原则，除明确其含义和要求等内容外，还必须解决其他一些问题，首当其冲的是其适用范围。笔者反复强调，任何法律原则和法律规

---

① 参见〔英〕彼得·莱兰、戈登·安东尼：《英国行政法教科书》(第五版)，杨伟东译，北京大学出版社 2007 年版，第 421 页。

② 同上。

则都有一个适用范围，没有放之四海皆准的原则或规则。正当程序原则也一样，它仅在特定的范围内有适用的余地。国内讨论正当程序原则适用范围的文献并不多，几乎将其视为一个不受适用范围限制的法律原则。这也许与我国引入和认识这一原则所处的时代有关。因此，回顾这一原则在英美国家的发展历程，非常有助于我们对这一问题的深层次理解。

正当程序原则的适用范围可从其保护的权益种类或者所适用的行政行为种类等方面来综合观察。从发展历程来看，正当程序原则所保护的权益范围有一个扩展的过程。起初，该原则所保护的权益仅限于人民的生命、自由和财产权，但凡侵犯人民生命、自由和财产权的行为都必须遵循正当程序。《自由大宪章》第 32 条以及美国《宪法第五修正案》《第十四修正案》关于正当程序的表述都体现了这一点。例如，《自由大宪章》第 32 条规定："凡自由民，如未经其同级贵族之依法裁判，或经国法(Law of the Land)判决，皆不得被逮捕、监禁、没收财产、剥夺法律保护权、放逐或被加以任何其他方式侵害。"美国《联邦宪法修正案》第 5 条规定："非经大陪审官提起诉讼，人民不得被判死罪或其他大名誉罪……未经正当法律手续不得剥夺任何人的生命、自由或财产。"可以看出，正当程序原则最初所保护的权益限于生命、自由和财产等自由权利。[①]

但进入 20 世纪之后，社会权作为基本权利得到承认，社会权之保障与实现成为国家的重要任务。与自由权不同，社会权是"要求国家给予积极照顾，以使社会性的、经济性的弱者能够营构'值得作为人的生活'的权利"[②]。此时，社会权是否以及在怎样的意义上受正当程序原则保护，便成问题。由于正当程序原则的目的在于防范国家对于人民权益的不当侵害，国家助成个人社会权实现的行为，如提供医疗、教育、养老、住房等，不会给人民权益造成损害，不受正当程序原则约束有一定的合理性。但是，如果人民提出有关给付或者福利的申请，行政机关予以驳回，或者人民已经享受某种给付或者福利，行政机关予以撤回、撤销，是否受正当程序原则保护却成问题。与此类似的还有行政许可申请的驳回以及已持有行政许可的撤回或撤销、政

① 在宪法学上，生命、自由和财产权属于自由权的范畴。自由权"是排除国家权力对个人领域的介入，以保障个人自由的意思决定和活动的人权"。参见〔日〕芦部信喜：《宪法》(第三版)，林来梵、凌维慈、龙绚丽译，北京大学出版社 2006 年版，第 72 页。

② 〔日〕芦部信喜：《宪法》(第三版)，林来梵、凌维慈、龙绚丽译，北京大学出版社 2006 年版，第 72—73 页。

府工作人员的拒聘及解聘等。

针对上述问题，英美国家于20世纪中晚期，在扬弃传统的"权利与特权二分理论"的基础上，分别提出了"合法期待理论"和"资格理论"，完成了从"全盘否定"到"部分肯定"的立场转变，一定程度上将正当程序原则的保护范围延伸到社会权。

（一）"权利与特权二分理论"及其扬弃

"权利与特权二分理论"是英国人和美国人一度都采用的理论。这一理论认为，自然公正原则或正当程序原则所保护的是个人的"权利"（right）而非纯粹的"特权"（privilege）或"福利"（benefit）；只有当行政行为侵害个人"权利"时，方有正当程序原则特别是听证程序的适用；当行政行为侵害个人的"特权"或"福利"时，就无适用正当程序原则的必要；[①]而所谓"特权"或"福利"，不外乎是与就业、福利、许可等相关的权益。这就将正当程序的保护范围或者说适用范围局限于自由权，将社会权等排除在保护范围之外。

在英国，"权利与特权二分理论"一度与现已抛弃的"司法权与行政权二分理论"同时并用。"司法权与行政权二分理论"认为，只有行政机关行使的权力具有司法性或准司法性，且有侵害人民合法权利之虞时，方有正当程序原则的适用，也才有听证的必要。例如，在1951年的Nakkuda Ali v. Jayaratne案[②]和1953年的R. v. Metropolitan Police Comr，ex p. Parker案[③]中，法院不仅认为撤回或吊销许可证的行为是行政性的，而且认为行政相对人基于许可取得的是特权而不是权利，因而不需要听证。[④] 在美国，"权利与特权二分理论"独当一面，成为早期划定正当程序原则适用范围的依据。他们把许多政府福利或给付都认定为"恩给"（gratuities）或"特权"，而不是权利，其经典表述是霍尔姆斯法官在McAuliffe v. City of New Bedford案[⑤]中发表的意见。该案中，一名警察因参与政治活动被警方解雇，警方未听取他的意见就作出了解雇决定。该警察认为警方违反了正当程序原则，

① See Ian Loveland, *Constitutional Law, Administrative Law, and Human Rights*, Oxford University Press, 2006, p. 537.

② [1951] AC 66, PC.

③ [1953] 1 WLR 1150.

④ Ian Loveland, *supra* note 13, at 541-42.

⑤ 155 Mass, 216, 29 N. E. 517 (1892).

遂提起诉讼。霍尔姆斯指出:“原告享有议论政治问题的宪法权利,但不享有成为一名警察的宪法权利。”因此,解雇之前未予听证是符合正当程序原则的。此后多年,美国法院坚持认为,雇佣关系不属于正当程序条款保护的利益,可在无任何程序保障情形下终止雇佣合同。

“权利与特权二分理论”虽在英美国家盛极一时,但20世纪60年代以后,随着行政事务的增多和公众对政府义务的关注,逐渐受到质疑。20世纪60年代中期,以Charles Reich为代表的学者提出了“新财富”概念。他们深刻地意识到,随着政府责任的扩展,那些一度被认为是政府恩给或特权的新式财富,如电视许可、执业许可、福利给付等,对公民来说越来越重要,这些新财富的丧失会剥夺一个人的生存基础;为了维持政府和个人利益的平衡性,有必要将正当程序原则的保护范围扩展到新财富。[①] 受此影响,英美国家通过一系列案件扬弃了权利与特权的分割理论。所谓扬弃,即权利仍是界定正当程序适用范围的基础,但又不限于权利,一些“特权”或“福利”在特定情形下也受正当程序原则保护。

英国突破“权利与特权”以及“行政性与司法性”的二分理论的标志性案例是1964年的Ridge v. Baldwin案[②]。该案争议的焦点是,警方解雇警员要不要听证。按照“权利与特权二分理论”,政府的工作不是权利而是特权;按照“行政性与司法性的二分理论”,解雇警员的行为,属于行使行政权的行为,故按照传统理论,无须听证。但英国上议院并未因此否认当事人享有的听证权利。这个案件不仅宣告了“权利与特权二分理论”的终结,也宣告了“司法权与行政权二分理论”的终结。[③] 在本案中,里德勋爵代表多数发表的意见意义最大。他认为,“司法性”这个词在权力侵害某人特定权利的特性之外还附加了其他某种特性。但是,仅权力侵害权利或利益这一特性就足以使之具有“司法性”,从而受制于自然正义。换句话说,影响权利的权力必须是司法性的,权力是行政性的这一事实并不会削弱其“司法性”。霍德森

---

① See Charles A. Reich, The New Property, *The Yale Law Journal*, Vol. 73, No. 5, 1964.

② Ridge v. Baldwin,[1964] AC 40, [1963] 2 All ER 66, HL.

③ 在Ridge案中,里德勋爵指出,司法性行为不能像以前那样狭义地理解,所有侵害当事人权利的行为都是司法性的。“侵害性行为等于司法性行为”这一命题的提出实际上宣告了“司法性行为”这一概念的消灭,也宣告了“司法权与行政权二分理论”的终结。丹宁法官后来总结说:“曾经有一个时期,自然正义原则只适用于司法程序而不适用于行政程序,这种说法在里奇诉鲍德温案件中已经被摒弃了。”R. v. Gaming Board for Great Britain, ex p Benaim and Khaida [1970] 2 QB 417.

勋爵也明白地表述了同样的观点："……在某个特定的案件中，提供答案不能靠声明决定人是以执行或行政性的权能行事，仿佛这就是司法性权能的对立物似的，这些案件在我看来表明了，表面上不是以司法性的而是执行或行政性的权能行事的人都已被法院认为必须受制于自然正义的原则。"①

在美国，这一理论的突破发生于 1970 年的 Goldberg v. Kelly 案②。Kelly 女士是政府福利救助的对象。市政府未经听证程序即终止了对她的福利救助。在传统的正当程序分析话语中，福利是一种特权，不受正当程序保护。但本案法院明确指出，在当代社会，从对个人影响的角度看，终止个人的福利待遇与剥夺个人传统意义上的私有财产权利没有两样；考虑到接受福利待遇的法定条件是非常贫困，错误地终止福利会给相对人生活造成严重困难，正当程序原则要求在作出终止决定前给予相对人口头陈述和申辩的机会。③

（二）合法期待理论在英国的提出与应用

"权利与特权二分理论"被抛弃后，正当程序原则保护的权益范围变得复杂起来。因为，在 20 世纪发展起来的福利国家，政府的给付、许可、聘任等行政行为占据了政府活动的大多数，涉及的人群数量也非昔日的侵害行政所可比拟。将所有的给付、许可、聘任等行为纳入听证范围，对行政效率的负面影响可想而知。因此，"特权"在什么情形下受正当程序保护、需要听证，便成为进一步讨论的话题。为此，英国人提出了合法期待理论。这一理论认为，当人民对政府的特定行为形成合理期待时，这种"期待"是受正当程序原则保护的；政府的行为可能会挫伤这种期待时，政府便负有"公正行事的义务"。

在 1964 年的 Ridge 案中，英国人实际已有这一思想的萌芽。在这个案件中，就政府职员工作的法律程序保护，里德勋爵提出三种应区别对待的情形：第一，涉及雇佣合同。这种情形下，普通法上的自然公正原则就不适用。用人单位是否以及在何种程度上受正当程序原则约束取决于合同中是否有相关规定。第二，没有雇佣合同。这种情形下，如果雇员是公务人员，且须

---

① [1964] AC at p. 130. 转引自〔英〕威廉·韦德：《行政法》，徐炳等译，中国大百科全书出版社 1997 年版，第 157 页。

② Goldberg v. Kelly, 397 U. S. 254 (1970).

③ See Jack M. Beermann, *Administrative Law*, Aspen Publishers, 2011, p. 230.

在具备法定条件时方能解雇，则普通法上自然公正原则的程序应当适用。第三，虽然没有合同，但属于临时工。这种情形下，可以随时解雇雇员，无须任何形式的听证。①

合法期待概念的明确提出是在1969年的Schmidt v. Secretary of State for Home Affairs案②。1968年，Schmidt先生为了继续在英国学习宗教精神疗法，申请延长签证期限，被英国内政部拒绝了。他为此提起诉讼，理由是内政部在作出这一决定前未给予他听证的机会。法院以外国人没有进入英国的"权利"为由，驳回了他的请求。不过，丹宁勋爵对此作了更周详的阐述，认为Schmidt在签证期限届满之前享有继续待在英国的"合法期待"；如果内政部提前撤回他的签证，则他有资格要求听证，以便说服内政部不要挫伤他的预期。但是，签证续签的驳回不会给原告带来这样一种资格。③ 可见，在丹宁勋爵看来，当利害关系人对"特权"形成"合法期待"时，就受正当程序原则之听证程序保护。

Schmidt案之后，合法期待理论成为英国人的重要分析工具，在一系列案件中得到应用和发展，如1978年的McInnes v. Onslow Fane案。④ 1976年，McInnes先后5次向管理机关申请拳击业经理资格，均在未予听证的情形下被驳回。起诉后，法院认为，涉及执照的案件可分三类：第一类是撤回或吊销仍然有效的执照；第三类是驳回取得许可的申请；第二类则介于第一类和第三类之间。在第二类情形下，申请人基于已经发生的事由相信申请可以得到批准，从而形成一定的合法期待。对第一类情形，应当提供高度的程序保护，权利人享有"公正审判的权利、告知的权利、听证的权利"等。相反，在申请被驳回的情形下，根本没必要提供任何的程序保障，没必要听证，甚至连案件的基本要点也没必要说明。相应地，对于第二类情形，应提供的程序保护当介于第一类和第二类之间。⑤

可以看出，合法期待理论不仅打破了传统的"权利与特权二分理论"，使

---

① See Ian Loveland, *Constitutional Law*, *Administrative Law*, *and Human Rights*, Oxford University Press, 2006, pp. 544-545.

② [1969] 2 CH 149, CA.

③ See Ian Loveland, *Constitutional Law*, *Administrative Law*, *and Human Rights*, Oxford University Press, 2006, p. 550.

④ [1978] 3 AII ER 211, [1978] 1 WLR 1520.

⑤ See Ian Loveland, *Constitutional Law*, *Administrative Law*, *and Human Rights*, Oxford University Press, 2006, pp. 553-554.

正当程序原则的保护对象不再限于传统的自由权——“权利”，从而扩大了它的适用范围，同时也使正当程序原则对社会权——“特权”的保护以行政相对人对社会性权利形成合法期待为条件，从而又限制了它的适用范围。总之，目前在英国行政法中，“该原则无论如何也不局限于诸如干预财产、开除职务、指控个人不轨行为之类的特定种类的案件。它等同地适用于对地方当局价格补贴的削减、在房主与房客间分配‘维修良好’的房屋的补偿金、禁止一公民进入地方当局向其他人开放的服务等情况”[①]。

（三）“资格理论”在美国的提出和应用

与英国人所使用的概念不同，美国人为了突破“权利与特权二分理论”，提出了“资格理论”（entitlement theory）。按此理论，正当程序原则所保护的权利，不再限于传统意义上的生命、自由和财产等自由权，而是包括所谓的“特权”或“福利”等社会权在内。是否给予某种“特权”或“福利”以正当程序保护，关键在于当事人是否已经在法律上取得了拥有该“特权”或“福利”的资格。

“资格理论”是在否定“严重损害理论”的基础上提出的。前述1970年的Goldberg案在分析福利何以受正当程序保护时，法院认为，接受福利待遇的法定条件是非常贫困，错误地终止福利会给相对人生活造成严重困难，因而在作出终止决定之前应给予相对人口头陈述和申辩的机会。美国学者据此认为，这个案例采用的标准是“严重损害”标准。[②] 不过，到了1972年的Board of Regents v. Roth案[③]，美国法院的分析依据发生了转变。

Roth是一所州立大学的教授助理，工作一年后，接到来年不再续聘的通知。作出不再续聘决定前，校方未给予Roth听证的机会。Roth认为，校方侵犯了他的财产权利；作出决定前未予听证，违反了正当程序原则。初审法院认为，考虑到在持续的雇佣关系中劳动者利益的重要性，政府雇佣关系的解除是对雇佣关系中劳动者财产利益的剥夺，按照正当程序，应给予一定的听证程序。但最高法院采取了完全不同的分析方法，认为判断是否属于一种财产性利益，不是看利益的类型，而是看法律、法规是否具体规定了请求

---

① 〔英〕威廉·韦德：《行政法》，徐炳等译，中国大百科全书出版社1997年版，第173—174页。

② See Jack M. Beermann, *Administrative Law*, Aspen Publishers, 2011, p. 230.

③ 408 U. S. 564(1972).

某种利益的法定条件。如果法律没有规定相应的条件，则申请人不过是对某种工作、福利或许可等政府利益的单方期待，与正当程序无关。就 Roth 而言，其在公立高校工作的条件，既无法律的规定，也无合同的约定，因此，其利益不受正当程序的保护。[①] 这一分析方法后来被称为"资格理论"。

"资格理论"认定资格的依据主要为法律规定或合同约定，但又不限于此。与英国合法期待之形成相似，行政指导与公告等事实行为也可能成为资格"形成"的依据。Perry v. Sindermann 案[②]可以说明这一点。Sindermann 在一所州立学院已工作十年，因学院未建立明确的任期制度，他每年与校方签订为期一年的雇佣合同，年复一年。但这年，校方不再与他续签合同。Sindermann 案的情形与 Roth 案略有不同。尽管该校没有正式的任期制度，但其员工手册中写到："只要各位兢兢业业，精诚团结，工作愉快，校方期望各位把自己视为学校的一名长期员工。"法院认为，这一申明表明，Sindermann 对继续聘用不再是一厢情愿的期待。判决指出，"'财产权'意味着被'现行规则或共识'所保护的广泛的利益。如果这样的规则或相互之间达成的共识表明某人有资格对某种福利提出请求，那么，他在该福利中所具有的利益就是为正当程序所保护的；相应地，他就有资格要求听证"[③]。本案法院最后裁决发回重审，要求下级法院根据所有事实和因素来判断，Sindermann 是否拥有请求续聘的权利？相应地，他是否拥有为正当程序原则所保护的权益？

迄今为止，资格理论依然是美国解决当下问题的主要依据。

（四）合法期待与"资格理论"的比较与选择

面对合法期待与"资格理论"，现在的问题是，孰优孰劣？如果借鉴，何去何从？

可以看出，英国合法期待理论所持的基本立场是，当行政相对人对福利给付、行政许可、公职等的取得或继续持有形成合法期待时，这种合法期待受正当程序原则的保护；如果挫伤相对人的合法期待，就应予以听证。合法期待首先形成于行政机关的赋权性行政行为，如颁发补贴、许可或签订聘用

① See Jack M. Beermann, *Administrative Law*, Aspen Publishers, 2011, p. 231.

② Perry v. Sindermann, 408 U. S. 593 (1972).

③ William F. Funk, Richard H. Seamon, *Administrative Law*, Aspen Publishers, 2009, p. 114.

合同,从而使相对人获得某种权利或利益;其次形成于行政机关的非赋权性行为,如发布通知、作出指导或承诺等,这种行为虽未赋予相对人某种权利或利益,但使他们确信行政机关将会采取所期待的行为,使他们获得某种权利或利益。[①] 不论形成于哪一种,只要相对人已经形成期待,都受正当程序原则保护。由于合法期待的形成不是基于法律规定,而是基于行政行为(或活动),因此对仅依据法律规定提出的福利给付、行政许可等申请的驳回就不受正当程序原则保护。但是,若申请人已依据行政指导、行政允诺、行政公告、行政惯例等事实行为形成合法期待的,对福利给付、行政许可、就职等申请的驳回则受正当程序原则的保护,必要时应予以听证。结果是,正当程序原则保护的权益范围超出了对已取得的许可、持续性给付的撤回、撤销或变更。

从表面看,美国的资格理论似乎比英国的合法期待理论的保护范围宽。这是因为,不同于合法期待的形成,资格的取得,不仅可以依据行政行为或其他行政事实行为,还可以依据法律的规定,即只要申请人在法律上具备取得某种给付、许可或公职的资格,就受正当程序原则保护。按此,不仅福利、给付、许可或公职的撤销或变更需要听证,驳回福利、给付、许可、应聘的申请也应悉数纳入听证的范围。但实际上,到目前为止,美国最高法院对这个问题没有作出肯定性回答,仅有个别地方法院在个别案件中对此持肯定意见。例如,在 Cushman v Shineski 案[②]中,一位退伍军人向地方政府提出军人残疾抚恤金申请,遭到驳回。法院认为,第一次提请支付残疾抚恤金的申请,应纳入正当程序保护的范围,驳回前应听取申请人的意见。但美国学界认为,这种判决在美国非常罕见,不具有代表性。[③] 这种情形下,美国的"资格"与英国的"期待"之间实际上就没有多少差别。以 Sindermann 案为例,如果将他依据校方颁发的指导手册所取得"资格"理解为"期待",也没有什么不妥。因此,"资格理论"与合法期待理论实际上异名同质、异曲同工。

综上所述可见,英美国家正当程序原则所保护的核心权益是自由权,社

---

① 余凌云教授将英国的合法期待分为狭义的和广义的两类。在笔者看来,倒不是合法期待可以分为两类,而是形成合法期待的原因或者合法期待的内容可以分为两类,期待本身没有区别。参见余凌云:《行政法上合法预期之保护》,载《中国社会科学》2003 年第 3 期。

② 576 F. 3d. 1290 (Fed. Cir. 2009).

③ See Ian Loveland, *Constitutional Law, Administrative Law, and Human Rights*, Oxford University Press, 2006, p. 235.

会权虽已纳入保护范围,但保护程度或者说保护情形较为有限:首先,授益行政决定的撤回(废止)、撤销、吊销或变更,与侵益性行政行为一样,受正当程序原则保护,需要听证。其次,申请人对行政机关作出肯定性授益决定已形成合法期待时,对其申请的驳回受正当程序原则保护,必要时予以听证。但除此之外,即便是对申请人所提申请予以驳回,也不受正当程序原则保护,无须听证;对申请的肯定性回应更不用说,除非涉及第三人重大利益。

将上述结论与我国适用正当程序原则的一系列典型案例进行比较,可以看出,我国正当程序原则所保护的权益范围与英美国家的大致相同。所谓相同者,首先,但凡行政行为侵害到人民的自由权,尤其是人民的财产与人身自由,即便法律没有规定要听证,也须按照正当程序原则的要求予以听证,如陈刚诉句容市规划局等违章建筑拆除行政命令案①、黄泽富等诉四川省成都市金堂工商行政管理局行政处罚案②。其次,社会权被纳入正当程序原则的保护范围之内。尽管许可、福利、就业等申请的驳回一般不听证,但行政机关撤回(废止)、撤销、吊销或变更已经生效的授益行政决定的,需要听证,如赵博诉平邑县人民政府土地行政许可案③、彭淑华诉浙江省宁波市北仑区人民政府工伤行政复议案④、邱正吉等诉厦门市规划局规划行政许可案⑤、张成银诉徐州市人民政府房屋登记行政复议决定案⑥等。不过,我国尚无案例表明,当申请人对行政机关作出授益决定已形成合法期待时,对其申请的驳回是否应纳入正当程序的保护范围,是否应予听证。

---

① 参见中华人民共和国最高人民法院行政审判庭编:《中国行政审判案例》(第3卷),中国法制出版社2013年版,第128—132页。本案涉及违章建筑的拆除命令。

② 参见成都市中级人民法院(2006)成行终字第228号,2006年9月28日判决;指导案例6号,最高人民法院审判委员会讨论通过,2012年4月9日发布。另参见《最高人民法院公报》2012年第12期、《人民法院报》2012年4月14日第4版专版。本案涉及没收财产的行政处罚。

③ 参见中华人民共和国最高人民法院行政审判庭:《中国行政审判案例》(第3卷),中国法制出版社2013年版,第118—121页。本案涉及土地使用权出让合同的撤销决定。

④ 浙江省宁波市镇海区人民法院(2006)甬镇行初字第3号行政判决书,浙江省宁波市中级人民法院(2006)甬行终字第78号行政判决书;中华人民共和国最高人民法院行政审判庭编:《中国行政审判指导案例》(第1卷),中国法制出版社2010年版,第99—104页。本案涉及工伤认定的撤销。

⑤ 参见福建省厦门市中级人民法院(2008)厦行初字第6号行政判决书;中华人民共和国最高人民法院行政审判庭编:《中国行政审判案例》(第3卷),中国法制出版社2013年版,第122—127页。本案涉及商品房建设规划的变更决定。

⑥ 本案载于《最高人民法院公报》2005年第3期。本案涉及不动产登记证的撤销决定。

而这应该是划定正当程序原则所保护的权益范围时要解决的核心问题。

回答上述问题，关键在于搞清楚，我国现行的法律制度与行政法理论是否认可该类合法期待？正当程序原则是否为保护这类合法期待的制度装置？应该说，我国现行行政法制与行政法学的见解之间尚存在一定差距。我国现行法律中，可以称得上认可并保护信赖利益的规定主要为《行政许可法》第8条第1款的规定："公民、法人或者其他组织依法取得的行政许可受法律保护，行政机关不得擅自改变已经生效的行政许可。"可以看出，这一规定仅涉及对已经取得的行政许可的"擅自改变"，而且其保护方法主要为实体法意义上的补偿。① 不过，我国行政法学界认为，合法期待不限于《行政许可法》第8条第1款所指的，更为重要也更具意义的合法期待"是指相对人因行政机关的先前行为（如曾制定过政策、发过通知、作出过指导或承诺等），尽管没有获得某种权利或者可保护利益，但合理地产生了对行政机关将来活动的某种预期（如行政机关将会履行某种程序或者给予某种实质性利益），并且可以要求行政机关将来满足其上述预期。行政机关除非有充分的公共利益理由，原则上不得拒绝"②，而且对这种合法期待予以保护的首要手段应当是程序，即适用正当程序原则。③

法学研究与法律实践之间存在一定差距是必然的。法学研究以法律实践为土壤，但一直引领着法律实践的发展方向，虽然并非所有的法律研究成果都会转化为法律实践。笔者在此无力就合法期待及其保护装置问题展开讨论，无法就其间的是非曲直下一个正确的判断。但是，考虑到我国的正当程序原则与合法期待保护原则都是借鉴自英美国家的，我国的经济文化发展水平已经跃入世界先进国家行列，如果没有充分的摒弃理由，就应当充分地予以吸收。同时，我国总体上对人民权益的保护不是太过，而是不足；对人民权益提供更全面充分的保护更加符合社会主义法治国家的要求，而不是相反。因此，当申请人对行政机关作出授益决定已经形成合法期待时，对其申请的驳回应纳入正当程序原则的保护范围，应当予以听证。这至少应当成为我国司法工作努力的方向。

---

① 参见《行政许可法》第8条第2款和第69条第4款。

② 余凌云：《行政法上合法预期之保护》，载《中国社会科学》2003年第3期。

③ 同上。

四、正当程序原则对法定程序的补充

适用正当程序原则的另外一个问题是，如何处理与现行成文法规定的程序之间的关系？现代行政法已经在一定程度上将正当程序原则法律化了，但在不同的法律部门中其法律化的程度参差不齐。对于有些行政行为，成文法规定了行政程序；对于有些行政行为，成文法没有规定行政程序；已经规定了的，对于有些行政行为，成文法规定的程序已达到正当程序原则的要求；对于有些行政行为，成文法规定的程序尚不周全，可能达不到正当程序原则的要求。如此一来，正当程序原则在适用上就存在如下问题——对于某种行政行为，如果成文法没有规定相应的程序，或者成文法规定的程序与正当程序原则的要求有一定差距，我们该按照成文法规定的程序实施行政行为，还是按照正当程序原则要求的程序实施行政行为？换言之，我们可否根据正当程序原则的要求对成文法规定的程序进行必要的补充？①

（一）正当程序对法定程序的解释和补充功能

总体上，不论是国外还是国内，正当程序原则对于成文法所规定的程序具有解释和补充功能，这一点是肯定和明确的。就英国而言，以下法官和学者的观点反映了其基本立场。

早在 1863 年，于 Cooper v. Wandswoth Board of Works ([1863] 14 CB (NS) 180)案中，Byles 法官说："尽管制定法中没有确定的文字规定要求听取当事人意见，但普通法正义弥补了立法机构的缺漏。"② 1971 年，在 Wiseman v. Borneman([1971] AC 297)案中，里德勋爵说："长期以来，当发现为自然正义所需时，就会补充成文法规定的程序，这一点议会从来没有反对过。当然，法院在行使这一权力时，必须明白，成文法规定的程序尚不足以

① 其实，在处理正当程序与成文法之间的关系时涉及两个问题：一是成文法可否因违反正当程序原则而被法院确认为无效或者撤销；二是成文法可否因未达到正当程序原则的要求而被补充。第一个问题涉及法的合宪(法)性审查问题，比较复杂，国内目前的讨论比较少。笔者这里仅讨论第二个问题，第一个问题留待后续研究和补充。

② H. W. R Wade, C. F. Forsyth, *Administrative Law*, 9th edition, Oxford University Press, 2004, p. 406.

达到或者实现程序公正，补充程序的行为没有损害立法的显而易见的目的。”[①]1987 年，在 Lloyd. V. McMahon ([1987] 2 WLR 821)案中，Bridge 勋爵说：“尤须强调，这一点早已确立：当任何机构根据法律不全作出影响个人权利的决定时，法院将不仅仅要求其遵照法律规定的程序，而且要求其遵循自然公正原则所要求的其他程序。这一点确凿无疑，无须赘述。”[②]此外，著名行政法学者威廉·韦德也提出：“任何法定程序都不可能防范所有可能出现的不公现象，因此，其间的沟壑可以通过诉诸‘普遍法的正义’而填补。”[③]

上述英国法官和学者的观点在其他普通法系国家也得到坚持。例如，1960 年《加拿大权利法案》规定，在没有法律明确的相反规定的情况下，裁决某人权利义务时，加拿大的任何法律均不得被理解或应用为剥夺他根据基本正义的原则应有的公平审讯权。在我国，当成文法规定的程序有歧义或者有欠缺时，依据正当程序原则对成文法规定的程序予以解释或者加以补充，基本成为共识。这里举“黄泽富等诉四川省成都市金堂县工商行政管理局行政处罚案”[④]“赵博诉平邑县人民政府土地行政许可案”[⑤]来说明。“黄泽富等诉四川省成都市金堂县工商行政管理局行政处罚案”可以视为依据正当程序原则解释成文法规定的典型案例，该案后来被最高人民法院选列为指导案例 6 号。

2003 年 12 月 20 日，四川省金堂县图书馆与原告黄泽富联合开办多媒体电子阅览室。经双方协商，由黄泽富出资金和场地，每年向金堂县图书馆缴管理费 2400 元。2004 年 4 月 2 日，黄泽富以其子何熠的名义开业；4 月中旬，金堂县文体广电局市场科以整顿网吧为由要求其停办。鉴于此，金堂县图书馆与黄泽富协商，决定终止“合办协议”，并退还了已经收取的管理费，摘除了牌子。2005 年 6 月 2 日，金堂县工商局会同金堂县文体广电局、金堂

---

① H. W. R Wade, C. F. Forsyth, *Administrative Law*, 9th edition, Oxford University Press, 2004, p. 421.

② Ibid., pp. 421-422.

③ Ibid., p. 422.

④ 成都市中级人民法院(2006)成行终字第 228 号行政判决书；指导案例 6 号，最高人民法院审判委员会讨论通过，2012 年 4 月 9 日发布。另参见《最高人民法院公报》2012 年第 12 期、《人民法院报》2012 年 4 月 14 日第 4 版专版。

⑤ 山东费县人民法院(2009)费行初字第 39 号行政判决书，山东省临沂市中级人民法院(2010)临行终字第 74 号行政判决书。另参见中华人民共和国最高人民法院行政审判庭编：《中国行政审判指导案例》(第 3 卷)，中国法制出版社 2013 年版，第 118 页以下。

县公安局对黄泽富的经营场所进行检查时发现，原告仍在营业，金堂县实验中学初一学生叶某、杨某、郑某与数名成年人在上网打游戏。金堂县工商局按照 2002 年发布的《互联网上网服务营业场所管理条例》第 27 条“擅自设立互联网上网服务营业场所，或者擅自从事互联网上网服务经营活动的，由工商行政管理部门或者由工商行政管理部门会同公安机关依法予以取缔，查封其从事违法经营活动的场所，扣押从事违法经营活动的专用工具、设备”的规定，决定扣押原告的 32 台电脑主机。何伯琼对该扣押行为及扣押电脑主机数量有异议，认为实际扣押了其 33 台电脑主机，遂诉至法院，请求撤销该《扣留财物通知书》。2005 年 10 月 8 日金堂县人民法院作出行政判决书[①]，维持了该《扣留财物通知书》，但同时确认金堂工商局实际扣押了何伯琼 33 台电脑主机，而不是 32 台。2005 年 10 月 12 日，金堂县工商局作出没收扣押的电脑主机 32 台的行政处罚决定。金堂县工商局在作出这一处罚决定时，仅按照行政处罚的一般程序告知黄泽富等三人有陈述、申辩的权利，但没有告知其享有要求听证的权利，也因此未举行听证程序。原告不服，遂提起行政诉讼，请求人民法院依法撤销该决定。

本案争议的焦点是如何解释 1996 年发布的《行政处罚法》第 42 条的规定：“行政机关作出责令停产停业、吊销许可证或者执照、较大数额罚款等行政处罚决定之前，应当告知当事人有要求举行听证的权利……”这一条规定仅明确，行政机关作出责令停产停业、吊销许可证和执照、较大数额罚款的行政处罚时，应当告知当事人有要求举行听证的权利，没有提及没收类行政处罚。被告认为，第 42 条没有规定没收要听证，那就意味着本案原告不享有听证权利，不应该为其举行听证程序；但原告认为，第 42 条的规定中有一个“等”字，是不完全列举，其享有的听证权利不限于明确列举的情形，行政机关作出没收类行政处罚决定也应当举行听证程序。通常认为，在我国汉语中，“等”的确有“等内等”和“等外等”两种含义。“等内等”意味着“等”是列举的终结，“等”外没有其他情形；“等外等”意味着“等”是列举的省略，“等”外还有其他情形。此外，“等外等”有两种情况：一是有限的“等外等”，即尽管“等”外有其他情形，但其他情形是有限的，应当与已经列举的情形属于同一类型或者具有同一性质；二是无限的“等外等”，即“等”外情况没有限制。

---

① 金堂县人民法院(2005)金堂行初字第 13 号行政判决书。

这种情况下，第 42 条的规定就有歧义，本案被告作出没收原告 32 台电脑主机的处罚决定，要不要告知原告有要求听证的权利，要不要举行听证程序；被告在未告知原告有要求听证的权利、未举行听证程序的情况下，作出该行政处罚决定是否违反法定程序，是否应予撤销，都是值得讨论的问题。

对此，审理法院认为，1996 年发布的《行政处罚法》第 42 条虽然没有明确列举“没收财产”，但该条中的“等”系不完全列举，应当包括与明文列举的“责令停产停业、吊销许可证或者执照、较大数额罚款”类似的其他对相对人权益产生较大影响的行政处罚。为了保证行政相对人充分行使陈述权和申辩权，保障行政处罚决定的合法性和合理性，对没收较大数额财产的行政处罚，也应当根据第 42 条的规定适用听证程序。关于没收较大数额的财产标准，考虑到本案发生在四川省，应比照《四川省行政处罚听证程序暂行规定》第 3 条“本规定所称较大数额的罚款，是指对非经营活动中的违法行为处以 1000 元以上，对经营活动中的违法行为处以 20000 元以上罚款”中对罚款数额的规定来确定。按此，金堂县工商局没收黄泽富等三人 32 台电脑主机的行政处罚决定，应属没收较大数额的财产、对黄泽富等三人的利益产生重大影响的行为，金堂县工商局在作出行政处罚前应当告知被处罚人有要求听证的权利。本案中，金堂县工商局在作出处罚决定前只按照行政处罚一般程序告知黄泽富等三人有陈述、申辩的权利，而没有告知听证的权利，违反了法定程序，依法应予撤销。①

在上述推论过程中，法院将“保证行政相对人充分行使陈述权和申辩权”作为立论的基础，而陈述权和申辩权实际上是正当程序原则之听证制度所保护的主要内容。因此，本案在一定程度上潜在地或者间接地明确了正当程序原则对于行政行为的普遍约束力，明确了正当程序原则对于成文法规定的程序的解释功能。虽然本案判决主文中没有明确提及正当程序原则，但最高人民法院案例指导工作办公室在说明该案例之裁判要点时是把正当程序原则作为出发点的。他们认为：“正当程序原则是最低限度的程序正义要求。当行政机关作出行政处罚时，应当告知当事人有要求举行听证的权利而没有告知的，或者未依法举行听证的，人民法院应当根据行政诉讼法第五十四条的规定，以违反法定程序为由，撤销或部分撤销原具体行政行

① 参见成都市中级人民法院(2006)成行终字第 228 号行政判决书。

为,并可以判决行政机关重新作出具体行政行为。”①

“赵博诉平邑县人民政府土地行政许可案”可以视为用正当程序原则补充成文法规定的程序的不足的典型案例。此类典型案例比较多,“赵博案”只是其中之一。本章第一部分在介绍“正当程序原则在我国的引入”时,已经比较详细地介绍了“田永案”“刘燕文案”和“张成银案”,“赵博案”可看作此类案例的进一步补充。

平邑县人民政府于2004年2月9日作出平政土清补字〔2004〕327号《关于赵博、高建远补办用地手续的批复》,同意由县国土资源局代表县人民政府征用第三人平邑镇西张庄二村集体土地2664平方米,并将其土地使用权出让给原告赵博使用。平邑县国土资源局与西张庄二村村民委员会签订了《征用土地协议书》,协议书中对土地补偿费、安置补助费、附着物补偿费、青苗补偿费未约定,亦未填写,平邑县国土资源局与原告签订了《征地包干协议》,约定双方协商采取全包方式征用土地。2004年3月20日,平邑县国土资源局与原告签订了国有土地使用权出让合同;2004年3月31日,原告向平邑县国土资源局交纳了征地管理费、耕地开垦费、违法占地罚款及国有土地出让金。后因原告征用地的原承包户不准原告建设形成纠纷。2009年4月20日,被告作出平政土字(2009)36号《关于撤销平政土清补字(2004)327号文中关于赵博补办用地手续批复的决定》,认定原告赵博已占用耕地建花岗石厂一事与事实不符,原告在取得平政土清补字(2004) 327号文时,用地行为尚未发生,因而决定撤销平政土清补字(2004) 327号文中关于赵博补办用地手续的批复决定,并将该决定送达原告。原告不服并向临沂市人民政府提起行政复议,临沂市人民政府于2009年8月5日作出临政复字(2009)126号行政复议决定书,维持了平政土字(2009)36号决定。2009年10月,原告提起行政诉讼。

赵博称,1998年6月,因建花岗石厂原告占用西张庄二村集体土地2664平方米,用地手续完备,而被告于2009年4月20日作出平政土字(2009) 36号文,决定撤销平政土清补字(2004) 327号文中关于赵博补办用地手续的批复,该决定事实不清,没有举行听证,程序违法,请求法院依法撤销平政土字(2009) 36号决定。平邑县人民政府辩称,赵博在清理整顿土地市场中,

① 姚宝华:《指导案例6号〈黄泽富、何伯琼、何熠诉成都市金堂工商行政管理局行政处罚案〉的理解与参照》,载《人民司法》2012年第15期。

申请补办用地手续,但其申请补办用地手续时隐瞒事实,平邑县人民政府作出的平政土字(2009)36 号文,事实清楚,证据充分,适用法律正确,程序合法,完全符合依法行政、合理行政原则。据此可以看出,本案争议的问题之一是,撤销"批复"的程序是否合法？这一问题的缘由在于,相关法律没有对撤销批复的程序作出规定。

一审法院认为,被告作出关于撤销平政土清补字(2004)327 号文中关于赵博补办用地手续批复的决定,认定赵博在申请书中所称的占用耕地建花岗石厂一事与事实不符,直到现在该宗土地上仍无建筑物、构筑物。赵博在取得平政土清补字(2004)327 号文中批复时用地行为尚未发生,平邑县人民政府作出平政土清补字(2004)327 号文是依照国土资源部《关于进一步治理整顿土地市场秩序中自查自纠若干问题的处理意见》及《国土资源部办公厅关于遗留建设项目用地处理意见的复函》,该意见和复函针对的是已经发生实际用地的建设项目。赵博所取得的平政土清补字(2004)327 号文中的批复,不符合国土资源部关于治理整顿土地市场秩序中有关违法用地的处理规定,依法应予以纠正,属被告职权范围,但被告在作出该具体行政行为时,应按法定程序,不能剥夺原告的知情权、申辩权,被告在行使行政职权时,既未向原告进行询问,又未进行调查,仅凭传来证据,就作出具体行政行为,被告这一行为既缺乏证据支持,又违反法定程序。一审法院依据 1989 年发布的《行政诉讼法》第 54 条第 1 款第 2 项第 1、3 目之规定,判决撤销平政土字(2009) 36 号《关于撤销平政土清补字(2004) 327 号文中关于赵博补办用地手续批复的决定》。

二审法院山东省临沂市中级人民法院审理认为,本案中,上诉人平邑县人民政府作出撤销平政土清补字(2004)327 号文中关于赵博补办用地手续批复的决定,对被上诉人赵博造成不利影响,其作出该具体行政行为时应当遵循公开、公平、公正的原则,应当听取行政相对人的陈述和申辩,即应受正当程序的控制。上诉人平邑县人民政府只是根据上诉人吴加存等人的反映,审查了当时作出平政土清补字(2004) 327 号文所依据的材料,并结合调查的情况作出该具体行政行为,并没有告知被上诉人,说明撤销的根据和理由,听取被上诉人的陈述和申辩。因此,本案被诉具体行政行为违背公开、公平、公正的正当程序原则,不具有合法性,一审予以撤销并无不当。

本案判决中,尤其值得关注的是二审法院的如下意见:《行政许可法》虽然没有规定撤销行政许可的具体程序,但该法第一章总则中第5条、第7条规定了设定和实施行政许可所应遵守的原则、程序和利害关系人享有的法定程序权利。没有设定行政机关撤销行政许可所要遵循的具体程序性义务,并不意味着其就可以不要程序,在行使职权的方式、步骤、顺序、时限上享有绝对的自由裁量权,而程序合法的底线在于正当程序原则,行政机关在此情况下应当遵循这一法律原则。根据这一法律原则的要求,行政机关作出影响当事人权益的行政行为时,应当履行事先告知、说明根据和理由、听取相对人的陈述和申辩、事后为相对人提供相应的救济途径等正当法律程序。这一意见非常明确地反映了法院对于正当程序原则对于成文法规定的程序的补充功能。最高人民法院在公报中刊载公布这一案件,充分说明,最高人民法院对这一判决的意见是予以充分肯定和支持的。

如前所述,类似于"黄泽富案""赵博案"的案件还有很多,这里不再一一列举。这些案例充分说明,我国人民法院对于正当程序原则解释和补充成文法规定的程序的功能是非常明确的,也是普遍认可的。不过,明确了正当程序原则对于成文法规定的程序的解释和补充功能,并不等于正当程序原则在这一方面的适用问题就彻底解决了。更为棘手和复杂的问题是,按照正当程序原则的要求对成文法规定的程序进行补充的话,需要在怎样的情形下补充哪些程序?该补充到怎样的程度?

正当程序旨在追求程序公正,为行政相对人提供程序保护。但行政程序的设计与展开,不可能仅仅考虑公平正义,还需考虑成本效益;不可能在所有程序中一概采用最复杂的程序,而不加区别。可以看出,我国上述案例对这一更为实际的问题均没有予以清晰地回答。当然,在"黄泽富案"中,法院并不主张不分案情一味地主张采用最为复杂的程序——如听证程序,而是主张仅对没收"较大数额财产"的行政处罚予以听证,至于"较大数额财产"则比照"较大数额罚款"来确定。但这种办法只是在短期内解决了没收类行政处罚是否听证的问题,对于其他行政行为以及其他程序而言则没有一般性的指导意义。

(二)正当程序原则补充适用的条件及形式选择

回答上述问题是困难的。正当程序原则包含众多制度或者权利,每一种制度的适用或者权利的行使所要考虑的因素又不完全相同。前文在讨论禁止偏私原则和公平听证原则时已经有了一定的体现。笔者在这里提出这一问题，主要是为了引起大家的关注、思考和研究，以期将来能够对这一原则有更合理的、科学的应用，并不意味着能够提供一个满意的答案。基于此，这里先介绍一下其他国家的做法，然后谈一些初步的意见。

1. 英国人的考虑方法

英国人认为，自然正义原则必须是富于柔性的原则。威廉·韦德指出："法官们往往渴求保留一些机动的自由，强调不可能制定僵硬刻板的规则规定什么时候适用自然正义原则，也不能限死其范围和程度。什么事情都取决于主题。[①] '所谓的自然正义并不是刻在石板上的'[②]，它们的应用依赖于法律的含义，因此必须总是与法律的宗旨和案件的主题相一致，'在适用公平处置的观念时必须有真正的灵活性'[③]。"[④]

为了保持自然公正原则适用的灵活性，英国法院所采用的标准或相关的陈述是笼统的、模糊的。例如，在 Russell v. Duke of Norfolk（[1949] 1 All ER 109）案中，常任上诉法官 Tucker 指出："自然公正要求必须视案件的具体情况、调查的性质、裁判机构使用的规则、所要处理的主题等因素而定。因此，本席并未从不时出现的自然公正的界定中获得更多的启示。不过，无论采取何种标准，自然公正的一个基本要求是相关当事人应当有合理的机会表达对案件的看法……"[⑤]这段话表明，自然公正原则将随着法律规则、案件性质、关涉问题而变化，并不要求总是采取全面听证方式。由于所考虑的各种因素往往是相互冲突的，这意味着法院在确定是否听证这一问题上享有相当大的裁量权。在 Durayappah v. Fernando（[1967] 2 AC 337）案中，枢密院发表了一段经常被引证而意思差不多的意见："依勋爵们的意见，在考虑是否适用该原则时有三件事必须常记在心。这三件事是：第一，抱怨不公正的人的财产、职务、地位或行业的性质是什么。第二，这个自称有权运用控制措施的人究竟可以在什么样的情况下或在什么场合下有资格介入。

---

① R. v. Gaming Board for Great Britain ex p. Benain and Khaida [1970] 2 QB 417 at 439 (Lord Dening MR).

② Lloyd v. McMahon [1987] AC 625 at 702.

③ Re Pergamon Press Ltd. [1971] Ch. 388 at 403 (Sachs LJ).

④ 〔英〕威廉·韦德：《行政法》，徐炳等译，中国大百科全书出版社 1997 年版，第 171 页。

⑤ Russell v. Duke of Norfolk [1949] 1 All ER 109 at 118.

第三,在证明他有权力介入后,他究竟有权对另一方施加何种制裁。"①

与此相关的一个重要问题是,如果在作出决定之前案件的结果似乎如此清楚明了,以致至少从表面上看举行听证毫无意义,那么是否可以不举行听证?

对此,英国的案例显示出左右摇摆的立场。在 Malloch v. Aberdeen Corporation ([1971] 1 WLR 1578)案中,英国人就讨论过这个问题。在这个案件中,法院明确指出,个人不仅应当证明其享有陈述意见的权利,而且要证明所作出的陈述对案件有实质性影响。作为这种观点的代表,Wilberforce 勋爵指出,"法院不能白白忙活一场"。② 但在其他一些案件中,他们却表达了不同的观点。在 General Medical Council v. Spackman ([1943] AC 627)案中,Wright 勋爵认为:"如果一项决定,即便遵守自然正义原则,其结果也不会两样,此时遵不遵守自然正义原则似乎无关紧要。但是,即便如此,违反自然正义原则而作出的决定也必须视为无效。"③在 John v. Rees ([1970] Ch. 345)案中,Megarry 法官认为,那种认为"结果是显而易见"的观点是危险的、错误的,"凡是与法律打交道的人都熟知,法律道路上的大量案例表明:原本简单明了的案件又莫名其妙地变得错综复杂;无法辩答的指控却最终彻底被回答了;无可解释的行为完全得到了充分的解释;毫无疑义的决定经过讨论却被改动"④。

对英国人适用正当程序原则的情况,黑尔什姆勋爵作了如下较为中肯的评价:"自然正义的理论最近几年越来越受到重视。而且一般法院以致上议院都已经把它的适用范围大大扩大了。我认为这样做是正确的。但同时,对某个具体的个案应如何做,他们的态度则很复杂。"⑤

2. 加拿大法院的权衡方法

加拿大的权衡方法主要体现在 Baker v. Canada (Minister of Citizen-

---

① Durayappah v. Fernando [1967] 2 AC 337 at 349 (Lord Upjohn). 转引自〔英〕威廉·韦德:《行政法》,徐炳等译,中国大百科全书出版社 1997 年版,第 173 页。

② 英国学界对这种观点有持批评意见者。"不幸的是,这一方法几乎不可避免地会导致法院实现确定案件中的一些是非曲直问题。"参见〔英〕彼得·莱兰、戈登·安东尼:《英国行政法教科书》(第五版),杨伟东译,北京大学出版社 2007 年版,第 415 页。

③ See H. W. R Wade, C. F. Forsyth, *Administrative Law*, 9th edition, Oxford University Press, 2004, p. 422.

④ Ibid.

⑤ Pearlberg v. Varty [1972] 1 WLR 534 at 540. 转引自〔英〕威廉·韦德:《行政法》,徐炳等译,中国大百科全书出版社 1997 年版,第 173 页。

ship & Immigration)案[①]中。在该案中,加拿大人就上述问题作了概括性阐述。Mavis Baker 女士是牙买加人,1981 年到加拿大旅游并一直非法滞留在该国。期间,她生了四个孩子。第四个孩子出生后,Baker 患上了产后抑郁症和妄想型精神分裂症。为此,她向政府申请福利资助。审查期间,行政当局发现她是非法打工和非法滞留人员,遂于 1992 年 12 月对她下达了驱逐出境令。1993 年,Baker 依据加拿大《移民法》第 114(2)条关于人道和同情之考虑的规定,请求豁免。她向政府提供的材料表明,如果被驱逐回牙买加,她的精神疾病就会复发,而且孩子也将无人照管。移民局认为,豁免理由不充分,遂直接拒绝了她的请求。Baker 认为,移民局在作出决定前,未给予她口头陈述和申辩意见的机会,未告知她的孩子和孩子的父亲,未通知她的孩子和孩子的父亲提供相关资料,未告知她的孩子和孩子的父亲享有听证和聘请律师的权利,而且决定也未说明理由,程序不公正。

就 Baker 的主张,法院首先认为,正当程序原则适用于本案涉及的豁免请求。[②] 但同时又指出,针对一个具体案件而言,正当程序原则的具体要求通常是变化不定的,须视个案具体情况来定。不过,正当程序原则的这种灵活性和可变性,并不意味着它的应用是无章可循的。具体来讲,依据正当程序原则选择程序形式时须分别考虑以下因素:

第一,拟作出的行政决定的性质及方式。行政行为与司法行为的相似程度决定了正当程序原则的应用程度。具体而言,行政行为及其方式越是接近司法行为,正当程序原则对它的要求就越高,相应地,采用的程序形式就越正式、越复杂。

第二,行政行为所属法律体系以及所适用的法律条款的性质。行政决定作出后,法律为利害关系人提供的救济程序越少,或者行政决定越是具有终局的决定性,裁定后利害关系人提出进一步请求的可能性越小,则正当程序原则对行政程序的要求越高,行政机关为相对人提供的程序保障应当越充分。

第三,行政决定对利害关系人的重要性,或行政决定对利害关系人权利

---

① Baker v. Canada (Minister of Citizenship & Immigration), Supreme Court of Canada [1999] 2 S.C.R. 817; 1999 S.C.R. LEXIS 141.

② 加拿大行政法将正当程序原则表述为"程序公正原则"或"程序公正义务",英文为"the duty of procedural fairness",从相关文献看,其内涵与"due process"差不多。为避免不必要的误解,仍用正当程序原则表述。

的影响程度。行政决定对利害关系人的生活而言越是重要，或者对利害关系人的影响越大，正当程序原则对行政程序的要求就越严格，对利害关系人的程序保障要求也越高。

第四，利害关系人的合法期待。法院认为，合法期待原则是自然正义和正当程序原则的内容之一。如果申请人已经对特定行政行为的作出形成合法期待，则可能挫伤这种期待，正当程序原则要求为申请人提供更严格的程序保障。

第五，行政机关对程序的选择权。总体而言，司法机关对行政机关选择程序的权力应当给予必要的尊重，尤其当法律赋予行政机关自行选择自定程序的权力时，或者当行政机关在具体个案中对于程序之选择具有专业优势时。①

从上述几个方面分析 Baker 案，法院认为，尽管有些因素要求采用较为严格的程序形式，有些因素要求采用较为宽松的程序形式，但综合各方面因素看，正当程序原则所要求的程序是最低程度的。具体而言，利害关系人有权利提交与案件相关的书面证明资料，行政机关应当对利害关系人所提交的材料认真审查，并在决定中就不予豁免的理由予以说明，但行政机关没有告知利害关系人听证的权利，没有举行听证程序，并不违反正当程序原则。②

3. 美国法院的权衡方法

美国的方案与加拿大有较大差异，其观点集中体现在 Mathews v. Eldridge 案③中。Eldridge 身有残疾，一直接受残疾人社会保障金资助。管理部门根据 Eldridge 填写的调查问卷以及他的医生出具的报告，初步认为他已经康复，不再符合受领残疾人社会保障金的条件，遂决定停发他的残疾社会保障金，同时告知他，如果不服，可依法提请“复查”(reconsideration)。复查程序将是全面的正式听证程序，若复查成功，停发的保障金将如数补发。Eldridge 以未在终止前听证从而违反正当程序原则为由提起诉讼。法院认为，在本案情形下，正式听证没有必要，并为此提出了判断程序正当与否的三个标准：

第一，必须考虑行政行为所影响的个人利益的重要性。

---

① Baker, Supreme Court of Canada [1999] 2 S. C. R. 837-841; 1999 S. C. R. LEXIS 141.

② Ibid.

③ 424 U. S. 319 (1976).

第二，必须考虑法定程序可能错误地剥夺个人权益的危险性，以及适用更复杂的程序或适用正式听证程序减小这种危险的可能性。

第三，必须考虑适用法定程序与适用更复杂程序或正式听证程序的行政成本差异。

法院利用这些标准比照前述 Goldberg 案[①]进行了分析：

首先，他们认为，Eldridge 享有的持续地支付残疾保障金的利益是重要的，但比不上 Goldberg 案中最低生活保障金领受者的利益。最低生活保障金领受者是贫困人口，对他们来说，最低生活保障金是最后的社会保障制度，暂时的错误中止很可能造成灾难性后果。但残疾保障金领受者未必是贫困人口，暂时的错误中止一般不会造成灾难性后果。即便他们是贫困人口，暂时失去残疾社会保障金后，还有机会取得其他种类的社会福利。

其次，在残疾认定上，正式听证不会发挥特别作用。在 Goldberg 案的福利给付案件中，相关争论涉及证人的可信性和证言的客观性。这种情形下，审判式听证程序自然可以发挥一定的功能。再者，由于相对人是贫困者，文化水平低，以书面方式陈述或申辩的效果不及面对面的口头表达。但在 Eldridge 案中，残疾人是否康复通常依据“例行的、标准的、公正的内科专家的医学报告”来确定，而且在残疾认定上，医学专家都是专业人士，对于残疾的特征和程度完全可以用准确、专业的书面语言加以表述。

最后，不及时终止支付可能会带来高昂的行政成本。如果要求政府持续支付残疾救助金直到听证程序结束，万一在听证后发现当初停发扶助金是正确的，则很难要求受助人返还已经错误地支付的救助金。[②]

总之，法院认为，在本案中，终止决定作出前的正式听证不是必需的。他们最后总结说：“司法模式的正式听证程序既不是任何情形下必须采用的决定方法，也不是最有效的决定方法。正当程序原则的本质要求是，‘当一个人处于严重侵害境地时，应当告知他并听取它的意见’。所有必要的程序设计都应考虑即将作出的决定的实际情况，应当按照听证当事人的能力和实际情况来决定，确保他们能够有意义地参与到他们的案件中来。”[③]

---

① Goldberg v. Kelly, 397 U. S. 254 (1970).

② See Jack M. Beermann, *Administrative Law*, Aspen Publishers, 2011, p. 244.

③ William F. Funk, Richard H. Seamon, *Administrative Law*, Aspen Publishers, 2009, p. 127.

4. 诸方法的比较与比例原则的运用

比较上述三个国家的做法可以看出，加拿大和美国的方法更加具体、明确。与上述加拿大和美国的做法相比，我国法院对正当程序形式选择的考虑比较简单，至少从本章所述的几个典型案例来看是这样。在这些案件中，法院的简单逻辑是，只要是人民的合法权益受到侵害，就应按正当程序原则的要求说明理由、举行听证等程序。这种分析方法，在一些案件中，其结果可能是正确的；但若将之作为一般原理推广到所有案件，则未必妥当。按理说，案件的情形不同，涉及的权益不同，提供的程序保护也应随之不同。这是一个简单道理。我们有必要借鉴其他国家的有益经验，尤其是加拿大和美国的经验将程序选择的标准具体化。问题在于，在加拿大与美国的方法之间，我们到底该如何抉择？

在加拿大所考虑的因素中，“行政决定对利害关系人的重要性，或行政决定对利害关系人权利的影响程度”，是两个国家共有的；“合法期待”在美国是作为正当程序原则所保护的权益范围来考虑的；“司法机关对行政机关选择程序的权力应给予必要的尊重”，是司法审查政策问题，从行政机关的立场看，意义不大。因此，加拿大考量的五个因素中，与美国有差异的主要为第一个和第二个，即行政行为的司法性与终局性。将这两个因素作为程序形式选择时考量的因素确实是有道理的，但综合比较分析两国方法可以看出，加拿大所考量的因素之间缺乏内在逻辑性。正如 Baker 案所显示的，根据不同因素分析的结果可能是矛盾的，还需对矛盾的结果再分析。美国人的方法则不然。尽管在 Eldridge 案中，美国人就其建构的分析方法的理论渊源未加阐明，但我们可以从中体会出，其分析方法体现了比例原则的基本分析路径和逻辑。

如前文所论，比例原则是德国行政法的产物，既有悠久的历史，又有严密的逻辑体系。它内含三个子原则，形成分析问题、解决问题的三个不可或缺的步骤：第一，适当性原则，即行政机关所采取的措施符合且有助于实现法律目的；第二，必要性原则，即在有助于实现法律目的的诸措施中，行政机关所采取的措施应对利害关系人侵害最小；第三，平衡性原则，即行政机关所谋求的利益应大于给利害关系人所造成的损害。[①] 迄今，这一原则不仅在

① See BverfGE 7, 3771ff.

德国得到普遍适用，在整个欧盟乃至欧盟之外的其他众多国家也得到广泛应用。

比较可见，Eldridge 案中的三个分析标准基本上是比例原则的翻版："必须考虑法定程序可能错误地剥夺个人权益的危险性，以及适用更复杂的程序或适用正式听证程序减小这种危险的可能性"，可以理解为比例原则之必要性原则；"必须考虑行政行为所影响的个人利益的重要性"与"必须考虑适用法定程序与适用更复杂程序或正式听证程序的行政成本差异"合在一起，可以理解为比例原则之均衡原则。当然，直观地从文字或措辞来看，它们是不同于比例原则的。但这种文字上的差异不过是一种转换。

从内容来看，比例原则主要是针对侵益性行政行为的，而正当程序原则是保护人民权益的程序性要求。按照正当程序原则对成文法程序予以补充，所补充的程序均为赋权性程序，都是有助于保护利害关系人实体法权益的，其适当性自不待言。至于必要性和均衡性，其分析的逻辑应当是反其道而行之，不是去考虑哪个侵害最小，而是考虑哪个提供的保护更好；不是去考虑个人利益损害与公共利益维护之间的平衡，而是考虑个人利益维护与行政成本之间的平衡。因此，说美国的分析方法是比例原则的翻版并不为过。

比例原则是制约和规范裁量性行政行为的基本法律原则。在成文法没有规定或者规定不完备时，根据正当程序原则补充相关程序，本身是一个裁量过程。因此，把比例原则作为程序形式选择的分析依据适得其中。目前，比例原则在我国行政法学和行政法律实践中都得到认可和广泛应用，在这种情形下，借鉴美国的做法还是更为合理。不过，既然美国的方法是比例原则的翻版，这里就仍有个选择的问题，即我们是借用美国 Eldridge 案所采用的三个标准作为分析的话语工具，还是直接用比例原则的三个子原则作为分析的话语工具。

考虑到比例原则已为我国行政与司法实践长期采用，与其用一个功能效果相同但比较陌生的法律方法，还不如用一个驾轻就熟的法律方法。用驾轻就熟的，一来在理论上更容易为大家所接受，二来在实践中更容易为大家所操作。因此，还是直接用比例原则作为分析的话语工具更好，具体可表述为：第一，成文法程序是否足以保护人民的实体权益。如是，则无须补充程序；如否，就须按正当程序原则补充。第二，适用较复杂的程序是否比适用简单程序更有助于防范行政错误的发生。如是，则补充较复杂程序；如否，则补充较简单程序。第三，补充程序的行政成本是否与所维护的个人权益均衡。如是，则补充程序；如否，则遵循成文法程序。这三个方面即为比例原则之适当性、必要性和均衡性要求。只有当补充的程序同时符合三个方面的要求时，方为正当。

5. 基于比例原则对指导案例 6 号（黄泽富案）的再评判

这里，我们可利用上面讨论得出的结论来重新评判一下指导案例 6 号，以进一步说明本章讨论议题的重要性。

与绝大部分案件一样，指导案例 6 号之“黄泽富案”其实包括对案涉法律条款进行法律解释与对案件事实进行法律评价两个层面的问题。对案涉法律条款的法律解释，本案法院认为，尽管 1996 年《行政处罚法》第 42 条没有明确规定行政机关作出“没收较大数额财产”的行政处罚要予以听证，但从该条文的不完全列举立法方式以及公民所享有的陈述权和申辩权来看，还是可以要求行政机关给予利害关系人听证的权利并依法进行听证的。应该说，审理法院对于《行政处罚法》第 42 条的这一解释没有问题，是符合行政法基本原理的。

但是，如果说听证不是所有行政行为必不可少的程序，则从法律条文中推出“没收较大数额的行政处罚可以听证”的结论，并不等于已经推出指导案例 6 号所涉及的“黄泽富等诉四川省成都市金堂县工商行政管理局行政处罚案”必须听证的结论。黄泽富案举行听证程序是否必要，可否因未听证而认定该行政处罚违法并判决撤销，还须进一步论证。

我们必须注意到，本案涉及两个典型的行政行为：一是行政强制措施，即扣押原告 32 台电脑主机的行为；二是行政处罚，即没收已扣押的 32 台电脑主机的行为。这两个行政行为是前后相继、彼此关联的。特别是行政机关在作出扣押行政强制措施后，原告对该扣押行为的合法性以及扣押电脑主机的数量有异议，提起了行政诉讼。就此案，金堂县人民法院于 2005 年 10 月 8 日作出了维持扣留决定的判决，并对争议的扣押电脑数额进行了确认。该判决作出后，被告才作出被诉的没收类行政处罚决定。也就是说，对于本案涉及的案件事实与法律问题，已经经过完整的行政程序和诉讼程序。在这两个程序中，双方的诉讼材料已经全部提供，各自的意见已经得到充分交流，后来的行政处罚决定不过是行政强制决定的进一步延续。此外，在作出行政处罚决定时，被告还是按照行政处罚的一般程序告知黄泽富等三人有陈述、申辩的权利，相当于保障了原告的简易“听取对方意见”的权利，只不过没有告知其享有要求“正式听证”的权利，也因此未举行“正式听证”的程序罢了。

参考加拿大和美国的判断基准来看，行政行为所影响的利害关系人合法权益的重要性是选择行政程序的重要考量因素，但不是唯一因素。特定程序对于纠错的可能性以及成本与效益的平衡性也是不可或缺的。就黄泽富案来说，我们必须承认，没收 32 台电脑主机给黄泽富的权益造成的影响是重大的。但是，如果进一步“考虑法定程序可能错误地剥夺个人权益的危险性，以及适用更复杂的程序或适用正式听证程序减小这种危险的可能性”，以及“考虑适用法定程序与适用更复杂程序或正式听证程序的行政成本差异”，我们会认为，在作出本案涉及的行政处罚决定前举行听证程序其实是没有必要的。这是因为，从已经进行的前期程序来看，在行政处罚程序中再次举行正式听证程序，对于澄清事实和法律问题、防范行政错误的发生并没有实际意义，只能徒增行政成本。这种情形下，行政机关选择简单地听取对方的简易听证程序其实已经达到程序正当的基本要求。

这一结论可能是令人沮丧的，但对于促进我们对正当程序原则之适用的正确理解，以及完善和推进我国刚刚起步的指导案例制度而言，则肯定是有益的。

最后要说的是，当我们选择采用美国人的方法之后，有一个令人困惑的问题有待进一步讨论。英国人以及一些秉持程序独立价值论的人认为，正当程序原则的适用并不以实体法效果为前提。换言之，不能仅仅因为公平听证没有意义而剥夺当事人的听证权利，“行政机关或者法院白忙活一趟也是应该的”。如 Wright 勋爵就说：“有些决定，即便遵守自然正义原则，结果也不会两样，此时遵不遵守自然正义原则似乎无关紧要。但即便如此，违反自然正义原则而作出的决定也必须视为无效。”[①]客观地讲，这种观点也不是纯粹立足于程序的独立价值，而是同时立足于人类认识规律的现实考虑。Megarry 法官就此指出，那种认为“结果是显而易见”的观点是危险的和错误的，“凡是与法律打交道的人都熟知，法律道路上的大量案例表明：原本简单

---

① General Medical Council v. Spackman [1943] AC 627 at 644. See H. W. R Wade, C. F. Forsyth, *Administrative Law*, 9th edition, Oxford University Press, 2004, p. 422.

明了的案件又莫名其妙地变得错综复杂;无法辩答的指控却最终彻底被回答了;无可解释的行为完全得到了充分的解释;毫无疑义的决定经过讨论却被改动"[①]。如果秉持这种立场,则上述结论乃至于英国、加拿大、美国的权衡方法又缺乏相当的理论基础,需要进一步研讨。

(三) 正当程序原则补充适用的限制

至此,正当程序原则补充成文法程序的核心问题已经解决,最后要简单说明的是,即便按照正当程序原则应当补充有关程序,在一些特殊情形下,这些该当补充的程序也例外不得补充。国内学者提出的例外排除因素包括:第一,国家安全、公共安全;第二,紧急情况;第三,初步调查或初步决定,即官员受命进行的初步调查,但不作具有约束力的决定;第四,批量行政行为,即行政机关作出大量类似的行政行为,或借助自动化设备公布的行政行为;此外还有"行政立法和政策制定""行政执行行为""根据技术标准而为的羁束行政行为"等。[②] 这些排除因素中一些是值得再行考虑的。

本章研究的是行政行为的作出程序,上述例外情形中的"初步调查或初步决定""行政立法和政策制定""行政执行行为"本就不属于考虑范围。批量行政行为和根据技术标准而为的羁束行政行为,虽是针对行政程序的,但作为例外排除因素也不妥。对批量行政行为而言,行政行为的数量不应该成为决定听证等正当程序适用与否的考量因素,如拆迁决定往往涉及成百上千百姓的利益,以拆迁决定数量多而不说明理由或不予听证,不成其理。对根据技术标准而为的羁束行政行为而言,听证等正当程序的价值主要不是体现在法律标准或技术标准的选择上,而是体现在对案件事实的澄清上,将其排除在听证范围之外也不妥。据此,上列诸项中仅国家安全和紧急情况可作为正当程序的例外排除因素。涉及国家安全的决定往往具有很强的政策性,紧急情况下行政机关须采取紧急措施,这两种情形下省却听证、说明理由等程序是可以理解的。不过,例外排除因素还需加上国内学者没有提及的国家秘密、商业秘密和个人隐私。如果行政行为涉及这样一些"秘密",且听证或说明理由会导致这些秘密泄露的话,可以不听证、不说明理

---

① John v. Rees [1970] Ch. 345 at 402. See H. W. R Wade, C. F. Forsyth, *Administrative Law*, 9th edition, Oxford University Press, 2004, p. 422.

② 参见马怀德:《论听证程序的适用范围》,载《中外法学》1998 年第 2 期;何海波:《英国行政法上的听证》,载《中国法学》2006 年第 4 期。

由，至少应有所限定。这在英国判例中已得到确认。[1]

五、有关正当程序原则之适用的研读案例

公报案例　寿光中石油昆仑燃气有限公司诉寿光市人民政府、潍坊市人民政府解除政府特许经营协议案[2]

【裁判摘要】

行政相对人迟延履行政府特许经营协议致使协议目的无法实现的，行政机关可以单方解除政府特许经营协议。行政机关据此强制收回特许经营权行为，应肯定其效力，但对于收回特许经营权过程中没有履行听证程序的做法，应给予确认违法的评价。因公用事业特许经营涉及社会公共利益，当程序正当与公共利益发生冲突时，法官应运用利益衡量方法综合考量得出最优先保护的价值。在取消特许经营权行为实体正确、程序违法的情况下，判决确认违法但不撤销该行政行为，并要求行政机关采取补救措施，体现了人民法院在裁判过程中既要优先保护社会公共利益又要依法保护行政相对人合法权益的司法价值取向。

【基本案情】

2011 年 7 月 15 日，被告寿光市政府授权寿光市住房和城乡建设局（甲方）与原告昆仑燃气公司（乙方）协商共同开发寿光市天然气综合利用项目，双方签订《山东省寿光市天然气综合利用项目合作协议》。协议内容如下："一、甲方、乙方同意就寿光市天然气利用项目进行合作；二、甲方同意乙方在寿光市从事城市天然气特许经营。特许经营范围包括渤海化工园区（羊口镇）、侯镇化工园区、东城工业园，特许经营期限为 30 年。三、甲方充分考虑天然气项目具有公共事业的特点，在国家政策法规允许的范围内，对该项

---

① See R. v. Gaming Board For Great Britain Ex p. Benaim and Khaida, [1970] 2 Q. B. 417; [1970] 2 W. L. R. 1009; 114 S. J. 266; [1970] 2 All E. R. 528; S. H. Bailey, *Cases, Materials and Commentary on Administrative Law*, 4th edition, Sweet & Maxwell, 2005, p. 707.

② 本案载于《最高人民法院公报》2018 年第 9 期。另参见温贵能：《强制收回特许经营权的效力性认定和合法性评价》，载《人民司法（案例）》2018 年第 8 期。

目在前期可行性研究阶段、建设和经营提供最大程度的支持。四、乙方应保证在中石油管网为寿光市争取足够的天然气指标,甲方应全力配合。如果乙方不能保证寿光市实际用气需求,则甲方有权依照山东省燃气管理条例等相关法律法规进行处理……六、本协议正式签署后,乙方对寿光市燃气项目积极开展工作,甲方利用自身优势给予积极配合。签订协议八个月内,如因乙方原因工程不能开工建设,则本协议废止……”协议签署前后,原告陆续取得了寿光市天然气综合利用项目的立项批复、管线路由规划意见、建设用地规划设计条件通知书、国有土地使用证、环评意见书、工业生产建设项目安全设施审查意见书、固定资产投资工程项目合理用能评估审核意见书、项目核准意见、关于燃气项目水土保持方案的批复等手续。同时,原告对项目进行了部分开工建设。

2014年4月30日,潍坊市城市管理行政执法局向山东省住房和城乡建设厅报送《关于昆仑燃气公司办理燃气工程项目批复的请示》,但未获批复。2014年7月10日,寿光市住房和城乡建设局对原告昆仑燃气公司作出催告通知,内容为:“……你公司的管道天然气经营许可手续至今未能办理,影响了经营区域内居民、工业、商业用户及时用气……现通知你公司抓紧办理管道天然气经营许可手续,若收到本通知2个月内经营许可手续尚未批准,我市将收回你公司的管道天然气经营区域,由此造成的一切损失由你公司自行承担。”2015年6月25日,原告昆仑燃气公司参加了寿光市燃气工作会议,会议明确要求:“关于天然气镇村通工程建设。各燃气企业要明确管网铺设计划,加快推进工程建设,今年9月底前未完成燃气配套设施建设的,一律收回区域经营权。”2015年6月29日,原告昆仑燃气公司向被告寿光市政府出具项目保证书,对文家门站及主管网项目、羊口镇燃气项目、侯镇燃气项目、双王城生态经济园区燃气项目作出承诺:在办理完成项目开工手续后三个月内完成以上工作,如不能按照完成,将自动退出政府所授予经营区域。2016年4月6日,被告寿光市政府作出《关于印发寿光市“镇村通”天然气工作推进方案的通知》(寿政办发[2016]47号,以下简称47号通知),决定按照相关框架合作协议中有关违约责任,收回原告昆仑燃气公司的羊口镇、双王城生态经济园区和侯镇的经营区域授权,授权给寿光市城市基础设施建设投资管理中心代表寿光市政府经营管理。

原告不服,先后提出复议和诉讼。

【争议焦点】

被上诉人寿光市政府作出47号通知,决定收回上诉人昆仑燃气公司燃气经营区域授权的行为是否合法。

【裁判结果】

本案经过二审终审。二审判决:

一、撤销山东省潍坊市中级人民法院(2016)鲁07行初88号行政判决;

二、撤销被上诉人潍坊市人民政府作出的潍政复决字[2016]第161号行政复议决定;

三、确认被上诉人寿光市人民政府作出47号通知收回上诉人寿光中石油昆仑燃气有限公司燃气经营区域授权的行政行为程序违法,但不撤销该行政行为;

四、驳回上诉人寿光中石油昆仑燃气有限公司的其他诉讼请求。

【裁判理由】

二审法院判决理由如下:

《市政公用事业特许经营管理办法》第2条规定:“本办法所称市政公用事业特许经营,是指政府按照有关法律、法规规定,通过市场竞争机制选择市政公用事业投资者或者经营者,明确其在一定期限和范围内经营某项市政公用事业产品或者提供某项服务的制度。城市供水、供气、供热、公共交通、污水处理、垃圾处理等行业,依法实施特许经营的,适用本办法。”因此,本案涉及的燃气经营区域授权系市政公用事业特许经营。针对被上诉人寿光市政府取消特许经营权行为的合法性及合理性审查,主要涉及以下几个方面的问题。

一、关于上诉人昆仑燃气公司主张其不应承担违约责任的问题

涉案合作协议系被上诉人寿光市政府在法定职责范围内为实现公共利益的需要,对天然气综合利用项目实施特许经营而与上诉人昆仑燃气公司进行的约定,具有行政法上的权利义务内容,属行政协议。《最高人民法院关于适用〈中华人民共和国行政诉讼法〉若干问题的解释》第14条规定,人民法院审查行政机关是否依法履行、按照约定履行协议或者单方变更、解除协议是否合法,在适用行政法律规范的同时,可以适用不违反行政法和行政诉讼法强制性规定的民事法律规范。《合同法》作为调整民事合同的法律规范,在不违反有关行政法强制性规定的情况下,可以直接适用于行政协议。

《合同法》第 60 条第 1 款规定，当事人应当按照约定全面履行自己的义务；第 64 条第 4 项规定，履行期限不明确的，债务人可以随时履行，债权人也可以随时要求履行，但应当给对方必要的准备时间。涉案合作协议系寿光市政府与上诉人的真实意思表示，内容不违反法律规定，应属有效，双方均应按约定履行各自义务。上诉人的义务为积极开展燃气项目建设，保证寿光市实际用气需求。因该协议对燃气项目建设未明确约定具体的履行期限，寿光市政府可以随时要求上诉人履行。案件事实表明，寿光市政府于 2014 年 7 月 10 日、2015 年 6 月 25 日先后两次催促上诉人，要求其履行协议义务，并表示如不履约将收回燃气经营区域授权，故应认定寿光市政府已经给予上诉人足够的准备时间。依据《合同法》第 94 条第 4 项的规定，当事人一方迟延履行债务致使不能实现合同目的，另一方可以解除合同。上诉人对燃气项目建设作出了保证和承诺，但仍未按照其承诺消除项目建设的障碍，亦未向寿光市政府提出不能履行相关义务的异议。上诉人取得燃气经营区域授权后，在长达五年的时间内，而且是在寿光市政府要求其履行义务的期限内，一直未完成全部授权经营区域内的燃气项目建设。该事实表明上诉人迟延履行义务，导致相关经营区域的供气目的不能实现，合同解除的法定条件成立。寿光市政府据此作出 47 号通知，决定按照合作协议中有关违约责任收回上诉人在羊口镇、侯镇的燃气经营区域授权，实质是解除上诉人在上述区域的燃气特许经营协议，并无不当。涉案合作协议虽未对双王城生态经济园区的燃气经营区域授权作出约定，但考虑到上诉人长期不能完成该经营区域的燃气项目建设，寿光市政府作出 47 号通知，一并收回该区域授权，亦无不当。

二、关于上诉人昆仑燃气公司主张被上诉人寿光市政府收回燃气经营区域授权不符合法定情形的问题

《市政公用事业特许经营管理办法》第 18 条规定："获得特许经营权的企业在特许经营期间有下列行为之一的，主管部门应当依法终止特许经营协议，取消其特许经营权，并可以实施临时接管：(一) 擅自转让、出租特许经营权的；(二) 擅自将所经营的财产进行处置或者抵押的；(三) 因管理不善，发生重大质量、生产安全事故的；(四) 擅自停业、歇业，严重影响到社会公共利益和安全的；(五) 法律、法规禁止的其他行为。"该条规定了主管部门取消特许经营权的法定情形，上诉人昆仑燃气公司认为其不存在上述取消特许

经营权的法定情形,被上诉人寿光市政府收回燃气经营区域授权的行为违反上述规定。法院认为,迟延履行特许经营协议义务行为虽然未在《市政公用事业特许经营管理办法》第 18 条规定的前四项中明确列举,但该法条为弥补列举不全面所可能造成的遗漏规定了兜底性条款,即“法律、法规禁止的其他行为”。本案中由于上诉人长期不能完成经营区域内的燃气项目建设,无法满足居民的用气需要,足以影响社会公共利益,应为法律、法规所禁止。不能因为该条款未将上诉人迟延履行特许经营协议义务行为明确列为取消特许经营权的情形,就将其排除在法律规定之外,这并不符合该法保障社会公共利益的立法目的。因此,上诉人的该项主张,不应予以支持。

三、关于上诉人昆仑燃气公司主张其仍享有东城工业园区域授权的问题

本案合同的履行具有可分性,该合作协议实际是由羊口镇、侯镇化工园区、东城工业园三个区域的燃气特许经营协议组成,每个区域授权与整个协议虽有关联,却相对独立,取消任一区域授权并不影响上诉人昆仑燃气公司在其他区域的权利义务。本案中,被上诉人寿光市政府未提出收回上诉人在东城工业园的燃气经营区域授权,涉案合作协议关于东城工业园的燃气特许经营协议尚未解除。原审法院判决对此没有加以区分,应予纠正。上诉人关于寿光市政府为其保留了东城工业园区域授权的上诉理由成立,应予以支持。

四、关于被上诉人寿光市政府收回燃气经营区域授权未进行听证程序是否合法的问题

《市政公用事业特许经营管理办法》第 25 条规定,对获得特许经营权的企业取消特许经营权并实施临时接管的,必须按照有关法律、法规的规定进行,并召开听证会。上诉人昆仑燃气公司认为被上诉人寿光市政府收回其燃气经营区域授权未进行听证,违反上述规定。法院认为,寿光市政府对供气行业依法实施特许经营,决定收回上诉人燃气经营区域授权,应当告知上诉人享有听证的权利,听取上诉人的陈述和申辩。上诉人要求举行听证的,寿光市政府应当组织听证。而寿光市政府未提供证据证明其已履行了相应义务,其取消特许经营权的行为不符合上述法律规定,属于程序违法。原审法院判决认为,寿光市政府的行为系“非燃气经营许可的收回,故可以

不进行听证”理由不当,应予纠正;对于上诉人的该项主张,应予支持。

综上,被上诉人寿光市政府作出47号通知收回上诉人昆仑燃气公司燃气经营区域授权的行为事实清楚、证据充分,但违反法定程序,应当确认该被诉行政行为违法。因本案涉及寿光市供气公共事业,上诉人长期不能完成燃气项目建设,无法实现经营区域内的供气目的,达到了解除特许经营协议的法定条件,且经营区域内燃气项目特许经营权已经实际授予他人,行政行为一旦撤销不仅会影响他人已获得的合法权益,而且会影响居民用气,损害区域内公共利益,故对上诉人提出撤销被诉行政行为的诉讼请求不予支持。从合理性角度考量,因上诉人燃气项目已经开工建设,如果寿光市政府收回上诉人燃气经营区域授权的行为给其造成一定程度的损失,在该行政行为被确认违法又不宜撤销的情况下,寿光市政府依法应当采取必要的补救措施。被上诉人潍坊市政府作出潍政复决字[2016]第161号行政复议决定的程序虽然并无不当,但未对寿光市政府收回上诉人燃气经营区域授权的程序违法问题进行审查认定,其复议决定维持被诉行政行为不当,应当予以撤销。上诉人的上诉理由部分成立,应当予以支持。

公报案例　射阳县红旗文工团诉射阳县文化广电新闻出版局程序不正当注销文化行政许可纠纷案①

【裁判摘要】

行政机关设定和实施行政许可,应当遵循公开、公平、公正的原则。虽然现行法律对行政许可注销行为的程序没有具体规定,但行政机关在注销行政许可时仍应遵循程序正当原则,向行政相对人说明行政行为的依据、理由,以充分保障当事人的知情权和陈述申辩权。行政机关在注销行政许可前未告知行政相对人,未听取行政相对人的陈述申辩,违反了程序正当原则,在作出注销决定后又未依法送达行政相对人,行政相对人要求撤销行政机关行政许可注销行为的,人民法院应予支持。

【基本案情】

被告射阳县文化广电新闻出版局于2009年8月19日向原告射阳县红旗文工团发放了营业性演出许可证(射民演01号),该许可证上未注明有效

① 本案载于《最高人民法院公报》2018年第8期。

期限。2009 年 8 月 28 日，文化部公布新的《营业性演出管理条例实施细则》，并于 2009 年 10 月 1 日起施行。该细则第 41 条规定，文艺表演团体和演出经纪机构的营业性演出许可证包括 1 份正本和 2 份副本，有效期为 2 年。2013 年 5 月 13 日，被告在未告知原告、未听取原告陈述、申辩的情况下，依据《行政许可法》第 70 条之规定，以原告的《营业性演出许可证》已到期为由，作出射文广新注告字[2013]1 号行政许可注销公告，对原告的射民演 01 号营业性演出许可证予以注销。该公告在《射阳日报》和被告网站上刊登，但被告并未送达原告，后原告在江苏省文化厅得知该注销行为，认为该行为不合法，诉至法院，要求判如所请。

【争议焦点】

射阳县文化广电新闻出版局作出注销被上诉人射阳县红旗文工团营业性演出许可证的程序是否合法。

【法院判决】

一审法院判决撤销被告射阳县文化广电新闻出版局于 2013 年 5 月 13 日所作的射文广新注告字 [2013]1 号行政许可注销行为。二审法院判决驳回上诉，维持原判。

【裁判理由】

江苏省射阳县人民法院一审认为：

1. 被告射阳县文化广电新闻出版局作为县级以上地方人民政府文化主管部门，依法对本行政区域内营业性演出负有监督管理职责。原告射阳县红旗文工团认为被告注销其《营业性演出许可证》的行政行为侵犯其合法权益，有权依法提起行政诉讼。

2. 行政机关实施行政管理，除涉及国家秘密和依法受到保护的商业秘密、个人隐私外，应当公开，注意听取公民、法人和其他组织的意见；要严格遵循法定程序，依法保障行政管理相对人的知情权、参与权和救济权。

3. 本案中，被告射阳县文化广电新闻出版局根据 2009 年 10 月 1 日施行的《营业性演出管理条例实施细则》第 41 条的规定，"文艺表演团体和演出经纪机构的营业性演出许可证包括 1 份正本和 2 份副本，有效期为 2 年"，认为原告射阳县红旗文工团的许可证到期未延续应予注销；原告认为被告于 2009 年 8 月 19 日向其发放的《营业性演出许可证》上未注明有效期应视为长期有效，且被告注销许可证前未调查，亦未将注销决定送达原告,法院认为,被告作出注销行为前未告知原告,未听取原告的陈述、申辩,使作为行政相对人的原告未能参与该具体行政行为,丧失了表达意见和为自己利益辩护的机会,违反了程序正当原则,严重侵害了原告的参与权与救济权。

江苏省盐城市中级人民法院二审认为:

国务院《营业性演出管理条例》第5条第2款规定,县级以上地方人民政府文化主管部门负责本行政区域内的营业性演出监督管理工作。据此,上诉人射阳县文化广电新闻出版局具有监督管理本行政区域内的营业性演出工作的法定职责。射阳县文化广电新闻出版局于2013年5月13日作出"射文广新注告字[2013]1号行政许可注销公告",对被上诉人射阳县红旗文工团依法取得的"射民演01号营业性演出许可证"予以注销,之前未告知被上诉人依法享有陈述、申辩权,之后又未向被上诉人送达该注销决定,程序严重违法,故原审法院依法判决撤销上诉人于2013年5月13日作出的"射文广新注告字[2013]1号行政许可注销公告"并无不当。射阳县文化广电新闻出版局的主要上诉理由不能成立,法院不予支持。

公报案例　宋莉莉诉宿迁市建设局房屋拆迁补偿安置裁决案[①]

【裁判摘要】

行政机关在对房屋拆迁补偿纠纷作出裁决时,违反法规的规定,以拆迁人单方委托的评估公司的评估报告为依据,被拆迁人提出异议的,应认定行政裁决的主要证据不足。

【基本案情】

2002年4月9日,拆迁人万兴公司的中贸百货商场建设项目由宿迁市发展计划委员会批准立项。2002年9月28日,万兴公司取得了建设用地规划许可证,2002年10月25日,万兴公司取得了国有土地批准书。2003年3月24日,万兴公司取得了房屋拆迁许可证,获得拆迁资格。2003年3月24日,宿迁市建设局发布拆迁公告,并在公告中载明了拆迁范围、搬迁期限、拆迁评估机构。原告宋莉莉的房屋建筑面积为637.07平方米,位于宿迁市幸福中路,在拆迁范围内。方元公司根据万兴公司的委托,对宋莉莉的拆迁房

① 本案载于《最高人民法院公报》2004年第8期。

屋进行了估价，由于宋莉莉对被拆房屋补偿价有异议，且要求产权调换，双方未能达成协议。2003年5月28日，万兴公司申请宿迁市建设局对拆迁纠纷进行裁决。2003年6月5日，宿迁市建设局依据方元公司的评估价格对万兴公司与宋莉莉的拆迁纠纷作出裁决，宋莉莉对裁决不服，提起行政诉讼，请求撤销该裁决。

【争议焦点】

宿迁市建设局依据方元公司的评估价格对万兴公司与宋莉莉的拆迁纠纷作出的裁决是否合法。

【法院判决】

一审法院判决维持宿迁市建设局裁决中的第（一）项；撤销裁决书中的第（二）项、第（三）项、第（四）项。二审法院维持一审判决。

【裁判理由】

一审法院认为：被告宿迁市建设局根据第三人万兴公司的申请，有权依照《国务院城市房屋拆迁管理条例》的规定，对原告宋莉莉与万兴公司之间的拆迁纠纷作出行政裁决。尽管《国务院城市房屋拆迁管理条例》和《江苏省城市房屋拆迁管理条例》对行政拆迁程序没有明确的规定，但行政机关在裁决时应充分保障当事人的合法权利，允许双方当事人对争议问题进行申辩和陈述。但宿迁市建设局在裁决宋莉莉与万兴公司的拆迁纠纷时，未允许宋莉莉对争议问题予以陈述和申辩，有失公正，仅根据万兴公司的申请及万兴公司单方委托的评估公司的评估结果作为行政裁决的依据，违反了《江苏省城市房屋拆迁管理条例》的规定。此外，该裁决虽然确定了以产权调换的方式对宋莉莉需要拆迁的房产予以补偿，但却未将调换给宋莉莉房屋的具体位置、楼层、房屋价格等内容予以明确表述，致使拆迁补偿的裁决内容无法执行。综上，该行政裁决程序上违反法律规定、内容上不具有执行效力，应重新予以裁决。鉴于宋莉莉的房屋现已被拆迁，故对裁决内容中的第（一）项予以维持，其余各项予以撤销。[①]

---

① 本案涉及的主要法律规定有：《国务院城市房屋拆迁管理条例》第16条：拆迁人与被拆迁人或者拆迁人、被拆迁人与房屋承租人达不成拆迁补偿安置协议的，经当事人申请，由房屋拆迁管理部门裁决；第17条：被拆迁人或者房屋承租人在裁决规定的搬迁期限内未搬迁的，由房屋所在地的市、县人民政府责成有关部门强制拆迁，或者由房屋拆迁管理部门依法申请人民法院强制拆迁。《江苏省城市房屋拆迁管理条例》第19条：对被拆迁房屋进行价格评估时，没有征求被拆迁人的意见；拆迁人和被拆迁人不能达成一致的，由房屋拆迁管理部门在符合条件的评估机构中抽签确定，房屋拆迁管理部门应当在抽签前三日在拆迁地点公告抽签的时间和地点。

公报案例 陆廷佐诉上海市闸北区房屋土地管理局房屋拆迁行政裁决纠纷案[①]

【裁判摘要】

房屋拆迁过程中，被拆迁人、房屋承租人对于被拆房屋评估报告有异议的，有权申请复估。因此，基于正当程序原理，为保护被拆迁人、房屋承租人对被拆房屋评估报告依法申请复估的权利，拆迁人应将被拆房屋评估报告及时送达被拆迁人、房屋承租人。房屋拆迁行政裁决机关在裁决过程中，也应当对被拆房屋评估报告是否送达被拆迁人、房屋承租人的问题予以查明，并确保在裁决作出之前将评估报告送达被拆迁人、房屋承租人。房屋拆迁行政裁决机关未查明该问题即作出房屋拆迁行政裁决，且不能举证证明被拆房屋评估报告已经送达被拆迁人、房屋承租人的，所作房屋拆迁行政裁决属认定事实不清、主要证据不足，且违反法定程序。被拆迁人、房屋承租人诉至人民法院请求撤销该裁决的，人民法院应予支持。

【基本案情】

2003年10月30日，第三人圣和圣公司取得拆许字(2003)第18号房屋拆迁许可证，对上海市海宁路691弄所在地块实施拆迁。原告陆廷佐系上海市海宁路691弄22号一层①的产权人，该房建筑面积12.48平方米，另有一阁楼18.37平方米，合计面积30.85平方米。经上海房地产估价师事务所有限公司评估，评估单价为每平方米人民币3510元。因就拆迁补偿安置问题无法达成协议，2005年5月24日，圣和圣公司向被告闸北房地局提出房屋拆迁裁决申请。闸北房地局于同日受理后，分别于2005年5月26日、6月15日两次主持调解，均因陆廷佐未参加导致无法调解。闸北房地局遂于2005年6月16日作出闸房地拆裁字(2005)第169号房屋拆迁裁决，裁决内容为：1. 陆廷佐户(含房屋使用人)自收到裁决书之日起15日内迁出上海市海宁路691弄22号[部位：一层①(另有一阁楼)]，迁至上海市月罗路307弄30号202室；2. 陆廷佐应在圣和圣公司交付房屋时一次性支付给圣和圣公司面积标准房屋调换差价款人民币130059.57元；3. 圣和圣公司应根据沪价商(2002)010号文有关规定向陆廷佐支付有关家用设施移装费等费用。

---

① 本案载于《最高人民法院公报》2007年第8期。

原告陆廷佐不服该裁决，提起诉讼。

【争议焦点】

1. 第三人圣和圣公司申请被告闸北房地局就涉案被拆房屋作出裁决前，涉案被拆房屋的评估报告是否已向上诉人陆廷佐送达；

2. 如果涉案被拆房屋的评估报告未向陆廷佐送达，是否影响闸北房地局所作闸房地拆裁字(2005)第169号房屋拆迁裁决的合法性。

【法院判决】

本案两审终审。二审法院判决，撤销被上诉人闸北房地局2005年6月16日作出的闸房地拆裁字(2005)第169号房屋拆迁裁决；责令被上诉人闸北房地局对涉案被拆房屋重新作出房屋拆迁裁决。

【裁判理由】

上海市第二中级人民法院二审认为：

被上诉人闸北房地局提供的、由上诉人陆廷佐之子陆达签收的送达回证上，“房屋评估报告”一项已经从送达材料目录中划掉，该送达回证上亦未另外注明房屋评估报告的送达情况。因此，根据该送达回证，不能证明房屋评估报告已经向上诉人送达；在该送达回证上，“见证人”一栏为空白，亦无关于上海市闸北区北站街道长春里居民委员会工作人员沈美贞、卢莉华陪同送达的记载，不能据此认定沈美贞、卢莉华系送达材料时的在场见证人。因此，虽然沈美贞、卢莉华出具了由上海市闸北区北站街道长春里居民委员会盖章的情况说明，被上诉人和一审第三人圣和圣公司据此主张已经在沈美贞、卢莉华陪同下向上诉人送达了房屋评估报告，但该情况说明与送达回证的记载存在矛盾，亦不能证明房屋评估报告已经向上诉人送达。综上，根据本案现有证据，不能认定一审第三人申请被上诉人就涉案被拆房屋作出裁决前，已经向上诉人送达涉案被拆房屋的评估报告。

拆迁过程中，基于正当程序原理，为保护被拆迁人、房屋承租人的合法权益，被拆房屋的评估报告应当送达被拆迁人、房屋承租人，以保障被拆迁人、房屋承租人及时了解被拆房屋的评估结果，对于评估结果有异议的及时提出意见、申请复估。拆迁裁决机关在裁决过程中，应当就被拆房屋评估报告是否送达被拆迁人、房屋承租人的问题进行审查。如前所述，根据本案现有证据，不能认定一审第三人圣和圣公司申请被上诉人闸北房地局就涉案被拆房屋作出裁决前，已经向上诉人陆廷佐送达涉案被拆房屋的评估报告，且送达回证在裁决过程中亦未提交给闸北房地局，闸北房地局对涉案被拆房屋评估报告是否送达上诉人的事实根本未予查明，即根据评估报告作出闸房地拆裁字(2005)第169号房屋拆迁裁决，该裁决主要证据不足，且违反法定程序，依法应予撤销。一审判决维持该裁决不当，应予纠正。

典型案例 郑州市中原区豫星调味品厂诉郑州市人民政府行政处理决定案①

【基本案情】

1995年11月，郑州市中原区豫星调味品厂(以下简称豫星调味品厂，个体工商户)与闫垌村三组以该厂系村办企业名义向主管部门提交《关于违章用地的检查及补办征地手续的申请》。郑州市土地管理局同意补办并下达批复，该厂其后所提交的相关申请表中经济性质栏填写了“个体”。1996年12月，郑州市人民政府给该厂颁发国有土地使用证，载明土地性质为划拨，面积12612.7平方米。后该厂于2005年以征地补偿安置费名义给闫垌村三组汇款33万余元被拒。2006年12月，郑州市人民政府针对闫垌村三组的撤证申请作出注销上述国有土地使用证的决定(以下简称4号决定)，理由是该厂与闫垌村三组采取欺骗手段，未如实登记。该厂进而向省政府申请复议未果，遂提起本案诉讼，请求法院撤销4号决定。涉案土地现已被用于房地产开发。

【裁判结果】

郑州市中级人民法院一审认为，豫星调味品厂当时不属于可补办用地手续的范围，郑州市人民政府作出被诉注销决定符合《河南省实施〈土地管理法〉办法》相关规定，遂判决维持4号决定。豫星调味品厂上诉后，河南省高级人民法院在二审及其后的两次再审中，均以基本相同的理由分别作出驳回上诉、维持原判和维持二审判决、维持初次再审判决的处理结果。

---

① 参见《最高人民法院行政审判十大典型案例(第一批)》，http://www.court.gov.cn/zixun-xiangqing-47862.html，2021年10月20日最后访问。

最高人民法院提审后认为，豫星调味品厂在工商机关登记的经济性质为个体工商户，从当时有关文件看，该厂不属于“农村集体经济组织兴办的经济实体”，客观上不具备补办违法占地用地手续的资格。但是，被诉4号决定将错误登记和颁证完全归因于该厂和闫垌村三组采取“欺骗手段”，而当时有关申请表中曾将经济性质填写为“个体”。虽然存在表述前后不一，但尚不构成对真实经济性质的刻意隐瞒，故4号决定认定采取欺骗手段的证据并不充分。而对于行政机关审查不严问题隐而不提，事实认定有误。同时，4号决定剥夺了豫星调味品厂继续使用涉案土地的权利，对其重大财产权益产生不利影响，郑州市人民政府既未事前告知该厂，亦未给予其陈述和申辩的机会，所做的针对法定代表人的调查笔录既未告知调查目的，也未告知可能因涉嫌欺骗未如实登记、行政机关拟注销涉案土地使用证等情况，不足以使该厂在4号决定作出前进行充分的、有针对性的陈述和申辩，程序明显不当。此外，4号决定未充分考量涉案土地在政府收取出让金之后用于房地产开发等因素，一注了之，客观上不利于豫星调味品厂主张信赖利益保护（如需查清是否存在发证到注销期间合理投入），遂于2016年判决撤销一、二审及两次再审判决，确认郑州市人民政府作出的被诉4号决定违法。

【典型意义】

本案典型意义在于，加强对各类非公有制经济市场主体的产权保护，是当前人民法院的一项迫切任务，行政审判在监督行政机关依法行政方面意义重大。本案中，郑州市人民政府针对其十年前的错误颁证行为，仅以申请人采取“欺骗手段”为由一注了之，没有考虑当事人曾在申请表中据实填写“个体”而行政机关未尽到审慎审查义务，亦未核实当事人多年来对行政机关的信赖利益、房地产开发因素以及注销程序的规范性、正当性，被最高人民法院指出事实认定有误，程序明显不当。最高人民法院同时指出，对于信赖利益及如何弥补问题，可由郑州市人民政府在判后组织调查并作相应处理。本案的终审判决纠正了下级人民法院前后作出的四次判决，对于保障非公有制经济主体的实体权益、彰显正当程序价值和体现司法权威性，具有重要的审判监督价值。

第五章

诚实信用原则及其适用*

【内容提要】

比之于前几个原则，诚实信用原则早已是民法的基本原则，新近在诉讼法领域也得到一定程度的认可。如果按照“行政法的基本原则必须是行政法的独门暗器”这一标准来衡量，似乎将其作为行政法的基本原则有所不妥。但是，如果把上述衡量标准绝对化的话，前述行政法定原则(包含法律保留原则)、法律优先原则、比例原则和正当程序原则也很难说是行政法的独占原则。这是因为，法律保留原则、法律优先原则、比例原则、正当程序原则其实也是宪法尤其是立法原则，同时在其他部门法(如民法和诉讼法)也得到不同程度的应用。这样一来，不仅行政法很难寻觅自己的独占基本原则，其他部门法的基本原则也将面临筛选的难题。基于此，“行政法基本原则应当具有独特性”的观念可能需要修正。

在行政法的诸原则中，诚实信用原则具有以下特点：首先，它应该既是最古老的，又是最年轻的。早在古罗马法中，诚实信用原则已经占据重要地位；但在现代行政法中得到明确承认和适用，则是晚近几十年的事，其时序远晚于民法，也晚于民事诉讼法等部门法，还晚于行政法的法律保留、法律优先、比例、正当程序等原则。其次，比之于其他基本原则，诚实信用还是与伦理规范联系最紧密的，应该说它是伦理规范的法律化，具有浓郁的道德色彩。最后，诚实信用原则还具有鲜明的主观

---

* 本章部分内容发表于《行政法诚信原则的基本要求与适用》(《江海学刊》2017年第1期)，编入本书时作了较大修改和调整。

色彩，即它是对法律主体内在主观世界的要求，而非对法律主体外在客观行为的要求，虽然两者之间具有一定的关联性。

在适用上，行政法上的诚实信用原则首先是对行政主体及其公职人员的要求，其次是对参与行政活动的行政相对人和行政第三人的要求。诚信原则不仅要求真诚不欺和信守承诺，还要求心存善意和相互信任。实践中，人们常常关注真诚不欺和信守承诺两个方面，却忽视了心存善意和相互信任两项要求。行政法上的诚实信用原则应不仅适用于行政协议、行政许可、信息公开等领域，还应适用于其他行政活动，即便政府规范性文件的制定也应遵循这一原则。在我们国家，这一点尤其应当得到强调。在适用顺序上，基于诚实信用原则的主观性和至尊性，其适用应当是最后的和补充的，即只有在适用法律规则或者其他法律原则仍不能得到为社会所能接受的法律效果时，方可用诚信原则加以调整。此外，基于行政机关的特殊性，诚信原则在行政法中的适用也不是绝对的，具有诸多例外。

【关键词】

诚实信用；发展渊源；适用范围；适用顺序；适用例外。

诚信是诚实信用的简称，其拉丁文是 Bona Fides，法文是 Bonne Foe，英文是 Good Faith，直译都是“善意”；德文是 Treu und Glauben，译为忠诚和相信；日文是“信義誠実”，译为“信义诚实”。当下，有关诚信原则的英文表达有“principle of good faith”“principle of honesty and credibility”“bona fide principle”等几种。

诚信原则首先是民法原则，其次是民事诉讼法、行政法等部门法广泛应用的原则。在整个发展过程中，诚信原则经历了古罗马法——近现代民法——诉讼法和行政法等多个阶段。作为民法原则，诚信原则经过了从民法的补充规定，到仅调整债权法律关系再到民法基本原则的过程。总而言之，诚信原则的内容在不同发展时期和不同部门法中有所不同，不断丰富、发展和演变。下面从“诚信原则的罗马法渊源与文化基础”“诚信原则在近现代西方国家的应用与发展”“诚信原则在中国的应用与发展”“行政法诚信原则的几个问题”“有关诚信原则之适用的研读案例”五个部分作一介绍和研究。

一、诚信原则的罗马法渊源与文化基础

(一) 古罗马法中的诚信原则

诚信原则起源于古罗马。在古罗马法中，诚信的拉丁文符号是 bona fides。fides 来自动词 fieri，为“已经做成”的意思。西塞罗(Cicero)将 fides 解释为“行其所言谓之信”[①]，意思是兑现自己先前作出的承诺为诚信。bona 的意思是“好”，起强化 fides 的作用。两者结合构成“良信”，习惯译成“诚信”。

“诚信”在《法学阶梯》《法典》《学说汇纂》中被大量使用。在《法学阶梯》中，bona fides 主要适用于两个领域：第一个领域是诉讼法，其中有诚信诉讼与严法诉讼之分。第二个领域是物权法，其中又分为两个方面：一是对物的占有以及与此相关的取得时效；二是对自由人的占有。不知情地占有这两者的，谓之“诚信占有”或“善意占有”(bonae fidei possesso)。前一领域的诚信被称为“裁判诚信”，由此衍生出的外在行为规范称为“客观诚信”；后一领域的诚信称为“主观诚信”，体现行为主体的一种善意心态。[②]

适用于诉讼法领域中的诚信，后来逐渐发展成为客观诚信。它是对裁判官运用自由裁量权的简略表达，暗含着裁判官在这样做时要遵循正义的行为标准的意思。当裁判官在诉讼中遵循正义标准行使自由裁量权时，会要求当事人以其行为忠实地履行其义务，这就逐渐确立了实体法的行为规则，即客观诚信原则。

根据现代学者的研究，客观诚信具有以下要点：“1. 它是一种课加给主体的具有明显道德内容的行为义务；2. 这种行为义务的内容为：除了为保护自己的合法利益之必要外不得损害他人之利益；3. 评价主体行为的尺度不是当事人自己的，而是一个客观的标准；4. 但这种客观性不排除对主体之故

---

① 〔古罗马〕西塞罗：《论义务》，王焕生译，中国政法大学出版社 1999 年版，第 22—25 页。

② 参见徐国栋：《客观诚信与主观诚信的对立统一问题——以罗马法为中心》，载《中国社会科学》2001 年第 6 期。

意和过失等主观因素的考虑；5. 这种客观标准由主体行为与法律标准或典型的中等的社会行为的对比构成；6. 在寻求可适用的法律标准时，应考虑主体实施行为的社会背景。”①

适用于物权法领域的诚信也被称为主观诚信，它是当事人确信自己未侵害他人权利的一种心理状态。现代学者认为它具有以下要点：“1. 它是主体对其行为符合法律或道德的个人确信；2. 这种确信尽管是主观的，但从主体产生它的过程来看，它是诚实的和合理的；3. 主体在形成这种确信时尽到了注意义务，未发生故意和过失；4. 主体的这种确信可就其自己的情势发生，也可就与他有关的他人的情势发生；5. 这种确信决定了主体的行为；6. 法律因为主体的这种确信赋予其行为以有利的待遇。”②

比较可见，主观诚信与客观诚信的差别很大：主观诚信是内心状态，而客观诚信是外部行为，但在罗马法中都以 bona fides 表示。③

总之，罗马法中的诚信包括客观诚信和主观诚信两个方面，是近现代西方民法诚信原则的最早渊源。

（二）诚信原则的宗教、哲学与伦理基础

民法学界认为，诚信原则发端于古罗马，而古罗马的诚信原则立基于其宗教、伦理和哲学思想。作为“诚信”之基础的“信”的行为规则，首先可追溯

---

① Véase Manual Dela Puentey Lavalle, El contrato en general, El fondo para publicacion del PUC del Peru, 1996, pp. 33s. 转引自徐国栋：《客观诚信与主观诚信的对立统一问题——以罗马法为中心》，载《中国社会科学》2001 年第 6 期。

② Véase Manual Dela Puentey Lavalle, op. cit., p. 30. 转引自徐国栋：《客观诚信与主观诚信的对立统一问题——以罗马法为中心》，载《中国社会科学》2001 年第 6 期。

③ 参见徐国栋：《客观诚信与主观诚信的对立统一问题——以罗马法为中心》，载《中国社会科学》2001 年第 6 期。徐国栋教授在探讨罗马法中诚信原则的起源时，曾经从诚信契约和严正契约的角度分析。他说，在罗马法中，诚信契约是严正契约的对称。在严正契约中，债务人只须严格依照契约的约定履行义务，凡契约未约定的事项，债务人不需履行，对契约的解释，只能以契约所载的文字含义为准。与此相反，在诚信契约中，债务人不仅要承担契约约定的义务，而且必须承担诚实、善意的补充义务，契约所未规定的事项按照通常人的看法应由债务人履行时，债务人应为履行。因严正契约发生的纠纷，按照严正诉讼程序处理。在严正诉讼中，承审员无自由裁量权，只能严格按照契约条款审理案件。就诚信契约法的纠纷，按照诚信诉讼程序处理。在诚信诉讼中，承审员不受契约字面含义的约束，可根据当事人的真实意思对契约进行解释，并可根据公平原则对当事人的约定进行干预，以消除某些约定的不公正性，按照通常人的判断标准增加或减少当事人所承担的义务。也就是说，诚信契约不仅要求当事人承担善意、诚实的补充义务，而且承审员可以根据正义衡平原则对契约内容进行干预。现代民法中的诚信原则的两个方面——诚信要求和衡平权都已萌发于罗马法的诚信原则和诚信诉讼之中。参见徐国栋：《诚实信用原则的概念及其历史沿革》，载《法学研究》1989 年第 4 期。

到古罗马的宗教。在古罗马宗教思想中,“信”是非常重要的教义之一。罗马众神中,涉及“信”的事项由信义女神负责,她把一切背信行为都当作对自己的侮辱而报复之。公元前258年,罗马人在卡皮托山上为信义女神建造神庙加以供奉;公元前115年,重建信义女神神庙。信义女神神庙与主神朱庇特神庙为邻,表明在罗马宗教中,信义女神的地位非常高;同时也表明,诚信在罗马宗教思想中占有突出地位。正因为如此,在古罗马法律思想中,“信”是圣法,即调整人与神之间关系的法对人的行为要求。根据西塞罗所讲,圣法规定了这样的内容:“许下的诺言得以认真践现”;“对伪誓,神明惩罚是死亡,人间惩罚是破廉耻”。[①] 因为背信是破坏“神的和平”(Pax deorum)的行为,必须严惩才能平息神的愤怒。《十二表法》第8表第23条规定:“恩主诈欺门客的,让他充当牺牲。”[②]这就是说,恩主违背与门客之间“信”的关系而欺诈门客是一种宗教上的犯罪行为,要沦为牺牲,人人可得而诛之。[③] 罗马诚信思想的宗教渊源还可从其宣誓制度中得到验证。在拉丁文中,fides本身还有“宣誓保证”的意思。[④] 因此,“信”常常与宣誓联系在一起,誓言是“信”的最可靠保障。发誓就是将神引入到人际关系之中,一方面担当发誓人的证人,另一方面当发誓人不履行其誓言时,也担当此等誓言的强制执行人。“信”与“誓”的这种联系,也证明了“信” 的强烈的宗教色彩。[⑤]

对古罗马诚信思想产生影响的哲学思想有两个方面:一是斯多亚哲学学派(也称斯多葛哲学学派)提出的博爱思想。“博爱”(Fraternity)在西方语言中是“兄弟之情”的意思。按照斯多亚学派的理论,众生都是神的儿子,有着共同的本性,人与人都是兄弟,因此应相互友爱。这种兄弟之情要求爱所有的人,不问他是谁,爱他的依据不是别的,仅仅因为他是人。既然他是人,就是兄弟。按照这样的逻辑,一个人当然要爱自己的同胞,而如果他只“关心自己的公民们的利益,对于外邦人则不关心,就会破坏人类的共同联

---

① 参见〔古罗马〕西塞罗:《论共和国 论法律》,王焕生译,中国政法大学出版社1997年版,第226页。

② Rafael Domingo, op. cit., p. 32.

③ Storia del diritto romano, Edizione Simone, Napoli, 1993, pp. 29, 72.

④ 参见谢大任主编:《拉丁语汉语词典》,商务印书馆1988年版,第226页。

⑤ 参见徐国栋:《客观诚信与主观诚信的对立统一问题——以罗马法为中心》,载《中国社会科学》2001年第6期,第111页。

系……破坏由神明建立的人们之间的联系”[①]。基于同样的逻辑，诚实的美德要求善待陌生人，就连最极端的陌生人——外邦人，也不能作为诚实的美德之适用对象的例外。善待的表现就是诚信而不诈欺。如果做到了这一点，就能“把人们联系起来……每个人像自己爱他人那样地为他人所爱，许多人由此变成一个人”[②]。正是以这样的思想为基础，罗马才发展起了万民法，它为诚信诉讼的发展提供了最肥沃的土壤。[③] 二是古典社会契约论。据费希特的研究，盛行于当时的古典社会契约论思想的内容主要有三：(1) 公民财产契约。它是一个人与所有其他人订立的，其内容为社会成员相互承认对方对占有之财产的权利要求，每个人都把其全部财产作为他不愿损害所有其他人之财产的保证。(2) 保护契约。它是实现第一个契约的保证，其内容为社会全体成员相互保证彼此保护得到承认的财产，为此需要组建一支公共的保卫力量。(3) 结合契约。它把个人组成为一个有机整体的一部分，保障财产契约和保护契约的履行。[④] 徐国栋教授认为，正是这种契约思想，特别是第二个契约即保护契约，将古罗马法诚信思想中的客观诚信和主观诚信统一在一起。“人们为了保护自己的财产而通过社会契约结合为社会，为此要承担彼此承认他人之所有权的义务。在物权法方面，明知财产为他人所有仍占有之，就最大地违背了这一义务，构成恶意或‘恶信’(Malus fides)。换言之，行为人违背了自己对其他社会成员所作的承诺。相反，若在不知或错误的情况下为此等占有，仍不失为诚信或‘良信’；在契约方面，诚信地履行契约义务即为对其他社会成员之尊重，也是对他们的财产权之尊重。因此，无论是主观诚信还是客观诚信，都是对社会契约的信守。”[⑤]

除了宗教和哲学，古罗马伦理文化也为诚信原则提供了肥沃土壤。国内有学者研究认为，在古罗马伦理文化中，与诚实信用紧密相关的是“善良家父”概念。这一概念意味着，每一个具有独立行为能力的人，都应当以公正善良之心待人处世，都应该勤谨劳作，与人为善，处他人之事如处自己之

---

① 参见〔古罗马〕西塞罗：《论义务》，王焕生译，中国政法大学出版社 1999 年版，第 269 页。

② 同上书，第 56—57 页。

③ 参见徐国栋：《客观诚信与主观诚信的对立统一问题——以罗马法为中心》，载《中国社会科学》2001 年第 6 期。

④ 参见〔德〕费希特：《以知识学为原则的自然法权基础》，谢地坤、程志民译，载梁志学主编：《费希特著作选集》(第二卷)，商务印书馆 1994 年版，第 454—456、457—464 页。转引自徐国栋：《客观诚信与主观诚信的对立统一问题——以罗马法为中心》，载《中国社会科学》2001 年第 6 期。

⑤ 徐国栋：《客观诚信与主观诚信的对立统一问题——以罗马法为中心》，载《中国社会科学》2001 年第 6 期。

事，待人如待己。后来，在法律实践中，罗马裁判官基于“善良家父”之“善意”观念逐渐引申发展出诚实信用原则。正因为如此，古罗马法之诚实信用原则的内涵与“善意”有着紧密关联性，甚至成为诚实信用的首要要求，即“一个有为自己利用和收益之意图的人，也应该以同样的心思为他人着想；同时，还应以良心上的公正理解来信守自己诺言。所以，他又可以简单地理解为遵守诺言，能使他人信赖，同时也要相信他人”[①]。由此来看，古罗马伦理文化包含了善意、诚实、守信和信任等多重伦理要求。

总之，罗马法的诚信观念是由上述宗教、哲学和伦理思想铸造的，尽管宗教思想为彼岸性的，哲学与伦理思想为此岸性的，但都要求社会契约的参与者做个好人。总体而言，越是古远，诚信就越依靠宗教维持；越是晚近，世俗的哲学观念和伦理文化对维持它的作用就越大。因此，诚信在罗马法中还经历了从宗教到世俗的演变过程。[②] 当然，从最根本的意义上看，诚信原则是私有财产和商品经济发展的结果。徐国栋教授很早就提出，罗马法的诚信契约来源于万民法。万民法是在罗马人同外国人进行商品交换的基础上发展起来的，因此诚信契约体现了商品经济对法律的一般要求。在罗马法中诚信契约把诚信的要求作为默示条款补充到了某些契约关系中，使当事人在承担契约明文规定义务的同时承担诚实信用的补充义务，并且受法官衡平权的制约，以实现诚信契约所体现的商品交换关系所要求的公正。由此可以看出，在罗马法中，诚信契约中的诚信要求起着补充契约条款不足的作用，诚信诉讼起着维持商品经济所要求的公平的作用。[③]

二、诚信原则在近现代西方国家的应用与发展

（一）诚信原则在民法中的应用与发展

欧洲进入近代之后，掀起了民法典编纂运动，最为典型的有法国民法

① 炎白：《“善良家父”与“诚实信用”》，载《比较法研究》2001年第1期。

② 参见徐国栋：《客观诚信与主观诚信的对立统一问题——以罗马法为中心》，载《中国社会科学》2001年第6期。

③ 参见徐国栋：《诚实信用原则的概念及其历史沿革》，载《法学研究》1989年第4期。

典、德国民法典、瑞士民法典等。罗马法的诚信思想在这些法典中得到继承和发展,但不同国家的法典采用了不同的表达方法。有些国家仍然延续拉丁语的表达方法,用一个概念表达两种意思;有些国家则对两种意思分别采用不同的表达方法。延续古罗马法表达方法的有法国、英国和美国等。法国以 bonne foi 表示诚信;英国和美国则或者以 bona fides 表示诚信,或者以 good faith 表示诚信,都仅用一个概念。奥地利、德国、瑞士等国采用不同的概念或方法分别表达客观诚信和主观诚信。具体而言,奥地利民法典不再使用拉丁文 bona fides 或者德文 treu und glaube 表达诚信,而是通过意思表示、遗嘱、不当得利、时效制度等条文"体现"客观诚信,用 redlich(正直的、正派的、诚实可靠的)一词表达主观诚信;德国民法典则分别以 treu und glauben 表示客观诚信,用 guter glaube(有人译为"善意")表示主观诚信,这里的 guter glaube 是拉丁文 bona fides 的直译;瑞士的表达方法则与德国的表达方法基本相同。①

罗马法诚信原则在近现代欧洲民法中的发展可分两个阶段。第一阶段可称为非基本原则阶段,即在这一阶段,诚信原则只是作为民法债权法或者物权法的原则,没有上升为民法统一的基本原则。这一阶段在立法上的体现主要为 1804 年《法国民法典》和 1900 年《德国民法典》。1804 年《法国民法典》第 1134 条、第 1135 条规定,"契约应以善意履行之","契约不仅依其明示发生义务,并按照契约的性质,发生公平原则、习惯或法律所赋予的义务"。1900 年《德国民法典》第 242 条规定:"债务人须依诚实信用,并照顾交易惯例,履行其给付。"这些规定都安排在民法债权编中,除此之外,在第 932 条对占有中之诚信作了规定。徐国栋教授早期研究认为,《法国民法典》和《德国民法典》所规定的诚信原则的含义与功能都大大减缩,不能与罗马法的诚信原则同日而语。虽然保留了对当事人的诚信要求,但法官的衡平权被剥夺殆尽。法官的活动被认为是机械的,无论遇到多么复杂的情况,都只能在庞大的法典中寻找现成的解决方案。这种情况下,法官连法律解释权都谈不上,衡平权就更无从谈起。尽管如此,罗马式的诚信要求仍被继承下来,但只有指导当事人从事民事活动的意义。②

---

① 参见徐国栋:《客观诚信与主观诚信的对立统一问题——以罗马法为中心》,载《中国社会科学》2001 年第 6 期;闫尔宝:《行政法诚实信用原则研究》,人民出版社 2008 年版,第 2—3 页。

② 参见徐国栋:《诚实信用原则的概念及其历史沿革》,载《法学研究》1989 年第 4 期。

第二个阶段为基本原则阶段，即在这一阶段，诚信原则不再局限于债权法和物权法，而是上升为民法的统一的基本原则，其主要代表是1907年《瑞士民法典》。1907年《瑞士民法典》与1804年《法国民法典》、1900年《德国民法典》相比，有两个特色。首先，它第一次把诚信原则作为民法基本原则加以规定。具体来说，它将客观诚信从债的履行原则上升为民法基本原则规定在总则部分的第2条第1款。① 同时，也将第933条及以后数条对受让、取得、占有中的主观诚信的规定上升为基本原则，将之规定在总则部分的第3条。如此一来，在《瑞士民法典》中，诚信原则不再只是约束债务人的原则，而成为债务人和债权人必须共同遵守的原则；它不再是仅适用于债法的一项原则，而被扩大适用于包括物权法在内的一切民事法律关系，成为民法的一项基本原则。② 这就意味着，古罗马法诚信原则的衡平功能和适用范围在瑞士法典中基本得以恢复。③ 其次，它承认立法不可能涵盖一切社会关系，解决所有社会问题，承认法官发展法律的地位和作用，承认法官造法。同时，考虑到不论是客观诚信还是主观诚信，都不过是授权法官在具体情境中裁断当事人行为之妥当性的提示符号，故明确肯定了法官的自由裁量权。1907年《瑞士民法典》第1条第2款规定："无法从本法得出相应规定时，法官应依据习惯法裁判；如无习惯法时，依据自己作为立法者应提出的规则裁判。"第4条明确规定："本法指示法官自由裁量、判断情势或重要原因时，法官应公平合理地裁判。"

瑞士民法典中的诚信原则，作为一种满足现代社会需要的立法方法为大陆法系各国所仿效。虽然法国和德国民法典规定的诚信原则仅适用于债权法和物权法，但受瑞士民法典的影响，后来法国和德国法官通过司法活动，使原有的诚信条款上升为基本原则。在《德国民法典注释》一书中，仅对第242条(诚信条款)的注释就达80页之多。原本没有诚信规定的日本民法典战后修改时也把诚信原则作为基本原则加以规定。20世纪80年代之前，我国台湾地区"最高法院"因拒绝将诚信原则适用于物权关系而受到了学者

---

① 1907年《瑞士民法典》第2条规定："任何人都必须诚实、信用地行使权利和履行义务。"

② 王利明教授认为，1907年《瑞士民法典》第2条的规定，"不仅将诚信原则的适用由单纯约束义务人扩张至对权利人行为的规范，更将诚信原则的适用由债务关系扩张至一般的民事权利义务关系，从而真正明确了诚信原则的地位和作用"。参见王利明：《论公序良俗原则与诚实信用原则的界分》，载《江汉论坛》2019年第3期。

③ 参见徐国栋：《诚实信用原则的概念及其历史沿革》，载《法学研究》1989年第4期；徐国栋：《客观诚信与主观诚信的对立统一问题——以罗马法为中心》，载《中国社会科学》2001年第6期。

的严厉批评。台湾地区学者普遍认为，诚信原则虽起源于债法，但并不仅仅以债法为自己的适用范围。法官应从具体法条中抽象出一般原则而适用于一切法律关系。诚信原则理应从债法中抽象出来而适用于全部民法。[①] 到20世纪80年代修订"民法总则"时，我国台湾地区最终于"民法总则"第148条增设第2款："行使权利，履行义务，应以诚实及信用方法。"诚信原则作为民法一般原则在民法典中得到规定。

除了成文法国家，诚信原则在英美法系国家同样得到普遍应用。英国的衡平法和判例法很早就确认了诚实信用原则。《美国统一商法典》更以成文法的方式明确确认了诚实信用原则，该法典第1-203条规定："本法所涉及的任何合同和义务，在其履行和执行中均负有遵循诚信原则之义务。"

（二）诚信原则在民事诉讼法中的应用

除了民法之外，诚信原则在民事诉讼法中也得到应用，成为民事诉讼法的基本原则之一。1911年《匈牙利民事诉讼法》、1933年《南斯拉夫民事诉讼法》、1939年《德国民事诉讼法》、[②]1942年《意大利民事诉讼法》、1990年修订的《韩国民事诉讼法》、1996年修订的《日本民事诉讼法》均规定当事人在民事诉讼中负有真实陈述之义务。例如，1990年《韩国民事诉讼法》第1条规定："法院应为诉讼程序公正、迅速以及经济地进行而努力；当事人及诉讼关系人应当诚实信用地进行诉讼。"1996年《日本民事诉讼法》第2条规定："法院应为民事诉讼公正迅速地进行而努力，当事人进行民事诉讼，应以诚实信用为之。"[③]

就发展脉络而言，民事诉讼法的诚信原则仍然源于民法的诚信原则。对此，张卫平教授指出："在近现代，人们所主张的民事诉讼诚实信用原则，

---

① 参见徐国栋：《诚实信用原则的概念及其历史沿革》，载《法学研究》1989年第4期。

② 有学者认为，1921年德意志帝国法院作出了首例承认在民事诉讼领域适用诚实信用原则的判决。1933年《德国民事诉讼法改革法》第138条正式规定了以诚实信用原则为基础的当事人真实义务，这一规定在德国民事诉讼诚实信用原则发展史上具有里程碑意义。参见赵秀举：《德国民事诉讼中的诚实信用原则》，载《华东政法大学学报》2013年第2期。

③ "在新民诉法成立之前，日本学术界一般都认为诚信原则已经实际存在于民事诉讼立法的解释上并适用于民事司法实践中。承担起草新民诉法草案工作的法务省有关部门在对立法宗旨作出的说明中也明确指出，'即使在旧法之下，当事人对于其他当事人和法院负有诚实信用的义务这一点也是理所当然的……新法第2条的规定只是把对旧法的这种理解以法律条文的方式予以明确规定而已'。"参见王亚新：《我国新民事诉讼法与诚实信用原则——以日本民事诉讼立法经过及司法实务为参照》，载《比较法研究》2012年第5期。

还是直接源于民法中诚实信用原则的确立和适用……民法对诚实信用原则的确定，尤其是《瑞士民法典》将诚实信用从法国、德国债法中的权利义务领域推广适用于一般权利义务领域，这就很自然地影响到了民事诉讼法领域对这一原则的适用，即不仅包含一般实体权利义务，也应包含诉讼权利义务，由此，通过实体权利与程序权利的联系，顺理成章地推导出民事诉讼法应确立诚实信用原则。”[①]民事诉讼法引进诚信原则的意义重大，它标志着民事诉讼目的与精神的洗心革面。长期以来，基于自由主义、个人主义、放任主义的政治理念，人们强调民事诉讼法的“斗争”形态，将其仅作为双方当事人对抗、斗争的规则。但随着社会的发展，人们认识到，以自由主义理念为指导的民事诉讼不能够充分实现追求真实、公正、迅速解决纠纷的价值追求，且导致诉讼中实质上的不平等以及诉讼迟延、效率低下等问题，只有植入诚实信用原则，通过对传统的当事人主义、辩论主义（辩论原则）、处分权主义（处分原则）的修正或限制，转变传统的诉讼观念，才能实现实质上的平等和正义，充分实现民事诉讼关于真实、公正、迅速解决纠纷的价值追求。[②]可见，民事诉讼法引入诚信原则意味着将当事人在民事诉讼中的斗争、对立关系转换成协力关系或者协动、协助关系。

如果说民法之诚信原则主要约束民事主体的民事行为，则民事诉讼法的诚信原则在于规范当事人的诉讼行为。就内容而言，诚信原则主要对当事人提出以下要求：第一，当事人真实陈述的义务。当事人真实陈述的义务简称“真实义务”。真实义务通常被认为是诚实信用原则最主要的内容，但究竟如何理解或界定真实义务并非易事。例如，《德国民事诉讼法》第 138 条第 1 款规定：“当事人应当作出完整和真实的事实陈述。”按此规定，真实义务就可能包括完整义务和真实义务两种。但由于不完整也可以理解为不真实，真实义务又可能包含完整义务从而为一种。德国学界认为，完整义务补充真实义务并要求当事人必须对作为判决基础的重要事实作出说明，完整义务是真实义务的必要组成部分。第二，促进诉讼的义务。这一义务要求当事人在诉讼中不得实施迟延或拖延诉讼的行为，或干扰诉讼的进行，应协助法院有效率地进行诉讼，完成审判。这一义务具体体现为：不得迟延提出攻击和防御方法，不得故意申请无理由的回避（回避权的滥用），不得故意拆

① 张卫平：《民事诉讼中的诚实信用原则》，载《法律科学（西北政法大学学报）》2012 年第 6 期。
② 同上。

分诉讼标的以规避相应的诉讼程序（如通过拆分诉讼标的使之适用于小额诉讼，由此获得小额诉讼程序带来的利益），等等。第三，禁止以欺骗方法形成不正当诉讼状态。这意味着，当事人不得以欺骗方法形成不正当的诉讼状态，从而获得法规的不当使用或不适用。例如管辖权的滥用，原告通过编造虚假的管辖原因事实，从而获得有利于自己的管辖。第四，禁反言，即遵守禁反言原则。禁反言原则源于英美法上 estoppel 法理，相当于大陆法系国家的矛盾行为禁止原则。这一原则的具体适用要件包括三个方面：(1) 当事人在诉讼中实施了与之前诉讼行为相矛盾的行为；(2) 在对方信赖的前提下，作出了违反承诺的行为；(3) 给信赖其先行行为的对方造成了不利。第五，不得滥用诉讼上权能。虽然诉讼法赋予当事人某些权能，但行使该权能必须诚实信用，否则就不能承认行使该权能的利益，如无正当理由反复要求审理法官回避等。第六，诉讼上权能的丧失。因行为人长时期不行使诉讼上的特定权能，使得对方产生一种行为人大概不会行使该权能的期待，一旦信赖达到如此程度，行为人还可以行使权能的话，就将有损对方的期待。因此，为了维护这种期待，在此情形下的权能行使不合法。①

民事诉讼法诚信原则的适用对象主要为当事人及其诉讼行为。除了当事人及其诉讼行为之外，诚实信用原则是否还可适用于法院及其审判行为，学界争议较大。②

在适用上，民事诉讼法的诚实信用原则处于辅助性和补充性地位。任重博士对德国民事诉讼法诚信原则的实施情况作了考察。他说，在德国，“一方面，诚实信用原则不能替代具体规范的适用，而是作为具体规范适用的解释背景出现；另一方面，在诚实信用原则直接适用的情况下，法院依职权进行的诚实信用审查也被限定在较为有限的范围之内。这种态度固然与诚实信用原则的制度作用有关，同时也反映了德国民事诉讼对基本原则的认识。德国民事诉讼中的辩论原则和处分原则依旧被视为最重要的原则，诚实信用原则只是对传统辩论原则和处分原则的修正，而不可能成为民事

---

① 参见张卫平：《民事诉讼中的诚实信用原则》，载《法律科学(西北政法大学学报)》2012 年第 6 期；任重：《民事诉讼诚实信用原则的实施——德国的认知与实践》，载《法学家》2014 年第 4 期。

② 参见张卫平：《民事诉讼中的诚实信用原则》，载《法律科学(西北政法大学学报)》2012 年第 6 期；王亚新：《我国新民事诉讼法与诚实信用原则——以日本民事诉讼立法经过及司法实务为参照》，载《比较法研究》2012 年第 5 期。有德国学者提出，法院应当承担“诚实地实施诉讼的义务”；德国联邦宪法法院在判例中(BVerfGE 49,220 [225]; 52,131) 也认为，法官有义务促成“适当的、公正的程序”。参见赵秀举：《德国民事诉讼中的诚实信用原则》，载《华东政法大学学报》2013 年第 2 期。

诉讼中第一位的基本原则。诚实信用原则禁止当事人滥用诉讼权利,但这不意味着法院动辄以违反诚实信用为由对当事人诉讼权利的正当行使进行实质限制。这些基本认识集中体现在诚实信用原则的制度定位上,并在该原则的具体适用中予以贯彻”①。

(三)诚信原则在行政法中的应用

在公法领域,诚信原则不仅是民事诉讼法的原则,也是行政法的重要原则。不过,在行政程序法中直接规定诚信原则的国家和地区并不多见,检索到的仅有1991年《葡萄牙行政程序法》、1996年《韩国行政程序法》和我国台湾地区1999年的“行政程序法”。1991年《葡萄牙行政程序法》第6条规定:“1. 在行政活动中及行政活动的所有手续与阶段,公共行政当局与私人应依照善意规则行事并建立关系。2. 履行上款规定时,应根据具体情况,侧重于基本权利的保护,尤其考虑下列因素:(1)因行为动机使相对人产生的信赖;(2)作出行为所拟达到的目的。”1996年《韩国行政程序法》第4条规定:“行政机关执行职务时,应本于诚实信用为之。”不过,一国行政程序法典没有规定诚信原则不等于它不遵循诚信原则。

如果说民法诚信原则主要是对民事主体的要求,诉讼法诚信原则主要是对诉讼参加人的要求,则行政法诚信原则主要是对行政主体及其工作人员的要求。行政法学界认为,诚信原则从私法领域演进至公法领域,由合同法原则上升为民法原则、民事诉讼法原则进而成为行政法原则,有其必然性:第一,政府诚信对于社会诚信建设具有表率作用。培根说过:“一次政务失信比多次社会失信后果严重得多,因为这些社会失信不过弄脏了水流,而政府失信则把水源污染了。”中国自古认为,“民以吏为师”“上梁不正下梁歪”,政府不讲诚信,社会诚信难以建立起来。只有政府带头讲诚信、说实话、办实事,人民才会争而效仿。② 第二,从思想方面看,这反映了人民对于政府伦理性要求的加强。体现了在新的历史条件下,人民对于政府所怀有的由一定社会综合条件所决定的真诚、善意、守信、合理的道德期待和伦理要求。第三,从现实角度看,诚信原则在公法领域内的确立是国家从“秩序行政”向“给付行政”转变的结果。在“给付行政”时代,政府不再仅仅是社会

---

① 任重:《民事诉讼诚实信用原则的实施——德国的认知与实践》,载《法学家》2014年第4期。

② 参见周佑勇:《论政府诚信的法治化构建》,载《江海学刊》2014年第1期。

管理者，而是社会服务者，政府的给付行为对于人民生活具有更为重要的意义。同时，它要求国家行为不得损害私人利益，即便是出于公共利益的需要而使私人利益受到损害或者影响，政府也必须对私人予以补偿或者赔偿。第四，从立法基础看，公私法的相对融合也为行政法援用私法的诚信原则提供了基础。在传统法学理念中，公私法是泾渭分明的两个法律领域。但在给付行政时代，开发社会文化、增进人民福利、提高人民生活水平成为国家责无旁贷的职责，国家与人民的关系越来越类似于私人契约性质。这些因素共同为诚信原则进入行政法领域提供了基础。[①]

三、诚信原则在中国的应用与发展

诚实信用是我国传统伦理文化，特别是儒家文化的重要内容。改革开放之后，随着法治思想的确立与法律制度的发展，我国民法、诉讼法和行政法都先后明文规定了诚信原则。

（一）我国诚信原则的伦理基础

诚实信用在我国传统伦理文化中根深蒂固，主要体现在儒家思想文化中。在《论语》中，诚信首先是对普通民众的要求。《论语》记载："曾子曰：'吾日三省吾身：为人谋而不忠乎？与朋友交而不信乎？传而不习乎？'"（《论语·学而》）"子曰：'弟子入则孝，出则弟，谨而信，泛爱众，而亲仁。行有馀力，则以学文。'"（《论语·学而》）"子夏曰：'贤贤易色；事父母，能竭其力；事君，能致其身；与朋友交，言而有信。虽曰未学，吾必谓之学矣。'"（《论语·学而》）"子曰：'君子不重则不威，学则不固。主忠信，无友不如己者，过，则勿惮改。'"（《论语·学而》）"子曰：'人而无信，不知其可也。大车无輗，小车无軏，其何以行之哉？'"（《论语·为政》）"子曰：'言忠信，行笃敬，虽蛮貊之邦，行矣。'"（《论语·卫灵公》）"子曰：'始吾于人也，听其言而信其行；今吾于人也，听其言而观其行。于予与改是。'"（《论语·公冶长》）子曰：

① 参见刘丹：《论行政法上的诚实信用原则》，载《中国法学》2004年第1期。

“老者安之，朋友信之，少者怀之。”[①]（《论语·公冶长》）可以看出，在儒家文化中，“信”是为人或者为“君子”的必要德性，且包含“诚实、无欺”与“相信、信任”等多层含义。[②]

《论语》中的诚信，不仅是对普通百姓的要求，更是对统治阶级或者官僚的要求。《论语》记载：“子曰：‘道千乘之国，敬事而信，节用而爱人，使民以时。’”（《论语·学而》）“子贡问政，子曰：‘足食，足兵，民信之矣。’子贡曰：‘必不得已而去，于斯三者何先？’曰：‘去兵。’子贡曰：‘必不得已而去，于斯二者何先？’曰：‘去食。自古皆有死，民无信不立。’”（《论语·颜渊篇》）[③]“子曰：‘……上好礼，则民莫敢不敬；上好义，则民莫敢不服；上好信，则民莫敢不用情。夫如是，则四方之民襁负其子而至矣，焉用稼？’”（《论语·子路》）[④]此后，司马光也有类似阐述。他在《资治通鉴》中说：“夫信者，人君之大宝也。国保于民，民保于信；非信无以使民，非民无以守国。”“上不信下，下不信上，上下离心，以至于败。”这些都反映了儒家思想对统治阶级守信的重视和要求。

《论语》多强调“信”，少提及“诚”。“诚”在后来的儒学著作中得到补充和发展。有学者认为：“诚信……其形成过程大致为：《论语》里的‘信’——《孟子》由‘信’而‘诚’——《中庸》的‘诚’——《祭统》的‘诚信’。”[⑤]这大致是对的。不过，《孟子》成书应该晚于《中庸》，这个时间排序是错的。《孟子》之前，《大学》与《中庸》中都已经有关于“诚”的论述。《大学》中有：“意诚而后心正”；“所谓诚其意者，毋自欺也”。《中庸》中有：“诚者，天之道也”；“诚之者，人之道也”；“诚者，非自成己而已也，所以成物也。成己，仁也；成物，知也；性之德也，合外内之道也，故时措之宜也”。《礼记》中出现了将“诚”与“信”合在一起的现象，如《礼记·祭统》中有：“身致其诚信，诚信之谓尽，尽之谓敬，敬尽然后可以事神明，此祭之道也。”但《礼记》也不乏单独使用的，如《礼记·乐记》中有：“着诚去伪，礼之经也。”《孟子》对于“诚”的论述更加

---

① 孙钦善将之翻译为：“对老者加以安抚，对朋友加以信任，对少者加以爱护。”参见孙钦善：《论语本解》，生活·读书·新知三联书店 2009 年版，第 59 页。

② 参见苏亦工：《诚信原则与中华伦理背景》，载《法律科学（西北政法大学学报）》1998 年第 3 期。

③ 这段话清楚地表明，民富国强不及取信于民重要。

④ 这句话则强调了政府诚信对于民心向背的重要性。

⑤ 张勇、张生：《传统文化与现代中国经济法制》，载中国法律史学会编：《法律史论丛》（第四辑），江西高校出版社 1998 年版，第 220 页。转引自柴荣、柴英：《论儒家思想与民法“诚实信用原则”之暗合》，载《上海师范大学学报（哲学社会科学版）》2008 年第 2 期。

详细更加深刻。如《孟子·离娄上》中载:“居下位而不获于上,民不可得而治也;获于上有道,不信于友,弗获于上矣;信于友有道,事亲弗悦,弗信于友矣;悦亲有道,反身不诚,不悦于亲矣;诚身有道,不明乎善,不诚其身矣。是故诚者,天之道也;思诚者,人之道也。”[①]如此等等。

与古罗马诚信思想相比,我国传统儒家思想鲜有关于“善意”的表述。儒家的一些表述,如“我不欲人之加诸我也,吾亦欲无加诸人”(《论语·公冶长》)、“夫仁者,己欲立而立人,己欲达而达人。能近取譬,可谓仁之方也已”(《论语·雍也》)、“己所不欲,勿施于人”(《论语·颜渊》)、“仁者爱人,有礼者敬人。爱人者,人恒爱之;敬人者,人恒敬之”(《孟子·离娄下》),尽管与罗马法律思想中的“善意”思想有相似之处,但细究起来则不完全相同。“善意”指在相互交往中,设身处地为对方设想,尽可能善尽注意、关照义务,保护对方利益。但儒家的上述思想不具有这种意蕴,且属于“仁”的范畴,不属于“信”的内容。不过,在总体上,“儒家思想中蕴含着丰富的‘诚信’因子,深受儒家思想浸润的中国古代社会生活处处体现着‘诚信’的处世之道,其价值追求与以古罗马为起源的现代民法的诚实信用原则有着惊人的暗合之处”[②]。

(二)我国民法的诚信原则

与其他国家一样,在我国,诚信原则首先是民法原则,在民事立法中最先得到规定。相关规定可分两个层面:一是将其作为统一的基本原则在民法通则和民法总则中加以规定;二是将其作为部门法的基本原则在担保法、合同法、婚姻法、物权法、反不正当竞争法等总则或者具体法律制度中加以规定。

早在1986年制定的《民法通则》第4条中就规定,民事活动应当遵循诚实信用原则。这是我国法律从基本法律的角度确认了诚信原则,也是第一次将诚信确立为民法的基本原则。1995年制定的《中华人民共和国担保法》第3条规定:“担保活动应当遵循平等、自愿、公平、诚实信用的原

---

① 我国历史上,也有类似于罗马的履约发誓:“昔我先君桓公与商人皆出自周,世有盟誓,以相信也。曰:尔无我叛,我无强贾,毋或匄夺;尔有利市宝贿,我勿与知。恃此质誓,故能相保,以至于今。”(《左传·昭公十六年》)

② 柴荣、柴英:《论儒家思想与民法“诚实信用原则”之暗合》,载《上海师范大学学报(哲学社会科学版)》2008年第2期。

则。”1999 年制定的《合同法》第 6 条规定：“当事人行使权利、履行义务应当遵循诚实信用原则。”2001 年修订的《婚姻法》第 4 条规定：“夫妻应当互相忠实，互相尊重；家庭成员间应当敬老爱幼，互相帮助，维护平等、和睦、文明的婚姻家庭关系。”2007 年制定的《中华人民共和国物权法》有诸多关于善意占有的规定。其中，第 24 条规定：“船舶、航空器和机动车等物权的设立、变更、转让和消灭，未经登记，不得对抗善意第三人。”第 106 条规定，无处分权人将不动产或者动产转让给受让人的，所有权人有权追回，但受让人受让该不动产或者动产时是善意的，受让人取得该不动产或者动产的所有权。第 108 条规定：“善意受让人取得动产后，该动产上的原有权利消灭，但善意受让人在受让时知道或者应当知道该权利的除外。”第 129 条规定：“土地承包经营权人将土地承包经营权互换、转让，当事人要求登记的，应当向县级以上地方人民政府申请土地承包经营权变更登记；未经登记，不得对抗善意第三人。”第 158 条规定：“地役权自地役权合同生效时设立。当事人要求登记的，可以向登记机构申请地役权登记；未经登记，不得对抗善意第三人。”如此等等。[①] 2017 年制定的《民法总则》第 7 条规定：“民事主体从事民事活动，应当遵循诚信原则，秉持诚实，恪守承诺。”在这里，诚信原则仍然作为民法的统一原则和基本原则加以规定。2020 年《民法典》得以制定，其第 7 条规定，“民事主体从事民事活动，应当遵循诚信原则，秉持诚实，恪守承诺”，对诚信原则再次作了总的宣示。第 509 条第 1、2 款规定：“当事人应当按照约定全面履行自己的义务。当事人应当遵循诚信原则，根据合同的性质、目的和交易习惯履行通知、协助、保密义务。”第 558 条规定：“债权债务终止后，当事人应当遵循诚信等原则，根据交易习惯履行通知、协助、保密、旧物回收等义务。”第 154 条规定：“行为人与相对人恶意串通，损害他人合法权益的民事法律行为无效。”第 164 条第 2 款规定：“代理人和相对人恶意串通，损害被代理人合法权益的，代理人和相对人应当承担连带责任。”第 987 条规定：“得利人知道或者应当知道取得的利益没有法律根据的，受损失

① 此外，《中华人民共和国物权法》第 188 条规定：“以本法第一百八十条第一款第四项、第六项规定的财产或者第五项规定的正在建造的船舶、航空器抵押的，抵押权自抵押合同生效时设立；未经登记，不得对抗善意第三人。”第 189 条规定：“企业、个体工商户、农业生产经营者以本法第一百八十一条规定的动产抵押的，应当向抵押人住所地的工商行政管理部门办理登记。抵押权自抵押合同生效时设立；未经登记，不得对抗善意第三人……”第 243 条规定：“不动产或者动产被占有人占有的，权利人可以请求返还原物及其孳息，但应当支付善意占有人因维护该不动产或者动产支出的必要费用。”

的人可以请求得利人返还其取得的利益并依法赔偿损失。"如此等等。此外,《民法典》还用大量条款规定了善意取得制度和善意第三人的保护制度。除了上述民事立法中的规定,诚信原则在我国一些商事立法中得到规定。如《中华人民共和国反不正当竞争法》(以下简称《反不正当竞争法》)第 2 条规定:"经营者在生产经营活动中,应当遵循自愿、平等、公平、诚信的原则,遵守法律和商业道德。本法所称的不正当竞争行为,是指经营者在生产经营活动中,违反本法规定,扰乱市场竞争秩序,损害其他经营者或者消费者的合法权益的行为。本法所称的经营者,是指从事商品生产、经营或者提供服务(以下所称商品包括服务)的自然人、法人和非法人组织。"

对于我国民法诚信原则的内涵与功能,民法学界认识总体相同。一般认为,"诚信原则是指民事主体在从事民事活动时,应诚实守信,以善意的方式履行其义务,不得滥用权利及规避法律或合同规定的义务。同时,诚信原则要求维持当事人之间的利益以及当事人与社会利益之间的平衡"①。不过,细究起来,不同学者的认识还是有细微差别。

有些民法学者更加强调诚信原则的利益平衡功能,如徐国栋教授认为:"诚信原则就是要求民事主体在民事活动中维持双方的利益平衡,以及当事人利益与社会利益平衡的统治阶级意志。概言之,诚信原则就是统治阶级实现上述三方利益平衡的要求,目的在于保持社会稳定与和谐地发展。三方利益平衡是这一原则实现的结果,当事人以诚实、善意的态度行使权利、履行义务,法官根据公平正义进行创造性的司法活动是达到这一结果的手段。"②通过这一定义,徐国栋教授指出:"诚信原则涉及两个利益关系:当事人之间的利益关系和当事人与社会间的利益关系。诚信原则的宗旨在于实现这两个利益关系的平衡。在当事人间的利益关系中,诚信原则要求尊重他人利益,以对待自己事务的注意来对待他人事务,保证法律关系的当事人都能得到自己应得的利益,不得损人利己。当发生特殊情况使当事人间的利益关系失去平衡时,应进行调整,使利益平衡得到恢复,由此维持一定的社会经济秩序。在当事人利益与社会利益的关系中,诚信原则要求当事人不得通过自己的民事活动损害第三人和社会的利益,必须在权利的法律范

---

① 崔建远主编:《新合同法原理与案例评释》(上),吉林大学出版社 1999 年版,第 27 页;曹明睿:《新合同法的诚信原则》,载《河南师范大学学报(哲学社会科学版)》2000 年第 1 期。

② 徐国栋:《诚实信用原则的概念及其历史沿革》,载《法学研究》1989 年第 4 期。

围内以符合社会经济目的的方式行使自己的权利。”[①]由此来看,“诚信原则在两个方面发挥着作用。首先,它是对当事人进行民事活动必须具备诚实、善意的内心状态的要求,对当事人进行民事活动起着指导作用;其次,它是对法官衡平权的授予”[②]。

有些民法学者则更多强调诚信原则的债权法属性。如王利明教授在比较诚实信用原则与公序良俗原则之区分时就诚信原则强调了以下两点:第一,诚信原则以允诺为前提。他说:“依据《民法总则》第7条的规定,‘民事主体从事民事活动,应当遵循诚信原则,秉持诚实,恪守承诺’,这就意味着在诚信原则适用的情形下,一方通常对另一方作出了一定的允诺,因此依据诚信原则,当事人应当按照自己作出的允诺履行义务,言而有信。这种允诺既可能是一方对对方作出了允诺,也可能是双方互相作出的允诺。例如,在合同订立后,履行期到来前,如果一方合理信赖另一方会履行,并为履行作出准备,而另一方未尽到协力、准备等义务,也可能构成对诚信原则的违反。甚至在一方对另一方作出允诺后,如果没有订立正式的书面文本,在特别情形下,法律也规定依据诚信原则,当事人应当遵循允诺。”[③]第二,诚信原则主要涉及当事人双方利益,无关公共利益。他说:“诚实信用原则一般是对当事人之间行为的要求,一方当事人违反诚信原则,通常也只是损害对方当事人的利益,而通常不会损害社会公共利益。而当事人违反公序良俗原则的行为虽未必损害对方当事人的利益,但一定会危及社会公共秩序和公共利益。”[④]

可以看出,王利明教授对诚信原则的看法与徐国栋教授等民法学者的看法有一定差别。民法学界对于诚信原则的不同认识,需要研习者进一步关注和思考。

目前,诚信原则在我国民事活动及民事审判实践中已得到普遍应用。最高人民法院确立指导案例之后,诸多指导案例都应用了诚实信用原则,将诚实信用原则作为重要裁判理由。这些指导案例包括指导案例15号“徐工

① 徐国栋:《诚实信用原则的概念及其历史沿革》,载《法学研究》1989年第4期。
② 同上。
③ 王利明:《论公序良俗原则与诚实信用原则的界分》,载《江汉论坛》2019年第3期。
④ 同上。

集团工程机械股份有限公司诉成都川交工贸有限责任公司等买卖合同纠纷案”[①]、指导案例30号“兰建军、杭州小拇指汽车维修科技股份有限公司诉天津市小拇指汽车维修服务有限公司等侵害商标权及不正当竞争纠纷案”[②]、指导案例45号“北京百度网讯科技有限公司诉青岛奥商网络技术有限公司等不正当竞争纠纷案”[③]、指导案例58号“成都同德福合川桃片有限公司诉重庆市合川区同德福桃片有限公司、余晓华侵害商标权及不正当竞争纠纷案”[④]、指导案例64号“刘超捷诉中国移动通信集团江苏有限公司徐州分公司电信服务合同纠纷案”[⑤]、指导案例67号“汤长龙诉周士海股权转让纠纷案”[⑥]、指导案例82号“王碎永诉深圳歌力思服饰股份有限公司、杭州银泰世纪百货有限公司侵害商标权纠纷案”[⑦]、指导案例95号“中国工商银行股份有限公司宣城龙首支行诉宣城柏冠贸易有限公司、江苏凯盛置业有限公司

---

① 最高人民法院审判委员会讨论通过，2013年1月31日发布。本案裁判理由指出：“《公司法》第二十条第三款规定：‘公司股东滥用公司法人独立地位和股东有限责任，逃避债务，严重损害公司债权人利益的，应当对公司债务承担连带责任。’本案中，三个公司虽在工商登记部门登记为彼此独立的企业法人，但实际上相互之间界线模糊、人格混同，其中川交工贸公司承担所有关联公司的债务却无力清偿，又使其他关联公司逃避巨额债务，严重损害了债权人的利益。上述行为违背了法人制度设立的宗旨，违背了诚实信用原则……”

② 最高人民法院审判委员会讨论通过，2014年6月26日发布。本案裁判理由指出：“天津小拇指公司登记使用该企业名称本身违反了诚实信用原则，具有不正当性，且无论是否突出使用均难以避免产生市场混淆，已构成不正当竞争，应对此承担停止使用‘小拇指’字号及赔偿相应经济损失的民事责任。”

③ 最高人民法院审判委员会讨论通过，2015年4月15日发布。本案裁判要点指出：“从事互联网服务的经营者，在其他经营者网站的搜索结果页面强行弹出广告的行为，违反诚实信用原则和公认商业道德，妨碍其他经营者正当经营并损害其合法权益，可以依照《反不正当竞争法》第二条的原则性规定认定为不正当竞争。”

④ 最高人民法院审判委员会讨论通过，2016年5月20日发布。

⑤ 最高人民法院审判委员会讨论通过，2016年6月30日发布。本案裁判理由指出：“如果在订立合同之前未告知，即使在缴费阶段告知，亦剥夺了当事人的选择权，有违公平和诚实信用原则。被告主张‘通过单联发票、宣传册和短信的方式向原告告知了有效期’，但未能提供有效的证据予以证明。综上，本案被告既未在电信服务合同中约定有效期内容，亦未提供有效证据证实已将有效期限制明确告知原告，被告暂停服务、收回号码的行为构成违约，应当承担继续履行等违约责任，故对原告主张‘取消被告对原告的话费有效期的限制，继续履行合同’的诉讼请求依法予以支持。”

⑥ 最高人民法院审判委员会讨论通过，2016年9月19日发布。本案裁判理由指出：“从诚实信用的角度，《合同法》第六十条规定，‘当事人应当按照约定全面履行自己的义务。当事人应当遵循诚实信用原则，根据合同的性质、目的和交易习惯履行通知、协助、保密等义务’。鉴于双方在股权转让合同上明确约定‘此协议一式两份，双方签字生效，永不反悔’，因此周士海即使依据《合同法》第一百六十七条的规定，也应当首先选择要求汤长龙支付全部价款，而不是解除合同。”

⑦ 最高人民法院审判委员会讨论通过，2017年3月6日发布。

等金融借款合同纠纷案”[①]、指导案例109号“安徽省外经建设(集团)有限公司诉东方置业房地产有限公司保函欺诈纠纷案”[②]等。

其中,指导案例58号之“裁判要点”指出:“1. 与‘老字号’无历史渊源的个人或企业将‘老字号’或与其近似的字号注册为商标后,以‘老字号’的历史进行宣传的,应认定为虚假宣传,构成不正当竞争。2. 与‘老字号’具有历史渊源的个人或企业在未违反诚实信用原则的前提下,将‘老字号’注册为个体工商户字号或企业名称,未引人误认且未突出使用该字号的,不构成不正当竞争或侵犯注册商标专用权。”本案裁判理由指出:“个体工商户余晓华及重庆同德福公司与成都同德福公司经营范围相似,存在竞争关系;其字号中包含‘同德福’三个字与成都同德福公司的‘同德福 TONGDEFU 及图’注册商标的文字部分相同,与该商标构成近似。其登记字号的行为是否构成不正当竞争关键在于该行为是否违反诚实信用原则。成都同德福公司的证据不足以证明‘同德福 TONGDEFU 及图’商标已经具有相当知名度,即便他人将‘同德福’登记为字号并规范使用,不会引起相关公众误认,因而不能说明余晓华将个体工商户字号注册为‘同德福’具有‘搭便车’的恶意。而且,在20世纪20年代至50年代期间,‘同德福’商号享有较高商誉。同德福斋铺先后由余鸿春、余复光、余永祚三代人经营,尤其是在余复光经营期间,同德福斋铺生产的桃片获得了较多荣誉。余晓华系余复光之孙、余永祚之子,基于同德福斋铺的商号曾经获得的知名度及其与同德福斋铺经营者之间的直系亲属关系,将个体工商户字号登记为‘同德福’具有合理性。余晓

---

① 最高人民法院审判委员会讨论通过,2018年6月20日发布。本案裁判理由指出:“根据商事交易规则,法无禁止即可为,即在法律规定不明确时,不应强加给市场交易主体准用严格交易规则的义务。况且,就涉案2012年4月20日借款合同项下的债权转入最高额抵押担保的债权范围,凯盛公司不仅形成了股东会决议,出具了房产抵押担保承诺函,且和工行宣城龙首支行达成了《补充协议》,明确将已经存在的涉案借款转入前述最高额抵押权所担保的最高额为4000万元的主债权范围内。现凯盛公司上诉认为《补充协议》约定事项必须办理最高额抵押权变更登记才能设立抵押权,不仅缺乏法律依据,也有悖诚实信用原则。”

② 最高人民法院审判委员会讨论通过,2019年2月25日发布。本案裁判理由指出:“基于独立保函的特点,担保人于债务人之外构成对受益人的直接支付责任,独立保函与主债务之间没有抗辩权上的从属性,即使债务人在某一争议解决程序中行使抗辩权,并不当然使独立担保人获得该抗辩利益。另外,即使存在受益人在独立保函项下的欺诈性索款情形,亦不能推定担保行在独立反担保函项下构成欺诈性索款。只有担保行明知受益人系欺诈性索款且违反诚实信用原则付款,并向反担保行主张独立反担保函项下款项时,才能认定担保行构成独立反担保函项下的欺诈性索款。外经集团公司以保函欺诈为由提起本案诉讼,其应当举证证明哥斯达黎加银行明知东方置业公司存在独立保函欺诈情形,仍然违反诚信原则予以付款,并进而以受益人身份在见索即付独立反担保函项下提出索款请求并构成反担保函项下的欺诈性索款……”

华登记个体工商户字号的行为是善意的，并未违反诚实信用原则，不构成不正当竞争。基于经营的延续性，其变更个体工商户字号的行为以及重庆同德福公司登记公司名称的行为亦不构成不正当竞争。”

指导案例 82 号之“裁判要点”指出：“当事人违反诚实信用原则，损害他人合法权益，扰乱市场正当竞争秩序，恶意取得、行使商标权并主张他人侵权的，人民法院应当以构成权利滥用为由，判决对其诉讼请求不予支持。”本案裁判理由指出：“法院生效裁判认为，诚实信用原则是一切市场活动参与者所应遵循的基本准则。一方面，它鼓励和支持人们通过诚实劳动积累社会财富和创造社会价值，并保护在此基础上形成的财产性权益，以及基于合法、正当的目的支配该财产性权益的自由和权利；另一方面，它又要求人们在市场活动中讲究信用、诚实不欺，在不损害他人合法利益、社会公共利益和市场秩序的前提下追求自己的利益。民事诉讼活动同样应当遵循诚实信用原则。一方面，它保障当事人有权在法律规定的范围内行使和处分自己的民事权利和诉讼权利；另一方面，它又要求当事人在不损害他人和社会公共利益的前提下，善意、审慎地行使自己的权利。任何违背法律目的和精神，以损害他人正当权益为目的，恶意取得并行使权利、扰乱市场正当竞争秩序的行为均属于权利滥用，其相关权利主张不应得到法律的保护和支持……王碎永以非善意取得的商标权对歌力思公司的正当使用行为提起的侵权之诉，构成权利滥用。”

上述指导案例，不仅反映出诚实信用原则在我国民事审判实践中得到普遍应用，也体现了我国司法界对于民法诚实信用原则的基本理解和基本看法。尤其是指导案例 58 号和指导案例 82 号，前者认为不违反诚信原则，后者认为违反诚信原则，对于理解诚信原则之适用具有正反指导意义。

（三）我国诉讼法的诚信原则

与国外情形相似，诚信原则在我国的适用也不限于民法，近年来在诉讼法中也得到承认和应用。我国诉讼法中的诚信原则可分民事诉讼与行政诉讼两个方面。首先得到承认和应用的应是民事诉讼法。

1. 诚信原则在民事诉讼法中的应用

1991 年制定的《民事诉讼法》并没有规定诚信原则，但在 20 世纪末到 21 世纪初，国内民事诉讼法学者开始对民事诉讼法的诚信原则展开研究，要求我国民事诉讼法引入诚信原则的呼声日渐增多。[①] 2012 年，我国《民事诉讼法》第二次修改，其中引人瞩目的一项修改便是将诚实信用原则明文化、法定化。修订后的《民事诉讼法》第 13 条第 1 款规定“民事诉讼应当遵循诚实信用原则”，并将原有条文所规定的“当事人有权在法律规定的范围内处分自己的民事权利和诉讼权利”置于第 2 款。

我国民事诉讼法诚实信用原则也主要是对诉讼当事人的要求。在法律适用上，民事诉讼法的诚实信用原则也处于辅助性和补充性地位。任重博士在研究德国民事诉讼法之诚实信用原则在适用上的地位后认为：“与德国相比，诚实信用原则在我国有更广的适用范围和更大的作用空间，在此背景下，强调我国民事诉讼诚实信用原则的辅助性和补充性，在具体适用中对法官的诚实信用审查采取克制态度，具有重要的现实意义。唯有如此，才能实现诚实信用原则在保障当事人正当行使诉讼权利的同时，有效遏制恶意诉讼和虚假诉讼等不诚信诉讼行为，发挥其填补法律空白和保障司法公正的积极作用。”[②]

目前，民事诉讼法的诚信原则已经在民事审判实践中得到应用。指导案例 2 号“吴梅诉四川省眉山西城纸业有限公司买卖合同纠纷案”[③]、指导案例 49 号“石鸿林诉泰州华仁电子资讯有限公司侵害计算机软件著作权纠纷案”[④]、指导案例 82 号“王碎永诉深圳歌力思服饰股份有限公司、杭州银泰世纪百货有限公司侵害商标权纠纷案”[⑤]都是这方面的案例。其中，指导案例 2 号之“裁判要点”指出：“民事案件二审期间，双方当事人达成和解协议，人民法院准许撤回上诉的，该和解协议未经人民法院依法制作调解书，属于诉讼外达成的协议。一方当事人不履行和解协议，另一方当事人申请执行一审判决的，人民法院应予支持。”本案裁判理由指出：“西城纸业公司未按和解协议履行还款义务，违背了双方约定和诚实信用原则，故对其以双方达成和

---

① 如叶自强：《论民事诉讼的诚信原则》，载《中国刑事法杂志》1996 年第 2 期；刘荣军：《诚实信用原则在民事诉讼法中的适用》，载《法学研究》1998 年第 4 期；王福华：《民事诉讼诚实信用原则论》，载《法商研究》1999 年第 4 期；杜丹：《诉讼诚信论——民事诉讼诚实信用原则之理论及制度建构》，法律出版社 2010 年版；唐东楚：《诉讼主体诚信论——以民事诉讼诚信原则立法为中心》，光明日报出版社 2011 年版。

② 任重：《民事诉讼诚实信用原则的实施——德国的认知与实践》，载《法学家》2014 年第 4 期。

③ 最高人民法院审判委员会讨论通过，2011 年 12 月 20 日发布。

④ 最高人民法院审判委员会讨论通过，2015 年 4 月 15 日发布。

⑤ 本案裁判理由部分指出：“……王碎永以非善意取得的商标权对歌力思公司的正当使用行为提起的侵权之诉，构成权利滥用。”

解协议为由，主张不予执行原生效判决的请求不予支持。”指导案例第 49 号之“裁判理由”指出：“本案在华仁公司无正当理由拒绝提供软件源程序以供直接比对，石鸿林确因客观困难无法直接举证证明其诉讼主张的情形下，应从公平和诚实信用原则出发，合理把握证明标准的尺度，对石鸿林提供的现有证据能否形成高度盖然性优势进行综合判断。”

2. 诚信原则在行政诉讼法中的应用

不同于民事诉讼法，我国《行政诉讼法》并没有直接规定诚实信用原则。《行政诉讼法》第 101 条规定：“人民法院审理行政案件，关于期间、送达、财产保全、开庭审理、调解、中止诉讼、终结诉讼、简易程序、执行等，以及人民检察院对行政案件受理、审理、裁判、执行的监督，本法没有规定的，适用《中华人民共和国民事诉讼法》的相关规定。”这一规定揭示了《行政诉讼法》与《民事诉讼法》之间的适用关系。但作为基本原则，直接将民事诉讼法之诚信原则依据《行政诉讼法》第 101 条之规定补充适用到行政诉讼法中还是有些许困难，至少还需要充分论证。迄今为止，行政诉讼法学界关于行政诉讼法之诚信原则的研究比较少见。不过，在行政审判实践中，诚实信用原则也已经成为约束诉讼当事人的重要法律原则。这可以从本章公报案例之“陆红霞诉南通市发展和改革委员会政府信息公开答复案”[①]得到体现。

除了“陆红霞案”外，在我国行政审批实践中，还存在大量应用诚信原则规范行政诉讼当事人诉讼行为的案件。例如，“邱爱东、汤俩伟诉福建省福州市人民政府申请政府信息公开案”[②]“徐立业诉南宁市人民政府政府信息公开案”[③]“嘉善双赢轴承厂诉嘉善县干窑镇人民政府政府信息公开

---

① 本案载于《最高人民法院公报》2015 年第 11 期。相关研究文献有耿宝建、周觅：《政府信息公开领域起诉权的滥用和限制：兼谈陆红霞诉南通市发改委政府信息公开案的价值》，载《行政法学研究》2016 年第 3 期；沈岿：《信息公开申请和诉讼滥用的司法应对：评“陆红霞诉南通市发改委案”》，载《法制与社会发展》2016 年第 5 期；章剑生：《行政诉讼中滥用诉权的判定——陆红霞诉南通市发展和改革委员会政府信息公开答复案评释》，载《交大法学》2017 年第 2 期。

② 最高人民法院(2019)最高法行申 6738 号行政裁定书。本案法院认为：“如果公民提起的政府信息公开申请，违背了《政府信息公开条例》的立法本意且不具有善意，就会构成知情权的滥用。当事人反复多次提起琐碎、轻率、相同或者类似的诉讼请求，或者明知无正当理由而反复提起诉讼，人民法院应对其起诉严格依法审查，对于缺乏诉的利益、目的不当、有悖诚信的起诉行为，因违背了诉权行使的必要性，丧失了权利行使的正当性，应认定为构成滥用诉权行为。”

③ 广西壮族自治区高级人民法院(2018)桂行终 977 号行政判决书。本案法院认为：“本案上诉人徐立业基于上述滥用知情权和申请复议权所引发的纠纷，继而提起的相关诉讼因明显缺乏诉的利益、目的不当、有悖诚信，违背了诉权行使的必要性，因而也就失去了权利行使的正当性，属于严重滥用诉权行为。”

案”[①]等等，此处不再赘述。

（四）我国行政法的诚信原则

我国尚没有制定国家层面的统一行政程序法，行政法的诚信原则主要规定在中央政策文件和地方立法中。2004 年国务院制定的《纲要》在论及依法行政的指导思想和目标时规定：“行政管理要做到公开、公平、公正、便民、高效、诚信。”在论及依法行政的基本原则和基本要求时规定：“诚实守信。行政机关公布的信息应当全面、准确、真实。非因法定事由并经法定程序，行政机关不得撤销、变更已经生效的行政决定；因国家利益、公共利益或者其他法定事由需要撤回或者变更行政决定的，应当依照法定权限和程序进行，并对行政管理相对人因此而受到的财产损失依法予以补偿。”2014 年中共中央制定的《决定》在论及“深入推进依法行政，加快建设法治政府”时再次强调：“各级政府必须坚持在党的领导下、在法治轨道上开展工作……加快建设职能科学、权责法定、执法严明、公开公正、廉洁高效、守法诚信的法治政府。”我国一些地方行政程序立法中规定了诚实信用原则，如《汕头市行政程序规定》（2016 年）第 92 条第 1 款规定：“实施行政指导应当遵循平等、公开、诚实信用、及时灵活、自愿选择等原则。”《西安市行政程序规定》（2017 年）第 94 条规定：“行政机关签订和履行行政合同，应当严格遵行诚实信用原则、信赖保护原则……”《江苏省行政程序规定》（2015 年）第 84 条规定：“实施行政指导应当遵循平等、公开、诚实信用、及时灵活、自愿选择等原则。”如此等等。需注意的是，《纲要》和《决定》提出的诚信原则针对所有行政活动，而汕头市、西安市和江苏省制定的“行政程序规定”则针对行政指导和行政合同。

民法上的诚信原则主要是对民事主体及其民事行为的要求，民事诉讼法的诚信原则主要是对参与民事诉讼活动的当事人及其诉讼行为的要求，行政法的诚信原则主要是对行政主体及其工作人员从事行政活动的要求。对于行政法诚信原则的内容，《纲要》主要强调了三点：第一，信息公开的全面、准确与真实性，即“行政机关公布的信息应当全面、准确、真实”。第二，

① 浙江省高级人民法院（2018）浙行申 219 号行政裁定书。本案法院认为：“原审认为轴承厂申请获取的上述内容，不属于《政府信息公开条例》规定的政府信息公开范围正确，据此裁定驳回轴承厂的起诉，并无不当。轴承厂多次以类似方式行使诉权，不具有诉的利益，且目的不当，超越了权利行使的界限，亦有违诚实信用原则，已构成诉讼权利的滥用。”

行政行为的存续力，即“非因法定事由并经法定程序，行政机关不得撤销、变更已经生效的行政决定”。第三，行政相对人信赖利益的保护，即“因国家利益、公共利益或者其他法定事由需要撤回或者变更行政决定的，应当依照法定权限和程序进行，并对行政管理相对人因此而受到的财产损失依法予以补偿”。学界关于诚信原则内容的认识与《纲要》的规定有相同之处，但也有一定差别。例如，刘丹教授基本将诚信原则等同于信赖利益保护原则①，周佑勇教授则在强调信息公开、信赖利益保护的同时，提出行政目的的正当性。具体而言，周佑勇教授认为，从法治的视域看，政府诚信是作为法律范畴的诚信原则所要求的“善意”“真诚”和“守信”在行政管理活动中的体现，可以具体化为“行政目的正当”“信息真实可靠”和“信赖保护”三个方面的基本要求。所谓“行政目的正当”，系指行政机关在行政管理过程中，必须出以公心、不徇私情、不谋私利，处处以追求公共利益为目的。既不得假借公共利益之名，谋取个人或单位私利，也不得出于“恶意”或“敌意”而假借公共利益之名任意侵犯公民的合法权益；否则，就是目的不正当，构成违反诚信原则的滥用职权行为，引发公众对政府信誉的怀疑。所谓“信息真实可靠”，系指行政机关在行政管理过程中，必须开诚布公、不说谎、不作假，确保所提供的信息全面、准确、真实。如果提供虚假信息，使行政相对人陷入一种错误的状态，进而损害公众或者相对人的合法权益，将构成违反诚信原则的欺诈行为。所谓“对信赖之保护”，系指行政机关在行政管理过程中，必须信守信用、言行一致，不失言，不随意改变决定，注重保护相对人的信赖利益。如果政府违反了先前的承诺，随意改变已经生效的决定，辜负了相对人的信赖，使其预期利益丧失或者受损，则要承担相应的补偿或者赔偿责任。②

《纲要》的要求和学界的上述观点其实已经在我国《政府信息公开条例》《行政许可法》以及行政行为的存续力理论与制度中得到体现。《政府信息公开条例》第 6 条规定，行政机关应当及时、准确地公开政府信息。《行政许可法》第 8 条规定：“公民、法人或者其他组织依法取得的行政许可受法律保护，行政机关不得擅自改变已经生效的行政许可。行政许可所依据的法律、法规、规章修改或者废止，或者准予行政许可所依据的客观情况发生重大变化的，为了公共利益的需要，行政机关可以依法变更或者撤回已经生效的行

① 参见刘丹：《论行政法上的诚实信用原则》，载《中国法学》2004 年第 1 期。

② 参见周佑勇：《论政府诚信的法治化构建》，载《江海学刊》2014 年第 1 期。

政许可。由此给公民、法人或者其他组织造成财产损失的,行政机关应当依法给予补偿。”第 69 条规定,除非被许可人以欺骗、贿赂等不正当手段取得行政许可的,因行政机关撤销行政许可致使被许可人的合法权益受到损害的,行政机关应当依法给予赔偿。所谓行政行为的存续力,即行政行为一旦作出后,即便作出该行政行为的行政机关,非具备法定条件和经法定程序,不得随意撤回、撤销或者加以变更。①

行政法之诚信原则也已经在行政审判实践中得到承认和应用。指导案例 76 号“萍乡市亚鹏房地产开发有限公司诉萍乡市国土资源局不履行行政协议案”②和公报案例“崔龙书诉丰县人民政府行政允诺案”③是这方面的典型案例。其中,指导案例 76 号之“裁判要点”指出:“一、行政协议强调诚实信用、平等自愿,一经签订,各方当事人必须严格遵守,行政机关无正当理由不得在约定之外附加另一方当事人义务或单方变更解除。二、行政机关在职权范围内对行政协议约定的条款进行的解释,对协议双方具有法律约束力,人民法院经过审查,根据实际情况,可以作为审查行政协议的依据。”“崔龙书案”之“裁判摘要”指出:“诚实信用原则是行政允诺各方当事人应当共同遵守的基本行为准则。在行政允诺的订立和履行过程中,基于公共利益保护的需要,赋予行政主体在解除和变更中的相应的优益权固然必要,但行政主体不能滥用优益权。优益权的行使既不得与法律规定相抵触,也不能与诚实信用原则相违背。行政机关作出行政允诺后,在与相对人发生行政争议时,对行政允诺关键内容作出无事实根据和法律依据的随意解释的,人民法院不予支持。”可以说,这些案例是对行政法诚实信用原则很好的宣示和诠释。

四、行政法诚信原则的几个问题

诚信原则尽管源远流长,在民法、诉讼法以及行政法中得到普遍认可和

① 参见章剑生:《现代行政法的基本理论》,法律出版社 2008 年版,第 146—149 页;杨登峰:《行政法总论:原理、制度与实案》,北京大学出版社 2019 年版,第 160 页。

② 最高人民法院审判委员会讨论通过,2016 年 12 月 28 日发布。

③ 本案载于《最高人民法院公报》2017 年第 11 期。具体参见江苏省高级人民法院(2016)苏行终字第 90 号行政判决书。

应用，但这一原则仍有诸多疑难问题需要进一步研究和探索。这些问题包括：第一，诚信原则的具体内涵或者确切含义是什么，应该是仅指诚实不欺和信守承诺两个含义，还是包括善意、信任等其他含义。对此，即便民法学界也有不同认识，诉讼法学与行政法学更有进一步探索的必要。第二，诚信原则与其他法律原则之间的关系是什么，如何处理。民法学界长期探讨的诚信原则与公序良俗原则之间的关系便是这一问题的体现。[①] 在诉讼法与行政法中也面临这样的问题。例如，在行政法学界，对诚信原则与信赖利益保护原则、行政目的正当性原则之间的关系就有不同理解。第三，诚信原则的应用，包括适用范围与适用序位等。诚信原则的适用范围是民法学界长期讨论的问题，在诉讼法与行政法领域更是有不同看法。民事诉讼法学界认为，诚信原则的适用对象主要为当事人及其诉讼行为，但也有人主张，诚实信用原则还可适用于法院、法官及其审判行为。[②] 在行政法领域，诚信原则主要是针对行政机关及其公务人员的，但从行为的角度看，诚信原则是适用于行政协议还是包括其他行政行为，是仅适用于行政决定还是适用于行政规定，也值得探讨。[③] 适用序位涉及的问题是，当一个行为同时符合多个法律原则的构成要件时，该优先适用哪个原则？民法和民事诉讼法学界认为，诚信原则属于辅助性、补充性原则。但行政诉讼法与行政法对此鲜有讨论。受制于研究能力，笔者下面主要对行政法诚信原则所面对的疑难问题谈些看法，主要包括行政法诚信原则的基本内容（或者说基本要求）、与行政法其他相关原则的关系以及这一原则的应用范围等。[④]

（一）“善意”“信任”与行政法之诚信原则

诚实信用原则作为行政法原则，从字面意义来解释，至少对行政机关提

---

① 相关研究参见于飞：《论诚实信用原则与公序良俗原则的区别适用》，载《法商研究》2005年第2期；董雯婧：《论诚实信用原则与公序良俗原则的区别》，载《西南交通大学学报（社会科学版）》2010年第6期；董学立：《诚实信用原则与公序良俗原则的界分》，载《法学论坛》2013年第6期；于飞：《公序良俗原则与诚实信用原则的区分》，载《中国社会科学》2015年第11期；王利明：《论公序良俗原则与诚实信用原则的界分》，载《江汉论坛》2019年第3期。

② 参见张卫平：《民事诉讼中的诚实信用原则》，载《法律科学（西北政法大学学报）》2012年第6期；王亚新：《我国新民事诉讼法与诚实信用原则——以日本民事诉讼立法经过及司法实务为参照》，载《比较法研究》2012年第5期。

③ 例如，《纲要》和《决定》提出的诚信原则针对所有行政活动，而汕头市、西安市和江苏省制定的“行政程序规定”则针对行政指导和行政合同。

④ 以下所述，笔者曾以“行政法诚信原则的基本要求与适用”为题，发表于《江海学刊》2017年第1期，编入本章时作了一些必要的修改。特此说明。

出了“诚实不欺”与“信守承诺”两项要求。这也是国内行政法学界对诚实信用原则之基本要求的共识。如前所述，周佑勇教授认为诚实信用原则的“真诚”，在行政管理活动中体现为“真实可靠”，“它要求行政机关在行政管理过程中，必须开诚布公、不说谎、不作假，确保所提供的信息全面、准确、真实”[①]。刘松山教授也认为，诚实信用意味着，政府须忠诚地履行自己的诺言，须取得公众的信任，不可以说谎，等等。[②] 但是，这一原则对行政机关的要求是否仅止于此，有待讨论。之所以有待讨论，首先是因为东西方文化对于诚实信用的理解存在一定差异。

如本章第一部分所述，诚实信用从道德原则发展为法律原则始自古罗马法，很大程度上是古罗马道德原则的法律化。根据民法学者的研究，在古罗马伦理文化中，与诚实信用紧密相关的是“善良家父”概念。“善良家父”概念不仅要求人们勤谨劳作，更要求人们与人为善。与人为善意味着，任何人都应当善待他人，待人如待己，类似于我国儒家之“己欲立而立人，己欲达而达人”与“己所不欲，勿施于人”的观念。学界认为，罗马法的诚信原则是罗马裁判官基于“善良家父”中的“善意”观念逐渐引申发展而来的。正是由于这种渊源关系，“善意”不仅是古罗马法之诚实信用原则不可或缺的内涵，甚至是其首要要求。有学者就其内涵解释说：“一个有为自己利用和收益之意图的人，也应该以同样的心思为他人着想；同时，还应以良心上的公正理解来信守自己诺言。所以，他又可以简单地理解为遵守诺言，能使他人信赖，同时也要相信他人。”[③]可见，在古罗马法中，诚信至少具有“善意”“守信”“诚实”和“信任”四重含义和要求，且“善意”占据着基础性地位。这应该是诚信概念在英文中表述为 good faith 的根本原因所在。

然而，在我国传统的道德伦理规范中，诚信的内在要求则基本上为“诚实”和“守信”两个方面，虽有“信任”的内涵但不被强调，根本上欠缺“善意”的意蕴。如本章第三部分所述，在《论语》中，诚信通常被表述为“信”。“信”是针对所有人的基本道德要求，究其义，首先是“守信”，其次是“诚实”。例如，在“与朋友交，言而有信”[④]“言必信，行必果”[⑤]“人而无信，不知其可也。

① 周佑勇：《论政务诚信的法治化构建》，载《江海学刊》2014 年第 1 期。
② 参见刘松山：《论政府诚信》，载《中国法学》2003 年第 3 期。
③ 炎白：《“善良家父”与“诚实信用”》，载《比较法研究》2001 年第 1 期。
④ 《论语・学而》。
⑤ 《论语・子路》。

大车无輗，小车无軏，其何以行之哉”[①]等用语中，“信”基本所包含的都是“守信”与“诚实”两个方面的道德要求。杨伯峻、孙钦善等均将“与朋友交，言而有信”解读为“同朋友交往，说话诚实守信”，将“言必信，行必果”解读为“说话一定信实，做事一定果敢”；将“人而无信，不知其可也”解读为“作为一个人，如果不讲信用，不晓得怎么可以”。[②] 后来，在《大学》《中庸》《孟子》等儒家著作中，“诚”逐渐作为一个独立的概念得到表达。例如，《大学》中有“意诚而后心正”“所谓诚其意者，毋自欺也”，《中庸》中有“诚者，天之道也”“诚之者，人之道也”，如此等等。从这些用语及其注解来看，作为道德伦理规范的“诚”和“信”，在我国主要是要求“诚实”与“守信”。在《论语》中，也有零零星星关于“信任”的表达，如在“始吾于人也，听其言而信其行；今吾于人也，听其言而观其行。”[③]与“老者安之，朋友信之，少者怀之”[④]两句中，“信”被解读为“相信”或“信任”。但比之于“诚实”与“守信”，此类表达比较少见。[⑤] 若仔细品味，“相信”与“信任”还是有较大差别。除此之外，在《论语》中，也有类似于“善意”的表达，如“我不欲人之加诸我也，吾亦欲无加诸人”[⑥]“夫仁者，己欲立而立人，己欲达而达人。能近取譬，可谓仁之方也已”[⑦]“己所不欲，勿施于人”[⑧]。但此类伦理要求并不是“诚”与“信”的内涵，而是属于“仁”的范畴。

上述情形下，确定我国行政法诚实信用原则的内涵就需要搞清楚，我国行政法的诚实信用原则是否或应否包含“善意”与“信任”两项要求。笔者以为，行政法与民法之诚信原则具有同一性，应当与民法诚信原则在含义上保持统一性，除了“诚实不欺”“信守承诺”之外，应当包含“善意”和“信任”两项要求。

---

① 《论语·为政》。

② 参见杨伯峻译注：《论语译注》，中华书局 2009 年版；孙钦善：《论语本解》，生活·读书·新知三联书店 2009 年版。

③ 《论语·公冶长》。

④ 同上。

⑤ 孙钦善将“始吾于人也，听其言而信其行”翻译为：“起初我对于人，听到他的话就相信他的行动”。将“老者安之，朋友信之，少者怀之”翻译为：“对老者加以安抚，对朋友加以信任，对少者加以爱护。”参见孙钦善：《论语本解》，生活·读书·新知三联书店 2009 年版，第 50、59 页。

⑥ 《论语·公冶长》。

⑦ 《论语·雍也》。

⑧ 《论语·颜渊》。

1. 行政法与民法诚信原则的统一性

可以肯定的是,行政法上的诚实信用原则与民法上的诚实信用原则具有紧密关联。行政法之诚实信用原则或者是对民法诚实信用原则的“借用”,或者是对民法诚实信用原则的共用。总之,两者之间具有统一性。

实际上,民法之诚实信用原则可否在行政法中得到应用,是行政法学界长期争论的问题。反对诚实信用原则在行政法中应用者,主要依据两个理由:第一,私法与公法有差异性与区隔性。近代行政法学开山鼻祖奥拓·迈耶(Otto Mayer)是坚决主张公私法差别的代表。他认为:“1. 私法规定不得补充公法规定之欠缺;2. 法的一般原则并不存在;3. 具有直接私法上效果之公法上法制度并不存在;4. 公私法混合关系并不存在。”[①]既然公私法有严格的界限与区别,则民法适用诚实信用原则不等于行政法可以适用诚实信用原则,或者可将民法上的诚实信用原则应用到行政法中来。第二,诚实信用原则的特点与功能。他们认为,诚信原则的内涵不具有确定性、开放性,而且从功能上讲,人们主要用它来补充确定性法律规范的不足;如果适用于公法,势必破坏公法规范的严格性。因此,他们认为,民法之诚实信用原则当然不能适用于行政法。[②]

主张行政法应适用诚实信用原则者则不以上述意见为然,其反驳或主张的理由有三:第一种意见认为,行政法应适用诚实信用原则,它是民法诚实信用原则在行政法中的类推适用。第二种意见认为,诚实信用原则属于一般法律原则;作为一般法律原则,不仅适用于民法,还适用于行政法。民法较早地规定和适用该原则,仅表明民法较早地发现和适用这一原则,并不能表明行政法是对它的类推适用。第三种意见以否定公私法区别为前提,认为正当的事在公私法中都应得到肯定,非法的事在公私法中都应予以否定。诚实信用原则是为了防范和克服法律规范适用于个别事件时产生的不法结果,属于辅助性手段。因此,该原则应当全面、直接地适用于所有法律规范中,即不仅适用于私法关系,也适用于公法关系。[③]

比较上述正反两方面意见可以看出,肯定意见尤其是第一种和第三种,

---

① 转引自城仲模编:《行政法之一般法律原则》(二),三民书局 1999 年版,第 205 页。

② 参见城仲模编:《行政法之一般法律原则》(二),三民书局 1999 年版,第 205 页;刘丹:《论行政法上的诚实信用原则》,载《中国法学》2004 年第 1 期。

③ 同上书,第 206—210 页。

理由更加充分有力。法律发展的历史也表明，诚实信用原则起初实际上是作为公法与私法共通的一般原则在行政法中加以应用的。早在 1926 年 6 月 24 日，德国行政法院判决就适用诚实信用原则作为裁判的依据，并明确地表达了将民法之诚实信用原则适用于行政法的妥当性。该案判决指出："国家作为立法者以及法的监督者，若课于国民特别义务，于国民私法关系，相互遵守诚实信用乃正当的要求；且国家对于个别国民在国家公法关系上，该诚实信用原则亦是妥当的。"[①]这一判决理由显然是将诚实信用作为私法与行政法的共通原则来看待的。

考虑到我国民法和行政法都深受大陆法系特别是德国法的影响，可以得出这样的结论：行政法的诚实信用原则不论是对民法诚实信用原则的类推适用，还是将其作为法的一般原则与民法共同应用，两者的含义或要求均具有统一性。因此，对于我国行政法上诚实信用原则的理解不能局限于我国传统的道德伦理规范，而应从民法诚实信用原则中加以发现。

2. "善意"是我国民法诚信原则的要义之一

进一步的问题是，除"诚实"和"守信"之外，我国民法上诚实信用原则是否还包含"善意"与"信任"两方面的要求。

我国民法学界曾有关于民法诚实信用原则发展渊源以及是否包含"善意"要求的研究。从这些研究成果看，现代民法上诚实信用原则受到古罗马法的深刻影响，善意与信任是民法诚实信用原则不可或缺的组成部分。徐国栋教授认为："诚信原则起源于罗马法中的诚信契约。在罗马法里，诚信契约是严正契约的对称，在严正契约中，债务人只须严格依照契约的规定履行义务，凡契约未规定的事项，债务人不需履行，对契约的解释，只能以契约所载的文字含义为准。与此相反，在诚信契约中，债务人不仅要承担契约规定的义务，而且必须承担诚实、善意的补充义务。如契约所未规定的事项照通常人的看法应由债务人履行时，债务人应为履行。对于严正契约发生的纠纷，按严正诉讼的程序处理。在严正诉讼中，承审员无自由裁量权，只能严格依照契约的条款对案件进行裁判。就诚信契约发生的纠纷，按诚信诉讼的程序处理。在诚信诉讼中，承审员不受契约字面含义的约束，可根据当事人的真实意思对契约进行解释，并可根据公平原则对当事人的约定进行

① 城仲模编：《行政法之一般法律原则》(二)，三民书局 1999 年版，第 206—210 页。

干预，以消除某些约定的不公正性，按照通常人的判断标准增加或减少当事人所承担的义务。由此可见，诚信契约不仅要求当事人承担善意、诚实的补充义务，而且承审员还可根据正义衡平的原则对契约内容进行干预。现代民法中诚信原则的两个方面——诚信要求和衡平权，都已萌发于罗马法的诚信契约和诚信诉讼之中。”①简言之，大陆法系民法中的诚实信用原则源自古罗马法的诚信契约，善意是其应有之含义。

进一步考查我国物权法和合同法的相关规定，同样可以发现关于“善意”的要求。这主要体现在物权法关于善意第三人的保护制度以及合同法关于先合同义务、缔约过失责任、后合同义务的规定之中。就善意第三人保护制度，《物权法》第 106 条规定，无处分权人将不动产或者动产转让给受让人的，所有权人有权追回；但受让人受让该不动产或者动产时是善意的除外。就先合同义务和缔约过失责任，《合同法》第 42 条规定：“当事人在订立合同过程中有下列情形之一，给对方造成损失的，应当承担损害赔偿责任：（一）假借订立合同，恶意进行磋商；（二）故意隐瞒与订立合同有关的重要事实或者提供虚假情况；（三）有其他违背诚实信用原则的行为。”第 43 条规定：“当事人在订立合同过程中知悉的商业秘密，无论合同是否成立，不得泄露或者不正当地使用。泄露或者不正当地使用该商业秘密给对方造成损失的，应当承担损害赔偿责任。”就后合同义务，《合同法》第 92 条列举了通知、协助、保密三种义务内容，但民法学界认为，后合同义务的完整内容不以这三种为限，还应包括注意、说明、照顾、忠实和减损等义务。毋庸置疑，不论是善意第三人保护制度、先合同义务以及与其相应的缔约过失责任，还是后合同义务，莫不以诚实信用原则为理论基础，且分明是包含“善意”要求的。这里的“善意”指的是，站在对方的立场上，设身处地地为其着想，善尽注意、关照义务。这是“诚实不欺”和“信守诺言”所不能包容的。

如果说民法可以要求私法主体在民事活动中要存“善意”，时时处处为对方着想，那对于行政机关来说，提出这一要求也不算过分。这不仅源于民法诚实信用原则与行政法诚实信用原则之间所具有的统一性，还基于行政法律实践的现实必要性。我们不可想象，行政法律秩序会允许或放任行政机关对相对人存有或者图谋“恶意”。所以，诚实信用原则作为行政法基本

---

① 徐国栋：《诚实信用原则的概念及其历史沿革》，载《法学研究》1989 年第 4 期。

原则，也应在“诚实不欺”与“信守承诺”之外，包含“善意从事”的基本要求，虽然这一要求单从诚实信用的字面文义中解读不出来。

3. “信任”应为行政法诚信的一项基本要求

不得不承认的是，民法学界在解读我国民法之诚实信用原则时，鲜少将“信任”作为诚实信用原则的要义。这是民法学界的疏漏，还是因为民事交往活动原本不需要或不要求彼此信任，不得而知。但我们注意到，在古罗马法中，是将“信任”作为诚实信用的基本要求之一的。考虑到我国行政法治实践的现状，这一点不能不讨论。

目前，我国行政法律实践中，“上不信下，下不信上”以及“防民甚于防盗”的现象比较普遍和严重，拉大了官民之间的隔阂，使得制度成本不断攀升。李克强总理在 2015 年 5 月 5 日国务院常务会议上讲：“我看到有家媒体报道，一个公民要出国旅游，需要填写‘紧急联系人’，他写了他母亲的名字，结果有关部门要求他提供材料，证明‘你妈是你妈’！”李克强总理感叹道：“这怎么证明呢？简直是天大的笑话！”再以 2013 年 10 月 11 日中央电视台“焦点访谈”节目报道的周先生办护照事件为例。由于在北京缴纳社保不足一年，他须到距京 300 公里外的老家即户口所在地办理。为此，他在办事人员的要求下，奔波半年，往返 6 次，一共补办了无犯罪证明、公司在职证明、公司营业执照、公司外派人员资格证明、本地身份证等 5 份证明，而这些证明是法律所没有规定的。这些事例折射出多方面的问题，但其中一个问题是，办事人员对申请人不信任，未将信任作为行政的基本前提。

如果一个政府把公民统统假象为“坏人”，对公民处处设防，事事、时时要人民为其所言所为进行证明，则人民生活、办事、工作的制度成本将非常高昂。但反过来，如果我们将信任作为诚实信用原则的一个基本要求，则意味着，政府在处理公民的事务时，必须首先假定公民是一个“好人”，他们的所言所行是真实可信的。除非法律有明确的规定，公民对其所言所为的真实性不承担举证责任；相应地，行政机关如果怀疑某公民是“坏人”，怀疑其言行的真实性，那就要自己承担证明责任，自己提供证据来证明。我们可以将此称为“无假推定”。换言之，行政机关虽有怀疑公民是一个“坏人”的权力，但公民没有提供证据证明自己是一个“好人”的义务。由此可见，只有将“信任”明确确立为诚实信用原则的一项基本要求，行政法上的程序法定以及被告承担举证责任制度才能有更坚实的立论基础。

综上所述,行政法上诚实信用原则应当包括“善意”“诚实”“守信”和“信任”四项基本要求,不应有所欠缺。

(二)行政法诚信原则与其他相关原则

除了关于“善意”与“信任”的讨论外,还需要讨论的问题是行政法诚信原则与信赖利益保护、目的正当性以及利益平衡之间的关系。之所以讨论这几个问题,是因为相关政策文件以及行政法学界有将信赖利益保护等同于诚实信用或者将其作为诚实信用原则要求之一的意见,有将诚实信用原则之“善意”转化为“目的正当性”的意见,有将利益平衡或公平原则置于诚实信用原则之下的意见。

1. 诚信原则与信赖利益保护

将诚实信用原则等同于信赖利益保护原则的意见并不是相关学者的明确表述,而是其相关论述的体现,如刘丹教授对行政诚信原则的诚信基础、适用范围、保护方法的论述基本上与行政法关于信赖利益保护原则的相关内容如出一辙,对诚实信用原则的语义解读更是清晰地反映了这一点。[①] 周佑勇教授则认为,信赖利益保护是诚实信用原则的基本要求之一。[②]

信赖利益保护原则也是民法和行政法等共有的原则。在民法上,信赖利益保护与诚实信用是两个不同的原则。首先,这可从合同法上先合同义务与信赖利益损害赔偿责任之间的逻辑关系得到说明:由于诚实信用原则适用于民事合同缔结过程并赋予当事人先合同义务——基于诚实信用原则的协力、保护、告知、保密等,合同缔结一方当事人方可以信赖另一方当事人并形成信赖利益,一方当事人如违反先合同义务从而损害另一方当事人的信赖利益的,应承担相应的法律责任。在这里,诚实信用原则是信赖利益保护原则的逻辑前提。其次,民法上诚实信用原则的适用范围远大于信赖利益保护原则的适用范围。诚实信用原则不仅适用于债权法,还适用于物权法;信赖利益保护原则则主要适用于债权法。即便在债权法范围内,诚实信用原则的适用范围也大于信赖利益保护原则。例如,在合同法上,诚实信用原则不仅适用于合同缔结阶段、合同履行阶段,还适用于后合同履行阶段。

---

① 参见刘丹:《论行政法上的诚实信用原则》,载《中国法学》2004 年第 1 期。

② 参见周佑勇:《论政务诚信的法治化构建》,载《江海学刊》2014 年第 1 期。

但在一般情况下，后合同履行阶段则没有信赖利益的形成及其保护的问题，也就没有信赖利益保护原则的适用余地。因此，我们可以说，诚实信用原则与信赖利益保护原则是两个相互关联但不相同的原则，信赖利益保护原则总体上是诚实信用原则的演绎与延伸。

行政法上的信赖利益与民法上的信赖利益具有很大的相似性，系指行政相对人或利害关系人基于对行政行为（尤其是行政许可、行政规划、行政承诺、行政合同、行政指导等）的信赖而形成的合法利益。对这种信赖利益加以保护的原则即为信赖利益保护原则。行政法诚实信用原则与信赖利益保护原则之间的关系应该与民法上两者的关系差不多，即信赖利益保护原则以诚实信用原则为前提，是诚实信用原则的演绎与延伸。行政许可法关于撤回和撤销制度的规定被认为是我国行政法上信赖利益保护原则的典型表现，可以此为例来说明。《行政许可法》第 8 条第 2 款规定："行政许可所依据的法律、法规、规章修改或者废止，或者准予行政许可所依据的客观情况发生重大变化的，为了公共利益的需要，行政机关可以依法变更或者撤回已经生效的行政许可。由此给公民、法人或者其他组织造成财产损失的，行政机关应当依法给予补偿。"第 69 条规定，行政许可作出后，由于行政机关的行为违法致使行政许可撤销的，被许可人的合法权益受到损害的，行政机关应当依法给予赔偿。从这两条规定的内在逻辑看，行政许可机关负有诚实守信的义务，行政相对人或者利害关系人才会对其行政许可形成信赖，并因此产生信赖利益；如果行政许可机关违背这种义务，擅自撤回其许可，或因违法撤销其许可，则自然要承担相应的责任。

其实，行政法上信赖利益保护与诚实信用原则之间的关系在很大程度上还没有民法上两者之间的关系那样紧密。这是因为，虽然在一定程度上可以从诚实信用原则推导出信赖利益保护原则，但行政法学界更多学者认为，信赖利益保护原则是源于法的安定性原则和行政行为效力制度的，而不是诚实信用原则，即行政相对人或利害关系人因为相信行政行为有效，不会被随意撤回或者撤销，才形成信赖并产生信赖利益。[①] 这不是没有道理的。行政行为是公权力运作的结果；行政行为不论合法与否，一旦作出并送达就发生效力；非由法定主体在法定条件下经法定程序变更、撤销或撤回，任何

① 参见城仲模：《行政法之一般法律原则》（二），三民书局 1999 年版，第 242—249 页。

机关或个人都不得否定其效力,具有较大稳定性。因此,从法的安定性原则来论证信赖利益保护原则更具有说服力。若果真如此,则行政法上的诚实信用原则与信赖利益保护原则甚至没有太大关联性。

如此看来,不论是将信赖利益保护作为诚实信用原则的基本要求之一,还是将二者等同起来,都是不太妥当的。诚实信用仅赋予行政机关善意、诚实、守信、信任等义务。行政机关违背这些义务的法律责任,部分可由信赖利益保护原则来落实,但还有诸多是信赖利益保护原则所不能胜任的。

2. 诚信之"善意"与"行政目的正当性"

将诚实信用原则之"善意"转化为"行政目的正当性"的意见来自周佑勇教授。他认为:"从法治的角度看,政务诚信正是作为法律范畴的诚信原则所要求的'善意''真诚'和'守信'在行政管理活动中的体现,可以具体化为'行政目的正当''信息真实可靠'和'信赖利益保护'三个方面的基本要求。"[①]而"目的正当性""就是要求行政机关在行政管理过程中,必须出以公心、不徇私情、不谋私利,处处以追求公共利益为目的。既不得假借公共利益之名,谋取个人或单位私利,也不得出于'恶意'或'敌意'而假借公共利益之名任意侵犯公民的合法权益。否则就是目的不适当,构成违反诚信原则的滥用职权行为,引发公众对政府信誉的怀疑"[②]。那么,诚实信用原则的善意可否转化为"行政目的正当性"这一要求呢?

如前所述,诚实信用原则之善意要求,系指行政机关应站在行政相对人的立场上,设身处地为其着想,尽可能地善尽注意、关照等义务,有"己欲立而立人,己欲达而达人"或"己所不欲,勿施于人"的双重意思。按此,将"善意"简单地、完全地等同于"目的正当性"就不太妥当。这是因为,"目的正当性"更多强调的是行政主体(或行为)与立法目的、公共利益之间的统一关系;"善意"则强调的是行政机关对行政相对人或利害关系人所应秉持的善良动机,所担负的法律义务,旨在通过赋予行政机关对相对人或利害关系人的注意和关照义务,达到双方权利(力)义务的总体平衡和安全。在行政法律关系中,行政机关不仅要为行政相对人或者利害关系人的利益算计,还应当为公共利益着想。因此,诚实信用原则之"善意"的含义应当比"目的正当

① 周佑勇:《论政务诚信的法治化构建》,载《江海学刊》2014年第1期。

② 同上。

性”更为丰富，它包含“目的正当性”，但不限于“目的正当性”。当然，如果将“目的正当性”扩张解释，使其包括行政机关对行政相对人或利害关系人所应秉持的善良动机、所承担的关照义务，则可以将二者等同。

3. 诚信原则与利益平衡原则

由于将利益平衡作为诚实信用原则的要求之一不是行政法学界的作为，但民法学界在论及民法诚实信用原则的基本要求时有将其纳入其中的，因此也有加以澄清的必要。

我国民法学界解读民法诚实信用原则时主要有两种观点：一是“语义说”。这种观点从诚实信用的字面语义出发，认为它是对民事活动参加者诚实不欺、恪守信用的要求。二是“一般条款说”。这种观点跳出字面含义，把它看作旨在平衡民事活动当事人之间利益的一般条款。[①] 目前，我国民法学界大都秉持修正了的“一般条款说”。所谓修正者，即不仅强调民事活动当事人之间利益的平衡性，同时还强调当事人利益与社会利益之间的平衡性。如前所述，徐国栋教授认为：“诚信原则就是要求民事主体在民事活动中维持双方利益平衡，以及当事人利益与社会利益平衡的统治阶级意志。概言之，诚信原则就是统治阶级实现上述三方利益平衡的要求，目的在于保持社会稳定与和谐地发展。三方利益平衡是这一原则实现的结果，当事人以诚实、善意的态度行使权利、履行义务，法官根据公平正义进行创造性的司法活动是达到这一结果的手段。”[②]此外，梁慧星教授也认为：“诚实信用原则旨在谋求利益之公平，而所谓公平亦即市场交易的道德。”“在现代市场经济条件下，诚实信用已成为一切市场参加者所应遵循的道德准则。它要求市场参加者符合于‘诚实商人’的道德标准，在不损害其他竞争者，不损害社会公益和市场道德秩序的前提下，去追求自己的利益。”[③]

仔细分析可以看出，“一般条款说”有两个特点：第一，它没有超出诚信要求的基本意蕴；第二，它其实是在强调诚实信用原则的利益平衡功能和作用。[④] 如果是这样，在行政法内就没有必要给诚实信用赋予“公平”或者“利益平衡”之类要求的必要。这是因为，尽管诚信原则的确会起到平衡公私利

① 参见徐国栋：《诚实信用原则的概念及其历史沿革》，载《法学研究》1989 年第 4 期；《诚实信用原则二题》，载《法学研究》2002 年第 4 期。

② 同上。

③ 梁慧星：《诚实信用原则与漏洞填补》，载《法学研究》1994 年第 2 期。

④ 相关论述还可参见徐国栋：《诚实信用原则二题》，载《法学研究》2002 年第 4 期。

益的作用，但利益平衡其实已包含在行政法之比例原则之“必要性”与“均衡性”（或平衡性）要求之中。这种情形下，将诚实信用原则等同于或过分强调当事人之间利益以及当事人与公共利益之间的平衡性或公平性，很有可能使诚实信用与比例原则相混同，反而消融了这一原则本来所具有的独立意义和价值。因此，行政法可以承认诚实信用原则具有利益平衡的功能和作用，但不能将其列为诚信的内在要求。

综上可见，行政法上诚实信用原则的基本要求维持在固有的“善意”“诚实”“守信”与“信任”四个方面就已足够，不宜赋予其更多内涵或要求。

（三）行政法诚信原则的应用

确定了诚实信用原则的基本要求，接着讨论一下它的适用问题，包括适用范围和适用例外等几个方面。

1. 诚信原则的适用范围

前文已指出，《纲要》与《决定》提出的诚信要求是针对所有“行政管理”的，而三部地方“行政程序规定”仅是针对部分行政活动的，有的仅针对行政合同，有的仅针对行政指导。这种情形下，划定诚实信用原则的适用范围就具有现实必要性。

可资比较的是民法上诚实信用原则适用范围的发展过程。如前所述，民法诚信原则适用范围的发展可分近代和现代两个阶段，而近代阶段以法国和德国民法典为代表。从《法国民法典》第 1134 条、第 1135 条的规定[①]和《德国民法典》第 242 条[②]的规定来看，近代民法诚信原则仅适用于债法范围，对物权法等其他民法领域不适用；而且仅是对债务人的要求，对债权人不适用。现代阶段以瑞士民法典为标志，其适用范围已覆盖所有民事活动领域并对所有民事活动参与人有约束力。[③] 徐国栋教授认为：“这是第一次把诚信原则作为基本原则加以规定，此举标志着现代意义的诚信原则的确立，它不再是仅约束债务人的原则，而成为债务人和债权人必须共同遵守的原则，它不再是仅适用于债法的一项原则，而被扩大适用于一切民事法律关

---

① “契约应以善意履行之”，“契约不仅依其明示发生义务，并按照契约的性质，发生公平原则、习惯或法律所赋予的义务”。

② “债务人须依诚实信用，并照顾交易惯例，履行其给付。”

③ 《瑞士民法典》第 2 条规定：“任何人都必须诚实、信用地行使权利并履行其义务。”

系，成为民法的一项基本原则。"[①]此后，多数国家都效仿了瑞士民法典。例如，二战后，《日本民法典》修订时，于总则编第1条基本原则之第2款明确规定："行使权利及履行义务，应恪守信义，诚实实行。"受世界民法发展趋势之影响，1986年我国制定《民法通则》时第4条规定："民事活动应当遵循自愿、公平、等价有偿、诚实信用的原则。"经由这些立法，诚实信用原则现已成为君临全部民法的基本原则，即成为民法的帝王条款。

还可比较的是国外行政程序法关于诚实信用原则适用范围的规定。如前文所述，迄今各国制定的行政程序法典，有的明确规定了行政法的基本原则，有的未规定行政法的基本原则。规定行政法基本原则的大都包含诚实信用原则或与此相近的原则。例如，1991年《葡萄牙行政程序法》第6条A规定了善意原则。该条规定："一、在行政活动中及行政活动的所有手续与阶段，公共行政当局与私人应依据善意原则行事并建立关系……"1996年《韩国行政程序法》第4条就诚实信用与信赖保护原则规定："1.行政机关执行职务时，应本于诚实信用为之……"[②]从这些规定可以看出，在其他国家和地区，与民法基本原则一样，行政法诚实信用原则是针对所有行政行为的，而不是针对某些行政行为的，是君临全部行政的基本原则。

我们是社会主义民主法治国家，对于我国政府的法治要求理应比对普通公民的要求高，也应比西方资本主义国家对其政府的法治要求高。既然民法将诚实信用作为约束所有民事活动的普遍原则，西方国家将其作为约束所有行政活动的普遍原则，则我国行政法也应将之作为约束所有行政活动的普遍原则。从这个意义上看，《纲要》与《决定》对于诚实信用原则适用范围的规定更为合理，诚实信用也应成为君临整个行政法领域的帝王条款。

2. 诚信原则的适用次序

如果说诚实信用原则属于行政法的普遍原则或者帝王条款，那么在适用上就必须厘清与其他行政法基本原则的适用关系。通常认为，法律原则之间具有一般与特别的逻辑关系，特别原则优先于一般原则得到适用，即有特别原则可资适用时，应优先适用特别原则；仅在无特别原则可用或者适用特别原则不妥时，方可适用一般原则。如此一来，一般原则在适用顺序上总

① 徐国栋：《诚实信用原则的概念及其历史沿革》，载《法学研究》1989年第4期，第57页。

② 以上法律条文均引用自应松年编：《外国行政程序法汇编》，中国法制出版社2004年版。

是处于补充地位。在行政法领域，除了诚实信用原则，还有行政法定原则、法律优先原则、比例原则（合理原则）以及正当程序原则等。那么，诚实信用原则与这些原则相比，处于怎样的地位，其适用关系应如何安排？

前文的论述已经表明，诚实信用原则是民法与行政法共用的原则，更具有一般性和基础性，而行政法定原则、法律优先原则、比例原则（合理原则）、正当程序原则等多是行政法专有的原则，相对具有特殊性。这种情形下，调整行政法律关系时应优先适用行政法的专有原则而非诚实信用原则，只有在适用这些特别原则不能解决问题时，方能适用诚实信用原则。这里再以“王丽萍诉中牟县交通局行政赔偿纠纷案”加以说明，具体案情可见本书第三章公报案例之对应案例的介绍。

本案中，虽然法律规定当事人拖欠养路费的，行政机关可以对车辆采取扣押措施。但在何时何地扣押，显然属于行政裁量范畴。对此，既可根据比例原则之必要性要求——有两种以上可实现法律目的之方法可采用时应采用对利害关系人损害最小的方法——来分析，认定扣押行为因不符比例原则而构成明显不当，也可根据诚实信用原则之“善意”要求——对利害关系人应善尽关照义务——来分析，认定行政机关未善尽关照义务、不符诚信原则而构成滥用职权。两个原则虽殊途同归，但基于比例原则是对客观行为的评价，适用标准更加具体明确，应优先适用比例原则，将其定为明显不当更为妥当。

3. 诚信原则的适用例外

除以上两点，还需注意，诚实信用原则的适用往往受到其他法律原则的制约，从而使其常有例外。法律原则因受其他原则制约而排除其适用可以说是法律的普遍现象。例如，行政合法原则要求，行政行为必须与法律规定相一致，不得违反法律规定；否则，该行政行为应当予以撤销甚至确认无效。但是，基于利害关系人权利保护或者法律秩序稳定性的考虑，对违法的行政行为采取其他补救措施而不予撤销的也不在少数。[①] 诚实信用原则尽管要求行政机关及其工作人员要存善意，诚实不欺，信守承诺，彼此信任，但这样

---

① 参见杨登峰：《程序违法行政行为的补正》，载《法学研究》2009年第6期；《实体违法行政行为的改正》，载《政治与法律》2015年第3期。除了补正和改正外，我国法院往往仅对一些轻微违法的行政行为既不予以撤销，也不要求补正、改正，而只是指出其中所存在的违法情形。这通常被称为“指正”。

的要求也不应是绝对的和毫无例外的。

其实，诚信作为道德规范也有例外。对此，人们自古就有深刻认识。《论语·学而》讲："信近于义，言可复也。"《孟子·离娄下》讲："大人者，言不必信，行不必果，惟义所在。"《商君书·靳令》甚至把诚信与礼乐、诗书、修善、孝悌、贞廉、非兵和羞战并称为"六虱"（即危害国家的六件事）。马基雅维里认为，统治者须同时具备"狮子的勇猛"和"狐狸的狡黠"两种品格："由于狮子不能够防止自己落入陷进，而狐狸则不能够抵御豺狼。因此，君主必须是一头狐狸以便认识陷阱，同时又必须是一头狮子，以便使豺狼惊骇。……所以，当遵守信义反而对自己不利时，或者原来作出承诺的理由不复存在时，一位英明的统治者绝不能够，也不应当遵守信义。"[①]尽管马基雅维里的观点充满了争论，尽管将诚信列为"六虱"之一未必正确，人们在情感上也难以接受，但这些观点对思考我们的问题不无意义。

考查我国现行法律制度，同样可以发现诸多对于诚信原则的制约性规定。例如，《行政许可法》第 8 条规定："公民、法人或者其他组织依法取得的行政许可受法律保护，行政机关不得擅自改变已经生效的行政许可。行政许可所依据的法律、法规、规章修改或者废止，或者准予行政许可所依据的客观情况发生重大变化的，为了公共利益的需要，行政机关可以依法变更或者撤回已经生效的行政许可。由此给公民、法人或者其他组织造成财产损失的，行政机关应当依法给予补偿。"这一规定表明，尽管行政机关在行政许可活动中应当信守承诺，但当客观情势发生变化时，基于公共利益维护原则，"失信"是必要的和可以的，只是要对无辜的相对人加以补偿。《行政许可法》第 69 条还规定，行政许可违法的，作出行政许可决定的行政机关或者其上级行政机关可根据利害关系人的请求或依据职权撤销行政许可。这一规定表明，尽管行政机关在行政许可活动中应当信守承诺，但行政承诺违法时，为维护法律的权威性，基于行政合法原则的要求，"失信"仍旧是必要的和可以的，只是要对无辜的相对人加以赔偿。

除行政许可法的上述规定，政府信息公开法的相关规定也体现了这一点。政府信息公开是打造诚信政府的重要法律制度。在理论上，如实地向人民说明一切情况，全面地向人民公开所有信息，才是最符合诚信要求的，

① 〔意〕尼科洛·马基雅维里：《君主论》，潘汉典译，商务印书馆 1985 年版，第 84 页。

也是最能展示政府诚信的。有情况不说明、有信息不公开，就不能说是开诚布公。因此，如果单纯考虑诚实信用原则，行政机关就应当将其掌握的全部信息悉数公开；也只有悉数公开所有的政府信息，方能最大限度地展示政府的诚意，满足人民的知情权。但实际上，各国政府信息公开法对政府信息公开范围都有限制性规定。我国 2019 年修订的《政府信息公开条例》第 14 条规定："依法确定为国家秘密的政府信息，法律、行政法规禁止公开的政府信息，以及公开后可能危及国家安全、公共安全、经济安全、社会稳定的政府信息，不予公开。"从这一规定来看，行政机关可基于公共利益的考虑"不诚实"。该条例第 15 条规定："涉及商业秘密、个人隐私等公开会对第三方合法权益造成损害的政府信息，行政机关不得公开……"这一条规定反映出，行政机关不仅可以基于国家利益、公共利益的考虑"不诚实"，还可以基于第三人利益的考虑"不诚实"。此外，该条例还于第 16 条规定："行政机关的内部事务信息，包括人事管理、后勤管理、内部工作流程等方面的信息，可以不予公开。行政机关在履行行政管理职能过程中形成的讨论记录、过程稿、磋商信函、请示报告等过程性信息以及行政执法案卷信息，可以不予公开……"这些规定表明，不论是出于公共利益的维护，还是出于私人权益的保护，或者出于其他目的或考虑，都可能制约诚实信用的适用。

试图全面列举诚实信用原则受制约的情形或者适用的例外情形是不现实的，但必须明确，由于这一原则的一般性和基础性，其使用往往受到其他法律原则的制约，并不具有绝对性。至于制约到怎样的程度，是一个利益平衡问题，只能在个案中根据具体情况而定。

行文至此，笔者基本完成了本章的写作任务，最后说明两点，以作为对诚信原则未来应用与发展的期望或者展望：第一，诚实信用原则在各个法律部门中的应用不平衡。民法显然是应用诚信原则最早最多的法律领域。就行政法领域而言，尽管诚实信用原则已经成为行政法的基本原则，且非常重要，但迄今在我国行政诉讼实践中应用得还很不够。在最高人民法院之裁判文书网上，以"诚实信用"为关键词对所有行政判决文书进行检索，从 2011 年到 2019 年年底，有 10540 个行政判决文书中出现过"诚实信用"这一概念。但这些概念大多数是针对行政相对人或者利害关系人提出的，还有相当一部分是在引用的法律条款中出现的，另外一些则是原告在其诉辩意见中使用的，鲜有将这一原则适用于行政机关并作为评价其行为合法性依据的。

虽然说行政法上的诚实信用原则也可以是对行政相对人的要求，但更主要的是对行政机关的要求。即便在作为评价行政行为合法性依据的案例中，也主要是针对行政协议和行政允诺的，还没有波及其他行政行为。就行政诉讼领域而言，行政诉讼法还没有明文规定诚信原则。因此，要使诚实信用原则在行政法律实践中得到落实，切实保护公民的合法权益，人民法院就必须更加自觉地适用这一原则，将其作为判断行政机关行为合法性的一个一般性原则，使其在诚信政府建设中发挥更为重要的作用。第二，诚实信用原则还没有覆盖所有法律领域。诚信原则现在仅作为民法、诉讼法和行政法基本原则得到认可和适用，但在社会主义法治国家建设过程中，诚信不应仅仅是公民和政府的道德和法律义务，而应该是整个国家和社会的道德和法律义务，任何政党、国家机关（包括立法、行政、监察、司法）以及各类企事业单位，都应当谨守这一道德和法律义务。只有这样，才能全面落实诚信价值观，才能促进国家治理体系和治理能力现代化。因此，诚信原则的适用范围应当进一步扩展。

五、有关诚信原则之适用的研读案例

本章选择了五个相关案例，其中三个为指导案例，两个为公报案例。考虑到本章内容涉及民法诚信原则，故先选列了涉及民法诚实信用原则的指导案例 45 号“北京百度网讯科技有限公司诉青岛奥商网络技术有限公司等不正当竞争纠纷案”供大家参阅。其他四个案例则以行政法律关系为主，指导案例 76 号“萍乡市亚鹏房地产开发有限公司诉萍乡市国土资源局不履行行政协议案”涉及行政协议，指导案例 113 号“迈克尔·杰弗里·乔丹与国家工商行政管理总局商标评审委员会、乔丹体育股份有限公司‘乔丹’商标争议行政纠纷案”涉及商标注册，公报案例“崔龙书诉丰县人民政府行政允诺案”涉及行政允诺，公报案例“陆红霞诉南通市发展和改革委员会政府信息公开答复案”涉及行政诉讼之诉权滥用。阅读这些案例对于从整体上把握我国行政法之诚信原则大有裨益。

指导案例 45 号 北京百度网讯科技有限公司诉青岛奥商网络技术有限公司等不正当竞争纠纷案[①]

【裁判要点】

从事互联网服务的经营者，在其他经营者网站的搜索结果页面强行弹出广告的行为，违反诚实信用原则和公认商业道德，妨碍其他经营者正当经营并损害其合法权益，可以依照《反不正当竞争法》第 2 条的原则性规定认定为不正当竞争。

【基本案情】

百度公司经营范围为互联网信息服务业务，核准经营网址为 www.baidu.com 的百度网站，主要向网络用户提供互联网信息搜索服务。奥商网络公司经营范围包括网络工程建设、网络技术应用服务、计算机软件设计开发等，其网站为 www.og.com.cn。该公司在上述网站"企业概况"中称其拥有 4 个网站：中国奥商网（www.og.com.cn）、讴歌网络营销伴侣（www.og.net.cn）、青岛电话实名网（www.0532114.org）、半岛人才网（www.job17.com）。该公司在其网站介绍其"网络直通车"业务时称：无须安装任何插件，广告网页强制出现。介绍"搜索通"产品表现形式时，以图文方式列举了下列步骤：第一步在搜索引擎对话框中输入关键词；第二步优先出现网络直通车广告位（5 秒钟展现）；第三步同时点击上面广告位直接进入宣传网站新窗口；第四步 5 秒后原窗口自动展示第一步请求的搜索结果。该网站还以其他形式介绍了上述服务。联通青岛公司的经营范围包括因特网接入服务和信息服务等，青岛信息港（域名为 qd.sd.cn）为其所有的网站。"电话实名"系联通青岛公司与奥商公司共同合作的一项语音搜索业务，网址为 www.0532114.org 的"114 电话实名语音搜索"网站表明该网站版权所有人为联通青岛公司，独家注册中心为奥商网络公司。联通山东公司经营范围包括因特网接入服务和信息服务业务，其网站（www.sdcnc.cn）显示，联通青岛公司是其下属分公司。鹏飞航空公司经营范围包括航空机票销售代理等。

2009 年 4 月 14 日，百度公司发现通过山东省青岛市网通接入互联网，登录百度网站（www.baidu.com），在该网站显示对话框中：输入"鹏飞航空"，点击"百度一下"，弹出显示有"打折机票抢先拿就打 114"的页面，迅速

① 最高人民法院审判委员会讨论通过，2015 年 4 月 15 日发布。

点击该页面，打开了显示地址为 http://air. qd. sd. cn/的页面；输入“青岛人才网”，点击“百度一下”，弹出显示有“找好工作到半岛人才网 www. job17. com”的页面，迅速点击该页面中显示的“马上点击”，打开了显示地址为 http://www. job17. com/的页面；输入“电话实名”，点击“百度一下”，弹出显示有“查信息打 114，语音搜索更好用”的页面，随后该页面转至相应的“电话实名”搜索结果页面。百度公司委托代理人利用公证处的计算机对登录百度搜索等网站操作过程予以公证，公证书记载了前述内容。经专家论证，所链接的网站（http://air. qd. sd. cn/）与联通山东公司的下属网站青岛信息港（www. qd. sd. cn）具有相同域（qd. sd. cn），网站 air. qd. sd. cn 是联通山东公司下属网站青岛站点所属。

【裁判结果】

山东省青岛市中级人民法院于 2009 年 9 月 2 日作出（2009）青民三初字第 110 号民事判决：

一、奥商网络公司、联通青岛公司于本判决生效之日起立即停止针对百度公司的不正当竞争行为，即不得利用技术手段，使通过联通青岛公司提供互联网接入服务的网络用户，在登录百度网站进行关键词搜索时，弹出奥商网络公司、联通青岛公司的广告页面；

二、奥商网络公司、联通青岛公司于本判决生效之日起十日内赔偿百度公司经济损失二十万元；

三、奥商网络公司、联通青岛公司于本判决生效之日起十日内在各自网站首页位置上刊登声明以消除影响，声明刊登时间应为连续的十五天；

四、驳回百度公司的其他诉讼请求。

宣判后，联通青岛公司、奥商网络公司提起上诉。山东省高级人民法院于 2010 年 3 月 20 日作出（2010）鲁民三终字第 5-2 号民事判决，驳回上诉，维持原判。

【裁判理由】

法院生效裁判认为：本案百度公司起诉奥商网络公司、联通青岛公司、联通山东公司，要求其停止不正当竞争行为并承担相应的民事责任。据此，判断原告的主张能否成立应按以下步骤进行：本案被告是否实施了被指控的行为；如果实施了被指控行为，该行为是否构成不正当竞争；如果构成不正当竞争，如何承担民事责任。

一、关于被告是否实施了被指控的行为

域名是互联网络上识别和定位计算机的层次结构式的字符标识。根据查明的事实，www.job17.com系奥商网络公司所属的半岛人才网站，“电话实名语音搜索”系联通青岛公司与奥商网络公司合作经营的业务。域名qd.sd.cn属于联通青岛公司所有，联通青岛公司将其作为“青岛信息港”的域名实际使用。air.qd.sd.cn作为qd.sd.cn的子域，是其上级域名qd.sd.cn分配与管理的。联通青岛公司作为域名qd.sd.cn的持有人否认域名air.qd.sd.cn为其所有，但没有提供证据予以证明，应认定在公证保全时该子域名的使用人为联通青岛公司。

在互联网上登录搜索引擎网站进行关键词搜索时，正常出现的应该是搜索引擎网站搜索结果页面，不应弹出与搜索引擎网站无关的其他页面，但是在联通青岛公司所提供的网络接入服务网络区域内，却出现了与搜索结果无关的广告页面强行弹出的现象。这种广告页面的弹出并非接入互联网的公证处计算机本身安装程序所导致，联通青岛公司既没有证据证明在其他网络接入服务商网络区域内会出现同样情况，又没有对在其网络接入服务区域内出现的上述情况给予合理解释，可以认定在联通青岛公司提供互联网接入服务的区域内，对于网络服务对象针对百度网站所发出的搜索请求进行了人为干预，使干预者想要发布的广告页面在正常搜索结果页面出现前强行弹出。

关于上述干预行为的实施主体问题，从查明的事实来看，奥商网络公司在其主页中对其“网络直通车”业务的介绍表明，其中关于广告强行弹出的介绍与公证保全的形式完全一致，且公证保全中所出现的弹出广告页面“半岛人才网”“114电话语音搜索”均是其正在经营的网站或业务。因此，奥商网络公司是该干预行为的受益者，在其没有提供证据证明存在其他主体为其实施上述广告行为的情况下，可以认定奥商网络公司是上述干预行为的实施主体。

关于联通青岛公司是否被控侵权行为的实施主体问题，奥商网络公司这种干预行为不是通过在客户端计算机安装插件、程序等方式实现，而是在特定网络接入服务区域内均可实现，因此这种行为如果没有网络接入服务商的配合则无法实现。联通青岛公司没有证据证明奥商网络公司是通过非法手段干预其互联网接入服务而实施上述行为。同时，联通青岛公司是域名 air. qd. sd. cn 的所有人,因持有或使用域名而侵害他人合法权益的责任,由域名持有者承担。联通青岛公司与奥商网络公司合作经营电话实名业务,即联通青岛公司也是上述行为的受益人。因此,可以认定联通青岛公司也是上述干预行为的实施主体。

关于联通山东公司是否实施了干预行为,因联通山东公司、联通青岛公司同属于中国联合网络通信有限公司分支机构,无证据证明两公司具有开办和被开办的关系,也无证据证明联通山东公司参与实施了干预行为,联通青岛公司作为民事主体有承担民事责任的资格,故对联通山东公司的诉讼请求,不予支持。百度公司将鹏飞航空公司作为本案第三人,但是在诉状及庭审过程中并未指出第三人有不正当竞争行为,也未要求第三人承担民事责任,故将鹏飞航空公司作为第三人属于列举当事人不当,不予支持。

二、关于被控侵权行为是否构成不正当竞争

《反不正当竞争法》第 5 条至第 15 条,对不正当竞争行为进行了列举式规定,对于没有在具体条文中列举的行为,只有按照公认的商业道德和普遍认识能够认定违反该法第 2 条原则性规定时,才可以认定为不正当竞争行为。判断经营者的行为构成不正当竞争,应当考虑以下方面:一是行为实施者是反不正当竞争法意义上的经营者;二是经营者从事商业活动时,没有遵循自愿、平等、公平、诚实信用原则,违反了反不正当竞争法律规定和公认的商业道德;三是经营者的不正当竞争行为损害正当经营者的合法权益。

首先,根据《反不正当竞争法》第 2 条有关经营者的规定,经营者的确定并不要求原、被告属同一行业或服务类别,只要是从事商品经营或者营利性服务的市场主体,就可成为经营者。联通青岛公司、奥商网络公司与百度公司均属于从事互联网业务的市场主体,属于反不正当竞争法意义上的经营者。虽然联通青岛公司是互联网接入服务经营者,百度公司是搜索服务经营者,服务类别上不完全相同,但是联通青岛公司实施的在百度搜索结果出现之前弹出广告的商业行为,与百度公司的付费搜索模式存在竞争关系。

其次,在市场竞争中存在商业联系的经营者,违反诚信原则和公认商业道德,不正当地妨碍了其他经营者正当经营,并损害其他经营者合法权益的,可以依照《反不正当竞争法》第 2 条的原则性规定,认定为不正当竞争。

尽管在互联网上发布广告、进行商业活动与传统商业模式有较大差异，但是从事互联网业务的经营者仍应当通过诚信经营、公平竞争来获得竞争优势，不能未经他人许可，利用他人的服务行为或市场份额来进行商业运作并从中获利。联通青岛公司与奥商网络公司实施的行为，是利用了百度网站搜索引擎在我国互联网用户中被广泛使用优势，利用技术手段，让使用联通青岛公司提供互联网接入服务的网络用户，在登录百度网站进行关键词搜索时，在正常搜索结果显示前强行弹出奥商公司发布的与搜索的关键词及内容有紧密关系的广告页面。这种行为诱使本可能通过百度公司搜索结果检索相应信息的网络用户点击该广告页面，影响了百度公司向网络用户提供付费搜索服务与推广服务，属于利用百度公司提供的搜索服务来为自己牟利。该行为既没有征得百度公司同意，又违背了使用其互联网接入服务用户的意志，容易导致上网用户误以为弹出的广告页面系百度公司所为，会使上网用户对百度公司提供服务的评价降低，对百度公司的商业信誉产生不利影响，损害了百度公司的合法权益，同时也违背了诚实信用和公认的商业道德，已构成不正当竞争。

三、关于民事责任的承担

由于联通青岛公司与奥商网络公司共同实施了不正当竞争行为，依照《民法通则》第 130 条的规定，应当承担连带责任。依照《民法通则》第 134 条、《反不正当竞争法》第 20 条的规定，应当承担停止侵权、赔偿损失、消除影响的民事责任。首先，奥商网络公司、联通青岛公司应当立即停止不正当竞争行为，即不得利用技术手段使通过联通青岛公司提供互联网接入服务的网络用户，在登录百度网站进行关键词搜索时，弹出两被告的广告页面。其次，根据原告为本案支出的合理费用、被告不正当竞争行为的情节、持续时间等，酌定两被告共同赔偿经济损失 20 万元。最后，互联网用户在登录百度进行搜索时，面对弹出的广告页面，通常会认为该行为系百度公司所为。因此，两被告的行为给百度公司造成了一定负面影响，应当承担消除影响的民事责任。由于该行为发生在互联网上，且发生在联通青岛公司提供互联网接入服务的区域内，因此确定两被告应在其各自网站的首页上刊登消除影响的声明。

指导案例76号　萍乡市亚鹏房地产开发有限公司诉萍乡市国土资源局不履行行政协议案[①]

【裁判要点】

行政协议强调诚实信用、平等自愿，一经签订，各方当事人必须严格遵守，行政机关无正当理由不得在约定之外附加另一方当事人义务或单方变更解除。行政机关在职权范围内对行政协议约定的条款进行的解释，对协议双方具有法律约束力，人民法院经过审查，根据实际情况，可以作为审查行政协议的依据。

【基本案情】

2004年1月13日，萍乡市土地收购储备中心受萍乡市肉类联合加工厂委托，经被告萍乡市国土资源局（以下简称市国土局）批准，在萍乡日报上刊登了国有土地使用权公开挂牌出让公告，定于2004年1月30日至2004年2月12日在土地交易大厅公开挂牌出让TG-0403号国有土地使用权，地块位于萍乡市安源区后埠街万公塘，土地出让面积为23173.3平方米，开发用地为商住综合用地，冷藏车间维持现状，容积率2.6，土地使用年限为50年。萍乡市亚鹏房地产开发有限公司（以下简称亚鹏公司）于2006年2月12日以投标竞拍方式并以人民币768万元取得了TG-0403号国有土地使用权，并于2006年2月21日与被告市国土局签订了《国有土地使用权出让合同》。合同约定出让宗地的用途为商住综合用地，冷藏车间维持现状。土地使用权出让金为每平方米331.42元，总额计人民币768万元。2006年3月2日，市国土局向亚鹏公司颁发了萍国用（2006）第43750号和萍国用（2006）第43751号两本国有土地使用证，其中萍国用（2006）第43750号土地证地类（用途）为工业，使用权类为出让，使用权面积为8359平方米，萍国用（2006）第43751号土地证地类为商住综合用地。对此，亚鹏公司认为约定的“冷藏车间维持现状”是维持冷藏库的使用功能，并非维持地类性质，要求将其中一证地类由“工业”更正为“商住综合”；但市国土局认为维持现状是指冷藏

---

① 最高人民法院审判委员会讨论通过，2016年12月28日发布。参见江西省萍乡市中级人民法院（2014）萍行终字第10号行政判决书。相关研究文献参见陈国栋：《行政协议审判依据的审查与适用——76号指导案例评析》，载《华东政法大学学报》2018年第3期；郑红葛、石磊：《〈萍乡市亚鹏房地产开发有限公司诉萍乡市国土资源局不履行行政协议案〉的理解与参照——行政协议履行争议中行政机关合同解释行为的法律效力及司法审查》，载《人民司法（案例）》2018年第23期。

车间保留工业用地性质出让，且该公司也是按照冷藏车间为工业出让地缴纳的土地使用权出让金，故不同意更正土地用途。2012 年 7 月 30 日，萍乡市规划局向萍乡市土地收购储备中心作出《关于要求解释〈关于萍乡市肉类联合加工厂地块的函〉》中有关问题的复函，主要内容是：我局在 2003 年 10 月 8 日出具规划条件中已明确了该地块用地性质为商住综合用地（冷藏车间约 7300 平方米，下同），但冷藏车间维持现状。根据该地块控规，其用地性质为居住（兼容商业），但由于地块内的食品冷藏车间是目前我市唯一的农产品储备保鲜库，也是我市重要的民生工程项目，因此暂时保留地块内约 7300 平方米冷藏库的使用功能，未经政府或相关主管部门批准不得拆除。2013 年 2 月 21 日，市国土局向亚鹏书面答复："一、根据市规划局出具的规划条件和宗地实际情况，同意贵公司申请 TG-0403 号地块中冷藏车间用地的土地用途由工业用地变更为商住用地。二、由于贵公司取得该宗地中冷藏车间用地使用权是按工业用地价格出让的，根据《中华人民共和国城市房地产管理法》之规定，贵公司申请 TG-0403 号地块中冷藏车间用地的土地用途由工业用地变更为商住用地，应补交土地出让金。补交的土地出让金可按该宗地出让时的综合用地（住宅、办公）评估价值减去的同等比例计算，即 297.656 万元 * 70％＝208.36 万元。三、冷藏车间用地的土地用途调整后，其使用功能未经市政府批准不得改变。亚鹏公司于 2013 年 3 月 10 日向法院提起行政诉讼，要求判令被告将萍国用（2006）第 43750 号国有土地使用证上的地类用途由'工业'更正为商住综合用地（冷藏车间维持现状）。撤销被告书面答复中第二项关于补交土地出让金 208.36 万元的决定。"

【裁判结果】

江西省萍乡市安源区人民法院于 2014 年 4 月 23 日作出（2014）安行初字第 6 号行政判决：

一、被告萍乡市国土资源局在本判决生效之日起九十天内对萍国用（2006）第 43750 号国有土地使用证上的 8359.1 ㎡的土地用途应依法予以更正；

二、撤销被告萍乡市国土资源局 2013 年 2 月 21 日作出的书面答复中第二项关于补交土地出让金 208.36 万元的决定。宣判后，萍乡市国土资源局提出上诉。

江西省萍乡市中级人民法院于 2014 年 8 月 15 日作出（2014）萍行终字

第10号行政判决：驳回上诉，维持原判。

【裁判理由】

法院生效裁判认为：行政协议是行政机关为实现公共利益或者行政管理目标，在法定职责范围内与公民、法人或者其他组织协商订立的具有行政法上权利义务内容的协议，本案行政协议即是市国土局代表国家与亚鹏公司签订的国有土地使用权出让合同。行政协议强调诚实信用、平等自愿，一经签订，各方当事人必须严格遵守，行政机关无正当理由不得在约定之外附加另一方当事人义务或单方变更解除。本案中，TG-0403号地块出让时对外公布的土地用途是"开发用地为商住综合用地，冷藏车间维持现状"，出让合同中约定为"出让宗地的用途为商住综合用地，冷藏车间维持现状"。但市国土局与亚鹏公司就该约定的理解产生分歧，而萍乡市规划局对原萍乡市肉类联合加工厂复函确认TG-0403号国有土地使用权面积23173.3平方米(含冷藏车间)的用地性质是商住综合用地。萍乡市规划局的解释与挂牌出让公告明确的用地性质一致，且该解释是萍乡市规划局在职权范围内作出的，符合法律规定和实际情况，有助于树立诚信政府形象，并无重大明显的违法情形，具有法律效力，并对市国土局关于土地使用性质的判断产生约束力。因此，对市国土局提出的冷藏车间占地为工业用地的主张不予支持。亚鹏公司要求市国土局对"萍国用(2006)第43750号"土地证(土地使用权面积8359.1平方米)地类更正为商住综合用地，具有正当理由，市国土局应予以更正。亚鹏公司作为土地受让方按约支付了全部价款，市国土局要求亚鹏公司如若变更土地用途则应补交土地出让金，缺乏事实依据和法律依据，且有违诚实信用原则。

指导案例113号 迈克尔·杰弗里·乔丹与国家工商行政管理总局商标评审委员会、乔丹体育股份有限公司"乔丹"商标争议行政纠纷案[①]

【裁判要点】

违反诚实信用原则，恶意申请注册商标，侵犯他人现有在先权利的"商标权人"，以该商标的宣传、使用、获奖、被保护等情况形成了"市场秩序"或

① 最高人民法院审判委员会讨论通过，2019年12月24日发布。

者“商业成功”为由，主张该注册商标合法有效的，人民法院不予支持。

【基本案情】

再审申请人迈克尔·杰弗里·乔丹(以下简称迈克尔·乔丹)与被申请人国家工商行政管理总局商标评审委员会(以下简称商标评审委员会)、一审第三人乔丹体育股份有限公司(以下简称乔丹公司)商标争议行政纠纷案中，涉及乔丹公司的第6020569号“乔丹”商标(即涉案商标)，核定使用在国际分类第28类的体育活动器械、游泳池(娱乐用)、旱冰鞋、圣诞树装饰品(灯饰和糖果除外)。再审申请人主张该商标含有其英文姓名的中文译名“乔丹”，属于2001年修正的《中华人民共和国商标法》第31条规定的“损害他人现有的在先权利”的情形，故向商标评审委员会提出撤销申请。

商标评审委员会认为，涉案商标“乔丹”与“Michael Jordan”及其中文译名“迈克尔·乔丹”存在一定区别，并且“乔丹”为英美普通姓氏，难以认定这一姓氏与迈克尔·乔丹之间存在当然的对应关系，故裁定维持涉案商标。再审申请人不服，向北京市第一中级人民法院提起行政诉讼。

【裁判结果】

撤销国家工商行政管理总局商标评审委员会商评字〔2014〕第052058号关于第6020569号“乔丹”商标争议裁定并责令重新作出裁定。[①]

【裁判理由】

最高人民法院认为，本案争议焦点为争议商标的注册是否损害了再审申请人就“乔丹”主张的姓名权，违反2001年修正的《中华人民共和国商标法》第31条关于“申请商标注册不得损害他人现有的在先权利”的规定。判决主要认定如下：

……

四、关于乔丹公司对于争议商标的注册是否存在明显的主观恶意

本案中，乔丹公司申请注册争议商标时是否存在主观恶意，是认定争议

---

① 北京市第一中级人民法院于2015年4月1日作出(2014)一中行(知)初字第9163号行政判决，驳回迈克尔·乔丹的诉讼请求。迈克尔·乔丹不服一审判决，提起上诉。北京市高级人民法院于2015年8月17日作出(2015)高行(知)终字第1915号行政判决，驳回迈克尔·乔丹上诉，维持原判。迈克尔·乔丹仍不服，向最高人民法院申请再审。最高人民法院提审后，于2016年12月7日作出(2016)最高法行再27号行政判决：“一、撤销北京市第一中级人民法院(2014)一中行(知)初字第9163号行政判决；二、撤销北京市高级人民法院(2015)高行(知)终字第1915号行政判决；三、撤销国家工商行政管理总局商标评审委员会商评字〔2014〕第052058号关于第6020569号‘乔丹’商标争议裁定；四、国家工商行政管理总局商标评审委员会对第6020569号‘乔丹’商标重新作出裁定。”

商标的注册是否损害再审申请人姓名权的重要考量因素。本案证据足以证明乔丹公司是在明知再审申请人及其姓名“乔丹”具有较高知名度的情况下，并未与再审申请人协商、谈判以获得其许可或授权，而是擅自注册了包括争议商标在内的大量与再审申请人密切相关的商标，放任相关公众误认为标记有争议商标的商品与再审申请人存在特定联系的损害结果，使得乔丹公司无须付出过多成本，即可实现由再审申请人为其“代言”等效果。乔丹公司的行为有违我国《民法通则》第4条规定的诚实信用原则，其对于争议商标的注册具有明显的主观恶意。

五、关于乔丹公司的经营状况，以及乔丹公司对其企业名称、有关商标的宣传、使用、获奖、被保护等情况，对本案具有何种影响

乔丹公司的经营状况，以及乔丹公司对其企业名称、有关商标的宣传、使用、获奖、被保护等情况，均不足以使争议商标的注册具有合法性。

其一，从权利的性质以及损害在先姓名权的构成要件来看，姓名被用于指代、称呼、区分特定的自然人，姓名权是自然人对其姓名享有的人身权。而商标的主要作用在于区分商品或者服务来源，属于财产权，与姓名权是性质不同的权利。在认定争议商标的注册是否损害他人在先姓名权时，关键在于是否容易导致相关公众误认为标记有争议商标的商品或者服务与姓名权人之间存在代言、许可等特定联系，其构成要件与侵害商标权的认定不同。因此，即使乔丹公司经过多年的经营、宣传和使用，使得乔丹公司及其“乔丹”商标在特定商品类别上具有较高知名度，相关公众能够认识到标记有“乔丹”商标的商品来源于乔丹公司，也不足以据此认定相关公众不容易误认为标记有“乔丹”商标的商品与再审申请人之间存在代言、许可等特定联系。

其二，乔丹公司恶意申请注册争议商标，损害再审申请人的在先姓名权，明显有悖于诚实信用原则。商标评审委员会、乔丹公司主张的市场秩序或者商业成功并不完全是乔丹公司诚信经营的合法成果，而是一定程度上建立于相关公众误认的基础之上。维护此种市场秩序或者商业成功，不仅不利于保护姓名权人的合法权益，而且不利于保障消费者的利益，更不利于净化商标注册和使用环境。

这个案例有两点启示：第一，在行政法律关系中，诚实信用原则不仅是对行政主体的基本要求，也是对行政相对人的基本要求。行政主体作出行

政行为时，诚实信用原则也是评价行政相对人行为合法性的主要依据。第二，诚实信用原则的内涵具有多样性，除了真诚不欺、信守承诺等之外，善意是其内在要求之一。行为人如有恶意，即违背诚信原则。与本案类似的公报案例（即对行政相对人适用诚实信用原则的案例）还有“上海罗芙仙妮化妆品有限公司诉上海市工商行政管理局金山分局工商行政处罚决定案”[①]“郑亚俐与精工爱普生株式会社、国家知识产权局专利复审委员会、佛山凯德利办公用品有限公司、深圳市易彩实业发展有限公司专利无效行政诉讼案”[②]“北京福联升鞋业有限公司与国家工商行政管理总局商标评审委员会、北京内联升鞋业有限公司商标异议复审行政纠纷案”[③]“杰杰有限公司与国家工商行政管理总局商标评审委员会、第三人金华市百姿化妆品有限公司商标异议复审行政纠纷案”[④]“重庆正通药业有限公司、国家工商行政管理总局商标评审委员会与四川华蜀动物药业有限公司商标行政纠纷案”[⑤]。

公报案例　崔龙书诉丰县人民政府行政允诺案[⑥]

【裁判摘要】

诚实信用原则是行政允诺各方当事人应当共同遵守的基本行为准则。在行政允诺的订立和履行过程中，基于公共利益保护的需要，赋予行政主体在解除和变更中的相应的优益权固然必要，但行政主体不能滥用优益权。优益权的行使既不得与法律规定相抵触，也不能与诚实信用原则相违背。行政机关作出行政允诺后，在与相对人发生行政争议时，对行政允诺关键内容作出无事实根据和法律依据的随意解释的，人民法院不予支持。

【基本案情】

2001年6月28日，中共丰县县委和丰县县政府印发丰委发[2001]23号

① 本案载于《最高人民法院公报》2009年第11期。诚实信用原则为本案的裁判理由。

② 本案载于《最高人民法院公报》2014年第7期。诚实信用原则为本案的裁判理由。

③ 本案载于《最高人民法院公报》2016年第6期。本案“裁判摘要”的部分内容是：“被异议商标申请人作为同地域的同业竞争者，理应对引证商标的知名度和显著性有相当程度的认识。因此，被异议商标申请人在同类商品上注册、使用有关商标时，应当遵守诚实信用原则，注意合理避让而不是恶意攀附引证商标的知名度和良好商誉，从而造成相关公众混淆误认。”

④ 本案载于《最高人民法院公报》2018年第7期。诚实信用原则为本案裁判理由。

⑤ 参见最高人民法院（2007）行提字第2号行政判决书。

⑥ 本案载于《最高人民法院公报》2017年第11期。另参见江苏省高级人民法院（2016）苏行终字第90号行政判决书。

《关于印发丰县招商引资优惠政策的通知》(以下简称《23号通知》),其中《丰县招商引资优惠政策》中载明:制订的优惠政策包括:(1) 土地使用。(2) 税费征收。(3) 服务保护。(4) 引资奖励,其中第25条规定:“对引进外资项目实行分类奖励。引进资金用于工业生产和农业综合开发项目的,五年内,按纳税额的5%奖励引资人;引进资金用于高新技术项目或对我县经济发展有较大带动作用的项目,五年内,按纳税额的10%奖励给引资人;引进资金用于社会公益事业项目的,竣工后按引资额的1%奖励引资人。”第30条规定:“凡需要奖励的,引荐人须向县招商局等有关单位提出申请,由招商局牵头,会同县金融、财政、税务、审计等部门对其进行初审,并将初审意见上报县政府,县政府区别不同情况研究确定是否奖励、奖励标准及兑现方式等……”(5) 附则规定:“本县新增固定资产投入300万元人民币以上者,可参照此政策执行……本文由县体改委负责解释。”

此后,本案原告崔书龙积极响应号召,多面联系,引进了丰县污水厂项目。2003年1月4日,李洪恩[1]以重庆康达公司名义与丰县建设局签订《关于投资建设江苏省丰县四万吨污水处理厂的框架协议书》。2003年3月10日,被告丰县县政府与重庆康达公司签订《特许经营权协议书》,双方就丰县污水处理厂厂区工程的投资建设、特许经营事宜进行了约定;同日,丰县建设局与重庆康达公司签订《建设经营丰县污水处理厂厂区工程合同书》,就双方合作建设丰县污水处理厂的相关事宜进行了详细约定。[2]

丰县污水处理厂建成投产后,丰县县政府始终没有向崔书龙兑现奖励承诺。2015年5月,崔龙书提起本案诉讼。一审案件审理过程中,崔龙书当庭明确其要求奖励的依据是《23号通知》第25条,后变更其要求奖励的依据为《23号通知》第25条及附则的规定。

---

① 本案原告为崔龙书。崔龙书与李洪侠系夫妻关系,李洪恩系李洪侠哥哥。崔龙书曾任宋楼镇砖瓦厂厂长,李洪侠曾任宋楼镇妇女联合会主任。一审中,崔龙书提供了三份证明材料:1. 2003年10月13日丰县人民代表大会常务委员会出具的证明,该证明称:“丰县污水处理厂建设项目由宋楼镇砖瓦厂厂长崔龙书同志引进。”2. 2003年10月13日丰县人民代表大会常务委员会致李洪恩的函,该函称:“今派崔龙书同志前去接洽,请您代表康达环保有限公司速来我县洽谈投资地面水厂建设事宜。”3. 2005年6月18日丰县建设局出具的证明,该证明称:“丰县污水处理厂建设项目由宋楼镇砖瓦厂厂长崔龙书、李洪侠夫妻二人引进。”

② 之前,2001年9月24日,重庆康达公司向李洪恩出具《关于城市污水处理厂项目运作的合作承诺》,对由李洪恩负责运作的城市污水处理项目成功后,该公司向李洪恩支付项目经营费的标准及方式等作出承诺。2002年3月28日,江苏省发展计划委员会作出苏计投资发(2002)332号《关于丰县污水处理厂一期工程可行性研究报告的批复》,同意丰县建设污水处理厂一期工程。

【争议焦点】

被告丰县县政府是否应当兑现对原告崔龙书招商引资奖励的承诺。其中,如何正确适用法律,准确理解《23号通知》中的有关规定以及丰县县政府是否应当依法、依约履行相应义务等问题是关键所在。

【法院判决】

江苏省徐州市中级人民法院一审认为,徐州康达公司不属于《23号通知》规定的引进外资项目,也不属于《23号通知》附则规定的"本县新增固定资产投入300万元人民币以上者",不应予以奖励,于2015年11月18日判决驳回崔龙书的诉讼请求。江苏省高级人民法院于2017年3月29日判决:一、撤销江苏省徐州市中级人民法院(2015)徐行初字第00102号行政判决;二、责令被上诉人丰县人民政府依照23号《通知》,在本判决生效后60日内依法履行对崔龙书的奖励义务。

【裁判理由】

江苏省高级人民法院二审认为:二审法院认为,本案涉及的《23号通知》系被上诉人丰县县政府为充分调动社会各界参与招商引资积极性,以实现政府职能和公共利益为目的向不特定相对人发出的承诺,在相对人实施某一特定行为后,由自己或其所属职能部门给予该相对人物质奖励的单方面意思表示。根据该行为的法律特征,应当认定《23号通知》属于行政允诺。对于被上诉人丰县县政府在《23号通知》所作出的单方面行政允诺,只要相对人作出了相应的承诺并付诸行动,即对双方产生约束力。

丰县县政府作出的《23号通知》已就丰县当地的招商引资奖励政策和具体实施作出了相应规定,该规定与现行法律规范中的强制性规定并无抵触。同时,由于当事人双方系在《23号通知》内容的基础上,达成有关招商引资奖励的一致意思表示,因此该文件应当是本案审查丰县县政府是否应当兑现相关允诺的依据。依照《最高人民法院关于适用〈中华人民共和国行政诉讼法〉若干问题的解释》第14条的规定,本案的审理可以适用不违反行政法和行政诉讼法强制性规定的民事法律规范。对丰县县政府相关行为的审查,既要审查合法性,也要审查合约性。不仅要审查丰县县政府的行为有无违反行政法的规定,也要审查其行为有无违反准用的民事法律规范所确定的基本原则。

法治政府应当是诚信政府。诚实信用原则不仅是契约法中的帝王条款,也是行政允诺各方当事人应当共同遵守的基本行为准则。在行政允诺的订立和履行过程中,基于保护公共利益的需要,赋予行政主体在解除和变更中的相应的优益权固然必要,但行政主体不能滥用优益权。行使优益权既不得与法律规定相违背,也不能与诚实信用原则相抵触。在对行政允诺关键内容的解释上,同样应当限制行政主体在无其他证据佐证的情况下,任意行使解释权;否则,将可能导致该行政行为产生的基础,即双方当事人当初的意思表示一致被动摇。

我国统计指标中所称的"新增固定资产"是指通过投资活动所形成的新的固定资产价值,包括已经建成投入生产或交付使用的工程价值和达到规定资产标准的设备、工具、器具的价值及有关应摊入的费用。从文义解释上看,《23 号通知》中的"本县新增固定资产投入",应当理解为新增的方式不仅包括该县原有企业的扩大投入,也包括新企业的建成投产。申言之,如《23 号通知》在颁布时需对"本县新增固定资产投入"作出特别规定,则应当在制定文件之初即予以公开明示,以避免他人陷入误解。

诚实守信是法治政府的基本要求之一,诚信政府是构建诚信社会的基石和灵魂。《论语·为政》言明:"言而无信,不知其可。"本案中丰县县政府所属工作部门丰县发改委,在丰县县政府涉诉之后,再对《23 号通知》中所作出的承诺进行限缩性解释,有为丰县县政府推卸应负义务之嫌疑。丰县县政府以此为由,拒绝履行允诺义务,在一定程度上构成了对优益权的滥用,有悖于诚实信用原则。故对丰县发改委作出的《招商引资条款解释》,不予采信。

总而言之,丰县县政府认为崔龙书不应当依照行政允诺获得奖励的主张,没有法律依据,依法不予支持。

公报案例 陆红霞诉南通市发展和改革委员会政府信息公开答复案①

【裁判摘要】

知情权是公民的一项法定权利。公民必须在现行法律框架内申请获取

① 本案载于《最高人民法院公报》2015 年第 11 期。相关研究文献有耿宝建、周觅:《政府信息公开领域起诉权的滥用和限制——兼谈陆红霞诉南通市发改委政府信息公开案的价值》,载《行政法学研究》2016 年第 3 期;沈岿:《信息公开申请和诉讼滥用的司法应对——评"陆红霞诉南通市发改委案"》,载《法制与社会发展》2016 年第 5 期;章剑生:《行政诉讼中滥用诉权的判定——陆红霞诉南通市发展和改革委员会政府信息公开答复案评释》,载《交大法学》2017 年第 2 期。

政府信息，并符合法律规定的条件、程序和方式，符合立法宗旨，能够实现立法目的。如果公民提起政府信息公开申请违背了《政府信息公开条例》的立法本意且不具有善意，就会构成知情权的滥用。当事人反复多次提起琐碎的、轻率的、相同的或者类似的诉讼请求，或者明知无正当理由而反复提起诉讼，人民法院应对其起诉严格依法审查，对于缺乏诉的利益、目的不当、有悖诚信的起诉行为，因违背了诉权行使的必要性，丧失了权利行使的正当性，应认定构成滥用诉权行为。

【基本案情】

2013年11月26日，原告陆红霞向被告南通市发改委申请公开“长平路西延绿化工程的立项批文”。同年11月28日，被告作出通发改信复[2013]14号《政府信息公开申请答复书》并提供了通发改投资[2010]67号《市发改委关于长平路西延工程的批复》。据不完全统计，2013年至2015年1月期间，原告陆红霞及其父亲陆富国、伯母张兰三人以生活需要为由，分别向南通市人民政府、南通市城乡建设局、南通市发展和改革委员会、南通市住房保障和房产管理局等共提起至少94次政府信息公开申请，要求公开南通市人民政府财政预算报告、所拥有公车的数量、牌照号码及公车品牌、政府信息公开年度报告、南通市拘留所被拘留人员2013年度伙食费标准、拘留人员权利和义务告知书、城北大道工程征地的供地方案、农用地转用方案、城北大道折迁工程是否由南通市港闸区人民政府出资、南通市港闸区城市建设开发总公司是否由南通市港闸区人民政府出资成立、港闸区人民政府2007年度财政预算决算报告等政府信息。与此同时，陆红霞、张兰分别向南通市人民政府、南通市港闸区人民政府申请公开“南通市人民政府2013年度政府信息公开工作年度报告、南通市港闸区人民政府2007年度《财政预算决算报告》”等内容相同的信息；陆富国、张兰分别向南通市人民政府、南通市发展和改革委员会、南通市住房保障和房产管理局、南通市港闸区审计局等单位申请公开“城北大道工程征地的供地方案、农用地转用方案、征收土地方案、补充耕地方案、城北大道的立项批文、城北大道工程的折迁计划和折迁方案、房屋折迁公告、房屋折迁许可证、城北大道工程折迁管理费的审计内容及该工程折迁管理费的总额”等内容相同的信息。

陆红霞及其父亲陆富国、伯母张兰在收到行政机关作出的相关《政府信息公开申请答复》后，分别向江苏省人民政府、江苏省公安厅、江苏省国土资源厅、南通市人民政府、南通市审计局等复议机关共提起至少 39 次行政复议。在经过行政复议程序之后，三人又分别以政府信息公开答复“没有发文机关标志、标题不完整、发文字号形式错误，违反《党政机关公文处理工作条例》的规定，属形式违法；未注明救济途径，属程序违法”等为由向南通市中级人民法院、如东县人民法院、港闸区人民法院提起政府信息公开之诉至少 36 次。

【争议焦点】

原告提出的诉讼请求应否予以支持。

【法院判决】

一审南通市港闸区人民法院根据修改前的《行政诉讼法》第 2 条以及《最高人民法院关于执行〈中华人民共和国行政诉讼法〉若干问题的解释》第 32 条第 2 款、第 44 条第 1 款第 11 项、第 97 条，并参照《民事诉讼法》第 13 条之规定，于 2015 年 2 月 27 日裁定驳回起诉。二审南通市中级人民法院依照修改前的《行政诉讼法》第 61 条第 1 项之规定，于 2015 年 7 月 6 日裁定驳回上诉，维持原裁定。

【裁判理由】

南通市港闸区人民法院一审认为：“陆红霞所提起的相关诉讼因明显缺乏诉的利益、目的不当、有悖诚信，违背了诉权行使的必要性，因而也就失去了权利行使的正当性，属于典型的滥用诉权行为。”

首先，原告陆红霞的起诉明显缺乏诉的利益。诉的利益是原告存在司法救济的客观需要，没有诉讼利益或仅仅是为了借助诉讼攻击对方当事人的不应受到保护。本案原告的起诉源于政府信息公开申请，作为一项服务于实体权利的程序性权利，由于对获取政府信息权利的滥用，原告在客观上并不具有此类诉讼所值得保护的合法的、现实的利益。

其次，原告陆红霞的起诉不具有正当性。《行政诉讼法》第 2 条第 1 款明确规定：“公民、法人或者其他组织认为行政机关和行政机关工作人员的具体行政行为侵犯其合法权益，有权依照本法向人民法院提起诉讼。”显然，行政诉讼是保护公民、法人和其他组织合法权益的制度，原告陆红霞不断将诉讼作为向政府及其相关部门施加压力、谋求私利的手段，此种起诉已经背离了对受到侵害的合法权益进行救济的诉讼本旨。

最后，原告陆红霞起诉违背诚实信用原则。诚实信用原则要求当事人实施诉讼行为、行使诉讼权利必须遵守伦理道德，诚实守诺，并在不损害对方合法利益和公共利益的前提下维护自身利益。骚扰、泄愤、盲目、重复、琐碎性质的起诉显然不符合诚实信用原则的要求。原告本已滥用了政府信息公开申请权，所提起的数十起诉讼要么起诉理由高度雷同，要么是在已经获取、知悉所申请政府信息的情形下仍坚持提起诉讼，这种对诉讼权利任意行使的方式有违诚实信用原则。

原告在明知其申请和诉讼不会得到支持，仍然一再申请政府信息公开，不论政府及相关部门如何答复，均执意提起行政复议和行政诉讼。行政资源和司法资源的有限性，决定了行政机关和人民法院只能满足当事人有效的行政和司法需求。原告的申请行为和诉讼行为，已经使行政和司法资源在维护个人利益与公共利益之间有所失衡，《政府信息公开条例》的立法宗旨也在此种申请—答复—复议—诉讼的程序中被异化。原告所为已经背离了权利正当行使的本旨，超越了权利不得损害他人的界限。纵观本案及相关联的一系列案件，无论是原告所提出的政府信息公开申请还是向该院所提起的诉讼均构成明显的权利滥用。

南通市中级人民法院二审认为，一审法院认定陆红霞存在滥用获取政府信息权和滥用诉权行为依法有据，裁定驳回陆红霞的起诉并无不当。

2012年年底，上诉人陆红霞与港闸区政府产生拆迁争议，2013年开始，陆红霞三人先后提起至少94次政府信息公开申请，2014年1月2日当天就向南通市人民政府提出10件申请。其中，所提申请多有相同或类似，如重复申请市区两级人民政府年度财政预算报告、二十余次申请城北大道相关审批手续等信息。申请公开的内容繁多、形式各异，如政府公车数量、牌照及品牌，接处警电话号码及监控录像，拘留所伙食标准等信息，且很多系以信息公开的名义进行咨询询问。陆红霞持续申请公开众多政府信息，借此表达自己不满情绪，通过重复、大量提起信息公开的方式给有关部门施压，从而达到实现拆迁补偿安置利益最大化目的。这种行为已经明显偏离了公民依法、理性、正当行使知情权和监督权的正常轨道，超过了正当行使知情权的合理限度，背离了政府信息公开制度的初衷与立法目的，故一审法院认定陆红霞滥用获取政府信息权是适当的。

公民在行使权利的时候，不得损害国家的、社会的、集体的利益和其他公民的合法权利。作为权利之一的获取政府信息公开权和诉权当然也不能滥用。上诉人陆红霞的起诉源于政府信息公开申请，其起诉的理由多以被诉答复无发文机关标志、标题不完善、无发文字号、程序违法为由，反复多次提起相同或类似的诉讼请求。陆红霞不当的申请和起诉多次未获人民法院的支持，而其仍然频繁提起行政复议和行政诉讼，已经使有限的公共资源在维护个人利益与他人利益、公共利益之间有所失衡，超越了权利行使的界限，亦有违诚实信用原则，已构成诉讼权利的滥用，一审法院驳回其起诉并无不当。

二审法院同时认为，一审法院对上诉人陆红霞今后的信息公开申请及行政诉讼进行适当限制是适当的。

《政府信息公开条例》第 13 条规定，除行政机关主动公开的政府信息外，公民、法人或者其他组织还可以根据自身生产、生活、科研等特殊需要，向国务院部门、地方各级人民政府及县级以上地方人民政府部门申请获取相关政府信息。《政府信息公开条例》没有规定申请人在提出政府信息公开申请时要说明使用信息的用途、理由等，故政府信息主管部门和工作机构在实务中不得随意增设申请人的义务。但上诉人陆红霞持续、琐碎、轻率甚至带有骚扰性质的滥用获取政府信息权、滥用诉权的行为，超越了权利行使界限，应当对其设定一个限制反复的约束。一审法院从维护法律的严肃性、促进公共资源的有效利用出发，同时也为了保障诉讼权利平衡、保障陆红霞依法获取政府信息，对其今后再次申请类似信息公开、提起行政诉讼设定了一定的条件，符合《政府信息公开条例》的立法精神和目的。

国内相关研究成果

一、相关著作

1. 陈骏业:《行政法基本原则元论》,知识产权出版社 2009 年版。

2. 胡建淼主编:《论公法原则》,浙江大学出版社 2005 年版。

3. 姜昕:《比例原则研究——一个宪政的视角》,法律出版社 2008 年版。

4. 蒋红珍:《论比例原则——政府规制工具选择的司法评价》,法律出版社 2010 年版。

5. 刘建军:《行政调查正当程序研究》,山东大学出版社 2010 年版。

6. 罗英:《福利行政的正当程序研究》,人民出版社 2014 年版。

7. 徐鹏:《海上执法比例原则研究》,上海交通大学出版社 2016 年版。

8. 许玉镇:《比例原则的法理研究》,中国社会科学出版社 2009 年版。

9. 阎尔宝:《行政法诚实信用原则研究》,人民出版社 2008 年版。

10. 曾娜:《行政程序的正当性判断标准研究》,知识产权出版社 2014 年版。

11. 张步峰:《正当行政程序研究》,清华大学出版社 2014 年版。

12. 张宇钟:《行政诚信研究》,上海人民出版社 2012 年版。

13. 赵小芹:《行政法诚实信用原则研究》,吉林人民出版社 2011 年版。

14. 周佑勇:《行政法基本原则研究》(第二版),法律出版社 2019 年版。

二、相关论文

(一) 关于行政法基本原则的综合性研究

1. 陈莹:《行政法基本原则的丰富与发展》,载《政治与法律》2004 年第 4 期。

2. 胡建淼、肖凤城:《略论我国行政法的基本原则》,载《法学评论》1987 年第 6 期。

3. 姜明安:《行政法的基本原则》,载《中外法学》1989 年第 1 期。

4. 姜明安:《行政法基本原则新探》,载《湖南社会科学》2005 年第 2 期。

5. 马怀德:《论行政法的基本原则》,载《黑龙江省政法管理干部学院学报》1999 年第 1 期。

6. 薛刚凌:《行政法基本原则研究》,载《行政法学研究》1999 年第 1 期。

7. 杨海坤:《论我国行政法的基本原则》,载《上海社会科学院学术季刊》1990 年第 3 期。

8. 杨解君:《关于行政法理论基础若干观点的评析》,载《中国法学》1996 年第 3 期。

9. 张淑芳:《行政法基本原则的效力研究》,载《苏州大学学报(法学版)》2014 年第 2 期。

10. 张征:《试论我国社会主义行政法的基本原则》,载《法律科学(西北政法大学学报)》1990 年第 5 期。

11. 章剑生:《现代行政法基本原则之重构》,载《中国法学》2003 年第 3 期。

12. 周佑勇:《西方两大法系行政法基本原则之比较》,载《环球法律评论》2002 年第 4 期。

13. 周佑勇:《行政法基本原则的反思与重构》,载《中国法学》2003 年第 4 期。

14. 周佑勇、尚海龙:《论法国行政法的基本原则》,载《法国研究》2004 年第 1 期。

15. 周佑勇:《论德国行政法的基本原则》,载《行政法学研究》2004 年第 2 期。

16. 朱维究:《简论行政法的基本原则》,载《法学研究》1989 年第 1 期。

(二) 关于法律保留原则的研究

1. 邓毅:《德国法律保留原则论析》,载《行政法学研究》2006 年第 1 期。

2. 胡荣:《论法律保留的价值》,载《政治与法律》2010 年第 9 期。

3. 黄学贤:《行政法中的法律保留原则研究》,载《中国法学》2004 年第 5 期。

4. 黄学贤:《给付行政适用法律保留原则的若干问题探讨》,载《江海学刊》2005 年第 6 期。

5. 蒋剑云:《论法律保留原则》,载《行政法学研究》2005 年第 1 期。

6. 金承东:《论行政法律保留原则》,载《浙江社会科学》2002 年第 1 期。

7. 康敬奎:《〈立法法〉法律保留规则的缺失与完善》,载《江海学刊》2012 年第 2 期。

8. 门中敬:《论宪法与行政法意义上的法律保留之区分——以我国行政保留理论的构建为取向》,载《法学杂志》2015 年第 6 期。

9. 乔亚南:《政府职能转移的合法性与法律保留原则》,载《理论探索》2018 年第 1 期。

10. 孙展望:《法律保留与立法保留关系辨析——兼论立法法第 8 条可纳入法律保留范畴》,载《政法论坛》2011 年第 2 期。

11. 孙展望:《法律保留原则"着陆"的制度瓶颈——以"山西煤矿整合"事件为例》,载《河北法学》2011 年第 4 期。

12. 孙展望:《法律保留、法治与复杂社会——中国语境下的法律保留之法治逻辑探究》,载《政治与法律》2011 年第 7 期。

13. 王锴:《论组织性法律保留》,载《中外法学》2020 年第 5 期。

14. 王晓强:《行政组织法律保留原则及其保留范围研究》,载《河北法学》2019 年第 5 期。

15. 吴万德:《论德国法律保留原则的要义》,载《政法论坛》2000 年第 4 期。

16. 肖北庚:《法律保留实质是权利保留》,载《现代法学》2008 年第 2 期。

17. 杨登峰:《行政法定原则及其法定范围》,载《中国法学》2014 年第 3 期。

18. 杨登峰、王晓强:《行政机构设置法定的范围》,载《江苏行政学院学报》2020 年第 4 期。

19. 杨登峰:《行政程序法定原则的厘定与适用》,载《现代法学》2021 年第 1 期。

20. 叶海波、秦前红:《法律保留功能的时代变迁——兼论中国法律保留制度的功能》,载《法学评论》2008 年第 4 期。

21. 叶姗:《税收优惠政策制定权的法律保留》,载《税务研究》2014 年第 3 期。

22. 应松年:《〈立法法〉关于法律保留原则的规定》,载《行政法学研究》2000 年第 3 期。

23. 禹竹蕊:《社会管理创新与法律保留原则的理论选择》,载《山西师大学报(社会科学版)》2012 年第 3 期。

24. 曾祥华:《法律优先与法律保留》,载《政治与法律》2005 年第 4 期。

25. 张浪:《论行政规定中法律保留原则的遵从》,载《河北法学》2009 年第 1 期。

(三) 关于法律优位或优先原则的研究

1. 王贵松:《论行政法上的法律优位》,载《法学评论》2019 年第 1 期。

2. 张淑芳:《行政优先权与法律优先之鉴别》,载《政治与法律》2004 年第 1 期。

3. 周佑勇:《行政法中的法律优先原则研究》,载《中国法学》2005 年第 3 期。

(四) 关于比例原则的研究

1. 艾琳:《比例原则视角下的集体劳动关系治理》,载《贵州社会科学》2016 年第 7 期。

2. 〔德〕安德烈亚斯·冯·阿尔诺:《欧洲基本权利保护的理论与方法——以比例原则为例》,刘权译,载《比较法研究》2014 年第 1 期。

3. 拜荣静:《比例原则在捕诉程序中的引入与适用》,载《兰州大学学报(社会科学版)》2019 年第 1 期。

4. 毕文轩:《比例原则在知识产权法中的适用》,载《理论探索》2018 年第 6 期。

5. 蔡宏伟:《作为限制公权力滥用的比例原则》,载《法制与社会发展》2019 年第 6 期。

6. 曾哲、雷雨薇:《比例原则的法律适用评析与重塑》,载《湖南社会科学》2018 年第 2

期。

7. 曾哲、周泽中:《终身监禁刑的宪法学反思——以比例原则为分析视角》,载《新疆社会科学》2017 年第 3 期。

8. 陈景辉:《比例原则的普遍化与基本权利的性质》,载《中国法学》2017 年第 5 期。

9. 陈凯健、蔡宝刚:《论比例原则在大学章程制定中的适用》,载《江苏高教》2020 年第 1 期。

10. 陈岚、郭航:《比例原则视野下认罪认罚从宽制度的完善》,载《内蒙古社会科学》2018 年第 2 期。

11. 陈书全、刘天翔:《论比例原则对行政强制权的规制》,载《中国海洋大学学报(社会科学版)》2014 年第 5 期。

12. 陈伟、李晓:《积极主义刑事立法的理性限制:比例原则的植入》,载《河北法学》2020 年第 12 期。

13. 陈璇:《正当防卫与比例原则——刑法条文合宪性解释的尝试》,载《环球法律评论》2016 年第 6 期。

14. 陈征:《论比例原则对立法权的约束及其界限》,载《中国法学》2020 年第 3 期。

15. 程军伟:《论平衡原则与侦查程序》,载《法律科学(西北政法大学学报)》2008 年第 5 期。

16. 戴黎明、周俊琪:《从台湾地区案例看税源管理中的比例原则》,载《涉外税务》2008 年第 12 期。

17. 戴昕、张永健:《比例原则还是成本收益——分析法学方法的批判性重构》,载《中外法学》2018 年第 6 期。

18. 杜强强:《入户犯罪、牵连犯处断与比例原则——兼论合宪性解释对刑法释义学命题的尊重》,载《首都师范大学学报(社会科学版)》2016 年第 1 期。

19. 樊奕君:《比例原则视角下刑事强制措施价值平衡研究》,载《中国刑事法杂志》2011 年第 12 期。

20. 范继增:《欧洲人权法院适用比例原则的功能与逻辑》,载《欧洲研究》2015 年第 5 期。

21. 范剑虹:《欧盟与德国的比例原则——内涵、渊源、适用与在中国的借鉴》,载《浙江大学学报(人文社会科学版)》2000 年第 5 期。

22. 范进学:《论宪法比例原则》,载《比较法研究》2018 年第 5 期。

23. 冯建平:《公益与私益的衡量:论比例原则及其在行政审判中的适用》,载《法律适用》2006 年第 5 期。

24. 付大学:《比例原则视角下税务诉讼"双重前置"之审视》,载《政治与法律》2016 年第 1 期。

25. 高利红、李胤:《比例原则视角下地方环境行政规制合理化研究——以农作物秸秆禁烧为切入点》,载《中国人口·资源与环境》2017 年第 12 期。

26. 高秦伟:《论欧盟行政法上的比例原则》,载《政法论丛》2012 年第 2 期。

27. 韩兵、谢佳:《论比例原则在高校行使惩戒权时的适用》,载《黑龙江高教研究》2008 年第 12 期。

28. 韩秀丽:《寻找 WTO 法中的比例原则》,载《现代法学》2005 年第 4 期。

29. 韩秀丽:《欧洲法院在反倾销案件中对比例原则的适用》,载《欧洲研究》2005 年第 6 期。

30. 韩秀丽:《比例原则进入 WTO 法的必要性分析》,载《中共福建省委党校学报》2005 年第 8 期。

31. 韩秀丽:《论比例原则在有关征收的国际投资仲裁中的开创性适用》,载《甘肃政法学院学报》2008 年第 6 期。

32. 郝银钟、席作立:《宪政视角下的比例原则》,载《法商研究》2004 第 6 期。

33. 何景春:《行政比例与合理性原则的比较研究》,载《行政法学研究》2004 年第 2 期。

34. 贺红强:《比例原则视角下的法庭秩序维持权——以刑事庭审中的驱逐出庭措施为中心》,载《法律科学(西北政法大学学报)》2018 年第 5 期。

35. 胡建淼、蒋红珍:《论最小侵害原则在行政强制法中的适用》,载《法学家》2006 年第 3 期。

36. 黄波:《比例原则适用于未决羁押的路径研究——以羁押时间为样本》,载《江苏社会科学》2018 年第 3 期。

37. 黄厚明、徐环:《基于比例原则的高校自主管理权行使研究》,载《高教探索》2020 年第 5 期。

38. 黄洁琼:《论比例原则在外资国家安全审查中适用》,载《河北法学》2020 年第 10 期。

39. 黄学贤:《行政法中的比例原则研究》,载《法律科学(西北政法大学学报)》2001 年第 1 期。

40. 黄忠:《比例原则下的无效合同判定之展开》,载《法制与社会发展》2012 年第 4 期。

41. 纪海龙:《比例原则在私法中的普适性及其例证》,载《政法论坛》2016 年第 3 期。

42. 贾林青:《论法国保证制度之比例原则及对我国司法完善的启示》,载《法律适用》2007 年第 3 期。

43. 江海洋:《论疫情背景下个人信息保护——以比例原则为视角》,载《中国政法大学学报》2020 年第 4 期。

44. 姜涛:《追寻理性的罪刑模式:把比例原则植入刑法理论》,载《法律科学(西北政法大学学报)》2013 年第 1 期。

45. 姜涛:《比例原则与刑罚积极主义的克制》,载《学术界》2016 年第 8 期。

46. 姜昕:《论比例原则的正当性基础》,载《法学杂志》2008 年第 4 期。

47. 姜昕:《比例原则释义学结构构建及反思》,载《法律科学(西北政法大学学报)》2008 年第 5 期。

48. 姜昕:《比例原则的理论基础探析——以宪政哲学与公法精神为视角》,载《河北法学》2008 第 7 期。

49. 姜颖、李文沛:《试论比例原则在劳动合同解除中的应用》,载《河北法学》2012 年第 8 期。

50. 蒋红珍:《论必要性原则适用的困境及其出路》,载《现代法学》2006 第 6 期。

51. 蒋红珍、王茜:《比例原则审查强度的类型化操作——以欧盟法判决为解读文本》,载《政法论坛》2009 年第 1 期。

52. 蒋红珍:《论适当性原则——引入立法事实的类型化审查强度理论》,载《中国法学》2010 年第 3 期。

53. 蒋红珍:《比例原则阶层秩序理论之重构——以"牛肉制品进销禁令"为验证适例》,载《上海交通大学学报(哲学社会科学版)》2010 年第 4 期。

54. 蒋红珍:《比例原则的全球化与本土化——特集导读》,载《交大法学》2017 年第 4 期。

55. 蒋红珍:《目的正当性审查在比例原则中的定位》,载《浙江工商大学学报》2019 年第 2 期。

56. 蒋红珍:《比例原则位阶秩序的司法适用》,载《法学研究》2020 年第 4 期。

57. 焦海涛:《我国反垄断法修订中比例原则的引入》,载《华东政法大学学报》2020 年第 2 期。

58. 蓝学友:《规制抽象危险犯的新路径:双层法益与比例原则的融合》,载《法学研究》2019 年第 6 期。

59. 李昌超、齐路:《论比例原则在强制执行中适用之困境及消解》,载《新疆大学学报(哲学·人文社会科学版)》2017 年第 2 期。

60. 李登喜:《论税务行政裁量权行使原则》,载《税务研究》2012 年第 3 期。

61. 李刚、程国琴:《比例原则与我国税收代位权制度的构建》,载《涉外税务》2007 年第 4 期。

62. 李海平:《比例原则在民法中适用的条件和路径——以民事审判实践为中心》,载《法制与社会发展》2018 年第 5 期。

63. 李军、蒋兰香:《宪政视阈下比例原则的演进》,载《湖南科技大学学报(社会科学版)》2009 年第 6 期。

64. 李军:《法哲学视域下行政法上比例原则的解读》,载《求索》2008 年第 11 期。

65. 李燕:《论比例原则》,载《行政法学研究》2001 年第 2 期。

66. 刘名、毕颖:《比例原则在国家秘密认定中的适用》,载《北京交通大学学报(社会科学版)》2012 年第 3 期。

67. 刘权:《论比例原则的规范逻辑》,载《广东行政学院学报》2014 年第 2 期。

68. 刘权:《目的正当性与比例原则的重构》,载《中国法学》2014 年第 4 期。

69. 刘权:《论必要性原则的客观化》,载《中国法学》2016 年第 5 期。

70. 刘权:《适当性原则的适用困境与出路》,载《政治与法律》2016 年第 7 期。

71. 刘权:《均衡性原则的具体化》,载《法学家》2017 年第 2 期。

72. 刘权:《行政判决中比例原则的适用》,载《中国法学》2019 年第 3 期。

73. 刘夏:《德国保安处分制度中的适当性原则及其启示》,载《法商研究》2014 年第 2 期。

74. 刘征峰:《以比例原则为核心的未成年人国家监护制度建构》,载《法律科学(西北政法大学学报)》2019 年第 2 期。

75. 柳砚涛、李栋:《比例行政原则的经济分析研究》,载《烟台大学学报(哲学社会科学版)》2011 年第 4 期。

76. 买木提明·热西提、沈伟:《间接征收语境下公共利益的多重维度及比例原则的解释路径》,载《中南大学学报(社会科学版)》2020 年第 4 期。

77. 梅扬:《比例原则的适用范围与限度》,载《法学研究》2020 年第 2 期。

78. 门中敬:《比例原则的宪法地位与规范依据——以宪法意义上的宽容理念为分析视角》,载《法学论坛》2014 年第 5 期。

79. 穆随心:《试论比例原则在惩戒解雇制度中的适用》,载《兰州学刊》2014 年第 1 期。

80. 裴炜:《犯罪侦查中网络服务提供商的信息披露义务——以比例原则为指导》,载《比较法研究》2016 年第 4 期。

81. 裴炜:《比例原则视域下电子侦查取证程序性规则构建》,载《环球法律评论》2017 年第 1 期。

82. 彭云业、张德新:《论比例原则在我国行政法中的适用》,载《山西大学学报(哲学社会科学版)》2002 年第 3 期。

83. 钱福臣:《解析阿列克西宪法权利适用的比例原则》,载《环球法律评论》2011 年第 4 期。

84. 秦策:《刑事程序比例构造方法论探析》,载《法学研究》2016 年第 5 期。

85. 邱静:《论比例性原则在私法关系中的运用——以英国和欧洲人权法院案例为

视角》,载《当代法学》2016 年第 1 期。

86. 任民:《论行政裁量基准下比例原则的适用》,载《人民论坛》2014 年第 17 期。

87. 邵玉婷:《前科就业限制的比例原则规制》,载《东方法学》2017 年第 3 期。

88. 沈开举、程雪阳:《比例原则视角下的社会管理创新》,载《现代法学》2012 年第 2 期。

89. 施正文:《论税法的比例原则》,载《涉外税务》2004 年第 2 期。

90. 谭冰霖:《行政裁量行为司法审查标准之选择——德国比例原则与英国温斯伯里不合理性原则比较》,载《湖北行政学院学报》2011 年第 1 期。

91. 田宏杰:《比例原则在刑法中的功能、定位与适用范围》,载《中国人民大学学报》2019 年第 4 期。

92. 涂少彬:《论法学表达数学化的可能及限度——基于经济学与比例原则的切入》,载《法学评论》2020 年第 4 期。

93. 王达:《比例原则在违章建筑处理中的运用》,载《人民司法》2007 年第 9 期。

94. 王建学:《授权地方改革试点决定应遵循比例原则》,载《法学》2017 年第 5 期。

95. 王静:《比例原则在中国行政判决中的适用》,载《交大法学》2017 年第 4 期。

96. 王磊:《比例原则下公平竞争的深入审查》,载《西安交通大学学报(社会科学版)》2017 年第 6 期。

97. 王蕾:《比例原则在美国合宪性审查中的类型化运用及其成因》,载《比较法研究》2020 年第 1 期。

98. 王蒙:《经适房违规出租的合同效力与法律效果——兼论比例原则在合同效力认定中的运用》,载《华东政法大学学报》2019 年第 6 期。

99. 王书成:《比例原则之规范难题及其应对》,载《当代法学》2007 年第 6 期。

100. 王书成:《论比例原则中的利益衡量》,载《甘肃政法学院学报》2008 年第 2 期。

101. 韦伟强:《比例原则——政府应急管理特权的规制》,载《社会科学家》2006 年第 6 期。

102. 吴昱江:《试论比例原则在国家安全与言论自由平衡下的使用——以美国司法判例为鉴》,载《政法论丛》2016 年第 3 期。

103. 吴真:《论自愿环境协议中行政优益权的规制——以比例原则为视角》,载《河南社会科学》2020 年第 6 期。

104. 许玉镇:《试论比例原则在我国法律体系中的定位》,载《法制与社会发展》2003 年第 1 期。

105. 阎天:《劳动规章性质三分说:以比例原则为检验标准》,载《交大法学》2017 年第 4 期。

106. 杨翱宇:《论比例原则在民法中的地位》,载《河北法学》2017 年第 12 期。

107. 杨登峰、李晴:《行政处罚中比例原则与过罚相当原则的关系之辨》,载《交大法学》2017 年第 4 期。

108. 杨登峰:《从合理原则走向统一的比例原则》,载《中国法学》2016 年第 3 期。

109. 杨登杰:《执中行权的宪法比例原则——兼与美国多元审查基准比较》,载《中外法学》2015 年第 2 期。

110. 杨复卫:《机关事业单位养老保险改革的效果评估——以比例原则为分析视角》,载《政法论丛》2018 年第 6 期。

111. 杨临宏:《行政法中的比例原则研究》,载《法制与社会发展》2001 年第 6 期。

112. 杨梅瑰:《论比例原则在人身保险合同现金价值强制执行中的适用》,载《法学杂志》2020 年第 9 期。

113. 杨明、张云鹏:《论预期刑事责任对诉讼负担的影响——兼论刑事诉讼中比例原则的适用》,载《中国刑事法杂志》2008 年第 6 期。

114. 叶金育、顾德瑞:《税收优惠的规范审查与实施评估——以比例原则为分析工具》,载《现代法学》2013 年第 6 期。

115. 尹华容、晏明科:《出租车准入歧视与比例原则》,载《湘潭大学学报(哲学社会科学版)》2016 年第 4 期。

116. 尹晓敏:《高校处分权的行使与比例原则的适用》,载《高教探索》2005 年第 3 期。

117. 游钰:《论税务稽查执法与比例原则》,载《税务研究》2009 年第 9 期。

118. 游钰:《论反垄断执法之规范与比例原则》,载《甘肃政法学院学报》2010 年第 3 期。

119. 于柏华:《比例原则的权利内置论》,载《法商研究》2020 年第 4 期。

120. 于凤瑞:《"成片开发"征收决定公益目的的司法审查:比例原则的应用》,载《中国政法大学学报》2019 年第 5 期。

121. 于改之、吕小红:《比例原则的刑法适用及其展开》,载《现代法学》2018 年第 4 期。

122. 余凌云:《论行政法上的比例原则》,载《法学家》2002 年第 2 期。

123. 翟翌:《比例原则的中国宪法规范基础新论——以宪法第 33 条为中心》,载《新疆社会科学》2012 年第 5 期。

124. 翟翌:《比例原则的正当性拷问及其"比例技术"的重新定位——基于"无人有义务做不可能之事"的正义原则》,载《法学论坛》2012 年第 6 期。

125. 占善刚、张博:《比例原则在民事诉讼中的适用与展开》,载《学习与实践》2019 年第 1 期。

126. 湛中乐:《行政法上的比例原则及其司法运用——汇丰实业发展有限公司诉哈

尔滨市规划局案的法律分析》,载《行政法学研究》2003 年第 1 期。

127. 张桂芝:《比例原则对行政强制执行权的规制》,载《国际商务研究》2009 年第 3 期。

128. 张华:《论比例原则在国际海洋划界中的功能与缺陷——基于国际司法裁决的考量》,载《南洋问题研究》2014 年第 1 期。

129. 张坤世:《比例原则及其在行政诉讼中的适用——由一个具体案例引发的思考》,载《行政法学研究》2002 年第 2 期。

130. 张明楷:《法益保护与比例原则》,载《中国社会科学》2017 年第 7 期。

131. 张鹏:《国际体育仲裁中比例原则适用研究》,载《武汉体育学院学报》2019 年第 1 期。

132. 张翔:《机动车限行、财产权限制与比例原则》,载《法学》2015 年第 2 期。

133. 张元良:《论行政法中的比例原则》,载《江苏社会科学》2006 年第 2 期。

134. 赵娟:《合理性原则与比例原则的比较研究——一个以判例为基础的思考》,载《南京大学学报(哲学·人文科学·社会科学)》2002 年第 1 期。

135. 赵真:《比例原则在反歧视诉讼中的适用——以香港平等机会委员会诉教育署案为例》,载《行政法学研究》2012 年第 1 期。

136. 郑春燕:《必要性原则内涵之重构》,载《政法论坛》2004 第 6 期。

137. 郑琦:《比例原则的个案分析》,载《行政法学研究》2004 第 4 期。

138. 郑晓剑:《比例原则在民法上的适用及展开》,载《中国法学》2016 年第 2 期。

139. 郑雅方:《论我国行政法上的成本效益分析原则:理论证成与适用展开》,载《中国法学》2020 年第 2 期。

140. 周云帆:《行政法中的合理原则与比例原则》,载《四川师范大学学报(社会科学版)》2002 年第 3 期。

(五) 关于正当程序原则的研究

1. 程琥:《高等学校处分学生应遵循正当程序原则》,载《教育发展研究》2006 年第 15 期。

2. 符健敏、汪进元:《论行政许可变更的正当程序》,载《时代法学》2010 年第 5 期。

3. 何海波:《司法判决中的正当程序原则》,载《法学研究》2009 年第 1 期。

4. 何海波:《正当程序原则的正当性——一场模拟法庭辩论》,载《政法论坛》2009 年第 5 期。

5. 黄新波:《行政机关撤销登记事项应遵循正当行政程序原则》,载《人民司法》2010 年第 6 期。

6. 江必新:《行政程序正当性的司法审查》,载《中国社会科学》2012 年第 7 期。

7. 蒋红珍:《正当程序原则司法适用的正当性:回归规范立场》,载《中国法学》2019

年第3期。

8. 金承东:《论行政案卷排他原则的运作原理——正当行政程序的保障机制》,载《浙江大学学报(人文社会科学版)》2008年第4期。

9. 李寿国、杨艳、周郴保:《高校学生管理应当遵循正当程序》,载《思想教育研究》2010年第8期。

10. 吕新建:《行政法视域下的正当程序原则探析》,载《河北法学》2011年第11期。

11. 孟凡壮:《论正当程序原则在行政审判中的适用——基于75份运用正当程序原则的行政诉讼判决书的分析》,载《行政法学研究》2014年第4期。

12. 钱怀瑜:《论高校管理法治化中的正当程序原则》,载《理论导刊》2009年第5期。

13. 钱婷、吴昱江:《正当程序原则在美国教育领域中的适用及其启示——从中国教育部第41号令切入的比较研究》,载《教育学术月刊》2018年第1期。

14. 孙光宁:《正当程序:行政法指导性案例的基本指向》,载《行政论坛》2018年第2期。

15. 涂杜思、岳龙:《正当程序原则在高校学生违纪处理中的证立及其展开》,载《现代大学教育》2012年第1期。

16. 王锡锌:《行政程序理性原则论要》,载《法商研究(中南政法学院学报)》2000年第4期。

17. 许春晖:《正当程序:滥用程序权的判断标准》,载《法学评论》2019年第2期。

18. 杨登峰:《法无规定时正当程序原则之适用》,载《法律科学(西北政法大学学报)》2018年第1期。

19. 章浩:《行政复议的书面审查仍应遵守正当程序原则》,载《人民司法》2007年第10期。

20. 周佑勇:《行政法的正当程序原则》,载《中国社会科学》2004年第4期。

21. 周佑勇:《司法判决对正当程序原则的发展》,载《中国法学》2019年第3期。

(六)关于诚实信用原则的研究

1. 陈鹏:《诚实信用原则对于规范行政权行使的意义——对当前学说及司法实践的检讨》,载《行政法学研究》2012年第1期。

2. 方桂荣、李超:《也论诚实信用原则的扩张》,载《河北法学》2007年第11期。

3. 关保英:《关于我国制定行政诚信法的思考》,载《法学研究》2006年第9期。

4. 侯续香:《论给付行政中的诚实信用原则》,载《中国海洋大学学报(社会科学版)》2010年第4期。

5. 胡玉鸿:《论私法原则在行政法上的适用》,载《法学》2005年第12期。

6. 梁成意、汤蕾:《诚信作为行政法基本原则之证成》,载《吉首大学学报(社会科学版)》2013年第4期。

7. 刘丹:《论行政法上的诚实信用原则》,载《中国法学》2004 年第 1 期。

8. 刘莘、邓毅:《行政法上之诚信原则刍议》,载《行政法学研究》2002 年第 4 期。

9. 刘颖:《论行政法中的诚实信用原则》,载《中共中央党校学报》2003 年第 2 期。

10. 潘荣伟:《政府诚信——行政法中的诚信原则》,载《法商研究》2003 年第 3 期。

11. 戚渊:《试论我国行政法援引诚信原则之意义》,载《法学》1993 年第 4 期。

12. 仇永胜:《论行政程序法诚信与信赖保护原则的确立》,载《云南行政学院学报》2004 年第 3 期。

13. 汤俪瑾:《论政府诚信的原则及其要求》,载《江淮论坛》2005 年第 6 期。

14. 王贵松:《论行政法原则的司法适用——以诚实信用和信赖保护原则为例》,载《行政法学研究》2007 年第 1 期。

15. 王静、李季:《诚实信用原则与行政指导》,载《理论与改革》2009 年第 6 期。

16. 许玉镇、刘小楠:《试析行政法上的政府诚信原则》,载《长白学刊》2008 年第 3 期。

17. 闫尔宝:《行政法诚信原则的内涵分析——以民法诚信原则为参照》,载《行政法学研究》2007 年第 1 期。

18. 杨登峰:《行政法诚信原则的基本要求与适用》,载《江海学刊》2017 年第 1 期。

19. 杨解君:《当代中国行政法的品质塑造——诚信理念之确立》,载《中国法学》2004 年第 4 期。

20. 杨解君:《行政法诚信理念的展开及其意义》,载《江苏社会科学》2004 年第 5 期。

21. 叶必丰:《行政和解和调解:基于公众参与和诚实信用》,载《政治与法律》2008 年第 5 期。

22. 张继荣:《为行政诚信立法》,载《中州学刊》2003 年第 2 期。

23. 赵宏:《试论行政合同中的诚实信用原则》,载《行政法学研究》2005 年第 2 期。

24. 赵肖筠、陈凯:《在非强制行政行为中引入诚信原则的价值分析》,载《山西大学学报(哲学社会科学版)》2003 年第 3 期。

25. 赵艳敏、陈党:《公法上的诚信原则及其对政府的要求》,载《理论与改革》2008 年第 1 期。